EDUCAÇÃO INFANTIL NAS PRODUÇÕES ACADÊMICAS DO SÉCULO XXI

Editora Appris Ltda.
1.ª Edição - Copyright© 2025 dos autores
Direitos de Edição Reservados à Editora Appris Ltda.

Nenhuma parte desta obra poderá ser utilizada indevidamente, sem estar de acordo com a Lei nº
9.610/98. Se incorreções forem encontradas, serão de exclusiva responsabilidade de seus organi-
zadores. Foi realizado o Depósito Legal na Fundação Biblioteca Nacional, de acordo com as Leis nᵒˢ
10.994, de 14/12/2004, e 12.192, de 14/01/2010.

Catalogação na Fonte
Elaborado por: Josefina A. S. Guedes
Bibliotecária CRB 9/870

E244e 2025	Educação infantil nas produções acadêmicas do século XXI / Vera Maria Ramos de Vasconcellos, Patrícia Maria Uchôa Simões, Ana Rosa Picanço Moreira (orgs.). – 1. ed. – Curitiba: Appris, 2025. 369 p. ; 23 cm. – (Geral). Inclui bibliografias. ISBN 978-65-250-7517-4 1. Educação Infantil. 2. Infância. 3. Pesquisa educacional. I. Vasconcellos, Vera Maria Ramos de. II. Simões, Patrícia Maria Uchôa. III. Moreira, Ana Rosa Picanço. IV. Título. V. Série. CDD – 372.21

Livro de acordo com a normalização técnica da APA

Appris
editora

Editora e Livraria Appris Ltda.
Av. Manoel Ribas, 2265 – Mercês
Curitiba/PR – CEP: 80810-002
Tel. (41) 3156 - 4731
www.editoraappris.com.br

Printed in Brazil
Impresso no Brasil

Vera Maria Ramos de Vasconcellos
Patrícia Maria Uchôa Simões
Ana Rosa Picanço Moreira
(org.)

EDUCAÇÃO INFANTIL NAS PRODUÇÕES ACADÊMICAS DO SÉCULO XXI

Appris
editora

Curitiba, PR
2025

FICHA TÉCNICA

EDITORIAL	Augusto Coelho
	Sara C. de Andrade Coelho

COMITÊ EDITORIAL

Ana El Achkar (Universo/RJ)
Andréa Barbosa Gouveia (UFPR)
Antonio Evangelista de Souza Netto (PUC-SP)
Belinda Cunha (UFPB)
Délton Winter de Carvalho (FMP)
Edson da Silva (UFVJM)
Eliete Correia dos Santos (UEPB)
Erineu Foerste (Ufes)
Fabiano Santos (UERJ-IESP)
Francinete Fernandes de Sousa (UEPB)
Francisco Carlos Duarte (PUCPR)
Francisco de Assis (Fiam-Faam-SP-Brasil)
Gláucia Figueiredo (UNIPAMPA/ UDELAR)
Jacques de Lima Ferreira (UNOESC)
Jean Carlos Gonçalves (UFPR)
José Wálter Nunes (UnB)
Junia de Vilhena (PUC-RIO)

Lucas Mesquita (UNILA)
Márcia Gonçalves (Unitau)
Maria Aparecida Barbosa (USP)
Maria Margarida de Andrade (Umack)
Marilda A. Behrens (PUCPR)
Marília Andrade Torales Campos (UFPR)
Marli Caetano
Patrícia L. Torres (PUCPR)
Paula Costa Mosca Macedo (UNIFESP)
Ramon Blanco (UNILA)
Roberta Ecleide Kelly (NEPE)
Roque Ismael da Costa Güllich (UFFS)
Sergio Gomes (UFRJ)
Tiago Gagliano Pinto Alberto (PUCPR)
Toni Reis (UP)
Valdomiro de Oliveira (UFPR)

SUPERVISORA EDITORIAL	Renata C. Lopes
PRODUÇÃO EDITORIAL	Sabrina Costa
REVISÃO	Manuella Marquetti
DIAGRAMAÇÃO	Bruno Ferreira Nascimento
CAPA	Lívia Weyl
REVISÃO DE PROVA	William Rodrigues

PREFÁCIO

> *. . . que atrás dos tempos vêm tempos*
> *e outros tempos hão de vir. . .*
> Fausto Bordalo Dias (1977)[1]

O refrão musical que me inspira neste prefácio, refletindo poeticamente uma noção de temporalidade que não separa o presente do passado nem ambos do futuro, chamou-me à atenção por nele se imbricarem a memória pessoal e a memória coletiva, e de como nessa dinâmica de que *"que atrás dos tempos vêm tempos e outros tempos hão de vir"* também se podem incluir os modos como temos vindo a entender a infância e a educação e de irmos conhecendo essas interrelações. Dito de outro modo, a história do conhecimento produzido acerca da Infância e sua Educação nas sociedades contemporâneas é parte integrante da história da cultura e esse começa por ser um dos contributos do livro A *Educação infantil nas produções académicas do século XXI*.

Entender a Educação Infantil mediante a sistematização do conhecimento entretanto produzido através da pesquisa científica, levando a sério a premissa de que *"atrás dos tempos vêm tempos e outros tempos hão de vir"*, é um convite às/aos leitoras/es para se colocarem em ação e numa movimentação entre o que já está feito e o que ainda está por fazer, e assim acompanharem a construção social deste objeto de estudo – uma noção cuja afirmação epistémica contesta definições encapsuladas em verdades sólidas, assépticas e com vocação universalista, contrapondo-lhe, ao invés, a reconstituição e recontextualização do valor e importância da Infância e sua Educação na história da vida social e da organização das sociedades. Uma noção, ainda, que assume este mesmo conhecimento como estando sempre permeável a seleções e a esquecimentos porque produzido por humanos, mais não fazendo então do que atestar a nossa incompletude ontológica; a mesma que é corroborada em resultados limitados, provisórios e inacabados – esta, uma afirmação ética que reafirma o caráter social e político inerente à construção do conhecimento científico e a

---

[1] Fausto Bordalo Dias (1948-2024), músico português. "Atrás dos tempos". In *A madrugada dos trapeiros*, álbum publicado em 1977.

sua não neutralidade. *"Atrás dos tempos vêm tempos e outros tempos hão de vir"* traduz assim esse trabalho *in progress* dos modos de conhecer que, erguido sobre conhecimentos passados atualiza a metáfora dos anões sobre ombros de gigantes[2], sendo que também os escrutina e interroga, expandindo-os e gerando novas perspetivas; neste caso sobre a construção social da educação de infância na produção académica.

Disso mesmo tratou o trabalho de resgate da memória acerca da Educação Infantil apresentado em 2020 no dossier "Produção sobre educação infantil: sínteses, identificação de lacunas & contradições"[3], que agora o livro *Educação infantil nas produções acadêmicas do século XXI* leva mais longe – os seus 15 capítulos dão a conhecer uma ampla e diversa produção científica nas áreas da Educação e da Psicologia que se têm vindo a preocupar com o estudo das infâncias na Educação Infantil no Brasil. Esta compilação, abrangendo um arco temporal que incide no primeiro quartel deste século, reúne a sistematização do estado do conhecimento relativo a políticas e a práticas que intervêm na constituição de domínios como a educação física, educação musical e educação especial, sem nisso descartar o papel que as relações geracionais, seja entre adultos, bebés e crianças, seja entre pares desempenham.

Neste ir *"atrás dos tempos"* das *"Educação infantil nas produções acadêmicas do século XXI"* – esse deslocamento essencial para hoje compreendermos como foi sustentada uma dada estabilidade e duração que contribuiu para definir e manter o lugar de adultos e crianças, e por relação a grupos – familiares, de pares, profissionais, políticos e científicos – e a instituições que compõem a sociedade – a creche, a pré-escola ou a universidade –, é possível recuperar os modos como determinadas fronteiras socioculturais foram afirmadas, fundamentadas e são reforçadas. Ou desafiadas. Se no primeiro caso, é isso que mostra até que ponto a institucionalização socioeducativa da infância contemporânea brasileira em creches e pré-escolas tem vindo a conquistar terreno e a estabelecer-se, no segundo, é também nessa revisitação *"atrás dos tempos"*, que *"outros tempos hão de vir"*; ou seja, que se anunciam, tomam assento e presentificam preocupações outras,

---

[2] Metáfora medieval, o seu uso mais conhecido procede de Isaac Newton que escreveu em 1675: "Se eu vi mais longe, foi por estar sobre ombros de gigantes", sendo retomada por Stephen Hawking, na compilação *"Nos ombros de gigantes – os grandes trabalhos de física e de astronomia"* (2002), e quando afirmou em 2017: "Cada geração está sobre os ombros daqueles que vieram antes, assim como eu fiz quando era estudante de doutoramento em Cambridge, inspirado pela obra de Isaac Newton, James Clerk Maxwell e Albert Einstein".

[3] Publicado na revista Educação, Porto Alegre, v. 43, n. 3, set.-dez. 2020 e-ISSN: 1981-2582 ISSN-L: 0101-465X.

como mostram os Estados do Conhecimento que buscaram visibilizar marcadores biossociais, étnico-raciais e geosociais de bebés e crianças que diversificam e pluralizam internamente a categoria infância, e fazem implodir a sua suposta homogeneidade e lisura, desconstruindo-a.

Diga-se, então, em abono da epígrafe "*atrás dos tempos vêm tempos e outros tempos hão de vir*" e do Estado do Conhecimento disponibilizado em a "*Educação infantil nas produções acadêmicas do século XXI*" que este livro não se constitui como uma espécie de 'a última palavra' sobre este assunto, encerrando-o, mas antes uma primeira que se abre a um "*outro tempo que há de vir*", animando a prossegui-lo.

Acredito, portanto, que as/os as/seus leitoras/es beneficiem dos contributos trazidos pelas narrativas e discursos retrospetivos que, nas diferentes formas de ir ao passado, recuperam e relembram atores, processos de pesquisa e resultados. Sobretudo, deposito nelas/neles a expetativa de que nessas leituras, a deteção e exploração de brechas para reinterpretarem a teoria disponível em função dos questionamentos, dos esquecimentos e apagamentos e das lutas presentes e futuras, as/os instiguem a aprontarem narrativas e discursos prospetivos, voltados para um futuro cujas preocupações, não se limitando a colaborar na atualização das fronteiras sociais, intentem modificá-las e transformá-las.

Manuela Ferreira
Univ. do Porto/PT
Out/2024

SUMÁRIO

INTRODUÇÃO
EDUCAÇÃO INFANTIL NAS PRODUÇÕES ACADÊMICAS DO SÉCULO XXI.. 13

CAPÍTULO I
O ESTADO DO CONHECIMENTO E OUTRAS FORMAS DE REGISTO DE PRODUÇÕES CIENTÍFICAS 21

Vera Maria Ramos de Vasconcellos

Anne Patrícia Pimentel Nascimento da Silva (in memoriam)

CAPÍTULO II
O BRINCAR NO CONTEXTO ESCOLAR: REVISITANDO A LITERATURA 35

Shiniata Alvaia Menezes

Ilka Dias Bichara

Graziele Carneiro Lima

João Aragão Telles

CAPÍTULO III
O BRINCAR DE CRIANÇAS CAMPESINAS E INDÍGENAS NAS ESCOLAS DE EDUCAÇÃO INFANTIL DO CAMPO 57

Maria Aparecida D'Ávila Cassimiro

Cristina D'Ávila

CAPÍTULO IV
"NOSSOS PASSOS VÊM DE LONGE": PESQUISAS ÉTNICO-RACIAIS COM CRIANÇAS..87

Erika Jennifer Honorio Pereira

CAPÍTULO V
FORMAÇÃO MUSICAL E DOCÊNCIA NA EDUCAÇÃO INFANTIL: UMA DISCUSSÃO NECESSÁRIA 115

Luana Roberta de Oliveira de Medeiros Pereira

Núbia Aparecida Schaper Santos

CAPÍTULO VI

EDUCAÇÃO FÍSICA ESCOLAR NAS UNIDADES UNIVERSITÁRIAS DE EDUCAÇÃO INFANTIL EM PRODUÇÕES ACADÊMICAS (1994–2024).. 145

Felipe Rocha dos Santos

Ligia Maria Leão de Aquino

CAPÍTULO VII

O PROINFÂNCIA E A AMPLIAÇÃO DAS VAGAS NA EDUCAÇÃO INFANTIL: UMA REVISÃO DA LITERATURA...171

Givanildo da Silva

Adelaide Alves Dias

Charlyne Lira Urtiga

CAPÍTULO VIII

VINTE ANOS (2003–2023) DE EDUCAÇÃO INFANTIL NAS PRODUÇÕES CIENTÍFICAS DA UERJ: ENTRE TESES E DISSERTAÇÕES 201

Roberta Teixeira de Souza

CAPÍTULO IX

RETRATOS DA PRODUÇÃO CIENTÍFICA SOBRE CUIDAR-EDUCAR BEBÊS NA CRECHE.. 225

Ana Rosa Picanço Moreira

Letícia de Souza Duque

CAPÍTULO X

BEBÊS NAS CRECHES: UMA ANÁLISE DA PRODUÇÃO ACADÊMICA ...249

Patrícia Maria Uchôa Simões

Elaine Suane Florêncio Santos

CAPÍTULO XI

RELAÇÕES DE PODER E CUIDADO ENTRE PROFESSORAS E BEBÊS NA CRECHE: BREVE REVISÃO NOS SÍTIOS ACADÊMICOS.................... 273

Núbia Aparecida Schaper Santos

Tamires Cristina dos Reis Carlos Alvim

CAPÍTULO XII
ESTRATÉGIAS DE COMUNICAÇÃO AUMENTATIVA E ALTERNATIVA EM CRIANÇAS COM TEA NA EDUCAÇÃO INFANTIL 291

Grazielle Ribeiro de Queiroz

Cátia Walter

CAPÍTULO XIII
ATENDIMENTO EDUCACIONAL ESPECIALIZADO NA EDUCAÇÃO INFANTIL: UM SERVIÇO EM CONSTRUÇÃO 309

Maciel Cristiano da Silva

Sirlane Araujo Marques

Getsemane de Freitas Batista

CAPÍTULO XIV
ATUAÇÕES DA FAMÍLIA DE CRIANÇAS COM DEFICIÊNCIA INTELECTUAL: REPERCUSSÕES PARA A EDUCAÇÃO INFANTIL 325

Marina Taglialegna

Silviane Barbato

Gabriela Mietto

CAPÍTULO XV
PALAVRAS FINAIS... 353

Ana Rosa Moreira

Patrícia M. U. Simões

Vera M. R. de Vasconcellos

SOBRE OS AUTORES 359

INTRODUÇÃO

EDUCAÇÃO INFANTIL NAS PRODUÇÕES ACADÊMICAS DO SÉCULO XXI

O Plano Nacional de Educação (PNE 2014–2024), que venceu em 25 de junho de 2024, foi prorrogado até 31 de dezembro de 2025 por meio do Projeto de Lei 5665/23, aprovado pela Câmara dos Deputados em 3 de julho de 2024. O novo projeto para o PNE precisa refletir tanto as demandas antigas que não foram atendidas como os novos desafios e anseios que surgiram na última década. Embora os movimentos em defesa da Educação de Qualidade e da comunidade acadêmica denunciem e lutem contra os equívocos e retrocessos dos últimos anos, ainda muito precisa ser feito.

Um avanço recente foi a conquista do Movimento Interfóruns de Educação Infantil do Brasil (Mieib) de poder indicar nomes para a composição do novo Conselho Nacional de Educação (CNE), sendo a única entidade com foco na Educação Infantil.

Este livro, organizado e composto por pesquisadores do campo das infâncias e muitos integrantes do Mieib, pretende contribuir na produção, implantação e efetivação do novo PNE (2026–2036), analisando criticamente e reafirmando as concepções e os valores que o campo defende e que estão presentes na produção acadêmica, relativa à Educação Infantil, do conturbado século XXI.

Sabemos que o aumento das pesquisas em Educação referentes aos bebês e às crianças pequenas tem sido marcado por uma ruptura epistemológica que concebe a criança como produtora de culturas e sujeito social e histórico de direitos. Esse movimento teve como consequência a produção de conhecimentos que passaram a subsidiar novas formas do fazer pedagógico, envolvendo mudanças nas políticas e práticas educacionais de formação docente, de concepção de currículos e nos modos de avaliação da criança e do ensino.

A análise da produção bibliográfica da área nos apresenta novas lentes teóricas e metodológicas de tratar as diferentes temáticas nos estudos, além de apontar as lacunas e divergências que ainda necessitam de mais investimento e atenção dos(as) pesquisadores(as). Em 2020, já caminhamos nessa direção ao publicar o Dossiê "Produção sobre Educação Infantil: sínteses, identificação de lacunas & contradições"[4].

Naquele mesmo ano, o mundo entrou num contexto pandêmico de isolamento social e fechamento das escolas, impactando a saúde física e psíquica de crianças, jovens e adultos. Foram muitas as pesquisas realizadas sobre esse momento de aprofundamento da crise social, refletido em dificuldades de organização das rotinas escolares e familiares, mudanças nas formas de trabalhar e maior uso das tecnologias de comunicação, que passaram a estar presentes no mundo educacional. Além disso, no Brasil enfrentávamos um cenário de obscurantismo governamental, entre 2019 e 2022, que pôs em xeque os avanços e as conquistas até então alcançadas quanto ao direito à Educação de qualidade para as crianças pequenas, previstas em marcos legais promulgados na esteira da Constituição Federal (1988), do Estatuto de Criança e do Adolescente (1990), da Lei de Diretrizes e Bases da Educação (1996) e apresentadas nos Planos Nacionais de Educação de 2001 e 2014.

Consideramos importante refletir sobre esses acontecimentos na produção acadêmica da Educação Infantil, que é um campo multifacetado, no qual convergem (e divergem) diferentes interesses: quais as temáticas privilegiadas pelos estudiosos da área? Quais os problemas levantados? Como as pesquisas foram realizadas? O que esses estudos vêm apontando? Em que conclusões chegaram até o momento? Em quais periódicos e/ou reuniões científicas esses trabalhos foram veiculados? Como o isolamento social, que atingiu as instituições de Educação Infantil, em especial os bebês e as crianças pequenas, é retratado nas pesquisas? Como a ausência de políticas educacionais (2019–2022) atingiu a escolha dos temas e problemas pesquisados? Quais as perspectivas para a reconstrução das políticas no novo governo?

A análise das conquistas de um campo acadêmico envolve considerar seu processo histórico de expansão da produção científica e os acontecimentos sociais e políticos que atravessam esse campo e seu período histórico. Por isso, a proposta deste livro é valorizar a dimensão coletiva das pesquisas, o rigor científico da produção acadêmica nacional, reunindo e analisando criticamente os estudos produzidos no século XXI referentes

---

[4] Publicação feita na *Revista Educação* (PUCRS. ONLINE), v. 43, 2020.

à Educação Infantil. Desejamos ampliar o mapeamento apresentado no Dossiê de 2020, dando destaque aos efeitos dos acontecimentos políticos de saúde e sociais mais recentes no campo educacional. Assim, nosso convite para a realização deste novo projeto foi além dos autores que conosco estiveram na publicação na *Revista Educação*, sendo necessário envolver outros pesquisadores e rever as análises das produções então realizadas, ampliando-as até 2023/24.

As pesquisas, de uma maneira geral, focalizam o campo e os estudos da Educação Infantil na contextualização histórica, a partir de uma base cultural; valorizam os marcos legais existentes e seus efeitos para o fortalecimento das políticas educacionais, os programas de formação de professores e as propostas de atenção à infância. Entendemos que a escrita registra e eterniza momentos vividos, trazendo para o presente esforços acadêmicos do passado. Revisitar publicações anteriores assegura que os dados e as ideias antes discutidas circulem, sejam apropriados e ressignificados pelos novos pesquisadores.

O objetivo do livro é potencializar a contribuição efetiva do conhecimento produzido nos últimos 20 anos, ampliando as discussões para a nova edição do Plano Nacional de Educação, particularmente às Metas que concernem à Educação Infantil, além de fomentar a edição de novos marcos legais para a infância e ampliar o conhecimento do campo.

Entendemos que o desenho metodológico do Estado do Conhecimento das produções da Educação e da Psicologia da Infância, além das características teórico-epistemológicas das pesquisas, torna disponível e acessível aos novos pesquisadores o que foi investigado de forma rigorosa e persistente sobre creche, crianças, infâncias e Educação Infantil no país. Enfatizamos a relevância de se realizar com consistência, antes de qualquer nova investigação, o levantamento do que já foi produzido sobre o tema, pois entendemos que essas análises podem oferecer elementos para o aperfeiçoamento das pesquisas e da formação de novos pesquisadores, além de subsidiar a aplicabilidade dos resultados em ações na prática educacional e sistematizar aportes teóricos inovadores.

Os capítulos que serão aqui apresentados são revisões e sistematizações analíticas do que já foi produzido em artigos, teses e dissertações referentes ao tema; além dos anais de associações nacionais de pós-graduação e pesquisa em Educação (ANPEd) e em Psicologia (ANPEPP) e de seminários de Grupos de Pesquisa sobre Crianças e Infâncias, como o

GRUPECI e outras reuniões científicas. Os autores, com respeito e origi-nalidade, buscaram dar visibilidade às produções afins às suas, a partir de títulos, resumos, palavras-chaves, descritores e referências bibliográficas.

Organizamos os capítulos em três seções temáticas, procurando dar mais densidade a cada debate e explorar eixos de análise em diferentes perspectivas. Antes das seções, iniciamos o livro com o capítulo "O Estado do Conhecimento e outras formas de registro de produções científicas sobre um tema", de autoria de **Vera Maria Ramos de Vasconcellos e Anne Patrícia Pimentel Nascimento da Silva** (*in memoriam*), no qual são discutidas as diferenças do que chamamos de Estado da Arte, Estado do Conhecimento e Metapesquisa ou Metainvestigação, tendo como referência a área de Educação.

A primeira seção tem como eixo temas caros à Educação Infantil — ou aqueles que nem sempre estão presentes em suas análises. O 2º capítulo traz uma revisão da literatura ampliada do brincar a partir de ambiências escolares, como o pátio e a brinquedoteca. **Shiniata Alvaia Menezes, Ilka Dias Bichara, Graziele Carneiro Lima e João Aragão Telles** tiveram por objetivo colocar em diálogo a teorização internacional sobre o tema e os resultados de estudos nacionais, aplicáveis às práticas do brincar e às tendências teóricas existentes vinculadas aos elementos da natureza.

Seguindo o mesmo tema do brincar: no 3º capítulo, **Cristina D'Ávila e Maria Aparecida D'Ávila Cassimiro** analisam as produções referentes às crianças campesinas e indígenas nas escolas de Educação Infantil do Campo a partir do Estado da Questão. Os resultados destacam o interesse em acessar especificidades das culturas da infância diversas, tendo como processo de expressão o brincar com elementos da natureza e brinquedos não estruturados. O texto evidencia a lacuna referente à falta de estudos sobre a questão do brincar em escolas do campo e em comunidades indígenas.

No 4º capítulo, **Erika Jennifer Honorio Pereira** aborda pesquisas sobre as relações étnico-raciais com crianças. Analisa o que já foi produzido, quem realizou tais produções, o que analisam as pesquisadoras atuais e o que precisa avançar. Destaca que a produção aumentou significativamente desde 2003, marco temporal inicial escolhido para a análise. Contudo, permanece a necessidade de mais discussões e pesquisas sobre crianças e relações étnico-raciais na pós-graduação brasileira.

Luana Roberta de Oliveira de Medeiros Pereira e Núbia Aparecida Schaper Santos apresentam no 5º capítulo um mapeamento dos trabalhos acadêmicos para discutir "A Formação Musical e a Docência na Educação Infantil". Analisam ações de intervenção junto a profissionais de creche que possibilitam a construção do conhecimento na área da música em diálogo com a Educação Infantil.

No 6º capítulo, "Educação Física Escolar nas Unidades Universitárias de Educação Infantil em Produções Acadêmicas (1994–2024)", **Felipe Rocha dos Santos e Ligia Maria Leão de Aquino** põem em diálogo o campo da Educação Física Escolar e da Educação Infantil no âmbito das Unidades Universitárias de Educação Infantil. Os resultados apontam para a necessidade de uma prática pedagógica construída a partir do diálogo entre os campos da Educação Infantil e Educação Física Escolar.

A segunda seção tem como eixo de discussão a "Política Educacional, Bebês, Creche". No 7º capítulo, **Givanildo da Silva, Adelaide Alves Dias e Charlyne Lira Urtiga** apresentam uma revisão dos estudos sobre políticas públicas de expansão de vagas para a Educação Infantil no contexto do Programa Nacional de Reestruturação e Aquisição de Equipamentos de Rede Escolar Pública de Educação Infantil (Proinfância). O estudo revela a contribuição do Proinfância para colocar a Educação Infantil na agenda de prioridades da política educacional no âmbito do governo federal e dos governos municipais, representando um avanço histórico para a área.

No capítulo 8, **Roberta Teixeira de Souza** analisa as produções acadêmicas em quatro programas de pós-graduação vinculados à Educação da UERJ ao longo de 20 anos (2003–2023). As pesquisas encontradas referentes à Educação Infantil contribuem com o acompanhamento histórico da produção do conhecimento na área, demarcando temas ainda pouco estudados, apontando para a possibilidade de novas investigações.

Ana Rosa Picanço Moreira e Letícia de Souza Duque analisam, no 9º capítulo, o mapeamento de trabalhos acadêmicos sobre o cuidar-educar de bebês na creche. Os resultados revelam que existe uma separação hierárquica entre as funções de cuidar e educar, que reflete desigualdades sociais existentes nos âmbitos de raça, classe e escolaridade, e defendem a necessidade de aprofundar esse tema na formação de professoras/es da creche.

No 10º capítulo, **Patricia Simões e Elaine Suane Florêncio Santos** apresentam os resultados de uma pesquisa bibliográfica que buscou analisar os campos semânticos dos estudos sobre bebês na Educação Infantil. Para as autoras, as pesquisas necessitam considerar o bebê e a creche enquanto categorias próprias de análise, e não os analisar na categoria de crianças bem pequenas, nem a creche como subetapa da Educação Infantil.

No 11º capítulo, **Núbia Aparecida Schaper Santos e Tamires Cristina dos Reis Carlos Alvim** investigam as relações de poder e cuidado nas interações de bebês e professoras em uma creche conveniada de uma cidade mineira. Os resultados apontam para a importância da formação continuada como instrumento de diálogo com as professoras e de como sessões reflexivas podem promover novas perspectivas de trabalho com os bebês.

A última seção, intitulada "Inclusão na Educação Infantil", discute três estudos que tratam de questões de tendências, ênfases e escolhas metodológicas das pesquisas na área da Educação Infantil em relação a Educação Inclusiva. No 12º capítulo, **Grazielle Ribeiro Queiroz e Cátia Walter**, a partir de uma revisão das políticas públicas referentes à Educação Inclusiva, analisam as produções nacionais que discutem o tema da comunicação alternativa na Educação Infantil, com foco em crianças pequenas com diagnóstico de Transtorno do Espectro do Autismo.

No 13º capítulo, **Maciel Cristiano do Silva, Sirlane Araujo Marques e Getsemane de Freitas Batista** fazem uma revisão dos estudos sobre o Atendimento Educacional Especializado (AEE), analisando produções acadêmicas que discutem como o AEE tem sido realizado na Educação Infantil em municípios brasileiros. Os resultados apontam para a necessidade de reestruturação e organização que sistematize e oriente os profissionais para o atendimento de crianças da Educação Especial na Educação Infantil.

No mesmo campo de discussão, a partir das pesquisas da Psicologia, no 14º capítulo **Marina Cauhi de Oliveira Taglialegna, Silviane Barbato e Gabriela Mietto** apresentam uma revisão sistemática sobre as formas de atuação de famílias de crianças com deficiência intelectual e os diversos impactos que podem oferecer na socialização e no desenvolvimento cognitivo da criança que recebe esse diagnóstico.

No último capítulo, as organizadoras fazem um balanço das produções nacionais trazidas nos textos que compõem o livro, demarcando impasses e limitações experimentados nas pesquisas acadêmicas relativas à Infância, Educação e Psicologia de bebês e crianças pequenas e seus possíveis efeitos na prática pedagógica cotidiana.

Sabemos que muito ainda precisa ser feito no estabelecimento de metodologias e critérios científicos de análise para esse tipo de estudo. Articular o que foi mapeado com as avaliações e as sínteses já produzidas, identificando os desafios às suas realizações, lacunas e indicando as contribuições mais significativas é a nossa intenção. Porém, não podemos deixar de enfatizar o momento político-institucional vivido nos últimos anos por todos aqueles que trabalham, ensinam e pesquisam nas universidades públicas do país, enfrentando as dificuldades, as instabilidades e as incertezas financeiras de apoio à pesquisa, sem abandonar o compromisso de ajudar a consolidar programas de pós-graduação democráticos e acessíveis a todos que deles queiram participar.

Esperamos que este livro possa contribuir para a reflexão sobre a produção acadêmica no contexto das primeiras décadas deste século e auxiliar nas reflexões para a elaboração do novo PNE (2026–2036), mediante a disseminação do saber e na reconstrução de políticas públicas e práticas educativas de melhor inclusão, equidade e justiça social. Tudo isso é inerente ao trabalho acadêmico. Assim, convidamos o(a) leitor(a) a partilhar conosco as diferentes temáticas investigadas.

As organizadoras

CAPÍTULO I

O ESTADO DO CONHECIMENTO E OUTRAS FORMAS DE REGISTO DE PRODUÇÕES CIENTÍFICAS

Vera Maria Ramos de Vasconcellos

Anne Patrícia Pimentel Nascimento da Silva[5]

(in memoriam)

Introdução

Como registrar as revisões sistemáticas e críticas dos modos de produção de um campo de estudo? Tradicionalmente, falamos do "Estado da Arte" e do "Estado do Conhecimento". Há também a possibilidade de se fazer análises completas de teses e dissertações produzidas em um determinado campo do conhecimento ou tema, e isso é chamado de Metainvestigação (Torres & Palhares, 2014) ou Metapesquisa (Mainardes, 2022). Todos são estudos que organizam o que foi produzido durante um período de tempo e área de abrangência, observando rastros deixados no percurso histórico de suas produções e lacunas ainda a serem preenchidas.

Quando fazemos uma revisão sistemática da literatura referente a alguma pesquisa científica, sempre nos perguntamos: o que é isso mesmo que estamos fazendo? Este tipo de estudo serve para quê? Será que uma visão panorâmica da produção científica nacional sobre algum tema favorece a melhor compreensão e avaliação da relevância desse tema e nos aponta lacunas, contradições, diversidades teórico-metodológicas, distintos modos de construção do conhecimento? Acreditamos que sim. Por essa razão, decidimos nos debruçar sobre diferentes modalidades reconhecidas para esse tipo de investigação. Seguiremos, assim, com as denominações tradicionais e, por isso, vamos analisá-las.

---

[5] Ver Nascimento da Silva, A. P. (2016) *12 anos (2003-2015) Infância e Educação Infantil na UERJ: entre teses e dissertações.* [Dissertação de Mestrado em Educação], Universidade do Estado do Rio de Janeiro.

O "Estado da Arte" e o "Estado do Conhecimento" são denominações de levantamentos sistemáticos ou balanço sobre algum conhecimento produzidos durante determinado período e área de abrangência. Dessa forma, os pesquisadores que decidem fazê-los têm em comum o objetivo de "olhar para trás", rever caminhos percorridos, sendo, portanto, possíveis de serem mais uma vez visitados por novas pesquisas, de modo a favorecer a organização e o acesso às produções científicas e à democratização do conhecimento (Nascimento Silva et al., 2020).

No Brasil, as terminologias "Estado da Arte" e "Estado do Conhecimento" têm sido utilizadas como sinônimo em diferentes e variadas pesquisas. Entretanto, isso não é consenso. Alguns autores afirmam que o que importa é o "rigor metodológico com o qual o pesquisador desenvolve seu trabalho" (Vosgerau & Romanowski, 2014, p. 166). Neste capítulo, traremos algumas análises já históricas na área da Educação que validam a independência de tais posições.

Nas diversas universidades do país, nas áreas da Educação e da Psicologia, diferentes pesquisas têm sido desenvolvidas, acompanhando o mercado da produção científica e as demandas dos órgãos de financiamento. A grande maioria das investigações são realizadas no interior dos programas de pós-graduação, que se tornaram, ao longo dos últimos 40 anos, espaços de formação de pesquisadores e de investimento e potencialização de pesquisas de qualidade no país. Há neles a produção de dissertações de mestrado, teses de doutorado e artigos produzidos para encontros científicos e revistas especializadas da área. Esses trabalhos encontram-se disponíveis nos arquivos das bibliotecas, em especial no banco de dados da Capes, e, atualmente, foram digitalizadas nos respectivos programas. O acúmulo da produção de dissertações e teses, além da facilidade de acesso aos bancos de dados on-line, inspiram a elaboração de artigos que reúnem e analisam esses estudos.

O intuito é compreender como se dá o desenvolvimento das pesquisas e a construção do conhecimento, como ele se delineia e se configura na promoção de novas investigações. O acompanhamento permanente das produções científicas é fundamental para que se possa buscar o diálogo e a integração de resultados, identificar duplicações e lacunas na área, com o objetivo de estimular a qualidade da produção de novas investigações.

Este capítulo busca demarcar as congruências e divergências das concepções apresentadas e explicitar os percursos delineados no processo de construção do conhecimento na área da Educação Infantil ao longo das duas primeiras décadas do século XXI.

O Estado da Arte e seus pesquisadores

As questões referentes à compreensão de que o Estado da Arte é uma modalidade específica de organizar e analisar as referências bibliográficas nacionais é tema antigo da academia brasileira. Esse debate alimentou grupo da Associação Nacional de Pós-Graduação e Pesquisa em Educação (ANPEd) no século passado. O termo "Estado da Arte" é originário da literatura científica americana e tem por meta "realizar levantamentos do que se conhece sobre um determinado assunto a partir de pesquisas realizadas em uma determinada área" (Brandão et al., 1986, p. 7). O "Estado da Arte" traz o desafio de ir além do mapeamento das produções científicas em diferentes campos do conhecimento, épocas e territórios. É uma metodologia de caráter inventariante e descritiva, que busca conhecer em uma espera ampliada "em que condições as teses, dissertações, publicações em periódicos, comunicações em anais de congressos e seminários têm sido produzidas" (Ferreira, 2002, p. 258).

Para Romanowsky e Ens (2006), o "Estado da Arte", que tinha por objetivo acompanhar a evolução do conhecimento científico durante certo período de tempo, acabou por se tornar um marco histórico, pois o termo passou a ser utilizado nas pesquisas bibliográficas na área da Educação, Ciências Sociais e Saúde. Assim, o "Estado da Arte" resulta de um vasto acervo de diferentes tipos de pesquisas e de diferentes sítios acadêmicos e registros diversos, que dão ênfases aos graus de aprofundamento da análise. É uma modalidade de revisão da literatura que permite diálogo entre pesquisadores de áreas afins, revelando a riqueza de dados produzidos em pesquisas de origem diversas. A importância dessa modalidade de busca é afirmada por Sposito (2009), que considera raros os autores "que constroem problemáticas a partir de um diálogo horizontal com outros pesquisadores que escrevem sobre o tema, o que dificulta a acumulação também horizontal do processo de conhecimento" (p. 40). O uso dessa metodologia vem sendo defendida por autores que a consideram importante para acompanhar as mudanças nas ciências e demarcar as diferentes vertentes e facetas sobre as quais o conhecimento científico vai se constituindo ao longo dos anos.

Marli André, já em 2006, afirmava que a pesquisa educacional no Brasil "não nasceu de um movimento das próprias universidades". Ela foi "induzida pelos órgãos governamentais" para "obter subsídios para as políticas educacionais" (André, 2006, p. 14). Um dos primeiros trabalhos a discutir esse tema foi a tese "As Licenciaturas no Brasil: um balanço das teses e dissertações nos anos 90", de Joana Romanowski (2002). A autora realizou um Estado da Arte sobre teses e dissertações defendidas nos programas de pós-graduação em Educação no Brasil, no período de 1990–1998. Um de seus objetivos foi compreender como se deu a produção sobre a formação inicial de professores, em especial nos cursos de licenciatura. Para a realização da pesquisa, consultou a base de dados nos CD *room* da ANPEd, encontrando 39 teses e dissertações e 107 resumos. As pesquisas selecionadas foram obtidas nas bibliotecas dos programas de pós-graduação, que à época utilizavam o sistema Comut[6]. Um dos objetivos do estudo foi situar os cursos de licenciatura no quadro de expansão do ensino superior no Brasil, procurando perceber as problemáticas e implicações existentes. As conclusões da pesquisa continuam atuais, pois apontam para a necessidade de melhoria na formação dos professores, em especial nos momentos em que novas propostas são apresentadas nos referidos cursos, exigindo a realização de pesquisas que avaliem tais mudanças.

No ano de 1999, André, Simões, Carvalho e Brzenziski publicam "Estado da Arte da Formação de Professores no Brasil", analisando dissertações e teses defendidas nos programas de pós-graduação em Educação do país de 1990 a 1996, artigos publicados em dez periódicos da área no período 1990–1997 e pesquisas apresentadas no Grupo de Trabalho Formação de Professores da ANPEd, na década de 1990. A partir da metodologia de Análise de Conteúdo, os autores se debruçaram em 115 artigos, 284 dissertações e teses e 70 trabalhos apresentados do Grupo de Trabalho (GT) daquela década. Esse trabalho deu destaque à grande preocupação com o preparo dos professores que atuam nas séries iniciais do Ensino Fundamental. Evidenciou ainda o silêncio quase total em relação à formação de professores do Ensino Superior, Educação de Jovens e Adultos e do ensino técnico e rural, assim como a atuação de movimentos sociais e a literatura referente às crianças em situação de risco.

---

[6] Comut é um Programa de Comutação Bibliográfica que permite o acesso a produções científicas disponibilizadas nas principais bibliotecas brasileiras.

Os trabalhos anteriores acabaram por inspirar Sposito e Carrano (2003) e Sposito (2009) no levantamento que gerou o livro *O Estado da Arte sobre Juventude na Pós-Graduação Brasileira: Educação, Ciências Sociais e Serviço Social (1999-2006)*, que analisou as produções no campo da juventude daquele período. Nas áreas de estudo citadas, havia a emergência e o início da consolidação do campo de estudos sobre juventude. Assim, a partir dos três campos mencionados no título do artigo, a autora analisou 1.427 teses e dissertações. O estudo reconheceu os principais resultados das investigações, identificou as temáticas e abordagens dominantes, emergência de temas que deveriam aparecer em investigações futuras. A autora destacou a presença de lacunas no conhecimento sobre juventude e registrou que os trabalhos existentes pouco dialogavam entre si, pois ainda partiam de interesses isolados de pesquisadores de diferentes programas de pós-graduação. Sugere, ainda, que cabe aos orientadores ter uma atitude mais ativa, ajudando os alunos a reconhecerem que a produção do conhecimento não se esgota num único texto, precisa de interlocução e continuidade a fim de que as questões de investigação sejam aprofundadas e ampliadas.

Em *O Estado da Arte sobre Juventude na Pós-Graduação Brasileira*, Sposito (2009) defende a importância de estudos que adotam essa metodologia, pois ela não se limita a identificar as principais temáticas e enfoques existentes. Por ser ampla e abrangente, põe em diálogo desde os resumos de artigos publicados em periódicos e eventos, até a produção de teses e dissertações. Isso possibilita estabelecer intercâmbio com outras áreas do conhecimento e analisar como determinado tema é diferentemente abordado nas áreas, suas contribuições, contradições, desafios propostos e lacunas que precisam ser preenchidas com novos estudos. Esse tipo de aprofundamento da "análise permite estabelecer relações com diferentes produções bibliográficas (artigos, teses, dissertações e publicações em anais de eventos) em determinada área ou favorecer o diálogo entre diferentes campos do saber" (Nascimento & Silva, 2016, p. 30).

Em 2023, Jacomini et al. (2023), no artigo "Pesquisas Estado da Arte em Educação: características e desafios", analisaram artigos publicados em revistas nacionais da área de Educação, registradas na SciELO, programas de pós-graduação e livros. Tinham por objetivo destacar as características teórico-metodológicas das pesquisas, identificar os desafios à sua realização e indicar tendências, potencialidades e desafios no conhecimento na área de Educação. Para as autoras,

> ... os caminhos percorridos pela pesquisa em educação com seu início fora da universidade e sua curta trajetória dentro dela (André, 2006), estudos do tipo Estado da Arte podem contribuir para o reposicionamento das agendas de pesquisas educacionais. (Jacomini et al., 2023, p. 16).

Na passagem do século XX para o XXI, autores como Sposito (2009), Brzenzinski (1999) e Romanowski (2002) — e, mais recentemente, Jacomini et al. (2023) — utilizavam o termo "Estado da Arte" nos levantamentos que realizaram sobre a produção científica em seus campos de conhecimento. No mesmo período, outros autores preferiram adotar a terminologia "Estado do Conhecimento".

O Estado do Conhecimento e seus pesquisadores

Autores como Ferreira (1999), Soares (1989), Soares e Maciel (2000) Rocha (1999), Rocha et al. (2001), Côco (2010), Nascimento Silva (2016) adotaram a terminologia "Estado do Conhecimento", seguindo a tendência proposta na Série "Estado do Conhecimento" do Instituto Nacional de Estudos e Pesquisas Educacionais Anísio Teixeira (Inep). Traremos, a seguir, trabalhos assim identificados para entender a razão da escolha e preferência por essa terminologia.

Para estabelecer a diferença entre os termos utilizados nesse tipo de levantamento e análise, Soares e Maciel (2000) defenderam que o "Estado do Conhecimento" é uma metodologia mais restrita, definindo-a como um estudo que aborda apenas um setor das publicações sobre um determinado tema. Segundo as autoras, a multiplicidade de trabalhos nas diferentes áreas e ênfases diversas não colabora para integrar as pesquisas e seus resultados, além de não explicar as contradições e incoerências encontradas. Antes disso, para elas o primeiro passo a ser dado é elaborar um "Estado do Conhecimento" na área selecionada, uma revisão crítica da literatura específica, com a identificação dos aspectos que têm sido valorizados e os referenciais teóricos que vêm subsidiando as pesquisas em um período de tempo determinado. No estudo realizado por Soares (1989), *Alfabetização no Brasil – O Estado do Conhecimento*, foram encontradas teses e dissertações nas áreas de Educação, Psicologia, Letras e Distúrbios da Comunicação. A autora registrou as produções acadêmico-científicas sobre a aquisição da língua escrita por crianças no processo de escolarização regular. Em Soares e Maciel (2000), *Alfabetização – Série Estado do Conhe-*

cimento, a descrição se deu à luz de determinadas categorias: os temas privilegiados; os referenciais teóricos adotados; além dos gêneros em que o conhecimento produzido se expressava. Procuraram, ainda, indicar as relações presentes nessas categorias e evidenciar, em uma perspectiva histórica, a existência maior ou menor, ao longo do período analisado, dos diferentes temas, referenciais teóricos e gêneros. Apresentaram os estudos e ofereceram subsídios para a definição de uma política voltada ao incentivo à pesquisa nessa área. Detectaram lacunas, apontaram temas ausentes ou insuficientemente explorados; além de referenciais teóricos cuja produção sobre alfabetização era pouco significativa. Encontraram, também, alternativas metodológicas de investigação que, embora promissoras, ainda eram pouco utilizadas em pesquisas sobre o tema.

Autoras com Romanowski e Ens (2006), que originalmente trabalharam com o Estado da Arte, veem no Estado do Conhecimento a possibilidade de aprofundamento *da análise* "para a definição de um campo investigativo em tempos de intensas mudanças associadas aos avanços crescentes da ciência e da tecnologia" (p. 39).

A defesa da metodologia "Estado do Conhecimento" é uma tentativa de melhor ajustar os objetivos às especificidades dos variados campos de investigação, corroborando intencionalmente para a contextualização, problematização e exploração de desafios e orientação de abordagens futuras (Torres & Palhares, 2014). Autores como Vosgerau e Romanowski (2014) afirmam que as revisões na literatura científica, em especial na área da Educação, seguem carecendo de mais aprimoramento, para contribuir com o percurso histórico das pesquisas e para conhecer como os temas têm se consolidado. Os autores afirmam que:

> ... devido ao número elevado de pesquisas empíricas realizadas são necessários e fundamentais para sintetizar, avaliar e apontar tendências, mas principalmente para indicar os pontos de fragilidade de modo a favorecer a análise crítica sobre o acumulado da área. (Vosgerau & Romanowski, 2014, p. 184).

Ainda no campo da Leitura, Ferreira (1999), na "Pesquisa em leitura: um estudo dos resumos em dissertações e teses de doutorado defendidas no Brasil, de 1980 a 1995", interroga os resumos das pesquisas desenvolvidas no período estudado nas faculdades de Letras/Linguística, Biblioteconomia, Comunicações, Educação e Psicologia. A primeira parte do trabalho objetivou inventariar, analisar e descrever a trajetória de leitura enquanto campo de produção de conhecimentos no Brasil, destacando: anos de publicação, locais de produção, áreas em que se originaram as pesquisas, gênero/sexo dos pesquisadores e focos temáticos. Na segunda parte, a autora tomou os resumos como *gêneros de discurso* acadêmico e os examinou como objeto de aprofundamento do estudo.

Ferreira (2002), no artigo "As pesquisas denominadas 'Estado da arte'", enfatiza que o que mobiliza os pesquisadores nesse tipo de inventário descritivo da produção acadêmica é o não conhecimento da totalidade de produções em determinada área que apresenta crescimento quantitativo e qualitativo, principalmente em relação às considerações tecidas nos programas de pós-graduação, e, mesmo assim, ainda não são amplamente divulgadas.

O que aproxima esses estudiosos é o fato de buscarem o que já foi produzido, desvelar seus principais interesses, seguir os percursos metodológicos adotados, expor os hiatos existentes e ainda revelar o volume de trabalhos produzidos, valorizando-os, fazendo-os emergir ao serem propagados (Ferreira, 2002).

Na área específica de Educação Infantil, o Programa de Pós-Graduação da Universidade Federal de Santa Catarina inaugura essa modalidade de análise com a tese de doutoramento de Rocha (1998) e a pesquisa de Rocha et al. (2001) intitulada *Série Estado do Conhecimento nº 2 – Educação Infantil 1983-1996*. As pesquisadoras analisaram a produção científica sobre a Educação Infantil no Brasil, a partir dos programas de pós-graduação em Educação, nos períodos citados. Os estudos tiveram por objetivo consolidar e integrar um conjunto de dados sobre esse campo específico da Educação, o que resultou na elaboração de um banco de dados com 432 registros cuja intenção foi permitir a atualização constante de informações e sua ampla divulgação. Esse relatório (Rocha et al., 2001), que se constituiu em um marco, teve por "objetivo apresentar um levantamento da produção do conhecimento sobre a Educação Infantil no Brasil a partir de um mapeamento da produção científica da área" (p. 5). Apresenta uma visão geral da produção do conhecimento sobre a educação de crianças de 0 a 6 anos, tendo em vista aspectos da trajetória da área, no período de 14 anos (1983–1996).

Seguindo trilha semelhante, em 2009, Valdete Côco, na pesquisa "O percurso dos trabalhos acadêmicos que focalizam a Educação Infantil no

Espírito Santo", buscou desvendar o cenário da Educação Infantil a partir do material produzido no Programa de Pós-Graduação em Educação PPGE/UFES. Tomou como referência a totalidade das produções do programa e, nela, a evolução da produção relativa ao tema — Educação infantil (teses e dissertações). A pesquisa destacou múltiplas conquistas e desafios a serem enfrentados no atendimento às crianças pequenas, que vão desde a luta pelo pertencimento da Educação Infantil à dinâmica educacional, as articulações de ações integradas com outras secretarias municipais, o aumento de ofertas de vagas, até a necessidade de qualificar o trabalho dos profissionais da área. Destacou a importância em integrar as ações de cuidado e educação que favoreçam o desenvolvimento de uma concepção de Educação Infantil como espaço privilegiado de aprendizagem e amplie as experiências de todos os sujeitos envolvidos.

Em 2016, Nascimento Silva, na dissertação "Os 12 anos (2003-2015) de Educação Infantil na UERJ: Entre Teses e Dissertações", desenvolveu um Estado do Conhecimento das temáticas Infância, Educação Infantil e Creche, produzidas nos quatro programas de pós-graduação em Educação da UERJ, no período citado. Apresentou as temáticas de mais interesse dos pesquisadores, seus objetivos, metodologias, instrumentos e resultados que influenciaram novas pesquisas e os fazeres pedagógicos de então. A pesquisa visou contribuir para o fortalecimento do campo e para a construção de práticas pedagógicas de qualidade, em especial as voltadas às creches públicas municipais.

Os três últimos estudos citados se aproximam do que Torres e Palhares (2014) identificam como "Metainvestigações". Para os autores, a metainvestigação é um empreendimento de identificação do processo de construção de um tema em uma determinada instituição de ensino ou área de conhecimento. Colaboram no "levantamento exaustivo procedimentos metodológicos adotados", bem como "no levantamento de tendências dominantes e na exploração de desafios e orientações para abordagens futuras" (p. 15).

Para além dessas especificidades, as revisões bibliográficas do tipo Estado do Conhecimento, Estado da Arte ou Metainvestigação são importantes instrumentos que contribuem no acompanhamento histórico da produção do conhecimento, demarcando temas ainda pouco estudados, e favorecem o intercâmbio de diferentes campos do saber.

> ...por um lado a literatura abre caminho ao conhecimento dos itinerários, por outro, pouco sabemos sobre a forma como, na realidade concreta, se constroem os objetos de estudo, se formulam os problemas, se escolhem os métodos e se aplicam as técnicas (Torres & Palhares, 2014, p. 15).

No Brasil, nos últimos anos, Mainardes (2018, 2022) tem explorado aspectos conceituais e metodológicos do que denomina de Metapesquisa (pesquisa sobre pesquisas) no campo da Educação. Com esses estudos, busca discutir a relevância dos grupos de pesquisas presentes nos programas de pós-graduação em Educação, sempre associados às disciplinas ministradas nesses programas e aos eventos científicos da área. Para o autor, esse tipo de pesquisa oferece elementos para a melhoria de pesquisas e para a formação de novos pesquisadores, pois ainda pouco se conhece sobre a natureza dos estudos produzidos, as abordagens metodológicas escolhidas e como as pesquisas são realizados nos grupos de pesquisas e programas de pós-graduação (Mainardes, 2022).

Os diversos autores citados, sejam os que se reconhecem como investigadores do tipo "Estado da Arte", "Estado do Conhecimento" ou mesmo como nomeado por Nóbrega-Therrien e Therrien (2004) "Estado da Questão", objetivam "levar o pesquisador a registrar, a partir de um rigoroso levantamento bibliográfico, como se encontra o tema ou o objeto de sua investigação no estado atual da ciência ao seu alcance" (p. 5). Essa discussão será apresentada no Capítulo III deste livro. Todos ajudam a identificar as mais recentes publicações de temas variados referentes à Educação da infância brasileira e buscam compreender como se dá o desenvolvimento das pesquisas e a construção do conhecimento, como ele se delineia e se configura na promoção de novas investigações.

Os capítulos apresentados neste livro retomam o compromisso da pesquisa inaugural da área, realizada por Rocha et al. (2001). Diferente daquela, não disponibilizaremos os resumos e as fichas catalográficas para consulta, pois, atualmente, tais buscas podem ser feitas on-line.

Em todos os capítulos, a definição dos descritores e a preocupação de atualização de novos termos é parte da revisão conceitual constante, parece ser um compromisso importante em uma área de estudos com uma jovem tradição de pesquisa. Muitos capítulos partem de orientações teórico-metodológicas distintas, mas todos privilegiam a análise crítica, apontando tendências, congruências e divergências subjacentes às diversas temáticas que correspondem hoje ao Estado do Conhecimento da Educação Infantil no Brasil.

O livro tem por objetivo corroborar para o reconhecimento e a identificação dos principais interesses dos estudos até hoje realizados, o que torna fundamental a divulgação dos resultados e identificação das possíveis lacunas existentes que poderão ser preenchidas com estudos futuros.

Os estudos aqui apresentados reúnem um conjunto de textos resultantes de diferentes investigações que nasceram da necessidade de aprofundar e discutir diferentes temas circunscritos à Educação da Infância brasileira. As publicações apresentam o processo de construção do conhecimento sobre temas ligados à Educação Infantil ao longo de uma linha de tempo (século XXI). O objetivo é que seus resultados contribuam para o conhecimento educacional e subsidiem as decisões políticas na área. O livro conta com a participação da comunidade acadêmica de programas de pós-graduação em Educação e Psicologia de diferentes regiões brasileiras, e seus capítulos são oriundos de várias instituições de ensino superior e foram produzidos por alunos dos cursos de graduação e pós-graduação e seus orientadores.

Referenciais

André, M., Simões, R. H. S., Carvalho, J. M., & Brzezinski, I. (1999). Estado da arte da formação de professores no Brasil. *Educação & Sociedade, 20*(68), 301-309.

André, M. (2006, setembro, dezembro) A jovem pesquisa educacional brasileira. *Diálogo Educacional, 6*(19), 11-24.

Brandão, Z., Baeta, A. M. B., & Rocha, A. D. C. (1986). *Evasão e repetência no Brasil: a escola em questão.* (2a ed.). Dois Pontos.

Brzezinski, I. (2013). Estado do conhecimento sobre formação de profissionais da educação: teses e dissertações do período 2003-2010. *Indagatio Didactica, 5*(2).

Côco, V. A. (2009) O percurso dos trabalhos acadêmicos que focalizam a Educação Infantil no Espírito Santo. In *Seminário Nacional 30 anos do PPGE/CE/UFES*, Vitória, ES. 30 anos do PPGE/CE/UFES, p. 01-14.

Côco, V. A. (2010) Configuração do trabalho docente na educação infantil. In *6º Congresso Ibero-Luso Brasileiro de Política e Administração da Educação.* Anpae. http://www.anpae.org.br /iberolusobrasileiro2010/cdrom/118.pdf.

Ferreira, N. S. (2002). As pesquisas denominadas "estado da arte". *Educação & Sociedade, 23*(79), 257-272.

Ferreira, N. S. (1999) *Pesquisa em leitura:* um estudo dos resumos de dissertações de mestrado e teses de doutorado defendidas no Brasil, de 1980 a 1995. [Tese de Doutorado], Universidade Estadual de Campinas, Faculdade de Educação. https://hdl.handle.net/20.500.12733/1587430.

Jacomini, M. A. et al. (2023). Pesquisas estado da arte em educação: características e desafios. *Educação E Pesquisa, 49*, e262052.

Mainardes, J. (2018, novembro, dezembro) Metapesquisa no campo da política educacional: elementos conceituais e metodológicos. *Educar em Revista, 34*(72), 303-319.

Mainardes, J. (2022) Grupos de Pesquisa em Educação como Objeto de Estudo, *Cadernos de Pesquisa, 52*, e08532.

Nascimento Silva, A.P., Souza, R.T., & Vasconcellos, V. M.R. (2020, setembro a dezembro) O Estado da Arte ou o Estado do Conhecimento. *Revista Educação* (Pucrs. Online), *43*(3), 1-12.

Nascimento Silva, A.P. (2016) *Os 12 anos (2003-2015) de Educação Infantil na UERJ:* entre teses e dissertações. [Dissertação de Mestrado em Educação], Faculdade em Educação, Universidade do Estado do Rio de Janeiro.

Nóbrega-Therrien, S. M., & Therrien, J. (2004) Trabalhos científicos e o estado da questão: reflexões teórico-metodológicas. *Estudos em Avaliação Educacional, 15*(30) 5-16. https://bit.ly/3OI3UgZ.

Rocha, E. A. C. (1998) *A pesquisa em educação infantil no Brasil:* trajetória recente e perspectiva de consolidação de uma pedagogia. [Tese de Doutorado], Universidade Estadual de Campinas, Faculdade de Educação. https://hdl.handle.net/20.500.12733/1587112.

Rocha, E. A. C., Silva Filho, J. J., & Strenzel, G. R. (Orgs.). (2001) *Educação Infantil* (1983-1996). Brasília: MEC/Inep/Comped. (Série Estado do Conhecimento nº 2). http://www.inep.gov.br/download/cibec/2001/estado_do_conhecimento/serie_doc_educação_infantil.pdf/

Romanowski, J. P. (2002) *As licenciaturas no Brasil:* um balanço das teses e dissertações dos anos 90. [Tese de Doutorado], Faculdade de Educação da Universidade de São Paulo.

Romanowski, J. P., & Ens, R. T. (2006) As pesquisas denominadas do tipo "Estado da Arte". *Revista Diálogo Educacional, 6*(19).

Soares, M. (1989) *Alfabetização no Brasil* – O Estado do Conhecimento. INEP/MEC.

Soares, M., & Maciel, F. (2000). *Alfabetização–Série Estado do Conhecimento.* MEC/INEP.

Sposito, M. P. (2009). *O Estado da Arte sobre Juventude na Pós-Graduação Brasileira:* Educação, Ciências Sociais e Serviço Social (1999-2006). Argvmentvm.

Sposito, M. P., & Carrano, P. C. R. (2003, dezembro) Juventude e políticas

públicas no Brasil. *Revista Brasileira de Educação,* (24), 37-52.

Torres, L. L., & Palhares, J. A. (2014). *Metodologia de investigação em Ciências Sociais da Educação.* Instituto de Educação da Universidade do Minho. Edições Húmus.

Vasconcellos, V. M. R., Ferreira, M. M., & Simoes, P. M. U. (2020) Produção sobre Educação Infantil: Sínteses, Identificação de Lacunas & Contradições. *Revista Educação* (Pucrs. Online).*43*, 1-6.

Vosgerau, D.S.A.R., & Romanowski, J.P. (2014, janeiro, abril) Estudos de revisão: implicações conceituais e metodológicas, *Rev. Diálogo Educ., 14,* (41), 165-189.

CAPÍTULO II

O BRINCAR NO CONTEXTO ESCOLAR: REVISITANDO A LITERATURA

Shiniata Alvaia Menezes

Ilka Dias Bichara

Graziele Carneiro Lima

João Aragão Telles

Nas sociedades modernas, principalmente nos ambientes urbanos, as crianças perderam em grande parte o acesso aos espaços públicos externos como praças e ruas, pois estes se constituíram em espaços de carros, de pessoas adultas e, portanto, muito perigosos para crianças. Acrescente-se a isso, mais recentemente, a violência que tem tomado as ruas das cidades brasileiras. Com isso, os espaços fechados se tornaram mais seguros e propícios para as crianças. Casas, playgrounds de prédios, brinquedotecas, shopping centers e, principalmente, escolas se tornaram espaços de socialização e brincadeiras para as crianças.

Particularmente, a escola tem sido um lugar especial para as crianças de diferentes idades, pois é ali onde mais facilmente encontram seus pares de idade, consolidam redes de amizade e, principalmente, as parcerias de brincadeiras.

Dada a importância desse contexto, como lugar de brincadeiras, propomos com este capítulo sistematizar algumas ideias e pesquisas que reflitam variados aspectos do brincar na escola como fenômeno próprio ao nosso tempo.

Tendo em vista a vasta e variada produção científica acerca do brincar e do contexto escolar, é possível perceber uma certa dificuldade de profissionais interessados sobre esses temas em assimilar a numerosa informação científica publicada. Portanto, torna-se relevante realizar levantamento e síntese desses conhecimentos a fim de organizar, esclarecer e resumir as principais contribuições e tendências da área (Vosgerau, Romanowski, 2014).

Nesse sentido, a revisão da literatura ganha espaço ao possibilitar, de uma forma confiável e com elevado nível de evidência científica (maior até do que de estudos individuais), a incorporação e a aplicabilidade de resultados de estudos significativos na prática bem como na teoria. Isso ocorre por meio do mapeamento sistemático e metodológico do conhecimento acumulado acerca de um determinado tema, estimulando pesquisadores e profissionais a entrar em contato com novos temas e assuntos, abordagens metodológicas, procedimentos e análises, aportes teórico-metodológicos e, ainda, lacunas (Sampaio, Mancini, 2007).

Os trabalhos de síntese sobre brincadeiras em contexto escolar são escassos e frequentemente não focam no nosso interesse fundamental, que é o de olhar a criança e suas brincadeiras. Lee et al. (2021), por exemplo, revisaram trabalhos sobre brincadeiras no ambiente externo (*outdoor play*), incluindo pátios de creches e escolas de 28 países diferentes. Sistematizaram tempos de brincadeiras, sexo, idade, etnia, presença ou não de pais, entre outros descritivos, mas não há nenhuma menção aos tipos de brincadeiras e parcerias lúdicas. Outras revisões, a exemplo da realizada por Broekhuizen, Scholten e de Vris (2014), destacam a importância da atividade física proporcionada pelo brincar no pátio escolar para a saúde da criança.

Sobre a realidade brasileira, encontrou-se apenas um trabalho de revisão sobre o brincar na escola. Brandão e Fernandes (2021) investigaram teses e dissertações produzidas entre 2013 e 2018 com o objetivo de identificar como a brincadeira pode contribuir no processo de humanização de crianças. Os dados não oferecem muitos elementos para a descrição e compreensão das brincadeiras infantis nesse rico contexto.

Neste capítulo, ainda que reconheçamos sua importância e necessidade, não temos a pretensão de fazer uma revisão sistemática e exaustiva da produção brasileira na área. Optamos por fazer uma visita crítica ao que de mais significativo tem sido produzido, construindo um texto que auxilie o(a) leitor(a) a adentrar o universo das brincadeiras livres na escola, principalmente nos pátios e brinquedotecas, considerando o recorte da Educação Infantil.

Contextos de brincadeiras

Bichara (2022) salienta a importância de se investigar os diferentes contextos em que as brincadeiras ocorrem, isso porque, apesar da brincadeira ser uma atividade universal entre as crianças, ela varia em forma e conteúdo a partir de vários fatores.

Entendemos contexto como o "ambiente por excelência" do ser humano (Kobarg et al., p. 89), espaço de interações, onde fatores sociais, culturais e individuais têm relevância e participação ativa (Pinto & Bichara, 2017).

Ainda no mesmo texto de 2022, Bichara considera que, quando falamos de contextos de brincadeiras, três questões fundamentais e inter-relacionadas devem ser consideradas:

> De que crianças vivem infâncias diferentes a depender do lugar socioeconômico que suas famílias ocupam, da cultura de sua sociedade, da época em que vivem, de ter famílias ou não, entre outros fatores diferenciadores (Sarmento, 2005); 2. De que crianças são seres ativos que se apropriam e res-significam tudo que experienciam e o que está a sua volta, incluindo a cultura, e que, nesse processo, também criam cultura (Corsaro, 2011); 3. De que as brincadeiras possuem um grau de universalidade, pois todas as crianças brincam, mas também um grau de especificidade. Cada grupo de brincantes, em cada lugar, em cada cultura, com ou sem brinquedos, cria regras para brincadeiras conhecidas ou mesmo inventa uma nova brincadeira. Sendo assim, as brincadeiras e jogos tradicionais podem também ser consideradas como cultura (Carvalho; Pontes, 2003) (Bichara, 2022, p.113).

A autora também pondera que, se essas questões nos remetem à necessidade de olhar as brincadeiras levando em conta a dimensão sociocultural, é preciso acrescentar duas outras dimensões igualmente importantes: a adaptativa, ou seja, olhar a brincadeira para além do imediato, como uma adaptação própria aos filhotes de todos os mamíferos e que, portanto, possui uma função imprescindível nessa fase da vida (Bichara et al., 2018; Smith, 2010); e a espaço/temporal, ou seja, toda brincadeira acontece em tempos e espaços próprios, isto é, nenhum episódio da mesma brincadeira é igual a outro.

É sobre essa última dimensão que buscaremos neste capítulo sistematizar algumas contribuições que realcem as variadas possibilidades de ocupação das escolas pelas crianças, mais especificamente sobre os dois espaços construídos e instituídos pelos adultos como sendo espaços para crianças (Rasmussen, 2004), espaços esses onde elas podem interagir e brincar nos tempos de recreios e intervalos de aulas na Educação Infantil: o pátio e a brinquedoteca.

A escola como contexto

Como já dito, os contextos de desenvolvimento referem-se a dimensões/características físicas e possibilidades de interações (Lordelo, 2002); integram tanto situações vivenciadas no agora, como também abarcam elementos de cenários mais amplos, nos quais as pessoas, convivendo, usufruem e apreendem de forma criativa diversas experiências socioculturais, tornando, assim, o espaço um importante e interessante objeto de investigação; ou seja, muito além do que apenas pano de fundo (Bichara, 2006; Kobarg et al., 2008). Essa ideia se alinha ao que Vigotski (2001/2018) propõe em relação ao estudo do meio, que, segundo o autor, deve focar não apenas nas características do meio em si, mas, principalmente, na relação que a criança estabelece com esse meio. Trata-se de uma relação dinâmica, em constante transformação, pois tanto o meio muda como a criança, em seu processo de desenvolvimento. Assim, em cada etapa etária, a criança vivenciará com o meio uma relação diferente, a partir dos recursos de que dispõe.

A partir dessas ideias, pode-se considerar que as características do meio são importantes não apenas porque os diferenciam, mas também porque influenciam as interações sociais que neles, e a partir deles, ocorrem. Por exemplo, no contexto escolar, os modos como as crianças se deslocam, se orientam, definem seu território e brincam são influenciados pela organização de espaços proposta pelos adultos, organização esta que pode favorecer, ou não, o brincar coletivo e espontâneo (Azevedo et al., 2000; Campos-de-Carvalho, 2004, 2011).

Ao possibilitar o brincar entre pares, a escola oportuniza o encontro com modos diversos de empreender brincadeiras e de entender o mundo; ou seja, favorece a vivência da diversidade cultural. Ocorre, nesse encontro, o compartilhamento e a troca de ideias, ampliando o conhecimento, impulsionando a criação e proporcionando à criança desenvolver suas próprias interpretações da realidade a partir da e na brincadeira (Delgado & Müller, 2006). Essas interpretações são formas de dar significado ao mundo, o que possibilita o desenvolvimento de novas e diferentes percepções sobre a realidade em que vivem e sobre o mundo à sua volta (Delvan & Cunha, 2010). Assim, o brincar nas áreas lúdicas da escola integra situações de acordos, disputas, aceitação ou não de participantes em grupos de brincadeira, tal como elementos presentes na cultura de pares (Nogueira, 2015).

Pensar o espaço físico disponível para as brincadeiras na escola requer, então, considerar que as características de áreas lúdicas como pátios, parquinhos e brinquedotecas influenciam no brincar. Tais características envolvem arranjos espaciais, conceito proposto por Campos-de--Carvalho (2011) ao se referir à distribuição e posicionamento de móveis e de equipamentos em determinado local. Por exemplo, Meneghini e Campos-de-Carvalho (2003), investigando o efeito do tipo de arranjo social em creches da cidade de Ribeirão Preto/SP, confirmaram a hipótese de que arranjos semiabertos com zonas circunscritas favorecem as interações e atividades, incluindo as brincadeiras, sem a intervenção de adultos. As autoras definem zonas circunscritas como "áreas espaciais claramente delimitadas em pelo menos três lados por barreiras formadas por mobiliários, parede, desnível do solo, etc." (Campos-de-Carvalho, 2011, p. 72). Assim, um aspecto topográfico; ou seja, a circunscrição ou o fechamento, modifica o espaço, deixando-o visualmente aberto, mas com a sensação de privacidade e proteção, possibilitando a permanência de pequenos grupos e favorecendo o desenrolar da brincadeira sem interrupções de colegas ou sem a necessidade de mediação do adulto. Dessa forma, as zonas circunscritas funcionam como suporte para o estabelecimento e a manutenção das interações infantis (Campos-de-Carvalho, 2011, 2004; Sager et al., 2003).

Há ainda os brinquedos e outros materiais que podem ser escolhidos e apresentados às crianças de diferentes formas, além da configuração das áreas lúdicas em si. Espaços mais amplos são mais propícios à brincadeira motora, enquanto espaços menores podem favorecer o contato físico entre crianças, e destas com as educadoras (Smith & Connolly, 1980), estimulando ainda o aumento de interações verbais, cooperação, brincadeiras de faz de conta e atividades diversas com materiais educativos. As maneiras como as crianças vão engendrar suas brincadeiras; ou seja, o tipo da brincadeira e suas modalidades, formas de interação e locais preferenciais, bem como a quantidade, duração e qualidade das atividades de brincadeira das crianças (Johnson et al., 1999) dependem, assim, da organização espacial. Estudo conduzido por Cotrim et al. (2009), por exemplo, aponta que episódios de brincadeira podem revelar relações entre a organização espacial, densidade e diferença de gênero, mas, principalmente, sobre a forma como as crianças se apropriam e ressignificam esses espaços.

Vê-se que o contexto educacional oportuniza à criança uma experiência espacial (como o ser humano percebe, organiza, apropria-se e ressignifica o espaço) mais ampla do que aquela vivenciada nos ambientes familiares, e isso impacta seu processo de desenvolvimento. Ao adentrar a escola, a criança se depara com novos espaços (salas de aula, áreas lúdicas, entre outros) que, circunscrevendo possibilidades de interações sociais diversas com adultos e com outras crianças, apresentam-lhe, na disposição de móveis, na oferta ou na falta de equipamentos e de materiais, nas instalações conservadas ou danificadas, no acesso permitido ou proibido a determinadas áreas, um texto que informa sobre a cultura estabelecida, texto esse que precisa ser "lido" e interpretado pela criança. O contexto escolar, portanto, não é neutro, mas sim um produto cultural que circunscreve importantes e significativas relações interpessoais. O que se inscreve nesse texto são diferentes currículos, explícitos ou ocultos, que informam à criança o seu lugar de aluno e o seu ofício enquanto aluno (Marchi, 2010; Menezes, 2020; Sarmento, 2011).

Mas a criança, como criança, é mais do que o ofício que lhe engessa no papel e no lugar do aluno. Ao interagir com seus pares, formando grupos de brincadeiras, as crianças criam possibilidades de acolhida e de defesa de sua própria cultura. Menezes (2020) compreende o grupo de brincadeira como trincheira na qual a criança, inserida no coletivo de pares que se reúnem para brincar, permanece à espreita na escola; dali ela escapa/emerge, de modo esporádico, mas repetitivo e, assim, como grupo, ainda que por breves momentos, enfrenta os ditames da cultura escolar, desafiando e burlando suas normas. A autora propõe a ideia de que a complexidade das interações de pares tem o potencial de, ocasionalmente, alcançar um patamar diferenciado de sintonia e organização coletiva que engendram o status de grupo de brincadeira como lugar político (o construto GB-P). Tal status possibilita a defesa dos interesses do grupo infantil mediante criação e uso de diferentes estratégias de enfrentamento à cultura escolar (Gomes, 2018; Gomes & Pedrosa, 2017; Pedrosa & Gomes, 2020).

O construto GB-P está ancorado na imbricação (1) das ideias de Rasmussen (2004), que apresenta os conceitos interdependentes de "lugar para criança" (planejados e propostos por adultos visando à segurança e ao bem-estar das crianças) e "lugar de criança" (formas autorais de ocupação, apropriação e ressignificação desses "lugares para", que as crianças criam e vivenciam, expressando, inclusive, seus afetos); e (2) do conceito ressignificado de território, proposto por Carvalho e Pedrosa (2003, 2004), situando-o também como fenômeno psicossocial e de comunicação, a partir de um deslocamento da relevância funcional — que passa da segurança dos recursos para a gestão de relacionamentos interpessoais.

O brincar na escola

A escola que atualmente a criança frequenta, "de massas, heterogênea e multicultural, radicaliza o choque cultural entre a cultura escolar e as diversas culturas familiares de origem dos alunos de proveniência social e étnica diferenciadas" (Sarmento, 2004, p. 7), é também palco do confronto entre a cultura de pares e a cultura escolar, informada às crianças desde a configuração de seu ambiente físico às normas explícitas (e implícitas) que regulam o comportamento de todos os atores envolvidos, não apenas das crianças. Apesar de oportunizar diferentes interações sociais e requerer um longo tempo de permanência em suas dependências, a escola não prioriza momentos de interação livre, sem intervenção do adulto, ainda que o espaço e o tempo do recreio propiciem o desenvolvimento de relações sociais de forma segura (Cabrita, 2005; Cordazzo et al., 2010). Assim, a convivência é moldada pelas exigências escolares formais. Em geral, a Educação Infantil, no Brasil, ainda que ancorada em bases legais que privilegiam o brincar, adota o modelo escolarizante. A crítica a tal modelo problematiza o lugar das brincadeiras espontâneas no currículo da Educação Infantil, que comumente ocupam status menos qualificado em comparação com as atividades acadêmicas ou mesmo as brincadeiras dirigidas, propostas pelos educadores e voltadas para o aprendizado de conteúdos (Almeida & Sodré, 2015; Gomes, 2016; Lordelo & Bichara, 2009; Lordelo & Carvalho, 2003; Lordelo et al., 2008; Menezes & Bichara, 2015; Menezes & Bichara, 2021; Pedrosa & Carvalho, 2009; Menezes et al., 2023; Pedrosa et al., 2019).

Apesar dos muitos obstáculos, nos momentos e nos espaços possíveis, as crianças brincam e ocupam as áreas lúdicas e seus equipamentos de forma heterogênea, exibindo, em geral, comportamentos associativos amigáveis (Fernandes, 2006). No Brasil, a Psicologia da Amizade na Infância (Garcia, 2005) é um modelo teórico que aborda a amizade como um sistema complexo de relações no qual estão envolvidos processos psicossociais (apoio social, competição, agressão e reconciliação); processos cognitivos e afetivos (percepção de amigos e do relacionamento, emoção e amizade) e desenvolvimento da amizade (Garcia, 2005; Merízio et al., 2008; Pereira & Garcia, 2011). As crianças vivenciam as amizades de forma diferente dos adultos e de acordo com a faixa etária (Muller, 2008). Na escola, a amizade entre pares é alvo de intensas negociações e barganhas, pois funciona como passaporte para brincar e critério definidor de pertencimento ao grupo, exigindo das crianças o domínio de rituais de acesso às brincadeiras (Muller, 2008; Salgado & Silva, 2010).

Se o educador se dispuser a observar o brincar espontâneo das crianças, terá a oportunidade de percebê-las como agentes ativos/criativos de seu processo de desenvolvimento, construído nas relações que estabelecem com os outros e com o mundo; de percebê-las ainda como produtoras de cultura que dialogam, questionam e transformam a cultura estabelecida (Bichara, 2003; Carvalho & Pedrosa, 2003, 2004; Carvalho & Pontes, 2003; Marchi, 2010; Nogueira, 2015). Esse processo, que Corsaro (2011) nomeou como reprodução interpretativa, pode ser visto nas brincadeiras infantis e expressa o vigor e a complexidade da cultura de pares (Sarmento, 2005; Seixas et al., 2012); aponta o grupo de brincadeira como microssociedade que dispõe de microcultura e que, como tal, apropria-se criativamente da cultura estabelecida, recriando-a (Carvalho & Pedrosa, 2002; Carvalho & Pontes, 2003).

Dessa forma, há, atualmente, ênfase na socialização horizontal, que destaca e privilegia as interações de pares (Marchi, 2010; Sarmento, 2003). O que se percebe é que a criança se relaciona com o mundo através de seu imaginário, portanto, através de sua capacidade de criar, de transformar, de ressignificar suas experiências, suas descobertas, seus encontros — são esses mundos autorais, amplos e possíveis, (re)inventados na e através da vivência infantil, que o brincar expressa. O grupo de brincadeira é, assim, um coletivo que aglutina forças e incrementa a criação e uso de estratégias de defesa dos interesses e da cultura infantis. Portanto, o grupo de brincadeira tem grande importância no contexto escolar, impactando a ocupação e a fruição das áreas lúdicas.

O pátio escolar

Rasmussen (2004) coloca que o pátio da escola (ou o parquinho — pode-se entender assim) é vivenciado como um mundo, constituído por tantas e diferentes dinâmicas que envolvem crianças, adultos, equipamentos, brinquedos, áreas.

Recentemente, autores de vários países têm discutido a importância do brincar nos pátios escolares, relacionando-os como fundamentais para a saúde da criança, por proporcionar muita movimentação, liberdade de ocupação e variabilidade de brincadeiras. Para esses autores, esse espaço desempenha papel importante na prevenção de obesidade e doenças como diabetes e hipertensão (Aminpour et al., 2020; Mahfuzhoh & Marcillia, 2024; Mota et al., 2017; entre outros). Mota et al. (2017) registram que vários países, a exemplo de Canadá, Austrália e Reino Unido, já possuem políticas públicas visando garantir mais tempo e espaço para brincadeiras nos pátios escolares.

Campbell e Frost (1985 como citado em Sager et al., 2003) classificam os pátios em quatro tipos: tradicional (quando há uma superfície plana com equipamentos como escorregador, balanços, entre outros); projetados (aqueles que exibem estruturas feitas em madeira, pedras de vários níveis); aventura (os que disponibilizam espaço com materiais que permitem às crianças a construção de suas próprias estruturas); e criativo (uma combinação dos tipos projetado e aventura). A partir dessa classificação, pode-se refletir sobre pátios e parquinhos escolares que, quando existem, são ofertados às crianças em locais improvisados. Foi essa situação que Menezes (2014) encontrou quando empreendeu pesquisa com crianças da Educação Infantil em uma escola pública sediada em uma casa que, embora ampla, não atendia satisfatoriamente à necessidade de espaço para o público de 3 a 5 anos que a frequentava. Dessa forma, havia um parquinho de configuração tradicional, que funcionava em uma varanda de 64 m² e que era compartilhado com outras demandas da escola, tais como reuniões, celebrações e outras atividades afins. Por conta disso, nem sempre as crianças podiam ter acesso aos brinquedos e equipamentos lá disponíveis durante o recreio de 30 minutos.

Tal situação de improviso, certamente comum a outras tantas escolas, é um contraponto às conclusões do estudo observacional de Fernandes e Elali (2008) sobre o comportamento infantil em um pátio escolar, objetivando compreender os diferentes tipos de relações que as crianças estabelecem com o ambiente. Conclui-se que é preciso planejar pátios escolares organizando, preferencialmente, áreas para atividades diversificadas. Quando o arranjo espacial do parquinho se caracteriza por um espaço vazio no meio; ou seja, sem zonas circunscritas, nota-se uma tendência de as crianças circularem ao redor da educadora, no entanto, demonstrando pouca interação com ela e mesmo com seus colegas (Campos-de-Carvalho, 2004).

Já o estudo de Sager et al. (2003), que investigou a relação entre os pátios (um grande e outro pequeno) de duas escolas infantis municipais de Porto Alegre/RS, envolvendo 50 crianças na faixa etária entre 5 e 6 anos, considerou as diferenças em termos de área, densidade de crianças e materiais, observando os tipos de brincadeiras e brinquedos utilizados pelas crianças e os tipos de interações estabelecidas entre elas. Os autores observaram que as crianças empreenderam mais interações associativas e paralelas no pátio grande e mais do tipo desocupada e solitária no pátio pequeno. Em síntese, o estudo concluiu que o pátio grande favoreceu uma maior variação de interações, considerando os aspectos ambientais; ou seja, o tamanho, a densidade, os equipamentos, os brinquedos e outros materiais disponibilizados. Assim, nota-se que a estrutura impacta na dinâmica interativa, especialmente na interação criança-criança, destacando a importância de se considerar o outro como ambiente relevante, e por isso selecionado, capaz de propiciar as condições necessárias ao processo de individuação, construído no decorrer do desenvolvimento humano (Carvalho et al., 2012).

A brinquedoteca escolar

A brinquedoteca é um espaço planejado e organizado de variadas formas, visando promover o brincar seguro; é frequentado por diferentes públicos e caracterizado pela oferta de brinquedos que refletem, em seu amplo espectro de sentidos e de significados, propostas e respostas culturais as mais diversas, oportunizando, assim, a vivência e a apreensão criativas de símbolos e de práticas culturais específicas dos contextos sociais nos quais está inserida (Bomtempo, 1999; Brougère, 2004; Carvalho & Pedrosa, 2002; De Conti & Sperb, 2001; Gosso et al., 2006; Magalhães et al., 2003; Pontes & Magalhães, 2003). Assim, as brinquedotecas se apresentam como ambientes com diversos brinquedos e jogos, que têm o objetivo de estimular a imaginação e a criatividade das crianças, facilitando e valorizando seu brincar livre — brincar este que é um direito, além de favorecer sua participação (Montagnini & Müller, 2013; Ramalho & Silva, 2005). É um lugar de grande relevância para a criança contemporânea que reside em grandes centros urbanos, tornando-se um local privilegiado de interações sociais entre pares que "convida as crianças a explorar, experimentar, sentir, produzir culturas lúdicas de acordo com tempos e espaços próprios da infância" (Oliveira et al., 2017, p. 80). Como público-alvo desses espaços, as crianças os ocupam como brincantes ativas que questionam, propõem atividades, desenvolvem ações, sugerem mudanças e melhorias. Isso faz com que a brinquedoteca favoreça a observação das brincadeiras infantis em toda a sua complexidade, oportunizando a problematização e discussão de temas relacionados às tramas interacionais e aos processos de desenvolvimento, destacando-se, entre outros temas, as habilidades sociais e a capacidade de aprender (Adur & Polomanei, 2014; Bomtempo, 2009). Por exemplo, com o objetivo de investigar as diferenças de gênero, Wanderlind et al. (2006) desenvolveram um estudo em duas brinquedotecas, uma na Pré-Escola e outra no Ensino Fundamental. Os autores constataram que a densidade dificultou a distribuição das crianças pelo espaço restrito, ao tempo que identificaram as estratégias utilizadas pelas crianças para aproveitar o espaço da melhor forma. Assim, no espaço restrito, as crianças brincaram muito próximas, o que ocasionou interrupção das brincadeiras devido ao trânsito dos(as) colegas. Ainda que pequeno, o espaço apresentava recursos como recantos diferenciados, brinquedistas, além de uma variedade de brinquedos à disposição das crianças. Os resultados desse estudo também apontaram para diferenças de gênero nas brincadeiras empreendidas, como a maior frequência, para meninos e meninas, da brincadeira de faz de conta solitária, além de estereotipia e segregação.

Há brinquedotecas em diversos contextos. Aqui, são considerados dois modelos de brinquedoteca escolar: a brinquedoteca da Educação Infantil, localizada nas dependências da escola; e a brinquedoteca universitária, geralmente situada no campus e voltada aos objetivos de formação acadêmica, além da promoção do espaço de brincar direcionado às crianças, muitas vezes oficializado em programas ou projetos de extensão. Com base nesse recorte, são consideradas, em seguida, algumas pesquisas realizadas nesse tipo de área lúdica, ressaltando-se, em síntese, seus resultados principais.

Macarini e Vieira (2006) desenvolveram um estudo em que realizaram observações diretas de eventos de brincadeira livre; o objetivo foi caracterizar as brincadeiras de crianças escolares em uma brinquedoteca, identificando os diversos brinquedos mais utilizados entre meninos e meninas. Os resultados indicaram que houve segregação e estereotipia no brincar infantil; a composição do grupo de brinquedo, considerando o gênero, determinou a escolha do tipo de brinquedo utilizado na brincadeira. Observou-se ainda brincadeiras variadas, provavelmente devido ao grande acervo de brinquedos e oportunidades de criações possibilitadas pelos diferentes espaços lúdicos da brinquedoteca.

Menezes (2014) desenvolveu um estudo sobre as brincadeiras de crianças em uma brinquedoteca da educação infantil com curiosa configuração, em forma de um corredor estreito, com área de 29,31 m², na qual, além das estantes com brinquedos variados, existia um armário para funcionários(as) da escola, um banheiro de uso de crianças e adultos e um depósito de merenda escolar. O estudo embasa reflexões sobre a brinquedoteca escolar enquanto espaço de fortalecimento da cultura de pares. Tomando como referência o constructo proposto por Rasmussen (2004) — "lugares para crianças" (concretos e planejados por adultos) e "lugares de crianças" (concretos ou imaginados pelas crianças, que neles investem afeto) —, a pesquisa objetivou compreender as possibilidades de ocupação, apropriação e ressignificação desse espaço por crianças de 5 anos que nela brincavam durante o recreio. Ou seja, investigou-se como aquela brinquedoteca, tão distante dos padrões ideais estabelecidos, poderia ser um "lugar de criança". Os dados, obtidos por meio de observação de situações cotidianas, utilizando-se registro cursivo focal, demonstraram que as crianças construíram os "lugares de" utilizando duas estratégias: ocupação e uso de toda a área; e exploração das potencialidades da brincadeira simbólica e dos brinquedos disponíveis. A configuração restrita da brinquedoteca impactou sua ocupação, tipos de brincadeiras, modos de interação, mas não impediu o brincar, caracterizado em especial pelo faz de conta com temáticas variadas. A autora concluiu que a construção dos "lugares de crianças" na brinquedoteca funcionou como respostas das crianças aos desafios e limites da escola.

Rosa, Kravchychyn e Vieira (2010) relataram a experiência de implantação de uma brinquedoteca em uma creche filantrópica que atendia cerca de 150 crianças entre 3 meses e 6 anos — ação do projeto de extensão vinculado à Universidade Federal de Santa Catarina denominado "BrinquedoAção: aprendendo e se divertindo com brinquedos", implementado em 2005. Além de ser um espaço destinado às brincadeiras espontâneas das crianças, a brinquedoteca também objetivava a transmissão de conhecimentos sobre o brincar e sua relevância a pais e educadores. Os(as) brinquedistas enfrentaram o desafio da mediação de conflitos entre as crianças, intervindo de forma a desenvolver a cooperação entre os pares. Por sua vez, as crianças recriaram o espaço da brinquedoteca, adequando-o às suas brincadeiras; elas mudaram, por exemplo, a posição de mesinhas e cadeiras de modo a torná-las parte das brincadeiras de casinha e de fazer comidinhas. Os autores ainda enfatizam que a brinquedoteca também se caracteriza por ofertar às crianças mais opções de brinquedos do que a sala de aula, constituindo-se em um local privilegiado para a produção de conhecimento sobre a infância e o desenvolvimento infantil.

Já Lima (2023) empreendeu pesquisa em uma brinquedoteca universitária, frequentada por crianças em idade escolar. A brinquedoteca é um programa de extensão da Universidade Estadual de Feira de Santana (UEFS); situa-se no campus da universidade e, além do público fixo, que possui vagas reservadas mediante cadastro, recebe também crianças de forma ocasional. Há ainda as visitas de turmas escolares da Educação Básica e a promoção de eventos em dias comemorativos. A Brinquedoteca UEFS, por ser um programa de extensão, proporciona também formação a estudantes universitários que se tornam bolsistas do programa e, assim, desenvolvem atividades com as crianças tendo como eixo o brincar.

O estudo desenvolvido por Carneiro (2022) enfatiza que adultos que possuem e/ou possuíram contato com a brinquedoteca universitária perceberam o brincar como uma via para compreender as crianças, já que elas revelam em suas brincadeiras aspectos das dimensões de seu desenvolvimento. Tais adultos passam, então, a perceber o brincar de outra forma; ou seja, a partir de sua complexidade.

Lima (2023) também constatou que os adultos atuantes na brinquedoteca universitária, profissionais, bolsistas e pesquisadores(as), aprendem e ganham conhecimento constante ao assumirem diferentes papéis, seja como brincantes, mediadores e reguladores do brincar nesse espaço; tal atuação os leva a refletir e mesmo a assumir posição de defesa do direito ao brincar, visto que oportuniza a vivência de "desafios de movimentos, de diálogos, de flexibilidade, de refinamento de sensibilidades, necessários à imersão e à compreensão do brincar em sua complexidade" (Menezes et al., 2022, p. 112).

Em uma proposta de síntese comparativa, Menezes et al. (2023) refletem sobre esses dois modelos, destacando, na brinquedoteca da Educação Infantil, as dinâmicas interacionais entre pares. Em relação à brinquedoteca universitária, as autoras problematizam a ênfase na brincadeira livre, chegando à conclusão de que três modalidades do brincar — livre, dirigido e mediado — convivem e se complementam na brinquedoteca universitária e são fundamentais para a formação acadêmica; todas oportunizam diferentes vivências e perspectivas na interação criança-adulto nesse espaço. O que se destaca, em ambos os modelos de brinquedoteca escolar, é a potência das trocas interativas entre pares e as muitas possibilidades de intervenções dos adultos com quem as crianças convivem nesses espaços. Reconhecendo e considerando o valor das outras formas de brincar, as autoras reiteram a posição de defesa das brincadeiras espontâneas nas áreas lúdicas do contexto educacional, posição já assumida em estudos anteriores, principalmente em Menezes e Bichara (2021).

Considerações finais

O panorama da literatura científica sobre o brincar na escola, focando na Educação Infantil, que aqui traçamos, sublinha a importância das áreas lúdicas, como pátio, parquinho e brinquedoteca, como áreas que merecem mais atenção e investimento. Valorizando-se tais espaços, respeita-se o brincar, especialmente o brincar espontâneo, que permite às crianças exercitarem autoria e autonomia em relação às escolhas de como, com quem e onde brincar.

Ainda que priorize as atividades acadêmicas e, muitas vezes, utilize o brincar como estratégia de aprendizagem, as práticas educativas desenvolvidas na escola precisam, também, considerar os interesses da cultura de pares, expresso na complexidade dos grupos de brincadeiras; ou seja, em sua organização e dinâmica interacional. Como um campo multifacetado, em que convergem (e divergem) diferentes interesses, a escola possibilita vivenciar o brincar de diversas maneiras, desde o brincar livre, espontâneo, até o brincar dirigido, atrelado a objetivos pedagógicos previamente definidos. Todas essas formas têm a sua relevância no processo de desenvolvimento da criança, merecendo estar, portanto, no mesmo patamar; ou seja, tendo o mesmo status de importância. De qualquer modo, observar crianças brincando juntas é fonte de informações valiosas e privilegiadas que, certamente, irão auxiliar na atuação das(dos) educadoras(es).

O esforço aqui empreendido deixa lacunas que podem inspirar novos estudos. O foco nas áreas lúdicas suscita a indagação: como as crianças brincam em outros espaços, como salas de aula? Tal investigação poderá revelar muito sobre o embate entre a cultura de pares e a cultura escolar; sobre como as crianças ocupam, apropriam-se e mesmo ressignificam tais espaços. Este capítulo teve como objetivo fazer o recorte na Educação Infantil, porém recomenda-se pesquisar como o brincar ocorre no contexto escolar a partir do Ensino Fundamental – Anos Iniciais, inclusive considerando-se a fase delicada de transição do 1º ano, que envolve crianças ainda pequenas.

Por último, destacamos que, certamente, não foi possível abarcar toda a literatura da área em relação ao tema abordado. Nossa pretensão foi apresentar um panorama, reunindo o máximo de autores representativos. Que o(a) leitor(a) possa tomar este estudo não como ponto de chegada, mas como ponto de partida para novas incursões na literatura da área, novos questionamentos, novos estudos. O tema é, realmente, abrangente e inspirador!

Referências

Adur, J. A. L., Polomanei, M. B. P. S. (2014) As relações de aprendizagem no ambiente da brinquedoteca universitária. *Ágora: revista de divulgação científica, 19(2)*, 24-39. jul./dez. 2014 (ISSNe 2237-9010). Recuperado em 05 jul 2018.

Almeida, M. T. F., Sodré, L. G. P. (2015) As crianças e o brincar na educação infantil: Possibilidades e embates. In Sodré, L. G. P. (org.). *Crianças, infâncias e educação infantil.* 189-208. CRV.

Aminpour, F., Bishop, K., & Corkery, L. (2020) The hidden value of in-between spaces for children's self-directed play within outdoor school environments. *Landscape and Urban Planning, 194.*

Azevedo, G. A. N., Rheingantz, P. A., & Bastos, L. E. G. (2000) O espaço da escola como "lugar" do conhecimento: um estudo de avaliação de desempenho com abordagem interacionista. In *Anais do NUTAU.* FAUUSP.

Bichara, I. D. (2003) Apropriação e ressignificação de espaços e equipamentos públicos: um outro ângulo para o estudo dos contextos de brincadeiras. In *Simpósio Nacional de Psicologia Social e do Desenvolvimento,* X Encontro Nacional

PROCAD – Psicologia/CAPES. Violência e Desenvolvimento Humano: textos completos, Universidade Federal de Vitória.

Bichara, I. D. (2002) Crescer como índio às margens do Velho Chico: Um desafio para as crianças Xocó. *Infância brasileira e contextos de desenvolvimento*, 137-163.

Bichara, I. D. (2006) Delimitação do espaço como regra básica em jogos e brincadeiras de rua. In E. Bomtempo, E. G. Antunha, & V. B. Oliveira (Orgs.). *Brincando na escola, no hospital, na rua*. (pp. 161-171). Wak Editora.

Bichara, I. D., Lordelo, E. R., & Magalhães, C. M. C. (2018) Por que Brincar? Brincar para quê? A Perspectiva Evolucionista sobre a Brincadeira. In M. E. Yamamoto, & J. V. Valentova. (Orgs.). *Manual de Psicologia Evolucionista* (Vol. 1, pp. 424-439). EDUFRN.

Bichara, I. D. (2022) O brincar em diferentes espaços e contextos. In B. P. Gimenes, & R. Perrone (Orgs.). *Ludicidade, Educação e Neurociências: das vivências de infância a artigos científicos*. São Paulo: Gênio Criador.

Bomtempo, E. (1999) Brincar, fantasiar e aprender. *Temas em psicologia*, 7(1), 51-56.

Bomtempo, E. (2009) Como e para que montar uma Brinquedoteca. In *Anais – 1º. Congresso Brasileiro de Ludodiagnóstico*. Faculdades Metropolitanas Unidas – FMU. (resumo).

Brandão, P. M. G., & Fernandes, G. F. G. (2021) O brincar e suas possibilidades na Educação Infantil: uma revisão sistemática. *Olhar de Professor*, 24, 1–18.

Broekhuizen, K., Scholten, A., & De Vries, S. I. (2014) The value of (pre) school playgrounds for children's physical activity level: a systematic review. *International Journal of Behavioral Nutrition and Physical Activity*, 11, 1-28.

Brougére, G. (2004) *Brinquedo e cultura*. Cortez.

Cabrita, A. M. G. S. (2005) *Recreio* – espaço de lazer / tempo de aprender. [Dissertação de Mestrado], Universidade Portucalense Infante D. Henrique.

Campos-De-Carvalho, M. I. (2004) Psicologia ambiental e do desenvolvimento: O espaço em instituições infantis. In H. Gunther, J. Q. Pinheiro, & R. S. L. Guzzo. (Orgs.) *Psicologia ambiental: entendendo as relações do homem com seu ambiente*. (pp. 181-196). Alínea.

Campos-De-Carvalho, M. I. Arranjo espacial. (2011) In S. Cavalcante, & G. A. Elali (Orgs.) *Temas Básicos em Psicologia Ambiental*. (pp. 70-82). Vozes.

Carneiro, D. M. (2022) *Brincadeiras de faz de conta em uma brinquedoteca universitária*. [Trabalho de Conclusão de Curso (não publicado)]. Psicologia - Universidade Estadual de Feira de Santana, Feira de Santana.

Carvalho, A. M. A., & Pedrosa, M. I. (2002) Cultura no grupo de brinquedo. *Estudos de psicologia, 7*(1), 181-188.

Carvalho, A. M. A., & Pedrosa, M. I. (2003) Teto, ninho, território: Brincadeiras de casinha. In A. M. A. Carvalho et al. (Orgs.) *Brincadeira e cultura: viajando pelo Brasil que brinca* (v. II, Brincadeiras de todos os tempos). (pp. 31-48). Casa do Psicólogo.

Carvalho, A. M. A., & Pedrosa, M. I. (2004) Territoriality and social construction of space in children's play. *Revista de Etologia, 6*, (1), 63-69.

Carvalho, A. M. A., Pedrosa, M. I., & Rossetti-Ferreira, M. C. (2012) *Aprendendo com a criança de zero a seis anos*. Cortez.

Carvalho, A. M. A., & Pontes, F. A. R. Brincadeira é cultura. (2003) In A. M. A. Carvalho (Orgs.) *Brincadeira e cultura: viajando pelo Brasil que brinca* (pp. 15-30). Casa do Psicólogo

Cordazzo, S. T. D., Westphal, J. P., Tagliari, F. B. & Vieira, M. L. (2010) Brincadeira em escola de ensino fundamental: um estudo observacional. *Interação psicol, 14*(1), 43-52.

Corsaro, W. A. (2011) *Sociologia da infância*. (2a ed.; L. Gabriele Regius Reis, Trad.). Artmed.

Cotrim, G. S., & Bichara, I. D. (2013) O Brincar no Ambiente Urbano: Limites e Possibilidades em Ruas e Parquinhos de uma Metrópole. *Psicologia: Reflexão e Crítica, 26*(2), 388-395.

Cotrim, G. S., Fiaes, C. S., Marques, R. L., & Bichara, I. D. (2009) Espaços urbanos para (e das) brincadeiras: um estudo exploratório na cidade de Salvador (BA). *Psicol. teor. prat., 11*(1), 50-61.

De Conti, L., & Sperb, T. M. (2001) O brinquedo de pré-escolares: um espaço de ressignificação cultural. *Psicologia: Teoria e pesquisa, 17*(1), 059-067.

Delgado, A. C. C., & Muller, F. (2006) Infâncias, tempos e espaços: um diálogo com Manuel Jacinto Sarmento. *Currículo sem fronteiras, 6*(1), 15-24.

Delvan J. S., & Cunha, M. P. (2010) A criação de uma cultura de grupo na brincadeira: Um estudo com crianças entre 2 e 4 anos. *Interação em Psicologia*, *14*(1), 53-60.

Fernandes, O. S. (2006) *Crianças no pátio escolar: a utilização dos espaços e o comportamento infantil no recreio.* [Dissertação de Mestrado], Universidade Federal do Rio Grande do Norte.

Fernandes, O. S., & Elali, G. A. (2008) Reflexões sobre o comportamento infantil em um pátio escolar: O que aprendemos observando as atividades das crianças. *Paidéia*, *18*(39), 41-52.

Garcia, A. (2005) Psicologia da amizade na infância: uma revisão crítica da literatura recente. *Interação em Psicologia*, *9*(2).

Gomes, A. S.; Pedrosa, M. I. (2017) Resistência à intervenção do adulto: Crianças de 2 e 3 anos em um grupo de brinquedo, no cotidiano de uma creche. Resumo expandido. In *Anais do 28º CONIC/UFPE*. UFPE.

Gomes, A. S. (2018) *Resistência entre crianças no grupo de brinquedo: Aspectos do desenvolvimento infantil.* [Trabalho de conclusão de curso],Universidade Federal de Pernambuco.

Gomes, A. S. (2016) Brincadeira e brinquedo sob o olhar da criança. *Rev. Bras. Psicol. 3*(1), 64-76.

Gomes, A. S., & Menezes, S. A. (2018) Play and early education: The construction of childhood by the children themselves. In I. D. Bichara, & C. M. C. Magalhães (Orgs.) *Children's play and learning in Brazil*. Springer.

Gosso, Y., Morais, M. D. L., & Otta, E. (2006) Pivôs utilizados nas brincadeiras de faz-de-conta de crianças brasileiras de cinco grupos culturais. *Estudos de Psicologia*, *11*(1), 17-24.

Johnson, J. E., Christie, J. F., & Yawkey, T. D. (1999) *Play and early childhood development.* (2a ed.) Longman.

Kobarg, A. P., Kuhnem, A., & Vieira, M. L. (2008) Importância de caracterizar contextos de pesquisa: diálogos com a psicologia ambiental. *Rev Bras Cresc Desenv Hum.18*(1), 87-92.

Lee, E. Y., et al. (2021) Systematic review of the correlates of outdoor play and time among children aged 3-12 years. *The international journal of behavioral nutrition and physical activity*, *18*(1), 41.

Lima, G. C. (2023) *O brincar diz muito: participação de crianças em uma brinque-doteca universitária.* [Trabalho de Conclusão de Curso (não publicado)]. Curso de Psicologia – Universidade Estadual de Feira de Santana, Feira de Santana.

Lordelo, E. R., & Bichara, I. D. (2009) Revisitando as funções da imaturidade: uma reflexão sobre a relevância do conceito na Educação Infantil. *Psicologia USP, 20*(3), 337-354.

Lordelo, E. R., Carvalho, A. M., & Bichara, I. D. (2008) Infância roubada: brincadeira e educação infantil no Brasil. *Família e educação:* olhares da psicologia. Paulinas.

Lordelo, E. R., & Carvalho, A. M. (2003) Educação infantil e psicologia: para que brincar?. *Psicologia: ciência e profissão, 23*(2), 14-21.

Lordelo, E. R. (2002) Contexto e desenvolvimento humano: quadro conceitual. Apresentação. In E. R. Lordelo, A.M.A. Carvalho, S. H. Koller (Orgs.), *Infância brasileira e contextos de desenvolvimento* (pp. 5-18). Casa do Psicólogo, EDUFBA.

Macarini, S. M., & Vieira, M. L. (2006) O brincar de crianças escolares na brinquedoteca. *Revista brasileira de crescimento e desenvolvimento humano, 16*(1), 49-60.

Magalhães, C. M. C., Bichara, I. D., & Pontes, F. A. R. (2003) Recriando o dia-a-dia com brinquedos. In A. M. A. Carvalho et al. (Orgs.). *Brincadeira e cultura: Viajando pelo Brasil que brinca.* (pp. 63-80). Casa do Psicólogo.

Mahfuzhoh, E., & Marcillia, S. R. (2024) Importance of children's recess play exploration within school outdoor environment. *5th International Conference on Empathic Architecture,* IOP Publishing, *1301.*

Marchi, R. C. (2010) O "ofício de aluno" e o "ofício de criança": articulações entre a sociologia da educação e a sociologia da infância. *Revista Portuguesa de Educação, 23*(1), 183-202.

Meneghini, R.; Campos-De-Carvalho, M. (2003) Arranjo espacial na creche: espaços para interagir, brincar isoladamente, dirigir-se socialmente e observar o outro. *Psicologia: Reflexão e crítica, 16*(2), 367-378.

Menezes, S. A.; Bichara, I. D. (2015) A construção de "lugares de crianças" no contexto escolar. In L. G. P. Sodré (Org.) *Crianças, Infâncias e Educação Infantil.* Editora CRV, v. 1, p. 57-74.

Menezes, S. A. & Bichara, I. D. (2021) O direito das crianças às brincadeiras espontâneas na escola. In M. I. Pedrosa, M. T. C. C. Souza, & M. I. S. Leme (Orgs.). *Desenvolvimento humano, justiça social e contextos sustentáveis.* (pp. 68-87). Edicon.

Menezes, S. A. et al. (2023) Brinquedoteca como lugar de crianças nos contextos educacionais: Campo de possibilidades, continuum de atividades. In C. M Magalhães, C.; I. D. L. Leite, & L. C. Going (Orgs.). *Brinquedotecas e os espaços do brincar no ciclo vital.* (pp. 95-117). Editora Universitária Leopoldianum.

Menezes, S. A. (2014) *Interação criança/contexto escolar: A construção de "lugares de crianças" através das brincadeiras espontâneas.* [Dissertação de Mestrado em Psicologia], Instituto de Psicologia, Universidade Federal da Bahia.

Menezes, S. A. (2020) *Interações criança-criança em um pátio escolar: a constituição do grupo de brincadeira como lugar político.* [Tese de Doutorado em Psicologia], Instituto de Psicologia, Universidade Federal da Bahia.

Merizio, L. Q., Garcia, A., & Pontes, F. A. R. (2008) Brincadeira e amizade: Lembranças de imigrantes libaneses vivendo no Brasil. *Gerais: Revista Interinstitucional de Psicologia, 1*(2), 123-135.

Montagnini, R. C.; Müller, V. R. (2013) Brinquedoteca: As Manifestações Das Crianças Quanto Ao Direito De Brincar. In *Seminário de Pesquisa do PPE, 2013, Maringá. Anais do Seminário de Pesquisa do Programa da Pós-Graduação em Educação,* 2013.

Mota, J. et al. (2017) Parental education and perception of outdoor playing time for preschoolers. *Motriz, 23*(Special Issue 2).

Müller, F. (2008) Socialização na escola: transições, aprendizagem e amizade na visão das crianças. *Educar em Revista,* (32), 123-141.

Nogueira, G. M. (2015) Cultura de Pares e Cultura Lúdica: Brincadeiras na Escola. *POIÉSIS, 9*(15).

Oliveira, E. S. A. et al. (2017) Culturas Lúdicas na Infância: As Potencialidades de uma Brinquedoteca Universitária. *Revista UFG, 17*(21), 66-81.

Pedrosa, M. I., & Carvalho, A. M. A. (2009) Aprendendo sobre eventos físicos com parceiros de idade. *Psicologia USP, 20*(3), 355-373.

Pedrosa, M. I., & Gomes, A. S. (2020) Resumo. In *XVIII Simpósio de Pesquisa e Intercâmbio Científico Online da Associação Nacional de Pesquisa e Pós-graduação em Psicologia (ANPEPP).*

Pedrosa, M. I., Pereira, M. C., & Mello, M. L. (2019) Brincar por brincar: o espaço de criação, apropriação e conquistas na educação infantil. In M. W. Santos, C. M. Tomazzetti, & S. A. Mello. *Eu ainda sou criança: educação infantil e resistência.* (pp. 217-234) Ed. Edufscar.

Pereira, P. C. C., & Garcia, A. (2011) Amizade na infância: Um estudo empírico no Projeto Caminhando Juntos de Vitória. *Interpersona: an international journal on personal relationships, 5*(1), 68-94.

Pinto, P. S. P., & Bichara, I. D. (2017) O que dizem as crianças sobre os espaços públicos onde brincam. *Interação em Psicologia, 21*(1).

Pontes, F. A. R., & Magalhães, C. M. C. (2003) A transmissão da cultura da brincadeira: algumas possibilidades de investigação. *Psicologia: reflexão e crítica, 16*(1), 117-124.

Ramalho, M. R. B., & Silva, C. C. M. (2005) A brinquedoteca. *Revista ACB, 8*(1), 26-34.

Rasmussen, K. (2004) Places for children – children's places. *Childhood a Global Journal of Child Research*, 5-12.

Rosa, F. V. D., Kravchychyn, H., & Vieira, M. L. (2010) Brinquedoteca: a valorização do lúdico no cotidiano infantil da pré-escola. *Barbarói*, (33), 8-27.

Sager, F. et al. (2003) Avaliação da interação de crianças em pátios de escolas infantis: Uma abordagem da psicologia ambiental. *Psicologia*: *Reflexão e Crítica, 16*(1), 203-215.

Salgado, R. G., & Silva, M. R. S. (2010) A amizade como passaporte para brincar. *Currículo sem Fronteiras, 10*(2), 55-65.

Sampaio, R. F., & Mancini, M. C. (2007) Estudos de revisão sistemática: um guia para síntese criteriosa da evidência científica. *Brazilian Journal of Physical Therapy, 11*, 83-89.

Sarmento, M. J. (2004) As culturas da infância nas encruzilhadas da segunda modernidade. In M. J. Sarmento, & A. B. Cerizara. *Crianças e miúdos: perspectivas sociopedagógicas da infância e da educação* (pp. 1-22). ASA.

Sarmento, M. J. (2005 maio, agosto) Gerações e Alteridade: interrogações a partir da sociologia da infância. *Educ. Soc., 26*(91), 361-378.

Sarmento, M. J. (2011) O Estudo de Caso Etnográfico em Educação. In N. Zago; M. Pinto de Carvalho; R. A. T. Vilela (Org.) *Itinerários de Pesquisa - Perspectivas Qualitativas em Sociologia da Educação,* 137-179. Lamparina (2ª edição)

Seixas, A. A. C., Becker, B., & Bichara, I. D. (2012) Reprodução interpretativa e cultura de pares nos grupos de brincadeira da Ilha dos Frades/BA. *Psico, 43*(4).

Smith, P. K. (2010) *Children and Play.* J. Wiley.

Smith, P. K., &Connolly, K. J. (1980) *The ecology of preschool behaviour.* University Press.

Vigotski, L. S. (2001/2018) *7 aulas de L.S. Vigotski sobre os fundamentos da pedologia.* (Z. Prestes e. Tunes, Trad./Org.). E-Papers.

Vosgerau, D. S. R., & Romanowski, J. P. (2014) Estudos de revisão: implicações conceituais e metodológicas. *Rev. Diálogo Educ,* 165-190.

Wanderlind, F. et al. (2006) Diferenças de gênero no brincar de crianças pré-escolares e escolares na brinquedoteca. *Paidéia, 16*(34), 263-273.

CAPÍTULO III

O BRINCAR DE CRIANÇAS CAMPESINAS E INDÍGENAS NAS ESCOLAS DE EDUCAÇÃO INFANTIL DO CAMPO

Maria Aparecida D'Ávila Cassimiro[7]

Cristina D'Ávila

Introdução

Este capítulo emerge de uma tese de doutorado (Cassimiro, 2025) e entende que toda produção se articula a várias outras vozes, outros enunciados e outras palavras que demarcam o enredamento dos nossos discursos. Portanto, buscamos conhecer os estudos que compõem a discussão sobre a temática do brincar de crianças campesinas e indígenas nas escolas de Educação Infantil do/no campo, tendo em vista a multiplicidade de fios tecidos no campo das pesquisas acerca dessa temática. Assim, a partir de pesquisa bibliográfica, construímos o que se pode chamar de Estado da Questão (Nóbrega-Therrien & Therrien, 2004) sobre a temática enunciada e apresentamos os resultados neste capítulo.

Notas sobre a metodologia utilizada

Com o objetivo de elaborar o Estado da Questão (EQ), e com o intuito de desenhar os caminhos de busca na construção da revisão da literatura, situa-se, assim, este capítulo no contexto de estudos já desenvolvidos que demonstrem aproximações em relação à temática — o brincar das crianças da Educação Infantil (EI) do/no campo, localizadas em territórios indígenas —, numa perspectiva tanto de estabelecer um diálogo com as produções já existentes quanto de legitimar possibilidades e contribuições à discussão posta.

---

[7] CASSIMIRO, Maria Aparecida D'Ávila. O Brincar na Educação Infantil em uma Escola de Educação Infantil do/no Campo: um estudo acerca da potencialidade do baú brincante na comunidade indígena Tupinambá Em Ilhéus-Bahia. 245 p. 2025. Tese (Doutorado) – Faculdade de Educação, Universidade Federal da Bahia, Salvador, 2025.

Segundo Nóbrega-Therrien e Therrien (2004, p. 5), a finalidade do EQ "é de levar o pesquisador a registrar, a partir de um rigoroso levantamento bibliográfico, como se encontra o tema ou o objeto de sua investigação no estado atual da ciência ao seu alcance". Trata-se do momento por excelência que resulta na definição do objeto específico da investigação, dos objetivos da pesquisa, em suma, da delimitação do problema específico de pesquisa e a consequente identificação e definição das categorias centrais da abordagem teórico-metodológica (Nóbrega-Therrien & Therrien, 2004).

Os autores citados destacam que o EQ vai além de uma revisão de literatura. A concepção proposta requer uma compreensão ampla da problemática em foco, fundada nos registros dos achados científicos e nas suas bases teórico-metodológicas acerca da temática e requer ainda a perspectiva de contribuições do(a) próprio(a) pesquisador(a) cuja argumentação, lógica, sensibilidade, criatividade e intuição apontam as dimensões da nova investigação.

Trata-se, portanto, de um importante momento de imersão epistemológica e científica de quem realiza a pesquisa, com o desafio e a contribuição da multirreferencialidade como postura que o(a) pesquisador(a) contemporâneo(a) não pode ignorar na busca de compreensão da complexidade dos universos em que mergulha.

Nesse movimento de aproximação ao campo, expresso por meio de pesquisas relacionadas à temática, exploramos estudos que retratam a produção científica acerca do brincar na Educação Infantil (EI) campesina no contexto brasileiro. Com isso, buscamos o trabalho da Biblioteca Digital Brasileira de Teses e Dissertações (BDTD) e, como fonte secundária, os Grupos de Trabalho Educação de crianças de 0 a 6 anos (GT 07) da Associação Nacional de Pós-Graduação e Pesquisa em Educação (ANPEd), com o intuito de analisar as pesquisas elencadas, considerando o brincar de crianças na EI em escolas do/no campo e indígenas. A justificativa para a escolha desses bancos reside na relevância quanto ao fomento à produção acadêmica e à sua divulgação no cenário brasileiro.

Sendo assim, elencamos as seguintes palavras-chave: brincar; brincadeira; brincar livre; lúdico; ludicidade; educação infantil; crianças indígenas; campo; rural. Usou-se para esta pesquisa na literatura especializada, além dos descritores, a conjunção aditiva "AND" nos buscadores citados.

A pesquisa no contexto das produções já existentes na Biblioteca Digital Brasileira de Teses e Dissertações (BDTD)

Apresentamos, primeiramente, pesquisa realizada na Biblioteca Digital Brasileira de Teses e Dissertações, na qual realizamos busca nos resumos de teses e dissertações por meio da relação entre os descritores educação infantil/infância/criança indígena + rural/educação do campo/ território indígena + brincadeira/brincar/lúdico, esgotando todas as possibilidades entre os termos.

Realizamos a pesquisa na BDTD de 2009 até março de 2023. Optamos por esse recorte temporal em função do estabelecimento da Resolução n.º 5, de 17 de dezembro de 2009, que definiu as Diretrizes Curriculares Nacionais para a Educação Infantil (Brasil, 2009a), marco legal que legitima a brincadeira como eixo orientador das práticas pedagógicas na EI.

Verificamos que há estudos que abordam a Educação Infantil do campo com focos diversos, como gestão, políticas públicas, relações familiares, formação docente, significações de crianças e familiares, documentos oficiais, currículo na EI ou sobre o brincar como contexto para estudo de outros fenômenos. Embora esses estudos tenham aproximação com a nossa temática, não focaliza o nosso objetivo.

Em um universo de 619 produções, entre dissertações e teses, foi feita a leitura flutuante dos resumos das produções científicas e, delas, foram selecionados 21 trabalhos. Depois da leitura no corpo do trabalho, além de resumo, título e resultados, outros foram descartados, pois seus objetivos, sua metodologia ou temática não se encaixavam no tema estudado. Nessa direção, elencamos cinco para análise.

Ao final do mapeamento, foi possível realizar leitura mais aprofundada dos trabalhos e levantar resultados que esses estudos trouxeram para a temática pesquisada, identificando aqueles que versavam sobre a cultura lúdica da criança do campo e indígena na Educação Infantil. Assim sendo, passou-se para a próxima etapa, isto é, a leitura e análise dos trabalhos, obedecendo aos seguintes critérios: ano, título, autor, tipo de pesquisa e instrumento de coleta de dados. Chama a atenção a carência de estudos sobre a brincadeira de crianças do campo no contexto da EI, em especial de crianças indígenas nos últimos 14 anos, tanto na Psicologia como na Educação, visto se tratar de um processo de reconhecida importância para o desenvolvimento infantil e, também, para questões educacionais.

As informações encontradas foram organizadas na Tabela 1. Assim, foram selecionadas uma tese e quatro dissertações com contribuições para a discussão relacionada à temática desta pesquisa e à organização do referencial teórico.

Tabela 1

Dados das teses e dissertações selecionadas para a revisão de literatura

Ano	Natureza do trabalho	Autor/instituição	Título	Tipo de pesquisa	Instrumento de geração de dados
2015	Dissertação	Rayane Rocha Almeida – Universidade Federal do Ceará (UFC)	Práticas Lúdicas: linha de transmissão intergeracional da cultura comunitária do Assentamento Recreio	Estudo de caso de inspiração etnográfica	Diário de campo, registros fotográficos e conversas/entrevistas informais com as crianças e com seus pais e avós
2016	Dissertação	Elaine Florêncio dos Santos – Universidade Federal de Pernambuco (UFRPE)	O Brincar nos espaços-tempos das Crianças da Educação Infantil no/do Campo: um encontro com as culturas infantis no território campesino	Etnografia	Uso de vídeo, entrevistas gravadas em áudio, diário de campo para registro das observações e conversas informais com as crianças
2019	Dissertação	Edileide Ribeiro Pimentel – Universidade Federal do Rio Grande do Norte (UFRN)	Educação Infantil do Campo e Currículo: que atividades são oportunizadas às crianças?	Princípios da investigação qualitativa e proposições da abordagem histórico-cultural de L. S. Vigotski e proposições de M. Bakhtin para a pesquisa nas Ciências Humanas	Observação semiparticipante, com registro em diário de campo, entrevista do tipo semiestruturada e a análise de documentos da prática pedagógica

Ano	Natureza do trabalho	Autor/instituição	Título	Tipo de pesquisa	Instrumento de geração de dados
2013	Dissertação	Ana Maria dos Santos Luedke – Universidade Federal de Santa Catarina (UFSC)	A Formação da Criança e a Ciranda Infantil do MST (Movimento dos Trabalhadores Rurais Sem Terra)	Pesquisa qualitativa	Estudos bibliográficos, questionários e observações
2015	Tese	Andréa Simões Rivero – Universidade Federal de Santa Catarina (UFSC)	O Brincar e a Constituição Social das Crianças e de suas Infâncias em um Contexto de Educação Infantil	Etnográfica e participativa. As crianças foram consideradas as principais informantes da pesquisa	Observações, anotações de campo, entrevistas, registros fotográficos, em vídeo e áudio

A leitura das dissertações e teses apresentadas na Tabela 1 permitiram conhecer o que motivou os autores Almeida (2015), Luedke (2013), Pimentel (2019), Rivero (2015) e Santos (2016) a pesquisar a temática. Observou-se no objetivo da pesquisa o problema e os caminhos teóricos e metodológicos percorridos pelas pesquisadoras na elaboração de suas dissertações e teses.

O trabalho de Almeida (2015), um estudo de caso com inspiração etnográfica, teve como objetivo geral compreender como se relaciona a cultura comunitária do Assentamento Recreio, comunidade remanescente do Movimento dos Trabalhadores Rurais Sem Terra (MST), e a cultura lúdica infantil. Embora não seja uma pesquisa direcionada especificamente ao brincar na instituição educacional da Educação Infantil, o estudo realiza discussões sobre o brincar nesse contexto. Almeida (2015) apresenta, em suas discussões, que as brincadeiras das crianças assentadas acontecem quando elas estão livres em casa, após as atividades de rotina, e na escola (onde brincam com mais frequência).

A pesquisadora destaca que a brincadeira que acontece no espaço escolar do assentamento não fica submissa à aprovação dos adultos. Os professores dificilmente interferem nos momentos nos quais as crianças brincam, havendo situações que eles brincam com as crianças e lhes ensinam brincadeiras. Nessa direção, quanto à cultura lúdica, pôde identificar que tanto as crianças quanto os adultos contribuem com suas práticas para preservação e recriação dessa cultura, pois a transmissão da cultura lúdica é um dos pontos fortes da identidade cultural da comunidade. A escola, assim, funciona como um elo dos valores comunitários com as crianças, garantindo a sobrevivência da cultura local e, ao mesmo tempo, a sua inscrição nas novas demandas culturais.

A pesquisa de Santos (2016) teve como objetivo compreender como as crianças organizam o brincar em suas culturas infantis no tempo e espaço da Educação Infantil no campo e como lidam com as relações de poder, gênero, conflitos e amizades, além do reconhecimento de si e do outro nas relações sociais. No estudo, foi adotado um método de registro das informações de cunho etnográfico que acompanhou rotinas de brincadeiras de dois grupos de crianças de 4 e 5 anos de um Centro Municipal de Educação Infantil, situado em Caruaru/PE. As observações foram registradas em vídeos e em notas de campo realizadas pela pesquisadora.

Santos (2016) põe em diálogo o conceito de *elaboração criativa* de Vygotsky (2014) e de *reprodução interpretativa* de Corsaro (2011) e tem por objetivo referenciar as reflexões sobre as brincadeiras de papéis das crianças. Santos aponta que os resultados obtidos em seu estudo ressaltam a importância das educadoras em criar oportunidades para a vivência do brincar. A relevância de suas interpretações e conversas sobre as práticas infantis com as crianças permitiu às crianças questionamentos, resoluções de problemas, desenvolvimento da autonomia e confiança. A autora considera que estudar a infância requer do(a) pesquisador(a)/educador(a) um olhar atencioso para os traços que singularizam cada grupo infantil. É necessário perceber a realidade que se encontram, as influências dos adultos, das políticas sociais e educativas refletidas na constituição do tempo-espaço compartilhado entre as crianças no interior da escola.

O terceiro estudo analisado, de Pimentel (2019), objetivou analisar, no contexto da Educação Infantil do campo, o currículo vivido por meio de atividades oportunizadas às crianças. Embora não seja um estudo específico do brincar na Educação Infantil no/do campo, importa-nos nesta análise as atividades voltadas para o brincar, tendo em vista que, considerando as proposições da DCNEI (Brasil, 2010a), as interações e as brincadeiras são eixos norteadores das práticas pedagógicas da Educação Infantil. Nesse contexto, Pimentel (2019) apresenta que a análise dos dados construídos possibilitou constatar que, no dia a dia, é oportunizado às crianças, pelas professoras, um conjunto de atividades com pouca variação e próprias a instituições de Educação Infantil de contextos urbanos, o que, para a autora, não contribui para o conhecimento e a valorização de suas especificidades e para a afirmação de suas identidades como sujeitos do campo. Pimentel (2019) afirma que o estudo indica a necessidade de processos formativos junto aos docentes e gestores desse contexto na perspectiva de ressignificação de suas próprias práticas, tendo em vista a melhoria da qualidade da educação das crianças.

Luedke (2013) apresenta que, a partir dos resultados de estudos que demonstravam a interdição do brincar em contextos de organização do trabalho pedagógico da Educação Infantil, havia a necessidade de ampliar os estudos da cultura infantil e suas articulações com as instituições para a infância. Observou, especialmente, a Ciranda Infantil como um espaço educativo e desenvolveu um estudo que teve como objetivo principal essa proposta. As Cirandas Infantis do MST têm peculiaridades, particularmente no que se refere à organização e à proposição de atividades formativas para a criança, entre elas a brincadeira. Fundamentada na perspectiva histórico-cultural do desenvolvimento humano, realizou observações do espaço organizado pela Ciranda Infantil de Rio Bonito do Iguaçu/PR: as atividades cotidianas, as brincadeiras realizadas e os processos educativos realizados pelos educadores.

A autora observa que a Ciranda Infantil é um espaço educativo, intencionalmente planejado, organizado pelo MST com o objetivo de trabalhar as várias dimensões de ser criança "Sem Terrinha". Assim, na Ciranda Infantil é apresentado o reconhecimento do direito à sociabilidade, ao aprendizado e à vivência das práticas de integração, de recreação, e ao lúdico. A autora destaca que, em seu estudo, pôde constatar que, para o MST, a brincadeira é um espaço social, uma vez que não é criada espontaneamente, mas em consequência de uma aprendizagem social. Assim, compreendem que, para brincar, é preciso antes aprender a brincar.

Nessa direção, Luedke (2013) indica que as atividades de brincar se organizavam tanto em função de brinquedos industrializados — inteiros ou quebrados, novos ou velhos — quanto de objetos presentes no cotidiano e dos elementos da natureza, como em função de expressões e ações corporais. Os resultados apontam que a Ciranda Infantil representa uma conquista e traz a possibilidade de oferecer elementos que permitem contribuir para estudos e debates sobre as relações entre educação, infância, criança e escola.

A pesquisa de doutorado de Rivero (2015), embora não tenha sido desenvolvida em instituição campesina ou com crianças de comunidade indígena, foi escolhida para esta análise por conta da delineação da investigação sobre o brincar, bem como da linha teórica que aborda. O estudo teve por objetivo investigar a constituição social das crianças e de suas infâncias em contexto de Educação Infantil e em contexto familiar nos espaços-tempos do brincar. O intuito foi estabelecer uma aproximação às suas relações intersubjetivas e práticas sociais, aos repertórios/conteúdos culturais dos quais se apropriam e suas interpretações.

O estudo foi desenvolvido em uma instituição de Educação Infantil pública municipal com um grupo de 17 crianças, de 4 a 6 anos de idade, e duas profissionais da Educação Infantil. A partir de uma perspectiva etnográfica e participativa, as crianças foram consideradas as principais participantes da pesquisa. As análises evidenciaram que elas lançam mão de uma multiplicidade de saberes e constroem enredos complexos, nos quais combinam diversos elementos, provenientes das relações estabelecidas no contexto familiar e no Núcleo de Educação Infantil (NEI), no âmbito do contexto local e da cultura mais ampla.

Nos trabalhos analisados, percebemos que a maioria são pesquisas etnográficas. O diário de campo e a observação foram os instrumentos mais destacados. Embora nem todas trabalhem diretamente com a participação da criança, são pesquisas que percebem as crianças como protagonistas e participantes no processo de investigação; ou seja, que percebem a infância como categoria social e que entendem a brincadeira como prática cultural da infância.

Cabe ressaltar que, no momento da seleção e organização das teses e dissertações para a composição do referencial teórico deste projeto, priorizaram-se as pesquisas que apresentavam os conceitos de brincar, cultura lúdica e Educação Infantil do campo e em comunidades indígenas, a fim de perceber como a prática do brincar na Educação Infantil do campo e em comunidades indígenas tem sido apropriada nas pesquisas brasileiras. No entanto, chama-nos atenção a não realização de pesquisas que retratem brincadeiras em contextos de educação indígena nesse período. É possível perceber ainda que a maioria das pesquisas selecionadas estão localizadas na região nordeste.

Entre os autores utilizados no referencial teórico, destacam-se os da Sociologia da Infância, em especial Willian Corsaro e Manuel Sarmento. Para a categoria do brincar, os autores em comum são Gilles Brougère, Tizuko Kishimoto e Lev Vygotsky. A autora mais citada em relação à Educação Infantil do campo foi Roseli Caldart.

Observou-se que também foi utilizado, para legitimar a garantia da Educação Infantil do campo, bem como a organização do seu trabalho pedagógico, os seguintes instrumentos legais: Lei de Diretrizes e Bases da Educação Nacional (LDB) Lei 9.394/96 (Brasil, 1996); a Constituição Federal de 1988 (Brasil, 1998); Lei n.º 12.796, de 2013 (Brasil, 2013), Diretrizes Curriculares Nacionais da Educação Infantil (Brasil, 2009a); Base Nacional Comum Curricular (Brasil, 2017); Diretrizes Curriculares Nacionais para Educação Básica (Brasil, 2013); Plano Nacional de Educação (Brasil, 2001a); Diretrizes Operacionais para Educação Básica nas escolas do campo (Brasil, 2001b, 2002).

Os estudos analisados discutem o brincar na perspectiva da abordagem histórico-cultural, na qual a brincadeira seria uma das atividades-guia[8] da criança, linha principal do desenvolvimento na idade pré-escolar (Prestes, 2011). A brincadeira, nessa perspectiva, refere-se a uma atividade especificamente humana, aprendida no âmbito das relações sociais. Os teóricos aqui elencados corroboram a ideia de que os modos de brincar e as culturas infantis se constituem junto à identidade da infância, defendem a brincadeira como espaço de construção cultural da criança, a qual supera as informações dos adultos, sendo ao mesmo tempo espaço de concepção infantil, superação e recriação do mundo. Entendem, portanto, a brincadeira como prática cultural, e a cultura lúdica como não exclusiva das crianças, mas que interfere nas culturas infantis. Nessa perspectiva, por meio da brincadeira a criança cria sua identidade no processo de apropriação dos códigos culturais e das construções de seus significados e subjetividade. As discussões teóricas contribuíram para oportunizar um diálogo sobre a cultura lúdica infantil e a potencialidade do brincar na sua constituição.

---

[8] Conforme Zoia Prestes (2011), a expressão "atividade-guia" é guia porque, em certa idade, vai guiar o desenvolvimento psicológico da criança e possibilitar a transição para níveis mais elevados de desenvolvimento.

Almeida (2015) destaca que a cultura dos assentados influencia diretamente as práticas lúdicas das crianças, e que os valores advindos da história local estão imersos no seu brincar; além disso, as brincadeiras tradicionais compõem a cultura lúdica que permeia o assentamento. As pesquisas analisadas compreendem o brincar como uma atividade social elementar na formação humana, importante para a construção das relações sociais da criança e sua compreensão do mundo.

Santos (2016) destaca que as crianças trazem conhecimentos consigo, que aprendem na relação com diferentes realidades: suas famílias, a mídia, a comunidade, pois trocam conhecimentos com colegas, aprendem uns com os outros e compõem suas rotinas lúdicas, que vão se reconfigurando nessa interação. Os achados de Santos (2016) têm relação com as demais pesquisas analisadas, pois percebem que a existência de interações sociais nas brincadeiras das crianças as permitem vivenciar valores, sentimentos, comportamentos socialmente construídos a partir das relações de amizades, conflitos, lideranças e poder, por meio das brincadeiras que compartilham nos processos interativos.

Nesse aspecto, Pimentel (2019) afirma que a interação marca as crianças e suas práticas, linguagens e significados, pois elas são seres concretos e contextualizados, contemporâneos, capazes de interagir e de participar à sua maneira, dentro dos limites impostos pelas rotinas e intervenções das professoras. Criam situações para interagir e brincar, nos tempos permitidos e nos entretempos, atendendo às necessidades vitais infantis.

O estudo de Luedke (2013) nos revelou o quanto é relevante, cientificamente e socialmente, conhecer a criança, seja aquelas vinculadas ao MST ou não; além de apontar o quanto se faz necessário o aprofundamento teórico e metodológico nos estudos da infância na escola, de forma a evitar que aconteça a interdição do brincar, evidenciados em estudos pela autora. Nessa direção, apresenta-nos as cirandas infantis do MST, que dão pistas para pensar no reconhecimento da sociabilidade, aprendizado e vivência das práticas de integração, de recreação permeada pelo lúdico.

A tese de Rivero (2015) destaca que as crianças reafirmaram o brincar como uma atividade de confronto intercultural, de embates em torno de seus saberes e fazeres e como espaço socializador de importância significativa. A autora considera que, embora encontremos elementos comuns às brincadeiras das crianças ao nos aproximarmos (o que nos envolve de forma mais orgânica com eles), podemos encontrar sentidos e significações distintas, produzidas em suas trajetórias individuais e coletivas, a partir das relações que estabelecem entre pares, com os adultos e a cultura mais ampla. Nessa direção, a autora considera que estabelecer aproximações às brincadeiras das crianças, com a intenção de identificar elementos sociais e culturais que exploram e reproduzem, interpretativamente, é a forma de estruturá-las. Isso fornece condições para romper com interpretações generalizantes sobre as brincadeiras e para projetar a ação docente de modo a considerar suas significações e práticas no sentido de aprofundá-las e/ou ampliar e diversificar suas relações, seus conhecimentos, repertórios culturais, entre outras dimensões da prática pedagógica. A autora defende que as proposições pedagógicas podem ganhar contornos e características que respeitem e incluam as trajetórias individuais e coletivas das crianças.

Outro aspecto que merece atenção na análise das pesquisas é a questão de gênero, inclusive das pesquisadoras envolvidas com o tema. Questão que está posta na literatura sobre o brincar, de maneira geral, com referência à diferença de gênero na escolha das brincadeiras, no tempo empregado e no uso do espaço delas. Nos estudos sobre o brincar aqui analisados, essas características se confirmam em alguns trabalhos, independentemente de ser esse o foco do estudo.

Santos (2016) e Rivero (2015) destacam que a questão de gênero presente no universo adulto é tematizada pelas crianças em suas brincadeiras, marcando diferentes lugares sociais para meninas e meninos, bem como na escolha de brincadeiras e brinquedos.

Almeida (2015), em seu estudo no Assentamento Recreio, apontou que um fato marcante é que a escola procura diluir as fronteiras dos papéis de gênero no que se refere às brincadeiras, oferecendo os mesmos brinquedos tanto para meninos quantos para meninas. O que tem relação com a ideologia do MST, pois o papel da mulher e as relações de gênero são algumas das bandeiras que o movimento carrega. A mulher participa ativamente das decisões organizacionais de acampamentos e assentamentos. A escola tem uma proposta educacional em consonância com os valores do MST e, por essa razão, é um dos espaços onde as crianças se encontram e onde as brincadeiras acontecem sem distinções de gênero. A autora destaca que a não distinção dos brinquedos quanto ao gênero é uma das questões trabalhadas na escola, embora fora dela exista resistências, não por parte das crianças, mas por alguns adultos, quando insistem em rotular o que é "brinquedo de menina" e o que é "brinquedo de menino".

A pesquisa de Cassimiro (2025) é motivada pelo anseio de dar visibilidade à Educação Infantil do campo em comunidade indígena, demonstrando suas potencialidades e seus desafios no ato de brincar. Traz como questão norteadora: que espaço tem sido destinado para o brincar de crianças de uma escola da Educação Infantil do/no campo na comunidade indígena Tupinambá? O estudo foi realizado a partir da implantação do artefato lúdico Baú Brincante[9] e teve por objetivo compreender como as crianças, em suas culturas infantis, produzem brincadeiras com brinquedos não estruturados junto a seus pares em uma escola da Educação Infantil do/no campo na comunidade Tupinambá de Olivença, no sul da Bahia. A partir da implantação do Baú Brincante, foi possível analisar as reverberações provocadas por esse artefato lúdico na cultura da infância.

O brincar na Educação Infantil nas pesquisas da Associação Nacional de Pós-Graduação e Pesquisa em Educação (ANPEd)

A Associação Nacional de Pós-Graduação e Pesquisa em Educação (ANPEd) é constituída por professores e estudantes que integram os programas de pós-graduação *stricto sensu* em Educação e pesquisadores associados. Entre seus principais objetivos, destacam-se o incentivo ao desenvolvimento de pesquisas no âmbito da Educação, o aprimoramento e a consolidação do ensino na pós-graduação, a valorização das novas experiências que emergem no campo da Educação, bem como o fortalecimento da pós-graduação no âmbito político. Assim, prioriza-se o incentivo à participação das comunidades acadêmicas e científicas com a finalidade de fomentar as políticas educacionais do país, focalizando as questões relacionadas a pós-graduação.

Por considerar a relevância dessa associação no cenário educacional, em virtude do compromisso e da atuação que visa potencializar o desenvolvimento da qualidade da educação brasileira por meio de pesquisas, reunimos os estudos disponíveis no banco de dados do grupo "GT 07 – Educação de Crianças de 0 a 6 anos" que articulassem a temática do brincar à Educação Infantil do campo e com crianças indígenas no

---

[9] O Baú Brincante revela-se como uma caixa de brinquedos carregada de materiais não estruturados à disposição para as crianças brincarem livre e criativamente, podendo criar suas próprias estruturas de brinquedo e instalações no ambiente escolar. Cardoso (2018) define o baú como um artefato brincante, por ser um dispositivo mediador para a produção das brincadeiras espontâneas e da cultura lúdica de crianças. "São artefatos, objetos recicláveis manuseados pelas crianças enquanto brincam, ganhando novos sentidos, por aquelas que brincam, e que potencializam as experiências do brincar livre" (Cardoso, 2018, p. 24).

período de 2009 a 2021 (32ª a 40ª reunião, considerando que os encontros são bienais). Optamos por esse recorte temporal em função do estabelecimento da Resolução n.º 5, de 17 de dezembro de 2009, que definiu as Diretrizes Curriculares Nacionais para a Educação Infantil (Brasil, 2009a), marco legal que legitima a brincadeira como eixo orientador das práticas pedagógicas na EI.

Encaminhamos uma filtragem idêntica à pesquisa do BDTD, considerando os descritores: brincar; brincadeira; educação infantil; crianças indígenas; escola do campo. Elencamos nove textos na modalidade "comunicação". Desses trabalhos, oito eram relacionados ao brincar na Educação Infantil, um referente à Educação de crianças em área rural e dois sobre Educação Infantil ou infância indígena. Constatamos um número reduzido de pesquisas sobre o brincar na Educação Infantil, tendo que isso constitui eixo norteador e especificidade na Educação Infantil.

Tabela 2

Banco de dados dos GT 07 – Educação de crianças de 0 a 6 anos de 2009 a 2021 (32ª a 40ª reunião) selecionadas para a revisão de literatura

Ano	Natureza do trabalho	Autor/instituição	Título	Tipo de pesquisa	Instrumento de geração de dados
2011	Artigo na 34ª Reunião	Vanessa Ferraz Almeida Neves – UFMG	A construção da cultura de pares no contexto da Educação Infantil: brincar, ler e escrever	Abordagem etnográfica interacional	Observação participante; anotações no diário de campo; gravações em áudio e vídeo; entrevistas com crianças, professoras e famílias; e observações das reuniões pedagógicas
2011	Artigo na 34ª Reunião	Léa Tiriba – Unirio	Educação Infantil Entre Os Povos Tupinambá de Olivença	Qualitativa exploratória	Entrevistas.

Ano	Natureza do trabalho	Autor/instituição	Título	Tipo de pesquisa	Instrumento de geração de dados
2012	Artigo na 35ª Reunião	Sônia Regina dos Santos Teixeira – UFPA	A Mediação De Uma Professora De Educação Infantil Nas Brincadeiras De Faz-De-Conta De Crianças Ribeirinhas	Princípios da investigação qualitativa e proposições da abordagem histórico-cultural de L. S. Vigotski	Uso de vídeo, diário de campo para registro das observações do brincar e interações entre crianças e entre crianças e professoras
2012	Artigo na 35ª Reunião	Renata Da Costa Maynart – UFAL; Lenira Haddad – UFAL	A Compreensão Das Relações De Parentesco Pelas Crianças Na Brincadeira De Faz De Conta Em Contexto De Educação Infantil	Abordagem qualitativa	Observação, videografia
2013	Artigo na 36ª Reunião	Regina Ingrid Bragagnolo – Núcleo de Desenvolvimento Infantil (NDI/CED/ UFSC); Andrea Simões Rivero – UFFS; Zaira T. Wagner – Secretaria Estadual de Educação de Santa Catarina (SED-SC)	Entre Meninos E Meninas, Lobos, Carrinhos E Bonecas: A Brincadeira Em Um Contexto Da Educação Infantil	Etnográfica sob a perspectiva qualitativa e interpretativa	Observação, videografia
2017	Artigo na 38ª Reunião	Andréa Simões Rivero – UFFS; Eloísa Acires Candal Rocha (UFSC/UNOESC)	O Brincar E A Constituição Social Das Crianças Em Um Contexto De Educação Infantil	Etnografia e investigação participativa. as crianças foram consideradas as principais participantes da pesquisa	Observações, anotações de campo, registros fotográficos, em vídeo e áudio

Ano	Natureza do trabalho	Autor/instituição	Título	Tipo de pesquisa	Instrumento de geração de dados
2019	Artigo na 39ª Reunião	Andrize Ramires Costa – UFPEL	Da Alegria de Brinca à Pressão Para Render: as crianças e o controle do tempo dos adultos	Reflexão teórico-filosófica	Textos bibliográficos
2019	Artigo na 39ª Reunião	Rogerio C Silva – UFMG	A Criança Indígena nas Pesquisas em Educação: balanço de uma década de estudos	Pesquisa bibliográfica	Textos
2021	Artigo na 40ª Reunião	Marilete Calegari Cardoso – UESB; Maria Vitória da Silva – UESB	Mirando o Olhar à Rotina do Brincar da Criança em Casa: pensar a infância saudável e com experiências	Pesquisa qualitativa ancorada na fenomenologia	Questionário on-line

Especificamente sobre o brincar, identificamos os trabalhos de Neves (2011), Teixeira (2012), Maynart e Haddad (2012), Bragagnolo, Rivero e Wagner (2013), Rivero e Rocha (2017), Costa (2019) e Cardoso e Silva (2021).

Neves (2011) analisou o contexto de brincadeiras de um grupo de crianças no último ano da Educação Infantil. Em suas análises, destacou que o brincar tem sido considerado por pesquisadores, gestores públicos e vários educadores como a principal linguagem que as crianças usam tanto para se apropriarem do mundo quanto para se expressarem, numa perspectiva em que a atividade de brincar não exige um produto, garantindo a cidadania da criança e o direito à infância. Assim, a pesquisadora destaca que o discurso do brincar teve como grande mérito trazer as crianças e suas culturas para o centro da prática pedagógica da Educação Infantil e desafiou a tradição assistencialista atribuída a essa etapa da Educação Básica, bem como questionou o uso de atividades de coordenação motora nas práticas educativas desse nível de ensino, rejeitando o foco da Educação Infantil na preparação das crianças para o Ensino Fundamental.

Neves (2011) afirma que o discurso do brincar, quando mal compreendido, deixa em segundo plano uma melhor discussão sobre o interesse das crianças pela língua escrita. A autora defende que a inclusão das crianças em nossa sociedade remete ao processo de letramento, com todas as implicações que isso acarreta, e que, ao analisar o contexto pesquisado, percebeu, por meio da observação da professora e das crianças brincando, a identificação de alguns princípios na organização do grupo que põem em xeque essa dicotomia. Apresenta que, no dia a dia, a separação entre brincar e alfabetizar ficam tênues e levanta à seguinte reflexão: "quando as crianças estão lendo o livro, não estariam elas brincando?" (Neves, 2011, p. 19). A autora defende que é possível a construção de uma prática pedagógica que respeite as culturas de pares e o desenvolvimento infantil, integrando o brincar e a construção do conhecimento, mais especificamente a linguagem escrita.

Teixeira (2012) teve por objetivo discutir as formas de mediação dos(as) professores(as) de Educação Infantil nas brincadeiras de faz de conta, destacando os modos específicos de mediação de uma professora de uma classe pré-escolar ribeirinha da Amazônia. Parte da compreensão que a brincadeira de faz de conta é uma das maneiras que a criança encontra para interagir com seu contexto histórico e cultural e constituir-se como sujeito, por ser a brincadeira a atividade por excelência da infância.

A autora inicia o artigo apresentando uma problemática em torno das contradições e paradoxos sobre a participação da professora nas atividades de brincadeiras de faz de conta das crianças. De um lado, há os que defendem que a brincadeira é uma atividade infantil e que o adulto não deve intervir, e, de outro, os que defendem a diretividade na brincadeira visando o ensino de conteúdos e disciplinas. Para Teixeira (2012), os professores que adotam a primeira posição enfatizam que a brincadeira de faz de conta é uma atividade livre, espontânea e própria das crianças, e que a intervenção do adulto, no caso o(a) professor(a) da Educação Infantil, deve ser apenas para garantir a segurança das crianças ou apaziguar algum conflito. Já os(as) professores(as) que assumem a segunda postura não valorizam essa atividade como uma forma das crianças aprenderem, de construírem significados acerca da realidade que as cerca. Acreditam que as crianças, ao brincarem de faz de conta, estão perdendo tempo e deixando de realizar aprendizagens importantes que somente poderão ocorrer se o(a) professor(a) "ensinar" por meio de instruções formais.

Teixeira (2012) defende que há um equívoco entre os(as) professores(as) que defendem que a brincadeira deva ser instrumentalizada visando ao ensino de conteúdos disciplinares. Compreende que o conhecimento é algo vivo e com sentido para cada pessoa que interage com um contexto sociocultural específico, pois existem múltiplas formas de o ser humano interpretar, compreender e se expressar no mundo. A brincadeira de faz de conta constitui um importante meio utilizado pela criança para constituir-se como sujeito e participar de sua cultura.

A autora considera que a diferença não está em intervir ou não na Educação Infantil, pois percebe que os(as) professores(as) que se encontram na primeira posição, que apenas destinam o tempo e o espaço para as brincadeiras, já apresentam uma forma de intervenção. E que a diferença também não está em trabalhar ou não conteúdos, pois nas brincadeiras de faz de conta estão presentes os conteúdos culturais vivos e significativos para as crianças. A diferença está na forma de intervir e com que objetivos se quer intervir.

Maynart e Haddad (2012) observaram o brincar de faz de conta das crianças da Educação Infantil em seu estudo. Tiveram como objetivo estudar e discutir a compreensão que as crianças têm de parentesco em situações de brincadeira com parceiros da mesma idade. As autoras afirmam que os dados da pesquisa revelam que a criança traz para a brincadeira as relações familiares como forma de compreender os papéis que fazem parte da sua cultura e do seu meio social. Nessa direção, esse estudo (Maynart & Haddad, 2012) corrobora o de Teixeira (2012), observando o brincar na perspectiva da construção cultural da criança, quando afirma que o brincar pode ser utilizado pela professora para conhecer a criança, observando-a, reconhecendo suas competências, suas singularidades, seu jeito de ser e construir significados sobre o mundo que a cerca. Dessa forma, pode colaborar para algo que vai além da aquisição de conteúdos programados, que é a construção da sua identidade e a ampliação do seu repertório cultural e social.

Bragagnolo, Rivero e Wagner (2013) estudam a investigação das brincadeiras das crianças no cotidiano de uma instituição de Educação Infantil pública. O intuito foi identificar as possíveis relações entre o brincar e o planejamento de tempos, espaços e materiais no contexto das instituições de Educação Infantil. Em suas considerações, as autoras reconhecem a importância da observação do brincar das crianças e da documentação dessas experiências para o processo de planejamento da prática pedagógica na Educação Infantil. Destacam de forma enfática que a brincadeira é muito importante para as crianças e fundamentais no contexto da Educação Infantil.

Rivero e Rocha (2017) analisaram a constituição social das crianças em um contexto de Educação Infantil em relação com o contexto familiar, nos espaços-tempo do brincar. A intenção central do estudo foi estabelecer uma aproximação às brincadeiras, suas relações intersubjetivas e societárias e aos repertórios/conteúdos culturais dos quais as crianças se apropriam e as quais interpretam.

A pesquisa adotou a perspectiva teórica dos Estudos Sociais da Infância, com a predominância da Sociologia da Infância, a partir de uma perspectiva etnográfica e participativa, na qual as crianças foram consideradas as principais participantes. Ao abordar a constituição social das crianças nos espaços-tempos do brincar, a pesquisa buscou evidenciar os seguintes temas: os papéis sociais e as trocas relacionais presentes nas brincadeiras das crianças; os elementos do contexto mais amplo e da condição social, cultural, histórica e geográfica que as crianças inserem e exploram em suas brincadeiras, assim como elementos da cultura simbólica da infância; compreender como e quais saberes, apropriações e interpretações das crianças tornam-se visíveis no brincar.

Nessa direção, a brincadeira constitui-se no caminho para a compreensão da constituição social de criança e de suas infâncias. Destacamos os pensamentos de Corsaro (2011) e de Brougère (1998) como referências primordiais nessa pesquisa. Guardadas as diferenças, ambos situam a importância do brincar na apropriação e interpretação da cultura.

O trabalho de Costa (2019) discute a alegria de brincar e o controle do tempo dos adultos, propondo uma reflexão demarcada por essa dicotomia na Educação Infantil: de um lado o tempo cronometrado, medido e regulamentado pela opressão dos relógios dos adultos, e do outro lado o tempo sentido pelas crianças, principalmente no brincar. A autora defende que o modo como os adultos impõem as restrições da ordem do tempo, no conjunto das atividades das crianças com regularidades lineares, acaba sendo digerido pelas crianças, já que os adultos atuam como reguladores do início e fim de suas atividades. Isso tem consequências imediatas na experiência social e cultural dos sujeitos-brincantes e nos diálogos que estabelecem em suas interações com o mundo, com os outros e consigo mesmos, incorporando existencialmente o resultado dessa imposição adultocêntrica. Costa (2019) destaca que vivenciar o tempo pré-definido pelo outro, pura e simplesmente para coordenar a ação do eu, representa a opressão simbólica a que todos estamos submetidos em relação aos usos do tempo em nossa sociedade contemporânea. Essas limitações podam o processo criativo e imaginativo da criança. Por fim, a autora propõe a escuta às crianças e que deixemos que vivam plenamente o seu tempo vital de ser criança.

No último trabalho desse bloco sobre o brincar, Cardoso e Silva (2021) analisam o brincar espontâneo das crianças da Educação Infantil no ambiente familiar no período pandêmico. O trabalho é fruto de uma pesquisa interinstitucional, em desenvolvimento, envolvendo duas universidades públicas da Bahia, e analisa a potencialidade dos materiais não estruturados para o brincar livre das crianças de creches e pré-escolas. Devido ao contexto da pandemia de covid-19, com o fechamento das instituições de ensino, as autoras buscaram compreender como o brincar das crianças estava acontecendo em suas casas, a fim de analisar a rotina da criança no tempo de distanciamento social, bem como a cultura lúdica da criança em seu ambiente familiar.

As referidas autoras apresentam que as análises iniciais desse estudo sinalizam que a cultura lúdica da criança em seu ambiente familiar se restringe a espaços fechados, por meio de "jogos eletrônicos", em geral de forma solitária.

Nos trabalhos encontrados sobre crianças indígenas, identificamos dois que, embora não sejam estudos relacionados especificamente ao brincar de crianças indígenas no contexto da Educação Infantil, consideramos importante destacar, diante da pouca quantidade de estudos apresentados nas reuniões da ANPEd nessa perspectiva: Tiriba (2011) e Silva (2019).

Tiriba (2011) trabalhou com crianças tupinambá no distrito de Olivença, em uma escola indígena, a Oca Katuãna, que fica em Ilhéus, no sul da Bahia. A autora buscou compreender os modos como as crianças indígenas vivenciam um cotidiano marcado pela transição entre espaços familiares e comunitários e os espaços formais de Educação Infantil. O texto expõe referências legais, os instrumentos de investigação e apresenta os achados da pesquisa. Nessa direção, aponta elementos para a formulação de políticas públicas que contribuam para a afirmação da identidade das crianças e de seu grupo étnico.

A autora destaca que, embora algumas etnias afirmem que, para o seu povo, a educação indígena se aprende na comunidade, suas comunidades educativas não podem ser substituídas por espaços escolares. Há etnias, como os tupinambá, que demandam creches e pré-escolas. O estudo considera que as IEI são espaços de viver o que é bom, alegra e potencializa a existência, espaços de desenvolvimento das múltiplas dimensões humanas durante a primeira infância, para que as crianças possam explorar o mundo, fantasiar, brincar, fazer arte, ter contato íntimo com a natureza e acesso ao patrimônio cultural da humanidade.

Tiriba (2011) apresenta que percebeu em seus estudos que, na dinâmica da creche, como das casas e dos locais públicos, os brinquedos não se constituem como elementos fundamentais, tendo em vista que as rotinas das crianças se organizam em torno de outras atividades e brincadeiras que utilizam os próprios corpos, rodas, cantorias, conversas; assim como fenômenos e elementos da natureza, como os movimentos das águas no riacho, conchas, gravetos, sementes. A autora revela que as pesquisas sobre concepções e práticas de educação da infância indígena podem revelar elementos importantes, pois defende a ideia de que há resíduos que sobrevivem, ainda que não aparentes, mas submersos. Em Olivença, os resíduos são expressos no modo de adultos e crianças se relacionarem entre si e com o universo do qual são parte.

O segundo texto, de Silva (2019), investigou o lugar da criança indígena nas pesquisas em Educação. Nesse processo, analisou 51 trabalhos (dissertações e teses) de programas de pós-graduação em Educação produzidos entre 2007 e 2018. O autor destacou que a quantidade de pesquisas sobre a criança indígena ainda é pequena e dispersa.

No entanto, ao longo desses 11 anos analisados, percebeu que os estudos têm se consolidado, estão direcionados, em sua maioria, para questões ligadas à criança indígena, sua identidade cultural, suas produções e seu ponto de vista. Esses estudos corresponderam a 18 trabalhos. Eles têm utilizado com frequência as contribuições dos estudos produzidos pela Antropologia da criança, trabalhando temas como infância indígena, brincadeiras, corporalidade, formas de nomeação da criança, o lugar da criança no plano cosmológico do grupo. O autor destaca que fica cada vez mais claro que, nos estudos sobre as crianças indígenas, seja o foco recaindo sobre sua educação (tradicional ou escolar) ou sobre qualquer tema relacionado à sua infância, caracterizar o seu lugar social nos auxilia na compreensão dos processos educativos da qual ela faz parte.

Do total dos trabalhos analisados, identificamos quatro específicos sobre a criança campesina e indígena, sendo que deles apenas dois são específicos sobre o brincar. Diante de tais números, mostra-se a urgência de realizar mais estudos que discutam a cultura do brincar de crianças campesinas e indígenas no contexto da Educação Infantil.

No entrecruzamento dos trabalhos selecionados que abordam o brincar, destacamos a similaridade em relação à metodologia que, na totalidade das pesquisas, consiste de abordagem qualitativa, por fazer utilização de instrumentos como filmagem, fotografia e diário de campo como formas de registro dos dados. Tais recursos se configuraram como instrumentos para registrar as situações de brincadeira no decorrer das pesquisas, especialmente na observação do brincar. Em alguns, a realização de entrevistas com os profissionais, com as crianças e com as famílias nas instituições pesquisadas também se constituiu como procedimento de produção de dados. Percebemos que alguns trabalhos transpuseram os muros das instituições e adentraram os espaços familiares e socioculturais das crianças.

Discussão dos resultados

No estudo das duas bases de dados, notamos que as pesquisas focalizam as interações de crianças ou delas com os adultos, centralizando as ações dos sujeitos como dados a serem analisados. Tal perspectiva apoia-se numa concepção que privilegia os sujeitos, especialmente por compreender sua singularidade ao ocupar um lugar no mundo e a criança como sujeito histórico social. Nessa direção, evidenciamos que a maioria das pesquisas analisadas se fundamenta nos construtos teóricos dos Estudos Sociais da Infância, com predominância na Sociologia da Infância, e apresentam uma abordagem histórico-cultural na conceituação do brincar, trazendo, em sua maioria, como aporte teórico os estudos de Lev Vygotsky em relação à teorização da brincadeira na infância.

É marcante a relação existente entre o processo do brincar e os elementos do meio no qual vivem as crianças. Tanto nas pesquisas realizadas no campo quanto em comunidades indígenas, a relação com os elementos da natureza ganha destaque. Os resultados revelam que, por meio dos significados construídos, as crianças, quando se relacionam socialmente por meio da brincadeira, participam da cultura, que vai constituir sua identidade.

Nesse sentido, podemos recorrer a Vygotsky (1935/2010, pp. 697-698), que nos aponta que "o homem é um ser social, que fora da interação com a sociedade ele nunca desenvolverá em si aquelas qualidades, aquelas propriedades que desenvolveria como resultado do desenvolvimento sistemático de toda a humanidade". Diante disso, a construção da identidade da criança do campo e indígena é marcada por sua interação com o meio, sendo este construído historicamente, assim como o meio se (re)produz nas interações com as crianças. É essa produção constante do humano, esse fazer diário na interação que diz respeito à cultura e aos processos culturais. E, assim, a criança pode ser entendida como um sujeito produtor de cultura.

Outro ponto importante a ser destacado é que, a partir de nossa busca bibliográfica realizada na Biblioteca Digital Brasileira de Teses e Dissertações (BDTD) e nos anais da ANPEd, fica evidenciada a grande lacuna referente à falta de estudos científicos sobre a questão do brincar em instituições de Educação Infantil do campo e em comunidades indígenas.

O tema brincar é bastante explorado nas pesquisas educacionais, mas, quando se trata do brincar da criança do campo ou da Educação Infantil do campo e de crianças indígenas, nos deparamo-nos com um número reduzido de investigações, embora sempre tenham existido crianças em territórios rurais brasileiros e indígenas. Estudos que envolvam realidades diferentes são raros e, de uma forma geral, diferenças socioculturais têm sido vistas como sinais de deficiência, e não de variação comportamental. Estudar possíveis variações no brincar decorrentes de fatores culturais numa instituição de Educação Infantil do campo ou numa comunidade indígena constitui também uma pertinente problemática desses trabalhos. Bichara (1999) mostra que, nos estudos que tratam de diferenças culturais e/ou de nível socioeconômico, conceitos como classe social, cultura, etnia e ambiente social são confundidos e tratados indevidamente.

Observou-se nos estudos analisados que é consenso que o brincar desempenha importante papel no processo de constituição cultural da criança. É consenso também que a brincadeira é atividade por excelência da infância. Ademais, os estudos reafirmaram o brincar como uma atividade de confronto intercultural, na qual as crianças lançam mão de uma multiplicidade de saberes e constroem enredos complexos, nos quais misturam e combinam diversos elementos, provenientes das relações que estabelecem no contexto familiar e de Educação Infantil, no âmbito do contexto local e da cultura mais ampla.

A brincadeira, concebida ao mesmo tempo como fato da cultura e como espaço de construção das práticas sociais e culturais infantis, constitui um dos focos de investigação mais enfatizado nos trabalhos que têm como tema as culturas da infância. Embora o brincar não seja a única atividade por meio da qual as crianças constroem suas culturas próprias, ela se destaca como um dos pilares da constituição das culturas da infância. O brincar é, portanto, experiência de cultura na qual as crianças constituem coletivamente valores, habilidades, conhecimentos e formas de participação social.

As autoras dos trabalhos analisados neste capítulo destacam a observação do brincar como indicativo para a ação docente na Educação Infantil, ao destacar que é possível acompanhar as ações sociais das crianças nas variadas brincadeiras das quais participam. Corroboram, assim, a ideia de que as crianças fornecem pistas importantes de suas trajetórias coletivas e individuais, contribuindo para uma aproximação aos processos de constituição de cada uma, no coletivo e para, significativamente, projetar e planejar a diversificação, o redimensionamento e a ampliação de suas experiências no cotidiano educativo- pedagógico.

Considerações finais

Os estudos analisados defendem que a brincadeira é primordial na constituição de uma cultura própria e viva pelos grupos infantis. Eles nos alertam que a instituição de Educação Infantil precisa dialogar com essa etapa geracional, bem como com a cultura na qual as crianças estão inseridas, e, nessa perspectiva, a brincadeira deve se fazer presente.

Reafirmamos, diante dos estudos encontrados sobre o brincar da criança campesina e indígena, o interesse em acessar especificidades dessas culturas da infância, tendo como processo de expressão o brincar com brinquedos não estruturados. Nessa direção, o Estado da Questão nos leva a realizar a pesquisa motivada também pelo anseio de dar visibilidade à Educação Infantil do campo em comunidade indígena, demonstrando suas potencialidades e desafios no ato de brincar.

O objetivo de elaborar o Estado da Questão foi desenhar os caminhos de busca na construção da revisão da literatura de estudos já desenvolvidos que demonstrem aproximações em relação à temática, o brincar das crianças da Educação Infantil do/no campo e localizadas em territórios indígenas, numa perspectiva tanto de estabelecer um diálogo com as produções já existentes quanto de legitimar possibilidades e contribuições à discussão posta. Foi possível, a partir de tal ação, tecer problematizações e delineamentos em relação à nossa questão de pesquisa e aos objetivos.

Nessa direção, buscamos compreender como as crianças em suas culturas infantis produzem suas brincadeiras com brinquedos não estruturados junto a seus pares de uma escola da Educação Infantil do/no campo na comunidade Tupinambá de Olivença, a partir da implantação do Baú Brincante, assim como analisar as reverberações provocadas por esse artefato lúdico na cultura da infância. A importância da inserção da brincadeira no tempo/espaço da Educação Infantil é uma forma de se considerar as crianças como sujeitos históricos que participam e transformam a realidade em que vivem. Isso adquire relevância ainda maior considerando que o espaço do brincar vem sendo diminuído na sociedade atual.

Assim, torna-se evidente que as instituições de Educação Infantil representam o lugar onde as crianças pequenas podem e devem experienciar múltiplas situações que envolvam o brincar. E, para esse fim, os autores parecem concordar com o processo de formação de professores(as) e gestores(as) que contemplem o brincar. Nessa perspectiva, pensamos uma pesquisa-ação que envolva docentes e crianças numa perspectiva dialógica.

Referências

Abreu, R., & D'Ávila, C. (2018) Retalhos de Uma História: o estado da arte dos estudos sobre ludicidade em Universidades públicas da Bahia. In C. D'ávila, & T. R. Fortuna, *Ludicidade, Cultura Lúdica e Formação de Professores.* (pp. 43-66). CRV.

Almeida, R. R. (2015) *Práticas lúdicas: linha de transmissão intergeracional da cultura comunitária do Assentamento Recreio.* [Dissertação de Mestrado, Universidade Federal do Ceará, Faculdade de Educação, Programa de Pós-Graduação em Educação Brasileira]. Fortaleza.

Bichara, I. D. (1999) Brincadeira e cultura: O faz-de-conta das crianças Xocó e do Mocambo (Porto da Folha/SE). *Temas em Psicologia, 7*(1), 57-63.

Bragagnolo, R. I., Rivero, A. S., & Wagner, Z. T. (2013) Entre Meninos E Meninas, Lobos, Carrinhos E Bonecas: A Brincadeira Em Um Contexto Da Educação Infantil. In *Anais da 36º Reunião da ANPEd*, Goiânia (GO).

Brasil. (1990) Assembleia Legislativa. *Estatuto da Criança e do Adolescente*. Lei n.º 8.069/90. Centro Gráfico.

Brasil. (1996) *Lei de Diretrizes e Bases da Educação Nacional*, LDB. 9394/1996. L9394 (https://www.planalto.gov.br/ccivil_03/leis/l9394.htm).

Brasil. (1998) *Constituição da República Federativa do Brasil* (1988). Saraiva.

Brasil. (2001a) *Plano Nacional de Educação (PNE)*. Lei Federal n.º 10.172, de 9/01/2001. MEC.

Brasil. (2001b) Parecer CNE/CEB 36/2001 - *Diretrizes Operacionais para a Educação Básica nas Escolas do Campo*. MEC.

Brasil. (2002) Resolução CNE/CEB 1/2002 - *Institui Diretrizes Operacionais para a Educação Básica nas Escolas do Campo*. MEC.

Brasil. (2008) Conselho Nacional de Educação (CNE). Câmara de Educação Básica (CEB). Resolução CNE/CEB n. 2, de 28 de abril de 2008. Estabelece diretrizes Complementares, normas e princípios para o desenvolvimento de políticas. Públicas de atendimento da Educação Básica do Campo. *Diário Oficial da União*, Brasília, v. 81, Sessão 1, p. 25, 29 abr. 2008.

Brasil. (2009a) Resolução CEB no 5 de 17 de Dezembro de 2009. *Fixa as Diretrizes Curriculares Nacionais para a Educação Infantil*. MEC/SEB.

Brasil. (2009b) Parecer CEB 20/09. *Revisão das Diretrizes Curriculares Nacionais para a Educação Infantil*. MEC/SEB.

Brasil. (2010a) Ministério da Educação. Secretaria de Educação Básica. *Diretrizes Curriculares Nacionais para a Educação Infantil*. SEB, 36 p.

Brasil. (2010b) Decreto n. 7.352, de 4 de novembro de 2010. Dispõe sobre a política de educação do campo e o Programa Nacional de Educação na Reforma Agrária –PRONERA. *Diário Oficial da União*, Brasília, Sessão1, 5 nov. 2010. http://www.planalto.gov.br/ccivil_03/_ato2007-2010/2010/decreto/d7352.htm.

Brasil. (2012) *Educação do Campo: marcos normativos*. Secretaria de Educação Continuada, Alfabetização, Diversidade e Inclusão. SECADI.

Brasil. (2013) Conselho Nacional de Educação. Ministério da Educação. Secretaria de Educação Básica. Diretoria de Currículos e Educação Integral. *Diretrizes Curriculares Nacionais Gerais da Educação Básica*. MEC, SEB, DICEI.

Brasil. (2017) Ministério da Educação. *Base Nacional Comum Curricular:* Educação é a base. http://basenacionalcomum.mec.gov.br/imagens/BNCC_publicacao.pdf.

Brougère, G. (1998) *Jogo e Educação.* Artes Médicas.

Brougère, G. (2010) A criança e a cultura lúdica. In T. M. Kishimoto. (Org.). *O brincar e suas teorias.* (pp. 19-32). Pioneira Thomson Learning.

Brougère, G. (2008) *Brinquedo e Cultura.* (7a ed.) Cortez.

Brougère, G. (2004) *Brinquedo e Companhia.* (M. A. S. Dória Trad.). Cortez.

Brougère, G., Roucous, N., Baptiste, B-P., & Claude, V. (2016) Une boîte pour jouer : pratiques et discours autour d'objets recyclés. *Rapport concernant l'accompagnement scientifique de l'implantation de la boîte à jouer sur deux sites en région parisienne.* [Rapport de recherche] Université Paris 13 Sorbonne Paris Cité. https://halshs.archives-ouvertes.fr/halshs-01361254/document.

Caldart, R. S. (2001) O MST e a formação dos sem-terra: o movimento social como princípio educativo. *Estudos Avançados, 15*(43), 207-224.

Caldart, R. S. (2003) Movimento Sem Terra: lições de Pedagogia. *Currículo Sem Fronteiras, 3,* 50-59.

Caldart, R. S. (2004) *Pedagogia do Movimento Sem Terra.* Expressão Popular.

Cardoso, M. C. (2018) *Catadoras do Brincar: o olhar sensível das professoras acerca do brincar livre no ensino fundamental I e suas ressonâncias para a profissionalidade docente.* [Tese de Doutorado], Universidade Federal da Bahia, Faculdade de Educação.

Cardoso, M. C.; da Silva, M. V. (2021) Da alegria de brincar à pressão para render: as crianças e o controle do tempo dos adultos. In *Reunião da Anped/PA, 40.*

CASSIMIRO, M. A. (2025). *O Brincar na Educação Infantil em uma Escola de Educação Infantil do/no Campo: um estudo acerca da potencialidade do baú brincante na comunidade indígena Tupinambá Em Ilhéus-Bahia.* 245 p. 2025. Tese (Doutorado) – Faculdade de Educação, Universidade Federal da Bahia, Salvador.

Cassimiro, M. A. (2012) *Os Espaços de Educação Infantil no Campo na Lente das Crianças.* [Dissertação de Mestrado], Universidade do Estado da Bahia, Faculdade de Educação.

Corsaro, W. A. (2002) A reprodução interpretativa. *Educação, sociedades e culturas. Crescer e aparecer...ou para uma sociologia da infância.* (17), 97-135.

Corsaro, W. A. (2005) Entrada no campo, aceitação e natureza da participação nos estudos etnográficos com crianças pequenas. *Educação e sociedade,* 26(91), 443-464.

Corsaro, W. A. (2003) *"We're Friends, Right?": Inside Kid's Culture.* (F. Muller Trad.). Joseph Henry Press.

Corsaro, W. A. (2009) Reprodução interpretativa e Cultura de pares. In F. Muller, & A.M.A. Carvalho (Orgs.). *Teoria e prática na pesquisa com crianças: diálogos com William Corsaro.* Cortez.

Corsaro, W. A. (2011) *Sociologia da infância.* (2a ed.; L. G. R. Reis, & M. L. B. P. Nascimento Trad.). Artmed.

Costa, A. R. C. (2019). Da alegria de brincar à pressão para render: as crianças e o controle do tempo dos adultos In *Reunião da Anped/RJ, 39.*

Costa, M. de F. V. (2012) Brincar e Escola: o que as crianças têm a dizer. *Edições UFC,* 214 p.

D'ávila, C.; Cardoso, M. C.; Xavier, A. A. S. (2018) O Brincar Livre na Escola de Ensino Fundamental e Formação de Professores. In C. D'ávila, & T. R. Fortuna *Ludicidade, Cultura Lúdica e Formação de Professores.* (pp. 93-112). CRV.

Lüdke, M., & André, M. E. D. (1986) *Pesquisa em educação: abordagens qualitativas.* EPU.

Luedke, A. M. dos S. (2013) *A formação da criança e a Ciranda Infantil do MST (Movimento dos Trabalhadores Rurais Sem Terra).* [Dissertação mestrado, Universidade Federal de Santa Catarina, Centro de Ciências da Educação. Programa de Pós-Graduação em Educação]. Florianópolis.

Martins, R. K. (2009) As experiências educativas das crianças menores de quatro anos, do meio rural. In *Anais da 32ª Reunião Anual da ANPEd.* Caxambu (MG).

Maynart, R. C.; Haddad, L. (2012) A Compreensão Das Relações De Parentesco Pelas Crianças Na Brincadeira De Faz De Conta Em Contexto De Educação Infantil In *Reunião da Anped/PE,* 35. Porto de Galinhas (PE).

Neves, V. F A. (2011) A construção da cultura de pares no contexto da Educação Infantil: brincar, ler e escrever. In *Reunião da Anped/RN,* 34. Natal (RN).

Nóbrega-Therrien, S. M., & Therrien, J. (2004) Trabalhos científicos e o estado da questão: reflexões teórico-metodológicas. *Estudos em Avaliação Educacional*, *15*(30), 5-16.

Pimentel, E. R. (2019) *Educação Infantil do campo e currículo: que atividades são oportunizadas às crianças?* [Dissertação de Mestrado em Educação], Universidade Federal do Rio Grande do Norte, Centro de Educação.

Prestes, Z. (2011) A brincadeira de faz-de-conta como atividade-guia. In *4º Congresso de Educação Básica*. Secretaria de Educação. http://portal.pmf.sc.gov.br/arquivos/arquivos/pdf/14_02_2011_11.23.25.5523439fc322d424a19c109abd-2d2bb9.pdf.

Profice, C. C., Santos, G. M., & Almeida, N. M. (2014, julho a dezembro) As brincadeiras entre crianças tupinambá de Olivença: tradições passadas por gerações. *Zero-a-seis*. *16*(30), 259-274.

Rivero, A. S. (2015) *O Brincar e a Constituição Social das Crianças e de suas Infâncias em um Contexto de Educação Infantil*. 266 p. Tese (doutorado). (Programa de Pós-Graduação em Educação) – Universidade Federal de Santa Catarina, Florianópolis/SC.

Rivero, A. S.; Rocha, E. A. C. (2017). O Brincar e a Constituição Social das Crianças em um Contexto de Educação Infantil. In *Reunião da Anped/MA*, 38. São Luís (MA).

Santos, E. S. F. (2016) *O brincar nos espaços-tempos das crianças na Educação Infantil no/do campo: um encontro com as culturas infantis no território campesino*. [Dissertação de Mestrado], Universidade Federal Rural de Pernambuco.

Santos Tupinambá, M. V. de A. (2016) *Práxis pedagógicas e saberes culturais: diálogos com as professoras Tupinamba de Olivença*. [Dissertação de Mestrado], Universidade Estadual de Santa Cruz.

Santos, A. A. P. dos. (2019) *Atlas Socioeconômico Litoral Sul da Bahia*. Gasparetto Pesquisa e Estatística.

Teixeira, S. R. (2012) A mediação de uma professora de Educação Infantil nas brincadeiras de faz-de-conta de crianças ribeirinhas. In *Anais da 35º Reunião da Anped/PE*, Porto de Galinhas (PE).

Tiriba. L. (2011) Educação Infantil Entre os Povos Tupinambá De Olivença. In *Anais da 34ª Reunião da Anped/RN*, 34, Natal (RN).

Vigotsky, L. S. (1998) *O Desenvolvimento psicológico na infância*. Martins Fontes.

Vigotsky, L. S. (2007) *A Formação Social da Mente*. Martins Fontes.

Vigotsky, L. S. (2014) *Imaginação e criatividade na infância*. (J. P. Fróis Trad.). WMF. Martins Fontes.

Vigotsky, L. S. (2008, julho) A brincadeira e o seu papel no desenvolvimento psíquico da criança. *Revista Virtual de Gestão de Iniciativas Sociais*. (Z. Prestes Trad.). 23-36.

Vigotsky, L. S. (1935/2010) Quarta aula: a questão do meio na Pedologia. *Psicologia USP*, *4*(21), 681-701. http://www.scielo.br/pdf/pusp/v21n4/v21n4a03.pdf.

CAPÍTULO IV

"NOSSOS PASSOS VÊM DE LONGE": PESQUISAS ÉTNICO-RACIAIS COM CRIANÇAS

Erika Jennifer Honorio Pereira

"Nossos passos vêm de longe!" — esse lema do movimento negro feminista em mim ecoa. Indago: o que já foi produzido sobre as relações étnico-raciais com crianças? De onde continuam os pesquisadores atuais? Para onde avançar, em termos de pesquisa, considerando o que já foi discutido e analisado?

Ao refletir nos passos e caminhos percorridos, reconheço que muita dedicação, resistência e luta, muito estudo vem sendo desenvolvido por aqueles que buscam uma sociedade menos desigual, menos racista e uma educação mais justa às crianças. E que denunciam uma tradição científica de subalternidade, inferiorização e sexismo dirigido às mulheres.

O objetivo deste capítulo é dar visibilidade aos saberes produzidos no "sul" por mulheres negras sobre a infância. Busco refletir como as pesquisas brasileiras podem contribuir para pensar as problemáticas atuais da diversidade com crianças, em contexto educativo. Para isso, apresento um panorama de como esse campo tem se consolidado nos últimos anos.

Dados da produção do conhecimento no Brasil

Opto, metodologicamente, por compreender a produção acadêmica a partir de uma especificidade: a educação de crianças de 0 a 5 anos de idade. Essa escolha vem ao encontro de algumas bandeiras. Entre elas, insere-se o compromisso em fortalecer os estudos sobre as crianças mais novas, que, historicamente, foram subalternizadas ou preteridas perante os adultos ou as crianças maiores, na faixa etária de escolarização. Lembremos que foi apenas no ano de 1996 que, no Brasil, como resposta à demanda dos movimentos sociais e da população em geral, a Educação Infantil passou a integrar-se legalmente ao sistema de ensino como primeira etapa da

Educação Básica[10], com a Lei de Diretrizes e Bases da Educação Nacional (Brasil, 1996). Aquino e Vasconcellos (2012) refletem que:

> A definição da Educação Infantil como primeira etapa da Educação básica contribuiu para dar certa visibilidade às crianças pequenas e à sua Educação no cenário brasileiro, na passagem do século XX para o XXI. Essa mudança de *status* da creche e pré-escola, passando das funções de assistência e saúde para a educacional, tem permitido alguns avanços, como a expansão das matrículas e a ampliação de alguns direitos das crianças (p. 69).

Embora a infância venha ganhando visibilidade ao longo do tempo, o reconhecimento das crianças enquanto sujeitos plenos de direitos é ainda uma meta. As autoras refletem acerca de as crianças de 0 a 3 anos ainda não terem garantido seu direito à creche; pois, conforme a LDBEN/96, a educação básica é obrigatória e gratuita dos 4 aos 17 anos de idade, iniciando, assim, envolve apenas a pré-escola (Aquino & Vasconcellos, 2012).

Como ato político de valorização das crianças de menor idade é que foi então feita a primeira escolha deste levantamento — pesquisas sobre educação das relações étnico-raciais com crianças na faixa etária que compreende a Educação Infantil. Tornou-se necessário, em seguida, delimitar o período que o levantamento compreenderia. Assim, busquei mapear dissertações e teses produzidas entre 2014 e 2023. É necessário apontar que essa escolha se baseou em reunir a produção mais atualizada das pesquisas no campo.

Outra opção para esse recorte temporal dá-se pelo fato de, em 2015, eu ter defendido a dissertação "'*Tia, existe flor preta?*' – Educar para as relações étnico-raciais" (Pereira, 2015). Nesse trabalho, apresentei um panorama das pesquisas no Brasil no período entre 2003 e 2013. Soma-se a tese "Crianças e relações étnico raciais: perspectivas decoloniais" (Pereira, 2021), na qual trouxe o panorama das pesquisas entre 2014 e 2018. Dessa forma, o levantamento das pesquisas entre os anos de 2019 e 2023 pode ser considerado como uma continuidade e atualização ao produzido por ocasião da dissertação e tese.

Cabe destacar a leitura da tese de Santos (2018), que realizou um levantamento no período de 2014 a 2017, identificando três teses e 23 dissertações. A pesquisadora categorizou as produções e analisou individual-

---

[10] Conforme a legislação brasileira, a Educação Básica compreende a Pré-Escola, o Ensino Fundamental e o Ensino Médio.

mente cada pesquisa, trazendo reflexões que ampliaram o entendimento acerca do tema. Com as pesquisas encontradas no portal de busca BDTD e com o panorama trazido por Santos (2018), acreditei estar mais perto de realizar o objetivo proposto.

Ao proceder no levantamento das pesquisas, nas bases de dados de teses e dissertações disponíveis na internet, elenquei descritores que poderiam se vincular à temática pesquisada: infância(s), criança(s), creche, educação infantil, raça, relações étnico-raciais, relações raciais, racismo, educação das relações étnico-raciais, antirracismo, multiculturalismo, interculturalidade, decolonialidade.

A partir desses descritores, procedi a busca por pesquisas realizadas entre aqueles anos sobre Educação Infantil e relações raciais no portal da Biblioteca Digital Brasileira de Teses e Dissertações (BDTD).

Crianças e relações étnico-raciais nas pesquisas acadêmicas do período 2014–2023

Foi possível identificar 50 pesquisas produzidas sobre o tema a partir do levantamento realizado no período de 2014 a 2018. Os trabalhos selecionados encontram-se sistematizados na Figura 1 a seguir, organizados por ordem temporal (do mais recente ao mais antigo).

Figura 1

Levantamento de dissertações e teses sobre Educação Infantil e raça (2014–2018)

PESQUISAS
AFONSO, Flávio. **"O meu cabelo é assim... igualzinho o da bruxa, todo armado"**: hierarquização e racialização das crianças pequenininhas negras na educação infantil. 2014. 127 p. Dissertação (Mestrado em Educação) – Universidade Estadual de Campinas, Campinas. 2014.
MACHADO, Liliane Marisa Rodrigues. **Pedagogias da racialização em foco**: uma pesquisa com crianças da educação infantil. 2014. 148 p. Dissertação (Mestrado em Educação) – Universidade Luterana do Brasil, Canoas, RS. 2014.
PAULA, Elaine de. **"Vem brincar na rua!"** Entre o quilombo e a Educação Infantil: capturando expressões, experiências e conflitos de crianças quilombolas no entremeio desses contextos. 2014. 355 p. Tese (Doutorado em Educação) – Universidade Federal de Santa Catarina, Florianópolis. 2014.

PESQUISAS
ROSA, Daniele Cristina. **A construção da identidade racial de crianças negras na educação infantil.** 2014. 103 p. Dissertação (Mestrado em Educação) – Universidade Tuiuti do Paraná, Curitiba. 2014.
SILVA, Marta Lúcia da. **Discursos de mães negras sobre educação e cuidado de crianças de até três anos de idade.** 2014. 220 p. Dissertação (Mestrado em Psicologia Social) – Pontifícia Universidade Católica de São Paulo – PUC-SP, São Paulo. 2014.
ALMEIDA, Dalva Martins de. **A menina negra diante do espelho.** 2015. 124 p. Dissertação (Mestrado em Literatura) – Universidade de Brasília. Brasília, DF. 2015.
ALVARENGA, Hilda Maria de. **Representações docentes sobre educação para as relações étnico-raciais em um CMEI de Goiânia:** entre a teoria e práxis. 2015. 176 p. Dissertação (Mestrado em Ensino na Educação Básica) – Universidade Federal de Goiás, Goiânia. 2015.
ARAÚJO, Marlene de. **Infância, educação infantil e relações étnico-raciais.** 2015. 314 p. Tese (Doutorado em Educação) – UFMG, Belo Horizonte. 2015.
CASTRO, Moacir Silva de. **Educação para as relações étnico-raciais:** concepções e práticas de professoras da educação infantil. 2015. 120 p. Dissertação (Mestrado em Gestão e Práticas Educacionais) – Universidade Nove de Julho, São Paulo. 2015.
MATA, Flávia Filomena Rodrigues da. **Protagonistas negros nas histórias infantis:** perspectivas de representações da identidade étnico-racial das crianças negras em uma Unidade Municipal de Educação Infantil. 2015. 95 p. Dissertação (Mestrado em Educação) – Universidade Católica de Minas Gerais, Belo Horizonte. 2015.
MORENO, Jenny Lorena Bohorquez. **O negro e a diferença nos livros de literatura infantil veiculados no Programa Nacional Biblioteca da Escola.** 2015. 168 p. Dissertação (Mestrado) – Universidade Federal do Rio Grande, Rio Grande. 2015.
OLIVEIRA, Alessandra Guerra da Silva. **Educação das relações étnico-raciais:** processos educativos decorrentes do brincar na educação infantil. 2015. 138 p. Dissertação (Mestrado em Educação) – Universidade Federal de São Carlos, São Carlos. 2015.
PEREIRA, Erika Jennifer Honorio. **"Tia, existe flor preta?":** educar para as relações étnico-raciais. 2015. 183 p. Dissertação (Mestrado em Educação) – Faculdade de Educação, Universidade do Estado do Rio de Janeiro. Rio de Janeiro. 2015.
SANTOS, Cláudia Elizabete. **Formação Docente:** considerando a abordagem da diversidade étnico-racial e da diferença na educação infantil como ações de cuidar e educar. 2015. 181 p. Dissertação (Mestrado em Educação) – Universidade do Estado de Minas Gerais, Belo Horizonte. 2015.

PESQUISAS
SENA, Fernanda Ferreira Mota de. **Estudo de caso da implementação da temática:** história e cultura afro-brasileira, em uma unidade de educação infantil da rede municipal de educação de Belo Horizonte. 2015. 120 p. Dissertação (Mestrado em Gestão e Avaliação em Educação Pública) – Faculdade de Educação, Universidade Federal de Juiz de Fora, Juiz de Fora. 2015.
SILVA, Tarcia Regina da. **Criança e Negra:** O direito à afirmação da identidade negra na educação infantil. 2015. 207 p. Tese (Doutorado em Educação) - Universidade Federal da Paraíba, João Pessoa. 2015.
BRAGA, Aline de Oliveira. **"Solta o cabelo!":** etnografia sobre o cabelo crespo como marcador de identidade étnico-racial entre crianças negras da educação infantil. 2016. 138 p. Dissertação (Mestrado em Educação, Comunicação e Culturas em Periferias Urbanas) – Universidade do Estado do Rio de Janeiro, Duque de Caxias. 2016.
CRUZ, Maria Emanuela de Oliveira. **Tessituras da literatura afro-brasileira na sala de aula:** o saber fazer das professoras da educação infantil. 2016. 112 f. Dissertação (Mestrado em Educação) – Universidade Estadual da Paraíba, Campina Grande. 2016.
FARIAS, Ana Carolina Batista de Almeida. **"Loira você fica muito mais bonita":** relações entre crianças de uma EMEI da cidade de São Paulo e as representações étnico-raciais em seus desenhos. 2016. 154 p. Dissertação (Mestrado em Educação) – Universidade de São Paulo, São Paulo. 2016.
FEITAL, Lisa Minelli. **A promoção da igualdade racial e a política pública de formação dos professores da Educação Infantil em Belo Horizonte**. 2016. 143 p. Dissertação (Mestrado em Educação) – Universidade Federal de Minas Gerais, Belo Horizonte. 2016.
FREITAS, Liliam Teresa Martins. **Currículo e construção da identidade de crianças negras na educação infantil**. 2016. 177 f. Dissertação (Mestrado em Educação) – Universidade Federal Fluminense, Faculdade de Educação, Niterói. 2016.
FREITAS, Priscila Cristina. **A educação das relações étnico-raciais na educação infantil:** entre normativas e projetos políticos pedagógicos. 2016. 204 p. Dissertação (Mestrado em Educação) – Universidade Federal de Santa Catarina, Florianópolis. 2016.
MENDES, Marília Silva. **A identidade racial a partir de um grupo de crianças da educação infantil na rede municipal do Recife.** 2016. 157 p. Dissertação (Mestrado em Educação) – Universidade Federal Rural de Pernambuco e Fundação Joaquim Nabuco, Recife. 2016.
OLIVEIRA, Regina Marcia Pereira de. **A educação das relações raciais nas práticas pedagógicas da educação infantil:** Um estudo de caso da UMEI Grajaú. 2016. 233 f. Dissertação (Mestrado em Educação) – Belo Horizonte, 2016.

PESQUISAS

SILVA, Flávia Carolina da. **A Educação das Relações Étnico-Raciais na Formação de Professores/as da Educação Infantil no Município de Curitiba (2010-2015)**. 2016. 215p. Dissertação (Mestrado em Educação) – Universidade Federal do Paraná, Curitiba. 2016.

SOUZA, Edmacy Quirina de. **Crianças negras em escolas de alma branca:** um estudo sobre a diferença étnico-racial na educação infantil. 2016. 231 p. Tese (Doutorado em Educação) – Universidade Federal de São Carlos, São Carlos SP. 2016.

SOUZA, Milena Silva de. **A efetivação da Lei 11.645/ 2008 na escola municipal de Educação Infantil Cantinho do Céu em Boa Vista – RR**. 2016. 105p. Dissertação (Mestrado em Educação) – Universidade Estadual de Roraima, Boa Vista. 2016.

ALVES, Ivonete Aparecida. **Educação Infantil e relações étnicas e raciais:** pele negra e cabelo crespo nas escolas públicas e sua tradução nos trabalhos acadêmicos. 2017. 260 p. Dissertação (Mestrado em Educação) – Faculdade de Ciências e Tecnologia, Presidente Prudente. 2017.

AUGUSTO, Aline de Assis. **Infância e relações étnico-raciais:** experiências com crianças da educação infantil de uma escola pública do município de Juiz de Fora, MG. 2017. 86 p. Dissertação (Mestrado em Educação) – Universidade Federal de Juiz de Fora, Juiz de Fora. 2017.

CORRÊA, Lajara Janaina Lopes. **Um estudo sobre as relações étnicorraciais na perspectiva das crianças pequenas**. 2017. 175 p. Tese (Doutorado em Educação) – Universidade Federal de São Carlos, São Paulo. 2017.

LEAL, Ferreira Mariele. **Do legal ao real: a abordagem das políticas étnico-raciais na formação continuada de professoras (es) da educação infantil**. 2017. 218p. Dissertação (Mestrado em Políticas Públicas e Gestão Educacional) – Universidade Federal de Santa Maria, Rio Grande do Sul. 2017.

LIMA, Ilka Monique da Costa. **Quando a questão racial se torna conversa com uma turma de educação infantil**. 2017. 79f. Dissertação (Mestrado em Educação, Contextos Contemporâneos e Demandas Populares) – Universidade Federal Rural do Rio de Janeiro, Seropédica, 2017.

MARTINS, Telma Cesar da Silva. **O branqueamento no cotidiano escolar:** práticas pedagógicas nos espaços da creche. 2017. 289 p. Tese (Doutorado em Educação) – Universidade Nove de Julho, São Paulo, 2017.

PESQUISAS
MICELI, Paulina de Almeida Martins. **Negritude nas práticas pedagógicas da EEI-UFRJ.** Estudo das relações étnico-raciais na Escola de Educação Infantil da UFRJ. 2017. 183f. Dissertação (Mestrado em Educação) – Universidade do Estado do Rio de Janeiro, Rio de Janeiro. 2017.
MIRANDA, Marina Morato de. **Diversidade étnico-racial na Educação Infantil:** entre concepções e práticas. 2017. 75 p. Dissertação (Mestrado em Sociologia) – Universidade Federal da Grande Dourados, Faculdade de Ciências Humanas, Dourados. 2017.
NUNES, Mighian Danae Ferreira. **Mandingas da infância:** as culturas das crianças pequenas na escola municipal Malê Debalê. 2017. 431 p. Tese (Doutorado em Educação) – Universidade de São Paulo, São Paulo, 2017.
OLIVEIRA, Waldete Tristão Farias. **Diversidade étnico-racial no currículo da educação infantil:** o estudo das práticas educativas de uma EMEI da cidade de São Paulo. 2017. Tese (Doutorado em Educação) – Faculdade de Educação, Universidade de São Paulo, São Paulo, 2017.
RIBEIRO, Patrícia Batista. **Diversidade étnico-racial no contexto escolar:** Um estudo das interações sociais em uma escola de Educação Infantil. 2017. 129f. Dissertação (Mestrado em Educação) – Universidade de Taubaté, Taubaté. 2017.
ALVES, Elizabeth Conceição. **A Educação das relações étnicorraciais na creche:** trançando as mechas da legislação federal, formação e prática das professoras. 2018. 130 p. Dissertação (Mestrado em Educação) – Universidade Federal de São Carlos, Sorocaba. 2018.
AZEVEDO, Josiane Paula Rodrigues de. **A discriminação racial e o julgamento de ações pró e antissociais na Educação Infantil.** 2018. 62 p. Dissertação (Mestrado em Ensino e Processos Formativos) – Universidade Estadual Paulista, São José do Rio Preto. 2018.
BARBOSA, Jéssica de Sousa. **A identidade da criança negra na educação infantil: representações a partir dos brinquedos e brincadeiras.** 161 p. Dissertação (Mestrado Profissional em Formação de Professores) – Universidade Estadual da Paraíba, Campina Grande, 2018.
BERNARDES, Tatiana Valentin Mina. **A literatura de temática da cultura Africana e Afro-Brasileira nos acervos do programa nacional biblioteca da escola (PNBE) para educação infantil.** 213 f. Dissertação (Mestrado em Educação) – Universidade Federal de Santa Catarina, Florianópolis. 2018.

PESQUISAS

CAMPOS, Rayra Chrystina Veiga. **O patrimônio cultural afro-brasileiro na Educação Infantil:** a inclusão da Lei nº 10.639/03 nas práticas educacionais das unidades de educação básica da região central de São Miguel/MA. 239 p. Dissertação (Mestrado em Cultura e Sociedade) – Universidade Federal do Maranhão, São Miguel, 2018.

CARDOSO, Cíntia. **Branquitude na Educação Infantil:** um estudo sobre a educação das relações étnico-raciais em uma unidade educativa do município de Florianópolis. 2018. 190 p. Dissertação (Mestrado em Educação) – Universidade Federal do Paraná, Curitiba, 2018.

GALVÃO, Cássia Rosicler. **A diversidade na primeira infância:** as relações étnico-raciais em um Centro de Educação Infantil da cidade de São Paulo (2015-2017). 2018. 105 p. Dissertação (Mestrado em Educação: História, Política e Sociedade) – Pontifícia Universidade Católica de São Paulo, São Paulo. 2018.

IVAZAKI, Ana Claudia Dias. **Capoeira da educação infantil:** relações étnico-raciais na formação de professores. 2018. 195 p. Dissertação (Mestrado Profissional em Formação de Professores) – Universidade Estadual da Paraíba, Campina Grande 2018.

OSCAR, Joana Elisa Costa. **Caminhos percorridos por professores para implementação da Lei 10.639/2003 na educação infantil:** prática pedagógica em interface com a política pública municipal. 2018. 194 p. Dissertação (Mestrado em Educação) – Faculdade de Educação, Universidade Federal do Rio de Janeiro, 2018.

RODRIGUES, Simone Cristina Reis Conceição. **Identidade e representação sociais e raciais do afrodescendente na educação básica infantil**. 2018. 92 p. Dissertação (Mestrado em Ciências Sociais) – Universidade do Vale do Rio do Sinos, São Leopoldo. 2018.

SANTOS, Aretusa. **Educação das relações étnico-raciais na creche:** espaço-ambiente em foco. 2018. 230 p. Tese (Doutorado em Educação) – Universidade do Estado do Rio de Janeiro, Rio de Janeiro, 2018.

SOUZA, Josiane Nazaré Peçanha. **Nossos passos vêm de longe:** o ensino de História para a construção de uma Educação Antirracista e Decolonial na Educação Infantil. 2018. 134 p. Dissertação (Mestrado Profissional em Ensino de História) – Universidade do Estado do Rio de Janeiro, São Gonçalo, 2018.

Em relação ao período de 2019 a 2023, foi possível identificar 35 pesquisas produzidas sobre o tema.

Figura 2

Levantamento de dissertações e teses sobre Educação Infantil e raça (2019–2023)

PESQUISAS
COSTA, Rosilene Silva Santos da. **Relações étnico-raciais na Educação Infantil:** contribuições da teoria das representações sociais. 2019. 216f. Tese (Doutorado) – Universidade Federal da Paraíba, João Pessoa. 2019.
GARCIA, Vanessa Ferreira. **Educação infantil e educação das relações étnico-raciais:** motivações docentes, possibilidades e desafios nos centros de educação infantil de Sorocaba (SP). 2019. 141f. Dissertação (Mestrado) – Universidade Federal de São Carlos. Sorocaba, 2019.
MEIRA, Ludmila Costa. **Relações étnico-raciais no âmbito das instituições municipais de educação infantil em Governador Valadares-MG**. 2019.120f. Dissertação (mestrado) – Universidade Federal de Ouro Preto, Mariana. 2019.
PEREIRA, Sara da Silva. **A literatura infantil de temática da cultura africana e afro-brasileira, com a palavra as crianças:** "eu so peta, tenho cacho, so linda, ó!". 2019, 206f. Dissertação (Mestrado) – Universidade Federal do Paraná, Curitiba, 2019.
REGO, Thabyta Lopes. **Relações étnico-raciais na educação infantil na RME/Goiânia:** das políticas públicas educacionais às concepções e relatos docentes. 2019. 231f. Dissertação (mestrado) – Universidade Federal de Goiás, Goiânia, 2019.
RODRIGUES, Renata. **Bonecas negras nas brinquedotecas dos centros municipais de educação infantil de Cuiabá – MT:** Implicações para o estudo das relações raciais. Dissertação (Mestrado) – Universidade Federal de Mato Grosso, Cuiabá, 2019.
SANTIAGO, Flávio. **Eu quero ser o sol!** (re) interpretações das intersecções entre as relações raciais e de gênero nas culturas infantis entre crianças de 0 à 3 anos em creche. 2019. 147f. Tese (Doutorado) – Universidade Estadual de Campinas, Campinas, 2019.
CAVALCANTI, André dos Santos Souza. **Corporiedades negras e educação física escolar** – construindo práticas antirracistas nos cotidianos da educação infantil. 2020. 130f. Dissertação (Mestrado) – Universidade do Estado do Rio de Janeiro. São Gonçalo. 2020.
FERREIRA, Solange Oliveira. **Descolonizando as propostas curriculares na educação infantil:** Uma análise sobre as relações étnico-raciais e de gênero. 2020. 162f. Dissertação (mestrado) – Universidade Federal de São Paulo, Guarulhos, 2020.
PIRES, Sandra Regina. **Pertencimentos étnico-raciais na infância:** o que dizem as crianças negras sobre si. 2020. 161f. Dissertação (Mestrado) – Universidade Federal de Santa Catarina, Florianópolis, 2020.

PESQUISAS
SANTOS, Elândia dos. **Corpo e cabelo negro:** (re) significações e interações com e de crianças em uma escola de educação infantil de Belo Horizonte. 2020. 156f. Dissertação (mestrado) – Universidade Federal de Minas Gerais, Belo Horizonte, 2020.
SILVA, Eulia Rejane. **Identidade etnicorracial:** Dizeres que velam, silêncios que denunciam. 2020. 270f. Tese (Doutorado em Estudos Linguísticos) – Universidade Federal de Uberlândia, Uberlândia, 2020.
SILVA, Karina Carla da. **A re-apresentação da criança negra nos livros de literatura infantil adotados pelo PNBE.** 2020. 113f. Dissertação (Mestrado em Educação) – Universidade Federal de Pernambuco, Recife, 2020.
SIQUEIRA, Rosane de Azeredo Cunha. **Currículos quilombssenzalas:** Uma proposta afroperspectivista de se pensar os fazeressaberes na Educação Infantil. 2020. 104f. Dissertação (Mestrado em Educação) – Universidade Federal Fluminense. Niterói. 2020.
ANDRADE, Aldia Mielniczki de. **Branquitude na creche:** Relações educativo-pedagógicas com crianças de zero a três anos, em uma instituição educacional de Curitiba, PR. 2021. 180f. Dissertação (Mestrado em Educação) – Universidade Federal do Paraná, Curitiba, 2021.
FONSECA, Suellen Souza. **Ancestralidade afro-brasileira na educação infantil: Reflexões formativas para uma educação científica antirracista.** 2021. 211f. Dissertação (Mestrado em Educação Científica e Tecnológica) – Universidade Federal de Santa Catarina, Florianópolis, 2021.
MIRANDA, Rogger Diego. **Educação das relações étnico-raciais e infância:** semiformação e a atuação dos professores. 2021. 158f. Dissertação (Mestrado em Educação) – Universidade Federal do Mato Grosso do Sul, Três Lagoas, 2021.
PEREIRA, Erika Jennifer Honorio. **Crianças e relações étnico-raciais** – Perspectivas decoloniais. 2021. 207f. Tese (Doutorado em Educação) – Universidade Federal do Rio de Janeiro. Rio de Janeiro. 2021.
RIBEIRO, Núbia Souza Barbosa. **Educação para as relações étnico-raciais e infância:** Contribuições para a formação de professores da educação infantil no curso de Pedagogia. 2021. 202f. Dissertação (Mestrado em Educação) – Universidade Federal de Goiás. Goiânia. 2021.
SANTANA, Crisley de Souza Almeida Santana. **Educação para as relações étnico-raciais:** o que pensam as professoras de educação infantil em uma instituição pública do interior paulista. 2021. 110f. Dissertação (Mestrado em Educação) – Universidade Federal de Mato Grosso do Sul, Três Lagoas, 2021.
SANTOS, Natália Lopes dos. **O acolhimento inicial de bebês negros e negras nos espaços da creche:** Aspectos a considerar e desafios a alcançar. 2021. 148f. Dissertação (Mestrado em Educação) – Universidade Estadual de Campinas, Campinas, 2021.

PESQUISAS
SILVA, Daniele Aparecida de Azevedo da. **Hierarquia nas relações étnico-raciais e a educação infantil**. 184 f. Dissertação (Mestrado em Educação) – Universidade Estadual de Maringá. Maringá, 2021.
SOUZA, Marli de. **Matriz curricular para a educação das relações étnico-raciais na educação infantil:** das políticas nacionais aos currículos locais. 2021. 181f. Dissertação (Mestrado em Educação) – Universidade Federal de Santa Catarina. Florianópolis, 2021.
VIEIRA, Simony. **Literatura infantil negra:** possibilidades para a construção de uma educação antirracista na educação infantil da creche São Miguel, Crato – Ceará. 2021. 130f. Dissertação (Mestrado em Educação) – Universidade Regional do Cariri. Crato, 2021.
GOMES, Adriana Bom Sucesso. **Estratégias metodológicas de formação continuada de professoras da educação infantil em um núcleo de estudos das relações étni-co-raciais de Belo Horizonte/MG**. 2022. 240f. Dissertação (Mestrado em Educação e Docência) – Universidade Federal de Minas Gerais, Belo Horizonte, 2022.
LIMA, Fernanda Alencar. **Educação infantil e relações étnico-raciais:** desafios e possibili-dades de práticas pedagógicas antirracistas. 2022. 95f. Dissertação (Mestrado em Educação, Culturas e Identidades) – Universidade Federal Rural de Pernambuco, Recife, 2022.
OLIVEIRA, Joice da Silva Pedro. **As literaturas infantis africanas e afro-brasileiras como letramento racial crítico e construção das identidades étnico-raciais na Educação Infantil**. 2022. 160 f. Dissertação (Mestrado em Educação) – Pontifícia Universidade Católica do Rio de Janeiro, Rio de Janeiro, 2022.
SILVA, Keise Barbosa. **Descolonizar e afrocentrar a educação infantil:** corpo negro e cabelo crespo nas experiências e narrativas de crianças e professoras. 2022.155 f. Dissertação (Mestrado em Educação, Culturas e Identidades) – Universidade Federal Rural de Pernambuco, Recife, 2022.
ALMEIDA, Bárbara Ribeiro Dourado Pias de. **Educar para as relações étnico-raciais:** racismo e antirracismo na educação infantil. 2023.164f. Dissertação (Mestrado em Educação) – Universidade de Brasília, Brasília, 2023.
AMARAL, Elisa Amanda Santos do. **bell hooks e a trilogia do ensino:** contribuições para uma educação infantil antirracista. 2023. 89f. Dissertação (Mestrado em Educação) – Universidade Federal de São Carlos, Sorocaba, 2023.
BARROS, Tainara Batista. **Educação antirracista:** reflexões e coproduções com educa-dores/as infantis do município de Teixeiras – MG. 2023. 120 f. Dissertação (Mestrado em Educação) – Universidade Federal de Viçosa, Viçosa. 2023.
JUSTINO, Jaqueline Ferreira. **A Base Nacional Comum Curricular e a educação das relações étnico-raciais:** uma análise na Educação Infantil. 2023. 184 f. Dissertação (Mestrado em Educação Escolar) – Universidade Estadual Paulista, Araraquara, 2023.

PESQUISAS
NEVES, Maria Helena Dantas dos Santos. **Entre prosas, guardados de memória e experiências docentes:** Educação para as relações étnico-raciais na creche. 2023. 221f. Dissertação (Mestrado em Educação). Universidade Federal Fluminense, Niterói, 2023.
RODRIGUES, Lilian Ferreira. 2023. 106f. **Relações étnico-raciais e infâncias negras:** Racialidades e vozes em diálogo em prol de um saberfazer pedagógico antirracista. Dissertação (Mestrado em Educação) – Universidade Federal de Viçosa, Viçosa, 2023.
SCHIESSL, Marlina Oliveira. **Artefatos culturais de matriz africana e afrobrasileira no cotidiano da educação infantil:** uma análise da produção científica (2003-2021). 2023. 169f. Tese (Doutorado em Educação) – Universidade Federal do Paraná, Curitiba, 2023.

Inicialmente, distribuí o levantamento da produção encontrada entre dissertações e teses. A tabela a seguir indica que as produções eram compostas, majoritariamente, por dissertações, quer seja no período 2014–2018, quer seja em 2019–2023.

Tabela 1

Distribuições das pesquisas 2014–2018

Tipo de Produção	Quantitativo
Tese	9
Dissertação	41

Tabela 2

Distribuições das pesquisas 2019–2023

Tipo de Produção	Quantitativo
Tese	5
Dissertação	30

Busquei, em seguida, compreender como a produção esteve distribuída no decorrer dos anos. Questionava se a produção de pesquisas na temática era um crescente.

Tabela 3

Distribuições das pesquisas pelo ano de publicação (2014–2018)

Ano	Tese	Dissertação	Total
2014	1	4	5
2015	2	9	11
2016	1	10	11
2017	4	7	11
2018	1	11	12

Tabela 4

Distribuições das pesquisas pelo ano de publicação (2019–2023)

Ano	Tese	Dissertação	Total
2019	2	5	7
2020	1	6	7
2021	1	9	10
2022	0	4	4
2023	1	6	7

De acordo com os dados apontados, o ano de 2018 foi o de maior produção acadêmica, pois 12 pesquisas foram defendidas naquele ano. Se comparado ao ano de 2014 (primeiro ano do levantamento), o número de pesquisas produzidas em 2018 mais do que dobrou.

Observa-se que, contrariando uma tendência de aumento de produção, conforme ocorrera em 2018, a partir do ano de 2019 as pesquisas acadêmicas tiveram uma redução, se comparadas aos anos anteriores.

É de se considerar que o ano de 2020 foi marcado pelo início da pandemia de covid-19, que se estendeu até maio de 2023. O impacto da pandemia possivelmente marca um decréscimo de produções nesse período. No ano de 2022, não houve nenhuma tese defendida e apenas quatro dissertações foram produzidas, resultando na menor produção anual de pesquisas, referente ao último período estudado (2019–2023).

Outra implicação observada no panorama das pesquisadas levantadas entre 2014 e 2018 foi a dispersão entre as instituições. No total, foram 30 universidades produtoras de pesquisas defendidas. A instituição na qual se realizou o maior número delas foi a Universidade Estadual do Rio de Janeiro (UERJ), com cinco investigações; seguida da Universidade Federal de São Carlos (UFSCar), com quatro; e da Universidade de São Paulo (USP), Universidade Federal da Paraíba (UFPB) e Universidade Federal de Santa Catarina (UFSC), com três pesquisas cada. Nas demais universidades, houve sete com duas pesquisas defendidas e 18 universidades produziram apenas uma pesquisa cada referente à temática.

A dispersão entre universidades permaneceu no período 2019–2023: foram 23 instituições produtoras de pesquisas no tema. Em comparação ao levantamento anterior, as instituições com o maior número de pesquisas produzidas se modificou: a Universidade Federal do Paraná e a Universidade Federal de Santa Catarina produziram três investigações cada na temática. Nas demais universidades, oito tiveram defendidas duas pesquisas cada, e treze universidades produziram apenas uma pesquisa na temática.

Considero que tal dispersão representa um aspecto positivo do ponto de vista da universalização do tema em diferentes instituições, contudo, ainda há um desafio a superar: a problemática do isolamento. Ao analisar os dados sobre os orientadores nas pesquisas de 2014 a 2018, revela-se que apenas quatro professores orientaram mais de uma pesquisa: Patrícia Cristina de Aragão, que orientou três pesquisas, seguida de Vera Maria Ramos de Vasconcellos, José Estáquio de Brito e Lucimar Rosa Dias, que orientaram duas pesquisas cada um. Já 91% dos professores, ou seja, mais da metade, orientou apenas uma pesquisa.

No período 2019 a 2023 houve apenas uma professora que orientou mais de uma investigação: Lucimar Rosa Dias, que orientou duas pesquisas.

Em relação às regiões dos programas de pós-graduação nas quais as teses e dissertações foram defendidas entre 2014 e 2018, 60% das pesquisas vinculam-se às instituições de Ensino Superior situadas na Região Sudeste, representando o maior percentual de trabalhos. As instituições da Região Sul apresentam 20% de trabalhos produzidos. Seguidos da Região Nordeste, que conta com 12% dos trabalhos produzidos. Na Região Centro-Oeste figuram 6% do total de trabalhos produzidos. A Região Norte abarca 2% das pesquisas no país. Esses são dados similares ao encontrado no levantamento realizado por Santos (2018): "Houve nos últimos três anos uma maior distribuição da produção destas teses e dissertações entre as quatro regiões do Brasil. Contudo, ainda se percebe maior concentração na região sudeste" (p. 67).

Figura 1
Distribuição das teses e dissertações por regiões (2014–2018)

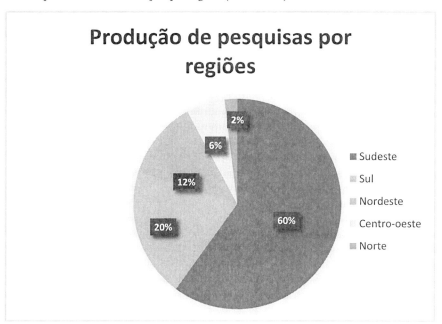

Em relação ao período 2019–2023, o cenário se modificou parcialmente. A Região Sudeste permanece com o maior percentual de trabalhos (48%), seguida da Região Sul, com 20%. A Região Centro-Oeste contemplou 17% dos trabalhos, e a Região Nordeste, 14%. Não houve pesquisa localizada na Região Norte no período estudado.

Figura 2

Distribuição das teses e dissertações por regiões (2019–2023)

Pode-se observar que mesmo com uma grande dispersão da temática em diferentes universidades, a distribuição espacial das produções concentra-se na Região Sudeste, em especial nos estados do Rio de Janeiro, São Paulo e Minas Gerais, em ambos os períodos.

De objetos a sujeitos — quem produz conhecimento sobre infância e relações étnico-raciais?

Respondidas as perguntas sobre "quando" e "onde" acerca das produções, meus questionamentos passaram a ser sobre quem escrevera as dissertações e teses. Detive-me em duas questões: o gênero e a raça dos pesquisadores. Referente ao gênero, a maioria das produções foi escrita por pesquisadoras mulheres. Em 2014–2018, das 50 pesquisas, apenas duas foram produzidas por pesquisadores homens. No período 2019–2023, das 35 pesquisas, apenas três foram produzidas por pesquisadores homens. Essa é uma tendência na área da Educação, na qual a maioria atuante é de mulheres (Rosemberg, 2001).

Os dados revelam ainda que as pesquisas em 2014–2018 foram orientadas por 76% de doutoras, e apenas 24%, por orientadores homens. Já em 2019–2023, as pesquisas mantiveram a maioria de orientação por mulheres (86%), e apenas 14% de orientadores homens.

Em posterior a essa verificação, passei à seguinte indagação: quem são os pesquisadores que escrevem sobre a infância e as relações étnico--raciais no Brasil? Qual seu pertencimento étnico-racial?

Quem pesquisa e fala sobre negros são negros? Mas, como alcançar respostas a essa questão? Como saber qual a identidade étnico-racial dos 50 pesquisadores apontados no levantamento 2014–2018? Decidi ler as pesquisas para saber se em algum momento o pesquisador se identifica como negro ou não negro. Da leitura das pesquisas, encontrei muitos casos em que o pesquisador não expressou seu pertencimento racial, mas a maioria se identificou.

Tabela 5

Pesquisadores que identificaram ou não seu pertencimento étnico-racial (2014–2018)

Pesquisadores que declaram seu pertencimento étnico-racial	28
Pesquisadores que não declararam	22
Total	50

Dos 28 pesquisadores, apenas um se identificou como não negro.

Tabela 6

Pesquisadores que identificaram ou não seu pertencimento étnico-racial (2019–2023)

Pesquisadores que declaram seu pertencimento étnico-racial	28
Pesquisadores que não declararam	7
Total	35

Dos 28 pesquisadores, cinco se identificaram como branco(a) e uma como parda.

Os dados do levantamento, nos dois recortes temporais, apontam que a maioria de negros que atuam nesse campo de disputas políticas e ideológicas são intelectuais como Bernardino-Costa, que passaram da condição de objetos de estudo para autores e que produzem conhecimento científico sobre suas populações, com reconhecimento acadêmico, ocupando um lugar de protagonismo no campo.

> . . . nem todos os acadêmicos são intelectuais, como nem todos os intelectuais são acadêmicos . . ., entendemos os intelectuais negros como os ativistas, professores, músicos, artistas, lideranças religiosas, poetas, enfim, todas aquelas pessoas capazes de construir uma homogeneidade e consciência de grupo para a população negra, bem como capazes de apontar os caminhos da resistência e da reexistência. (Bernardino-Costa, 2018, p. 2).

Ao cruzar os dados de gênero e raça dos pesquisadores, vejo que são as mulheres negras a maioria entre os pesquisadores da temática. Mesmo diante das múltiplas formas de opressão, dominação, exploração e violência que incidem sobre essas mulheres, temos conquistado espaço na produção científica brasileira.

Interseções de raça, gênero e classe a partir das escrevivências das pesquisadoras

Ao refletir sobre as narrativas autobiográficas das pesquisadoras que se reconhecem negras, é possível perceber as dinâmicas presentes nas práticas discriminatórias, bem como os tensionamentos do processo de construção identitária. As dissertações e teses levantadas foram escritas em terceira pessoa, em boa parte delas, mas na introdução das pesquisas as pesquisadoras escrevem em primeira pessoa, o que pode ter relação com o que pontua Xavier (2012):

> No feminismo negro, as experiências pessoais são abertamente consideradas como determinantes para a construção do conhecimento acadêmico e por isso a escrita na primeira pessoa é uma de suas mais importantes características (p. 261).

Nesse sentido, considero que as escritas de nós, mulheres negras, compõem o movimento de escrevivência que Evaristo (2005) destaca:

> A escre(vivência) das mulheres negras explicita as aventuras e as desventuras de quem conhece uma dupla condição, que a sociedade teima em querer inferiorizada, mulher e negra. Na escrita buscam-se afirmar as duas faces da moeda num um único movimento (p. 223).

Observei que é em geral na Introdução quando a pesquisadora apresenta sua motivação pessoal/profissional para o estudo, que expressa sua identidade étnico-racial. Essa construção de identidade vem acompanhada por memórias da infância, das vivências enquanto criança negra na escola, bem como o racismo vivenciado naqueles locais.

A partir dos relatos autobiográficos das pesquisadoras, vê-se como a população negra valorizava a Educação, ainda que na família, mesmo se os pais tivessem pouca ou nenhuma escolarização, eles se dedicavam para que seus filhos tivessem acesso à instituição escolar, e ter bom êxito era importante e estimulado.

Para algumas pesquisadoras, o racismo ocorrido na escola motivou o comprometimento profissional, na luta contra o racismo e na produção de pesquisas que considerassem essa temática. A família foi outra constante na percepção étnico-racial, quer seja por assimilar a branquitude ou por empoderar a construção de uma identidade negra positiva.

As pesquisadoras ressaltaram ainda as intercessões da categoria gênero e raça, refletindo nos significados de sua existência enquanto "mulher" e "negra", bem como a articulação gênero, classe e raça. Ao refletirem suas trajetórias de vida e os tensionamentos enquanto mulheres negras em uma sociedade racista, as pesquisadoras em primeira pessoa compartilham seus processos de (re)construção identitária, de tornarem-se negras (Souza, 1990).

É importante que as histórias de vida dessas mulheres sejam visibilizadas e refletidas, pois, embora cada mulher tenha uma identidade única, suas trajetórias (dores e alegrias) abrigam as lutas de muitas mulheres.

Na intercessão gênero, classe social e raça, foi possível observar nas trajetórias das pesquisadoras negras os efeitos de uma sociedade racista, sexista e desigual economicamente. Por saber que as condições socioeconômicas das mulheres negras e não negras não são semelhantes, as pesquisadoras negras possuem trajetórias muito distintas das estudantes brancas. As experiências das mulheres negras revelaram táticas de sobrevivência e resistência de permanência na pós-graduação brasileira.

Refletir nas escrevivências das pesquisadoras negras possibilita romper com os lugares de subalternidade, historicamente concedidos às mulheres negras no imaginário social. Para além de compartilhar nossos sofrimentos, nós, pesquisadoras negras, a partir de nossa intelectualidade, reforçamos o lugar político que nossas produções ocupam.

Uma análise do perfil metodológico das pesquisas

Ferreira reflete que, para a organização da produção de certa área do conhecimento, o pesquisador tem dois momentos bastante distintos:

> Um, primeiro, que é aquele em que ele interage com a produção acadêmica através da quantificação e de identificação de dados bibliográficos, com o objetivo de mapear essa produção num período delimitado, em anos, locais, áreas de produção (Ferreira, 2002, p. 265).

E um segundo momento, "em que o pesquisador se pergunta sobre a possibilidade de inventariar essa produção, imaginando tendências, ênfases, escolhas metodológicas e teóricas, aproximando ou diferenciando trabalhos entre si" (Ferreira, 2002, p. 265).

Nesse sentido, ao prosseguir no mapeamento da produção acadêmica brasileira intersecionadas as categorias "crianças" e "relações étnico-raciais", no período estudado, procedi à análise do perfil metodológico das pesquisas.

Para identificar as temáticas centrais de cada pesquisa, reuni as palavras-chave contidas nos resumos. Inicialmente (2014–2018), contabilizei um total de 105 palavras-chave, sendo que as mais citadas foram: "Educação Infantil" (37,1%), "relações étnico-raciais" (17,1%), "infância" (7,6%), "criança negra" (6,6%), "creche" (5,7%). Já termos como "Formação de professores", "Lei 10.639", "diversidade étnico-racial" e "Educação das Relações Étnico-raciais" tiveram incidência de 4,7%. Outro fator relevante é que 76,1% das palavras-chave foram citadas apenas uma vez, indicando que no campo da "educação infantil e das relações étnico-raciais" há uma significativa variabilidade de temáticas entre as pesquisas.

No período de 2019–2023, foram contabilizadas 90 palavras-chave, as mais citadas permaneceram como "Educação Infantil" (26,6%) e "Relações étnico-raciais" (14,4%). Seguidas por "Educação das relações étnico-

-raciais" (6,6%) e "Educação antirracista" (5,5%). Termos como "creche", "formação de professores", "Literatura Infantil", "Relações raciais" tiveram 3,3% de ocorrência. E "Antirracismo", "crianças", "bebês", "currículo", "educação", "formação continuada" "infâncias", "práticas pedagógicas" contabilizaram 2,2% de ocorrência. Já 81% das palavras-chave foram citadas apenas uma vez.

Em sequência, procurei identificar os procedimentos metodológicos escolhidos na realização das pesquisas. Detive-me nas nove teses produzidas entre 2014 e 2018 e nas cinco teses produzidas entre 2019 e 2023. Não foram incluídas as dissertações nessa etapa.

Para organizar as informações, reuni os seguintes elementos: título, autor, ano da defesa, objetivos, metodologia, instrumento de coleta de dados, sujeitos pesquisados, faixa etária, instituição pública ou privada na qual foi realizada a pesquisa e tempo de realização da pesquisa.

As pesquisas em sua totalidade caracterizaram-se como pesquisas qualitativas. Segundo Ivenicki e Canen (2016), elas têm "a ênfase na interpretação, na compreensão das motivações, culturas, valores, ideologias, crenças e sentimentos que movem os sujeitos, que dão significado à realidade estudada" (p. 11).

Também foi unânime entre as pesquisadoras a eleição de unidades de Educação Infantil como lócus de pesquisa, o que significa que as pesquisas foram realizadas em um ambiente institucionalizado. Nesse sentido, considero importante uma agenda teórico-metodológica que se tem traduzido estudar os cotidianos e apreender as perspectivas das crianças nos contextos institucionais de educação escolar, mas ressalto também a relevância da ampliação de estudos dos mundos sociais das crianças, em outros espaços socioeducativos para além da escola (Ferreira, 2009, 2014).

No período de 2019–2023, das nove teses encontradas, a investigação se deu em pré-escolas[11] em seis delas; apenas duas foram realizadas em creches; e uma pesquisa contemplou tanto a creche quanto a pré-escola. No período de 2019–2023, das cinco teses, uma investigação não contemplou pesquisa de campo; das demais, três foram realizadas em pré-escolas; e uma na creche. Para Santos (2018), que realizou investigação tanto no mestrado quanto no doutorado em contexto de creche, "há um processo crescente de estudos na interface educação infantil e relações étnico-ra-

---

[11] A pesquisa de Paula (2014) foi realizada em espaços institucionalizados – duas salas de Educação Infantil, mas também em dois quilombos.

ciais. Entretanto, aqueles que focalizam as creches permanecem escassos e ainda se concentram em dissertações" (p. 13).

Abramowicz et al., já em 2009 alertava sobre esse cenário: "Há um número reduzido de pesquisas no Brasil que analisaram a questão racial na creche (com crianças de 0 a 3 anos)" (p. 4). Ratificam-se os dados das autoras, considerando que menos da metade das pesquisas de tese contemplaram a creche como lócus de pesquisa.

Tabela 7

Lócus da pesquisa

2014–2018

Pré-escola	6
Creche	2
Creche e pré-escola	1
Total	9

2019–2023

Pré-escola	3
Creche	1
Creche e pré-escola	0
Total	4

No que concerne às instituições de Educação Infantil nas quais foram realizadas as pesquisas, o panorama encontrado mostra que são nas instituições públicas onde ocorrem as pesquisas. Não foi encontrada no levantamento nenhuma pesquisa realizada na rede privada.

Detive-me a observar quem eram os sujeitos privilegiados nas pesquisas. Entre 2014 a 2018 encontrei quatro delas que elegeram os adultos (quer sejam professoras, educadoras, coordenadora pedagógica, diretora) como sujeitos da investigação, três elegeram as crianças e duas indicaram ambos os sujeitos. Já nas teses que realizaram pesquisa de campo, entre 2019 e 2023, em duas delas a investigação foi feita com adultos, em uma com as crianças e noutra ambos os sujeitos. Assim sendo, a maioria das pesquisas privilegiou os adultos enquanto atores da investigação, estes seguem com maior "espaço" nas pesquisas em relação às crianças. Pontua-se a crítica feita por Ferreira (2009) de maior protagonismo do adulto nas pesquisas.

Tabela 8

Sujeitos da investigação

2014–2018

Sujeitos pesquisados	
Adultos	4
Crianças	3
Adultos e crianças	2
Total	9

2019–2023

Sujeitos pesquisados	
Adultos	2
Crianças	1
Adultos e crianças	1
Total	4

Para compreender um pouco melhor sobre o perfil das pesquisas, passei a identificar as abordagens metodológicas escolhidas. O método mais utilizado nas teses (2014–2018) foi a etnografia, que compreendeu um conjunto de três pesquisas. Bem como em 2019–2013, sendo duas pesquisas. A seguir são explicitadas as demais escolhas.

Tabela 9

Métodos das pesquisas

2014–2018

Etnografia	3
Grupo focal	2
Estudo de caso	2
Análise de conteúdo	2
Total	9

2019–2023

Etnografia	2
Questionário, entrevista	1
Análise do discurso	1
Pesquisa bibliográfica	1
Total	5

Contribuições das pesquisas: desafios e perspectivas

Como fora anteriormente mencionado, as pesquisas que serviram de base para as análises foram produzidas entre 2014 e 2023. Da reflexão deste levantamento, busquei compará-lo com os dados da pesquisa anterior (Pereira, 2015) para saber como em um intervalo de tempo maior essa produção esteve distribuída.

Os dados de Pereira (2015) apontam que entre os anos de 2003 e 2013 foram defendidas três teses e 23 dissertações, a distribuição entre os anos configurou-se da seguinte forma:

Tabela 10

Distribuições das pesquisas pelo ano de publicação (2003–2013)

Ano	Tese	Dissertação	Total
2013	0	4	4
2012	0	3	3
2011	1	2	3
2010	1	2	3
2009	0	5	5
2008	0	2	2
2007	1	2	3
2006	0	1	1
2005	0	1	1
2004	0	1	1
2003	0	0	0

Ao agregar os dados de Pereira (2015) com o levantamento atual, foi possível expressar o panorama de 111 pesquisas no decorrer de 20 anos (2003 a 2023). A produção ficou assim distribuída:

Figura 3

Distribuição das teses e dissertações por ano (2003–2023)

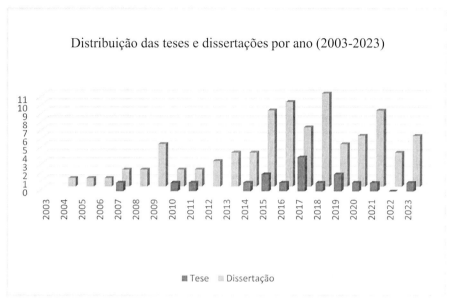

O gráfico aponta que a produção de pesquisas na temática aumentou ao longo dos anos, notadamente no que se refere às dissertações. Demonstra ainda um desafio na produção de teses. Em 20 anos foram produzidas 17 teses, no mesmo período, 94 dissertações; além disso, nos últimos quatro anos (2019 a 2023), embora tenha havido um crescimento, se comparado aos anos iniciais do levantamento (2003–2013), pondera-se o contexto pandêmico e suas implicações na produção acadêmica, dado que não ocorreu um crescimento exponencial em comparação ao período anterior (2014–2018).

As teses, em geral, são produzidas num espaço de tempo maior, o que possibilita também um melhor aprofundamento teórico e metodológico. Por isso, considero que o futuro aumento na produção de teses configurar-se-á em um movimento importante para o campo.

A produção de pesquisas, desde o primeiro ano do levantamento (2003), aumentou ao longo dos 20 anos. Contudo, é fundamental mais discussões e pesquisas na pós-graduação brasileira sobre as relações étnico-raciais e crianças.

Rosemberg, já em 2012, alertava:

... assistimos, apenas recentemente, a um crescente, porém ainda reduzido, número de pesquisadores(as) negros(as) e brancos(as) a se envolver com o tema da educação infantil, da creche, das crianças pequenas no contexto das relações raciais e de combate ao racismo (Rosemberg, 2012, p. 18).

Ainda hoje, podemos dizer que permanece esse desafio.

Referências

Abramowicz, A., Oliveira, F. de., & Rodrigues, T. C. (2009) A criança negra e uma criança e negra. *Diversité* (Montrouge), *1*, 1-8.

Aquino, L. M. M. L. L. de & Vasconcellos, V. M. R. de. (2012) Questões curriculares para a educação infantil e PNE. In A. L. G. de Faria & L. M. L. de. Aquino (Orgs.). *Educação infantil e PNE: questões e tensões para o século XXI.* (Vol. 1, pp. 69-82). Autores Associados.

Brasil. (1996) Lei nº 9394 de 20 de dezembro de 1996. *Estabelece as Diretrizes e Bases da Educação Nacional.* Casa Civil. https://www.planalto.gov.br/ccivil_03/leis/l9394.htm.

Bernardino-Costa, J. (2018, janeiro a abril) Decolonialidade, Atlântico Negro e intelectuais negros brasileiros: em busca de um diálogo horizontal. *Sociedade e Estado*, *33*(1), 119-138.

Evaristo, C. (2005) Gênero e etnia: uma escre(vivência) de dupla face. In N. M. de B. Moreira, & L. Schneider (Orgs.). *Mulheres no mundo: etnia, marginalidade e diáspora.* Ideia; Editora Universitária UFPB.

Ferreira, M. (2009) Olhares da sociologia sobre a infância, as crianças e a sua educação na produção acadêmica nacional (1995-2005): balanço crítico e contributos da Sociologia da Infância. *Actas do Encontro Contextos Educativos na Sociedade Contemporânea*, APS. Vol 1, 2ª ed, pp. 232-242.

Ferreira, M. & Nunes, A. (2014) Estudos da infância, antropologia e etnografia: potencialidades, limites e desafios. Linhas Críticas, *20*(41), 103–123.

Ferreira, S. de A. (2002) As pesquisas denominadas "Estado da arte". *Educação & Sociedade*, *23*(79).

Ivenicki, A., & Canen, A. G. (2016) *Metodologia da Pesquisa: rompendo fronteiras curriculares.* (Vol. 1) Editora Ciência Moderna.

Pereira, E. J. H. (2015) *"Tia, existe flor preta?": educar para as relações étnico-raciais.* [Dissertação de Mestrado em Educação], Faculdade de Educação, Universidade do Estado do Rio de Janeiro.

Pereira, E. J. H. (2021) *Crianças e relações étnico-raciais – Perspectivas decoloniais.* [Tese de Doutorado em Educação], Faculdade de Educação, Universidade Federal do Rio de Janeiro.

Rosemberg, F. (2001) Políticas educacionais e gênero: um balanço dos anos 1990. *Cad. Pagu* [online], (16), 151-197.

Rosemberg, F. (2012) A criança pequena e o direito à creche no contexto dos debates sobre infância e relações raciais. In M. A. S. Bento (Org.). *Educação infantil, igualdade racial e diversidade: aspectos políticos, jurídicos, conceituais.* (pp. 11-46). Centro de Estudos das Relações de Trabalho e Desigualdades (CEERT).

Santos, A. (2018) *Educação das relações étnico-raciais na creche: espaço-ambiente em foco.* [Tese de Doutorado em Educação], Universidade do Estado do Rio de Janeiro.

Souza, N. S. (1990) *Tornar-se negro: as vicissitudes da identidade do negro brasileiro em ascensão social.* (2a ed.) Editora Graal.

Xavier, G. (2012) Esculpindo a 'Nova Mulher Negra': feminilidade e respeitabilidade nos escritos de algumas representantes da raça nos EUA (1895-1904). *Cadernos Pagu* (UNICAMP. Impresso), *1*, 255-287.

CAPÍTULO V

FORMAÇÃO MUSICAL E DOCÊNCIA NA EDUCAÇÃO INFANTIL: UMA DISCUSSÃO NECESSÁRIA

Luana Roberta de Oliveira de Medeiros Pereira

Núbia Aparecida Schaper Santos

Introdução

O objetivo deste capítulo é mapear trabalhos acadêmicos que discutem o fazer musical nas creches, contemplando ações de intervenção junto a profissionais, para compreender a natureza das pesquisas realizadas, que possibilitam a construção do conhecimento na área da Música em diálogo com a docência na Educação Infantil.

A pesquisa bibliográfica é instrumentalizada pela seleção e análise de referências teóricas publicadas como livros, artigos científicos, publicações eletrônicas e páginas da internet. Esse tipo de investigação contribui para o conhecimento, sistematização e a análise do conhecimento que já foi produzido sobre o assunto escolhido. Lakatos (2019) corrobora esclarecendo que o estudo da literatura representa uma fonte indispensável de informações, podendo até orientar as indagações e pesquisas futuras.

No âmbito da pesquisa bibliográfica, Ferreira (2002) mostra que o estado da arte e o estado do conhecimento têm por objetivo "... mapear e discutir uma certa produção acadêmica em determinado campo do conhecimento, tentando responder que aspectos e dimensões vêm sendo destacados e privilegiados em diferentes épocas e lugares" (p. 258).

As bases de dados selecionadas para essa revisão bibliográfica foram: (i) Oasisbr; (ii) Anais dos Grupos de Trabalho 07 – Educação de crianças entre 0 e 6 anos, Grupo de Trabalho 24 – Educação e Arte das Reuniões Anuais da Associação de Pesquisa e Pós-Graduação em Educação (ANPEd);

(iii) Biblioteca Digital Brasileira de Teses e Dissertações (BDTD). O recorte temporal compreende o período de 2011 a 2024, e os descritores utilizados na busca foram as diferentes combinações entre: "bebê(s)"; "creche" e "música". Os textos encontrados foram codificados de forma a permitir uma visualização das temáticas contempladas pelas diferentes pesquisas encontradas.

A produção acadêmica no banco de dados Oasisbr

A busca pela produção acadêmica produzida a respeito da formação musical dos pedagogos foi realizada na base de dados Oasisbr[12]. A questão que orientou a busca foi: "Qual o conhecimento produzido sobre a formação de pedagogos para atuar com música na Educação Infantil?". A partir dessa questão, definiu-se os seguintes descritores:

"formação de professores" + "música" + "educação infantil"

"formação de pedagogos" + "música" + "educação infantil"

Inicialmente, estabeleceu-se um recorte temporal de dez anos. Todavia, como os resultados mostraram-se limitados, esse recorte foi ampliado para 20 anos de produção acadêmica. As buscas foram realizadas inicialmente em outubro de 2020, sendo atualizadas em março de 2024, e os resultados foram refinados pela seleção de trabalhos com foco em análises curriculares dos cursos de Pedagogia no Brasil. Como alerta Pereira (2013),

> . . . é essencial que se tenha em mente que o estado do conhecimento não se limita à identificação da produção, sendo fulcral analisá-la e categorizá-la, revelando os múltiplos objetos, enfoques e perspectivas presentes no material inventariado (p. 223).

Nessa perspectiva, a análise dos dados foi conduzida a partir das propostas de codificação da Teoria Fundamentada nos Dados (Charmaz, 2009). Para a autora, a codificação "é o elo fundamental entre a coleta dos dados e o desenvolvimento de uma teoria emergente para explicar esses

---

[12] O OasisBr é o portal brasileiro de publicações científicas em acesso aberto: um mecanismo de busca multidisciplinar que permite o acesso gratuito à produção científica de autores vinculados a universidades e institutos de pesquisa brasileiros. Segundo o site, é possível também realizar buscas em fontes de informações portuguesas. Ver mais em: http://oasisbr.ibict.br.

dados", pois "é pela codificação [que] você define o que ocorre nos dados e começa a debater-se com o que isso significa" (Charmaz, 2009, p. 72).

Os dados foram submetidos à codificação focalizada, cuja função é "classificar, sintetizar, integrar grandes quantidades de dados" (Charmaz, 2009, p. 72). A partir dessa codificação é que categorias são construídas. O estudo das categorias elaboradas permite a construção de uma resposta fundamentada à questão norteadora: a reflexão sobre cada categoria teórica originada dos dados dá forma ao texto produzido.

Os descritores eleitos resultaram em 24 trabalhos, dos quais sete se aproximavam mais de análises curriculares de projetos pedagógicos de cursos de Pedagogia:

Tabela 1

Trabalhos encontrados

Título	Autor	Ano	Instituição
A preparação musical de professores generalistas no Brasil	Sérgio Luiz Ferreira de Figueiredo	2004	Revista da Abem (periódico)
A música na formação inicial do pedagogo: embates e contradições em cursos regulares de Pedagogia da região Centro-Oeste	Thaís Lobosque Aquino	2007	UFG
A construção da musicalidade do professor de educação infantil: um estudo em Roraima	Rosângela Duarte	2010	UFRGS
A história da disciplina de música no curso de Pedagogia da UFSM (1984 – 2008)	Frankiele Oesterreich	2010	UFSM
A música no curso de pedagogia da Universidade Federal de Santa Maria: da arena legal à arena prática	Laila Azize Souto Ahmad	2017	UFSM

Título	Autor	Ano	Instituição
A música nos cursos de Pedagogia do Brasil	Sara P. S. do Vale; Sidileide R. Casagrande	2018	Anais – IV Colóquio Luso Afro Brasileiro de questões curriculares
A música na Educação Infantil do DF: estabelecendo relações entre o currículo em movimento e o currículo de Pedagogia da UnB	Sara P. S. do Vale	2019	UnB

O texto de Figueiredo (2004) apresenta a síntese de uma pesquisa realizada em 19 universidades das regiões Sul e Sudeste do Brasil acerca da formação musical oferecida em cursos de Pedagogia. O autor não se limitou à análise de projetos pedagógicos, tendo realizado entrevistas com coordenadores e professores de música/artes que ministravam aulas nos referidos cursos.

Todos os cursos investigados por Figueiredo (2004) ofereciam pelo menos uma disciplina de artes em seu currículo. De acordo com o autor, a maioria das instituições oferecia uma única disciplina para as artes, com 60 horas de duração em média, ministrada por um único professor.

A partir das entrevistas com coordenadores dos cursos, o autor observou que eles reconheciam que a carga horária destinada à formação em artes era muito pequena, mas poucos consideraram importante a presença de profissionais de cada área artística nos cursos de pedagogia. Alguns professores mencionaram o fato das áreas de artes "estarem à margem do currículo da pedagogia, o que dificulta a inclusão de pautas relevantes para essas áreas nas discussões de colegiado" (Figueiredo, 2004, p. 58). Já nas entrevistas com os professores que atuavam na formação artística nos cursos de pedagogia, o autor descreve que muitos manifestaram sua insatisfação em serem responsáveis por todas as artes. Ao analisar os programas das disciplinas, Figueiredo (2004) revela a superficialidade com que são tratadas algumas áreas propostas.

Por fim, o autor considera que a formação musical dos pedagogos na maioria dos cursos de pedagogia por ele analisados se mostrou extremamente frágil: "Tal formação insuficiente não permite que os professores generalistas incluam em suas práticas pedagógicas atividades significativas em termos de música e artes" (Figueiredo, 2004, p. 60).

Aquino (2007) acaba por complementar a pesquisa iniciada por Figueiredo (2004), ao analisar a formação musical oferecida em 76 cursos de Pedagogia na Região Centro-Oeste do Brasil. A autora aborda a dicotomia entre a atuação do professor generalista e do professor especialista na Educação Infantil. Afirma que "[m]uitos professores, gestores, pedagogos e educadores musicais acreditam na suficiência da ação do especialista em música junto às séries iniciais da escolarização" (Aquino, 2007, p. 59). Isso se dá, segundo ela, pelo fato de que a Educação Básica se configura como um campo de trabalho real para os egressos das Licenciaturas em Música — que possuem formação específica e dominam conteúdos, métodos e referenciais próprios da educação musical.

Considerando os limites do curso de Pedagogia para o ensino musical, a autora destaca que isso não pode levar ao descrédito quanto ao seu potencial em exercê-lo. Aquino (2007) considera, ainda, que a formação em serviço ou em cursos para capacitação continuada é também considerada vital para a formação musical do pedagogo, "porém como motor gerador de novos saberes **aliados àqueles já internalizados durante o processo de formação inicial** [ênfase adicionada]" (p. 66). Para ela, o pedagogo e a música precisam construir "um laço forte e contínuo para se potencializarem mutuamente, oferecendo, assim, uma formação integral que desenvolva holisticamente todo o potencial humano dos alunos das séries iniciais da escolarização" (Aquino, 2007, p. 66).

Ao estudar o desenvolvimento da musicalidade na formação e na prática musical do professor de Educação Infantil, Duarte (2010) observou, em sua análise da literatura, a necessidade de os cursos de Pedagogia inserirem em suas matrizes curriculares disciplinas relacionadas à Educação Musical do professor: tanto do ponto de vista da realização de vivências musicais, como da compreensão da área como processo de produção de conhecimentos.

Em seu estudo, aponta que a formação inicial dos pedagogos não é, obviamente, a única solução dos problemas da educação musical na escola brasileira,

> ...mas deve ser considerada como o ponto de partida para que este profissional tenha uma formação que o permita desenvolver os conteúdos propostos para a área de Música na Educação Infantil (Duarte, 2010, p. 63).

Concordando com Aquino (2007) e Figueiredo (2004), a autora também percebeu que "os próprios pedagogos ainda enxergam a Música como algo para 'iluminados'", não conseguindo "exercitar o próprio conhecimento para a Música, como fariam para a Matemática [e] o Português" (Duarte, 2010, p. 167). E termina enfatizando que "a falta de formação faz com que o professor não se sinta seguro em inserir as atividades musicais no seu planejamento" (Duarte, 2010, p. 170).

Oesterreich (2010) e Ahmad (2017), por sua vez, estudaram o êxito da formação musical oferecida aos pedagogos no curso de Pedagogia da Universidade Federal de Santa Maria. Oesterreich (2010) mostra que a inserção da música no currículo desse curso ocorreu no ano de 1984 e, desde então, a área vem se constituindo e se consolidando na formação de professores unidocentes.

Inserindo seu estudo no campo da história das disciplinas escolares, Oesterreich (2010) destaca que o ensino de música nas Escolas Normais sempre esteve presente desde sua criação, em 1835, no Rio de Janeiro, não havendo, no entanto, uma preocupação com cuidados específicos. Nesse contexto, "[p]ara se obter a disciplina e a ordem, utilizava-se a música como forma de comando, buscando disciplinar, ou seja, condicionar as crianças através de canções e, consequentemente, instituir ordens" (Oesterreich, 2010, p. 34).

Esse estudo de caráter histórico permitiu à autora compreender a construção de uma identidade do Centro de Educação da UFSM. A autora afirma que a história da área de Música no curso de Pedagogia da UFSM revelou o compromisso de inúmeras pessoas com a formação dos pedagogos, bem como os ideais de formação docente do Centro de Educação dessa universidade, "que foram muito além do que a legislação brasileira propunha" (Oesterreich, 2010, p. 146).

Ahmad (2017) também toma o curso de Pedagogia da UFSM como objeto de seu estudo. A autora entende a necessidade de formação musical e pedagógico-musical dos pedagogos. Diante desse cenário, a autora constata que a formação musical em cursos de Pedagogia é ainda um grande desafio, pois na maioria dos cursos investigados pelas pesquisas não existe a presença formal de uma disciplina da área de Música (Ahmad, 2017). Para além da carência de disciplinas de Música na formação dos pedagogos, que acaba por gerar uma falta de sistematização, conteúdos e metodologias específicas da área, Ahmad (2017, p. 78) argumenta que é necessário que esses estudantes compreendam essa área como importante e com conhecimentos significativos que tenham que ser construídos, apropriados e elaborados.

Vale e Casagrande (2018) realizaram um levantamento acerca da obrigatoriedade das disciplinas de música nos cursos de pedagogia de 28 universidades federais brasileiras. Delas, 20 cursos, o que corresponde a 69%, demonstraram ofertar o conteúdo de música em disciplinas específicas ou incluídas em disciplinas de Arte, dividindo espaço no decorrer de seu semestre vigente com conteúdo das Artes Cênicas, Plásticas, Culturais, entre outras. Em 31% dos casos, o que corresponde a oito cursos, o conteúdo de música não foi encontrado nos PPCs ou ementas das disciplinas referentes ao ensino das Artes.

Em sua dissertação de mestrado, Vale (2019) estudou os currículos do curso de Pedagogia da Universidade de Brasília e a parte de Música do documento curricular do Distrito Federal, correlacionando-os a fim de discutir a relação entre o que é exigido do pedagogo em sua função docente e o que lhe é dispensado em termos de ensino de música no decorrer de sua formação.

A codificação resultante do processo de análise das produções selecionadas resultou em duas principais categorias: (i) tratamento superficial e genérico da música nos projetos pedagógicos dos cursos; e (ii) o caráter das disciplinas (obrigatório ou optativo) que contêm conhecimentos musicais nos projetos pedagógicos dos cursos.

A Figura 1 detalha as categorias principais e os códigos que a compuseram:

Figura 1

Categorias e códigos resultantes da análise das produções

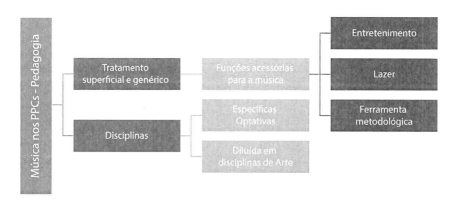

A revisão de literatura aqui descrita procurou observar o conhecimento produzido sobre a formação dos pedagogos para atuar com música na Educação Infantil. Os resultados cobriram um recorte temporal de 20 anos (2004–2024) e revelaram que a formação frágil e superficial (quando há) dos pedagogos no que se refere à Música não se alterou ao longo dos anos.

Em geral, o conhecimento musical e pedagógico-musical é subalternizado diante de outros conhecimentos, revelando uma hierarquia de saberes no campo escolar. Como reflexo de documentos legislativos que apresentam indefinições acerca dos conhecimentos artísticos (seja na Educação Básica, seja no Ensino Superior), os conhecimentos musicais encontram-se diluídos em disciplinas gerais voltadas a todas as linguagens artísticas, ministradas por apenas um professor que, geralmente, possui formação em apenas uma delas.

Há exceções, como o curso de Pedagogia da Universidade Federal de Santa Maria, cuja formação musical remonta à década de 1970 e foi institucionalizada em 1984 — revelando que é possível formar o pedagogo em todas as áreas que a legislação exige que ele trabalhe com seus alunos.

As produções revelam ainda que a crença de que a música é reservada a alguns poucos talentosos apresenta-se como um empecilho tanto na formação quanto na atuação dos pedagogos. Várias ações — como o curso da UFSM e a oficina realizada por Duarte (2010) em Roraima — vêm provando que os pedagogos não precisam ser especialistas em música: ao aluno descobrir a sua musicalidade e ter contato com o conhecimento pedagógico-musical, é possível promover experiências musicais significativas que contribuirão para o desenvolvimento integral de seus alunos — como preconizado pela legislação brasileira.

Fica evidenciada, portanto, a necessidade de que as professoras da Educação Infantil tenham acesso a formações e atividades em que possam descobrir sua musicalidade, bem como tomar consciência do desenvolvimento que pode ser promovido quando a música é trabalhada com consistência. Para contextualizar ainda mais o cenário das publicações sobre essa temática, realizou-se um levantamento sobre as produções que se debruçaram sobre o fazer musical das creches e sobre as ações de intervenção junto a profissionais nas creches. Essa revisão da literatura é apresentada na seção que se segue.

A produção sobre música e docência na Educação Infantil nos GTs 07 e 24 (ANPEd)

Esta seção tem o objetivo de apresentar pesquisas realizadas sobre o fazer musical nas creches e sobre ações de intervenção junto a profissionais no cotidiano institucional. As bases de dados selecionadas para essa revisão bibliográfica foram: (i) os anais do GT 07 (Educação de crianças entre 0 e 6 anos) e GT 24 (Educação e Arte) das Reuniões Anuais da Associação de Pesquisa e Pós-Graduação em Educação (ANPEd); e (ii) a Biblioteca Digital de Teses e Dissertações.

Estabeleceu-se um recorte temporal de 13 anos (2011–2024), e os descritores utilizados na busca foram as diferentes combinações entre: "bebê(s)"; "crianças bem pequenas"; "creche"; e "música".

Da mesma forma como realizado na revisão de literatura apresentada na seção anterior, os textos encontrados foram codificados de forma a permitir uma visualização das temáticas contempladas pelas diferentes pesquisas encontradas.

Após a busca realizada nos anais do GT 07 e do GT 24 das Reuniões Anuais da ANPEd, foram localizados 29 trabalhos. O gráfico a seguir (Figura 2) mostra o número de trabalhos em cada GT, em cada Reunião Anual da ANPEd, nos últimos 14 anos:

Figura 2

Gráfico apontando os trabalhos sobre bebês, crianças bem pequenas, música e creche nos GTs da ANPEd

Observa-se um número constante de trabalhos que abordam a creche, os bebês, crianças bem pequenas e, de alguma forma, tangenciam a temática da música ao longo dos últimos 14 anos. Especialmente nos dois últimos encontros da ANPEd, em 2021 e 2023, não foram encontrados trabalhos nessa área. No GT 07, por exemplo, aqueles que mais se aproximam abordam rotinas culturais na Educação Infantil ou a experiência estética da criança bem pequena. Já no GT 24, por sua vez, os trabalhos que se referem à música não abordam as creches, os bebês ou as crianças bem pequenas.

Os trabalhos no GT 07 (no total de 19) abordaram temas como: a formação de professores e auxiliares para a atuação nas creches, o desenvolvimento da linguagem de bebês nas creches, os saberes dos bebês, e educação/cuidado dos bebês. Apenas um trabalho abordou a musicalização na creche (Galera & Silva, 2019).

No GT 24 foram encontrados dez trabalhos que se referiam à música: educação das crianças e músicas infantis; metodologias de pesquisa em criação musical com crianças; formação cultural/musical na escola; professores de música e a flauta doce; políticas públicas e educação musical brasileira; formação multicultural de professores; a apreciação em manuais didáticos do canto orfeônico; concursos para professor de música; e a contribuição da música popular brasileira para a emancipação da escola. Logo, não foram encontrados estudos sobre bebês e sobre a atuação com música de professores nas creches.

As figuras 3 e 4 esquematizam as categorias emergentes da análise da produção nos GTs da ANPEd:

Figura 3

Categorias emergentes no GT 07 da ANPEd (2011–2023)

Figura 4
Categorias emergentes no GT 24 da ANPEd (2011–2023)

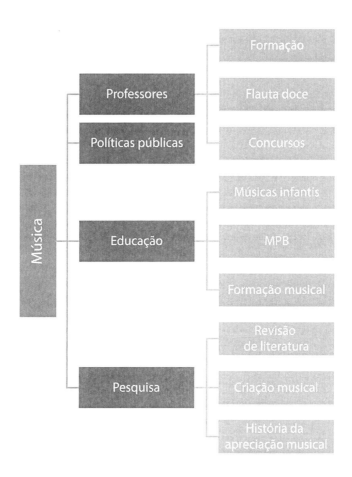

O trabalho de Galera e Silva (2019), como mencionado anteriormente, é o único no GT 07 que abordou questões relacionadas à música. Na publicação, as autoras apresentaram os resultados de uma pesquisa de mestrado que teve como objetivo compreender como ocorre o processo de musicalização com crianças de 2 e 3 anos em um Centro de Educação Infantil (CEI) no município de São Paulo/SP. A partir da realização de entrevistas com as professoras, sessões reflexivas e observação de campo, as autoras mostraram que as professoras entrevistadas reconhecem a importância das atividades com música, mas que, na prática, elas não ocorriam. Foi realizado um projeto colaborativo no CEI, buscando promover o trabalho com música no local.

É interessante destacar os resultados da pesquisa de Casanova (2011), que buscou escutar as famílias de crianças e berçários que frequentam a creche em período integral de forma a compreender o sentido atribuído por elas às atividades realizadas nas creches. A autora revelou que, para as famílias entrevistadas, a creche é um lugar para deixar as crianças enquanto as mães estão no trabalho. As atividades realizadas na creche, como brincar, cantar, ouvir histórias, entre outras, são vistas pelas famílias como distração.

Para Casanova (2011), saber o que as famílias sabem e como sabem permite perceber que "...a creche estabelece algumas estratégias superficiais e não sistematizadas de comunicação com os responsáveis que diariamente levam e buscam suas crianças" (p. 10). Tais dados contribuem ao mostrar a importância de envolver as famílias nas ações realizadas na creche para que elas possam, além de reconhecer o desenvolvimento das crianças nas ações diárias, ser capazes de especificar o porquê, como e para que tudo isso é feito. Isso torna-se especialmente relevante no que diz respeito à música, cristalizada no imaginário social como relaxamento, diversão, passatempo e ornamentação de festas nas atividades escolares.

A experiência com música é citada por Simiano e Vasques (2011) como parte do processo de constituição da creche como um lugar para bebês. Os autores defendem que a educação coletiva se efetiva na materialidade de um espaço, daí a importância de que seja rico, diverso em materiais, brinquedos, mobiliário. Isso se dá porque o espaço educa, expõe ideias, externaliza mensagens.

Dessa forma, a experiência com música, no sentido defendido pelos autores, contribuirá para que a creche se torne um lugar de formação, para além de um espaço onde as crianças são deixadas para que os pais possam trabalhar. Mas, para que o professor possa oferecer aos bebês uma experiência com música, é preciso formação, intenção educativa, cuidado pedagógico.

Eisenberg e Carvalho (2011) analisaram músicas que são cantadas para as crianças pequenas buscando explorar seus conteúdos, no sentido de apontar tanto para conceitos de infância e de criança como para valores sociais nelas presentes. As autoras realizam, portanto, uma análise sistemática das letras das músicas presentes na Educação Infantil no contexto do município do Rio de Janeiro.

Segundo as autoras, as cantigas tradicionais selecionadas e analisadas no artigo marcam os papéis da menina e do menino na sociedade e o que esperar de seus futuros, transmitindo os valores de uma sociedade de outra época, ou valores que hoje podem ser considerados como próprios de uma moral conservadora (Eisenberg & Carvalho, 2011). Para elas, "... ao cantarmos essas cantigas para nossas crianças podemos transmitir a elas, mesmo que de maneira não intencional e automática, valores que refletem a importância central do casamento e a possessão da mulher pelo homem" (Eisenberg & Carvalho, 2011, p. 11).

Essa pesquisa, ainda que não aborde o trabalho com música enquanto área de conhecimento, destaca a importância da consciência na seleção do repertório a ser utilizado nas experiências com crianças. Como afirmam as autoras, pelas canções é possível transmitir valores culturais, ainda que de maneira não consciente.

As fontes de saberes das professoras que atuam com bebês e crianças de uma rede pública de ensino foi o objeto de estudo de Dagnoni (2012). A autora mostra que as práticas dessas professoras estão pautadas em saberes que elas trazem principalmente de sua trajetória de vida como mães, esposas, filhas, avós:

> Saberes estes de culturas diversas que inundam as creches de práticas pouco fundamentadas epistemologicamente, mas que auxiliam o professor nas demandas diárias como dar banho, fazer dormir, alimentar os bebês, trocar suas fraldas (Dagnoni, 2012, p. 14).

Dagnoni (2012) destaca a necessidade de se estreitar a aproximação com as professoras experientes, possibilitando que suas experiências possam enriquecer o currículo tanto das creches quanto das universidades que ofereçem a formação inicial de professores. É justamente esse o intento desta pesquisa colaborativa aqui proposta: promover a troca de saberes entre a pesquisadora e as professoras para que, juntas, elas possam construir um espaço significativo para a música no cotidiano das creches.

O trabalho de Ferreira (2013) discute os processos de formação cultural/musical na escola. A autora identifica na legislação a atribuição de parte significativa da formação cultural dos alunos ao ensino de Arte, que, segundo ela, pode ser de responsabilidade de um professor de música. Ferreira (2013) afirma que

> ... é de se esperar que o professor saiba música, esteja conectado com o que se produziu e se produz musicalmente e, além disso, saiba utilizar a batuta, isto é, orientar o aluno a fazer a transposição histórica, espacial, geográfica e interpretativa desse vasto mundo musical (p. 13).

De maneira similar, podemos pensar em propostas de pesquisa de caráter colaborativo que possam contribuir para que as professoras da creche tomem consciência de que possuem saberes musicais e que, a partir da formação, o que pensam ser cascalho pode ser ouro na formação dos bebês e crianças bem pequenas.

Constantino (2017) investiga a apreciação musical na escola brasileira, a partir das ideias dispostas nos manuais didáticos do canto orfeônico. Sua pesquisa contribui ao mostrar que a preocupação com a apreciação era incipiente e francamente desprestigiada nas atividades escolares.

O autor observa que a apreciação não seria possível como atividade escolar largamente sistematizada no Brasil, ao menos até a segunda metade do século XX, primeiramente por uma razão tecnológica: "as gravações ou registros fonográficos ainda não estavam disponíveis ao público mais amplo no país e muito menos às escolas nos primeiros momentos" (Constantino, 2017, p. 14).

Por sua vez, Rodrigues e Ramos (2019) informam que, embora recente no âmbito da educação, a instituição que atende crianças de 0 a 3 anos (creche) há décadas integra o cotidiano das crianças brasileiras, sobretudo das mais pobres. Destacam ainda que a docência com bebês ainda está em processo de consolidação, sendo alvo de tensões e disputas, ainda delineada em práticas assistenciais vinculadas à perspectiva médico-higienista da constituição histórica da docência na creche, e em práticas vinculadas a um modelo escolarizante, que se mostra ineficaz e se distancia dos atuais objetivos sociopolíticos e pedagógicos da Educação Infantil.

As autoras destacam uma perspectiva de escolarização precoce ainda muito presente nas instituições de Educação Infantil, procurando descortinar as possibilidades educativas dos bebês a partir de práticas associadas aos momentos de cuidados pessoais. A música é muito presente nesses momentos e pode ser utilizada com intenções pedagógicas na perspectiva de experiências sonoro-musicais orientadas.

O trabalho de Paiva (2019) buscou discutir práticas docentes em relação ao desenvolvimento da linguagem oral (LO) de bebês e crianças nos diferentes momentos vividos na creche. Seus resultados permitem uma reflexão que colabora com os objetivos da presente pesquisa. A autora mostrou, em seu estudo, que as docentes participantes não percebiam que o desenvolvimento da linguagem oral acontecia nos diferentes momentos da rotina; e que, em duas turmas, ocorreram interações verbais precárias entre docente e crianças, dinâmica que não favorece o desenvolvimento da linguagem oral.

Pode-se pensar em um paralelo com a música: as professoras utilizam de músicas em diferentes momentos da rotina dos bebês nas creches e não percebem (i) que estão transmitindo valores e significados com essas músicas, como apontado no estudo de Eisenberg e Carvalho (2011); e (ii) que podem utilizar esses momentos para proporcionar experiências musicais significativas para os bebês. Além disso, fica claro também que é preciso que as professoras se conscientizem de sua musicalidade para qualificar as experiências musicais que proporcionam aos bebês, contribuindo assim para o seu desenvolvimento.

Guimarães, Arenhart e Santos (2019) também trazem uma importante contribuição ao trabalhar com a ideia de "atencionalidade pedagógica": as autoras mostram ter sido possível perceber como a observação atenta e intencional alarga o sentido pedagógico, para além do proposto, enquanto ação docente. A intervenção junto às professoras, na presente pesquisa, tem como um de seus propósitos contribuir para o desenvolvimento de uma observação atenta e intencional para o desenvolvimento de bebês e crianças bem pequenas impulsionado pela educação musical, de forma a alargar o sentido pedagógico do trabalho com música e, assim, contribuir para que o trabalho vivenciado durante a intervenção possa continuar após o término da pesquisa.

Como se pode observar, ainda que os trabalhos dos GTs 07 e 24 (ANPEd) selecionados para esta revisão de literatura não abordassem diretamente o trabalho com música com bebês e crianças bem pequenas, importantes contribuições puderam ser identificadas com uma leitura crítica deles.

Contribuições essas que reforçam que o trabalho com música nas creches é visto como importante, mas, ainda assim, não é realizado pelas professoras — muitas vezes por insegurança em relação à sua formação (Galera & Silva, 2019); e demonstra a potencialidade da intervenção da pesquisadora para a modificação desse cenário. Além disso, foi importante perceber a necessidade de se trabalhar a relação da creche com as famílias, para uma conscientização a respeito das atividades pedagógicas que são realizadas nas creches, de forma a transformar a visão dessas instituições apenas como lugar de cuidado das crianças (Casanova, 2011).

A importância das experiências com música também pode ser observada na constituição da creche como um lugar para os bebês (Simiano & Vasques, 2011). Processo que terá êxito apenas se as vivências forem significativas e, assim, constituírem-se em experiências tanto para as professoras quanto para os bebês.

Os trabalhos também evidenciaram o papel da educação musical como veiculador de significados e valores (Eisenberg & Carvalho, 2011), e como ação relevante para o papel da escola na formação cultural das crianças (Ferreira, 2013). A apreciação musical também foi apontada como importante ferramenta para a justiça social, promovendo o acesso a repertórios que, de outra forma, as crianças não teriam contato em seus processos de socialização (Constantino, 2017).

A respeito da docência com os bebês, observou-se a importância de manter uma postura dialógica com os saberes constituídos pelas professoras no cotidiano da creche (Dagnoni, 2012), bem como da potência do desenvolvimento de uma atencionalidade pedagógica para o desenvolvimento dos bebês (Guimarães et al., 2019).

Pesquisas realizadas no BDTD sobre intervenções com bebês e crianças na creche em diálogo com a educação musical

Os trabalhos encontrados na Biblioteca Digital de Teses e Dissertações (BDTD), a partir dos descritores anteriormente informados, foram filtrados por um critério diretamente ligado a pesquisas que tivessem realizado intervenções em creches ou outros espaços educativos com crianças de 0 a 3 anos de idade em diálogo com a educação musical.

Foram encontrados dez trabalhos que correspondiam ao critério estabelecido. Eles foram reunidos em três principais categorias: (i) contribuições da musicalização em programas de intervenção precoce (Ambrós, 2016; Melo, 2017); (ii) investigações acerca do desenvolvimento musical dos bebês (Correa, 2013; Rodrigues Junior, 2015; Silva, 2015; Amorim, 2017; Pecker, 2017; Martinez, 2017); e (iii) formação de professores da Educação Infantil (Tormin, 2014; Mariano, 2015).

Figura 5
Categorias emergentes no levantamento realizado na BDTD.

É interessante observar que os resultados são bastante similares àqueles que Niéri (2014) encontrou ao realizar um levantamento de estudos e pesquisas já realizados no país, entre 1996 e 2012, que abordaram a Educação Musical de crianças de 0 a 6 anos. Das 73 produções destacadas, no campo da Educação Musical, 11 dissertações e teses de diferentes locais do país debruçaram-se especificamente sobre bebês e crianças bem pequenas — de 0 a 3 anos de idade (Niéri, 2014). Ao analisar os perfis desses 11 trabalhos, Niéri (2014) percebe que predominava, entre os autores, a busca de elementos científicos que comprovassem a eficácia da música para o desenvolvimento do bebê, principalmente sob o ponto de vista do desenvolvimento infantil — envolvendo os aspectos cognitivos, motor, social, afetivo e musical dos bebês. Apenas uma pesquisa, entre as 11, dedicou-se à capacitação musical do "cuidador" na creche (Niéri, 2014).

No recorte temporal investigado por Niéri (2014), não havia o "uso de escalas ou de outros instrumentos de testes": os estudos eram pautados pelas discussões "acerca de 'qual o efeito', quais reações, qual o envolvimento, para concluir que a música contribui para o desenvolvimento infantil" (p. 69). Dessa forma, ela reflete sobre a necessidade de se estabelecer vínculos e parcerias de estudos com as áreas da saúde, da psicanálise e da psicologia, para que os estudos avancem, demonstrando um aprofundamento nas questões relacionadas ao desenvolvimento infantil. Essas parcerias já podem ser observadas na produção mais atual, como se poderá observar nos trabalhos que integram a revisão de literatura que se segue, e na fundamentação teórica desta proposta. Contudo, como também se poderá notar, essas escalas ou instrumentos não foram utilizados como instrumentos formativos.

Contribuições da musicalização em programas de intervenção precoce

Essa categoria reúne as pesquisas de Ambrós (2016) e de Melo (2017). A musicalização foi investigada por Ambrós (2016) como dispositivo de intervenção precoce junto a bebês com risco psíquico e seus familiares. A autora realizou seções de musicalização com um bebê de cinco meses cujos resultados nos Sinais PREAUT[13] sugeriam risco psíquico. As seções contaram, também, com outros dois bebês de sete meses, juntamente das mães e, em alguns encontros, dos irmãos. A partir da sua análise, Ambrós (2016) percebeu efeitos positivos para o avanço do bebê na sua integração psíquica, bem como progressos psicomotores, cognitivos e linguísticos. A pesquisadora relatou, ainda, um fortalecimento do vínculo das mães com seus filhos, além de a musicalização ter proporcionado uma melhor interação dos bebês com seus familiares e na sua convivência social. Dessa forma, o que o estudo de Ambrós (2016) indica é que a musicalização pode ser um mecanismo de intervenção precoce eficaz em casos de risco psíquico de bebês.

Os encontros de musicalização da pesquisa de Ambrós (2016) não foram realizados no contexto da creche, mas demonstram os benefícios que podem ser obtidos em uma abordagem estruturada de trabalho com música com bebês. Além disso, as atividades de musicalização realizadas foram propostas por Esther Beyer — uma das pioneiras no trabalho de musicalização com bebês no Brasil: uma sequência de atividades para uma aula de música de aproximadamente 50 minutos, uma vez por semana, em ambiente exclusivo para elas.

É interessante mencionar que a autora se utilizou de uma escala de comportamentos do bebê e da mãe, proposta por Saint-Georges et al.[14], para acompanhar a evolução do bebê com risco psíquico. Essa escala

---

[13] Os Sinais PREAUT são um instrumento criado especificamente para detectar o risco de evolução para o risco psíquico em bebês (Ambrós, 2016).

[14] Ver Saint-Georges, C., et al. (2011). Do parents recognize autistic deviant behavior long before diagnosis? Taking into account interaction using computational methods. *PloS one, 6(7)*, e22393.

permite analisar em detalhes os comportamentos infantis e maternos que se relacionam com a emergência da intersubjetividade por parte do bebê, aspecto considerado pela autora como crucial para a análise de sinais precoces de autismo (Ambrós, 2016).

De maneira semelhante, Melo (2017) também investiga as contribuições da musicalização em intervenções precoces com bebês com deficiência ou que apresentem risco de desenvolvimento. A pesquisa foi realizada na Escola de Música de Jundiaí, onde é desenvolvido um trabalho pioneiro de musicalização de bebês no Brasil. A partir de suas observações, Melo (2017) descreve os procedimentos e objetivos das aulas e constrói uma tabela detalhada das atividades musicais propostas no livro *Bebês: música e movimento*, de Josette Feres — fundadora da referida escola. Nessa tabela, a autora estabelece conexões entre os objetivos da musicalização e os aspectos do desenvolvimento infantil que podem ser trabalhados em cada atividade.

Uma importante contribuição de Melo (2017) é a construção de um panorama histórico da musicalização de bebês no Brasil. Ela aponta a professora Walkyria Passos Claro (1923–2016) como uma das pioneiras dessa prática no país, e destaca, também, os projetos de extensão universitária como o CMI da Escola de Música da UFMG, criado em 1985 pela professora Tânia Mara Lopes Cançado; o projeto iniciado em 1989 na UFSCar pela professora Ilza Zenker Leme Joly; e o projeto da professora Esther Beyer, iniciado em 1999 na UFRGS.

Os dois estudos, portanto, evidenciam as contribuições da musicalização para o desenvolvimento cognitivo, afetivo e social dos bebês — de forma mais específica, aqueles que apresentam risco psíquico ou deficiências. Principalmente, apontam para a importância de uma ação intencional, especialmente preparada para potencializar a relação dos bebês com a música.

Do desenvolvimento musical dos bebês e das crianças bem pequenas

A maior parte das pesquisas encontradas focou no desenvolvimento musical dos bebês e crianças bem pequenas. O desenvolvimento do gesto musical dos bebês foi o objeto de pesquisa de Amorim (2017), que realizou intervenções no Instituto Batucar, no Recanto das Emas/DF. Participaram da pesquisa cinco famílias de baixa renda com bebês — considerada, pelo autor, a faixa etária de 0 a 3 anos. Do estudo de Amorim (2017) é interessante destacar o caráter colaborativo de sua pesquisa, que buscou fazer com que os familiares observassem seus filhos "com olhar de pesquisadores", buscando captar as possíveis situações de expressão da sua musicalidade. Para isso, a autora não utilizou um protocolo de observação, mas de um processo que envolveu três etapas: a elaboração de um memorial de experiências musicais dos familiares; o desenvolvimento de atividades voltadas para a consciência da musicalidade; e a realização de atividades com intencionalidade voltadas para a sensibilização do olhar dos familiares/pesquisadores para perceber aspectos importantes da manifestação da musicalidade de seus filhos (Amorim, 2017).

O trabalho de Amorim (2017) também se desenvolveu em um espaço específico para as aulas de música, fora do ambiente da creche. Assim, as ações educativas realizadas também foram estruturadas em uma rotina, cujo objetivo envolvia a educação do gesto musical. As ações educativas também enfocaram a prática da música corporal, que está ligada aos trabalhos desenvolvidos no Projeto Batucadeiros.

A autora contribui ao evidenciar que o desenvolvimento do gesto musical pertence à primeira e mais evidente linha do desenvolvimento da musicalidade. Ela destaca a necessidade de se encarar "cada gesto, cada ato, cada vocalização, cada expressão do bebê" como "a gênese de um gesto musical" (Amorim, 2017, p. 138). Gestos estes que são considerados no protocolo de observação do desenvolvimento musical.

De maneira semelhante ao estudo de Amorim (2017), Pecker (2017) buscou compreender a gênese da formação do conhecimento novo na performance musical de instrumentos de percussão com bebês. Em seu estudo, apoiado teoricamente na Epistemologia Genética de Jean Piaget, a autora confirmou sua hipótese inicial de que há correlação entre os processos descritos por Piaget em seus estudos sobre o desenvolvimento geral dos bebês no período sensório-motor e pré-operatório e o desenvolvimento musical dos bebês no mesmo estádio de desenvolvimento.

O estudo foi realizado no Projeto Música per Bambini, que possuía profunda ligação com o trabalho desenvolvido na UFRGS pela professora Esther Beyer (Pecker, 2017). Para o estudo, foram realizadas 15 sessões de gravação que reuniram dez bebês e crianças bem pequenas com idades entre 6 meses e 3 anos.

Como Pecker (2017) observou, apenas a existência de um meio estimulante não se sustenta como impulsionador do desenvolvimento: "o destaque advém da experiência que é proposta, não da exposição pela exposição" (p. 129). Esse apontamento fortalece a presente proposta de investigação-ação: é preciso oferecer às professoras uma formação musical que garanta a organização de experiências que de fato promovam o desenvolvimento musical dos bebês e crianças bem pequenas.

Uma das pesquisas que apresenta a análise de intervenções em uma creche é a realizada por Correa (2013), na cidade de Santa Maria/RS. A autora parte da premissa de que os bebês, desde muito cedo, produzem explorações sonoras, e a creche, ao oferecer suporte e valorização de atividades e objetos com música, contribui para o enriquecimento e produção musical dos bebês. Correa (2013) trabalhou a partir dos pressupostos da pedagogia da creche italiana[15], e também se baseou nos estudos de Esther Beyer e Beatriz Ilari no que se refere à questão da musicalização para bebês.

O estudo de Correa (2013) aconteceu com bebês de uma creche pública da cidade de Santa Maria, com idades entre 4 meses e 7 dias e 1 ano e 4 meses. A pesquisadora intercalou fases de observação, distanciamento e intervenção, com o objetivo de compreender se os bebês fazem música para além da exploração musical. O foco da intervenção de Correa (2013) está nos bebês, e não na formação das professoras, como na presente pesquisa. É interessante a diferenciação que a autora aponta entre a música *para* bebês e a música *dos* bebês:

> A música é *para* bebês quando é pensada, *pelos adultos*, para os pequenos. E a música *dos* bebês, é pensada e produzida pelos pequenos. Uma música sem amarras, mais livre de estruturação, é produzida a partir das experiências e da cultura musical de cada bebê (Correa, 2013, p. 183).

A pesquisa de Martinez (2017) não envolveu nenhuma intervenção. Seu intuito foi o de compreender como acontecia o desenvolvimento da musicalidade dos bebês na realidade empírica, examinando as primeiras manifestações sonoro-musicais dos bebês: "a percepção dos sons, a escuta, a experimentação sonora, a troca de experiências com outras crianças e com os adultos, entre outras experiências sonoro-musicais" (Martinez,

---

[15] Correa (2013) enfatiza, em sua pesquisa, as produções de Loris Malaguzzi e os *nidos* (creche italiana que corresponde ao trabalho direcionado aos bebês e crianças de 0 e 3 anos de idade) de Reggio Emília visitados por ela no ano de 2012.

2017, p. 140). Para tal, a autora acompanhou o desenvolvimento musical dos bebês de uma turma de creche em uma escola conveniada da rede pública de ensino do município de Alto Paraíso, no estado de Goiás. Seu trabalho foi incluído nesta revisão, apesar de não envolver uma intervenção direta, porque a pesquisadora realizou o estudo no universo de uma creche — aproximando-se, de certa forma, desta proposta.

Sua contribuição reside em afirmar que os bebês já nascem providos de um aparato biológico que os permite desenvolver sua musicalidade, o que é uma possibilidade para todos os seres humanos (Martinez, 2017). Todavia, prossegue ela,

> ... é sob a ação da cultura que a musicalidade humana se desenvolve ..., já na mais tenra infância os bebês podem vivenciar sua musicalidade e, conforme se relacionam com os demais seres humanos, desenvolvem e elaboram novos comportamentos sonoro-musicais (Martinez, 2017, p. 291).

O trabalho de Rodrigues Junior (2015) buscou relacionar a afetividade e o desenvolvimento cognitivo-musical durante os dois primeiros anos de vida. Em seu estudo, três educadores musicais analisaram vídeos das aulas de música ministradas pelo pesquisador a crianças entre 0 e 2 anos de idade, e os resultados apontaram para uma relação intrínseca entre cognição, afetividade e o desenvolvimento musical. Dessa forma, Rodrigues Junior (2015) destaca a importância de uma prática pedagógico-musical que tenha um olhar que não se restrinja à dimensão cognitiva da criança, mas que também considere sua dimensão afetiva, visto que, durante os dois primeiros anos de vida, a criança se expressa e interage com seu meio de forma prioritariamente afetiva. Observa-se um diálogo direto com os achados de Melo (2017) que, em entrevista com a professora Josette Feres, ouviu que "o objetivo principal do trabalho realizado com bebês é a *afetividade* [ênfase adicionada]" (Melo, 2017, p. 60). Há, certamente, outros objetivos — segundo Josette Feres (1998) —, como o trabalho com aspectos culturais e o oferecimento de modelos de interação musical aos pais, mas a afetividade ganha um papel de destaque.

Pensando na formação musical das professoras, Silva (2015) destaca ser positivo que o planejamento das aulas seja lúdico e sistemático, com objetivos traçados definindo onde o bebê está e onde se quer que ele chegue. E, para isso, "é necessário conhecer não apenas as metodologias musicais, mas o desenvolvimento mental, físico, afetivo e social dos bebês" (Silva, 2015, p. 155). Corroborando aquilo que Pecker (2017) afirmou, Silva (2015) também afirma que o espaço disponibilizado não determina os resultados — é preciso a intencionalidade das propostas do professor.

De forma geral, os trabalhos que tiveram o desenvolvimento do bebê como foco evidenciaram, mais uma vez, o papel potencializador das aulas de música intencional e cuidadosamente preparadas para essa faixa etária. Além disso, apontam para questões importantes a serem consideradas: a importância, mas a não suficiência, de um ambiente musicalmente estimulante; o papel da afetividade no desenvolvimento cognitivo-musical do bebê; e a ideia do bebê como sujeito de possibilidades, desmitificando as ideias de senso comum sobre o dom e o talento. Essa última questão é fundamental no trabalho com as professoras, para que elas também se empoderem como sujeitos de possibilidades musicais.

Da formação de professores

A última categoria de trabalhos se debruça sobre a formação de professores. Mariano (2015) e Tormin (2014) ofereceram cursos de formação a professores de Educação Infantil, apoiando-se nas propostas de Edwin Gordon acerca do desenvolvimento musical das crianças.

Mariano (2015) buscou compreender os aspectos envolvidos no processo de formação musical do professor generalista que trabalha com bebês e crianças a partir de um curso básico de música elaborado dentro dos pressupostos da Teoria da Aprendizagem Musical de Edwin Gordon. Após o curso, Mariano (2015) acompanhou uma das professoras em seu cotidiano docente no berçário de um Centro de Educação Infantil. Seus resultados mostram que a Teoria de Gordon contribui para a formação musical dos professores, revelando um crescimento musical significativo dos professores ao longo do curso realizado e, posteriormente, um reflexo expressivo no desenvolvimento musical dos bebês e crianças bem pequenas que tiveram aulas com a professora que foi acompanhada.

A pesquisa de Mariano (2015) desenvolveu-se na Universidade do Estado de Minas Gerais, no curso de Pedagogia da Unidade de Poços de Caldas, e em um Centro de Educação Infantil da mesma cidade. A pesquisadora ofereceu um curso de cerca de três meses às alunas do curso de Pedagogia, bem como às alunas egressas. É interessante notar que, por ser algo bastante diferente do que as professoras estavam acostumadas, todas as participantes indicaram, ao final do curso, que se sentiam inseguras para iniciar um trabalho naquela perspectiva (Mariano, 2015). Ainda assim, o curso contribuiu para o desejo de dar continuidade aos estudos musicais, despertando novos interesses e aumentando a autoestima de algumas participantes que se viram vencendo seus desafios iniciais (Mariano, 2015).

Também a proposta de Tormin (2014) se aproxima dessa investigação, uma vez que a autora realizou uma formação e uma intervenção musical em uma creche da cidade de São Paulo. Seu objetivo foi o de investigar como as professoras da creche utilizavam a linguagem musical junto aos bebês, bem como analisar se suas ações propiciavam ou não aprendizagem e desenvolvimento musical infantil. Além disso, Tormin (2014) investigou sobre a formação musical do professor de Educação Infantil, bem como a interação e qualidade das atividades musicais ofertadas aos bebês. Sua pesquisa envolveu três fases: a primeira e a terceira ocorreram na creche, e a segunda na Faculdade de Educação da Universidade de São Paulo — onde foi ofertado um curso de 60 horas de duração para as professoras.

A pesquisa de Tormin (2014) utilizou-se de um protocolo de observação, a Escala de Empenho do adulto e de Envolvimento da criança de F. Laevers (Leavers, 1994; Leavers et al., 2005). Essas escalas foram utilizadas para investigar o empenho do professor e o envolvimento das crianças, e não como instrumentos formativos — como é o caso da presente proposta. Segundo Tormin (2014), a finalidade das escalas, utilizadas como instrumento de investigação, foi a de buscar a melhoria da prática das professoras junto às crianças, e não a de mensurar a ambos: "elas não medem, mas diagnosticam a qualidade ou não da interação adulto/criança e podem, a partir da análise dos resultados, sugerir pistas para melhorar o processo educacional" (p. 174).

Considerações finais

De forma geral, todos os trabalhos aqui compulsados contribuíram para que se delineasse uma pesquisa que visou a utilização de um protocolo de observação do desenvolvimento musical de bebês e crianças bem pequenas (0 a 2 anos) como um dispositivo de formação de professores. Isso permite que novos passos possam ser dados nesse universo crescente de investigações que envolvem a musicalização para bebês.

Todos evidenciaram as potencialidades do trabalho com música para o desenvolvimento das crianças, e contribuíram com estudos sobre as diferentes teorias que têm embasado as discussões sobre o desenvolvimento musical nos primeiros anos de vida.

Os estudos contribuem, também, com a sistematização de uma ampla gama de metodologias utilizada na musicalização para bebês e crianças bem pequenas, principalmente aquelas propostas por Edwin Gordon, por Esther Beyer e por Josette Feres — o que deixa o repertório de formação bastante consistente e ampliado.

Uma questão importante de ser destacada é a necessidade de compreender o bebê e as crianças bem pequenas como sujeitos de possibilidades, protagonistas de seus processos de conquista do mundo. Nesse processo, um ambiente musicalmente estimulante é necessário, mas não é suficiente, como também não são suficientes as exposições assistemáticas à música. A ação do professor como mediador de experiências educativas é fundamental para contribuir com o desenvolvimento integral da criança.

É importante notar que pesquisas que se debruçam sobre a música e os bebês, crianças bem pequenas e creches não têm sido divulgadas e debatidas junto à ANPEd, sendo necessário um movimento maior de incentivo à participação, em eventos da área da Educação, dos pesquisadores que se dedicam a essa temática.

Por fim, destaca-se a importância de trabalhos de revisão de literatura para o estabelecimento de um estado do conhecimento que possa contextualizar, fortalecer e orientar a realização de novas pesquisas, promovendo um diálogo com o que já foi produzido e, assim, possibilitando o avanço da produção científica na área.

Referências

Aquino, T. L. (2007) *A música na formação inicial do pedagogo: embates e contradições em cursos regulares de Pedagogia da região Centro-Oeste.* [Dissertação de Mestrado em Educação], Universidade Federal de Goiás.

Ahmad, L. A. S. (2017) *A música no curso de pedagogia da Universidade Federal de Santa Maria: da arena legal à arena prática.* [Tese de Doutorado em Educação], Universidade Federal de Santa Maria.

Ambrós, T. M. B. (2016) *A musicalização como dispositivo de intervenção precoce junto a bebês com risco psíquico e seus familiares.* [Dissertação de Mestrado em Psicologia], Universidade Federal de Santa Maria.

Amorim, C. P. C. de. (2017) *Batuca bebê: A educação do gesto musical.* [Dissertação de Mestrado em Educação], Universidade de Brasília.

Bellochio, C. (2014) Educação básica, professores unidocentes e música: pensamento em tríade. In C. R. Bellochio, & L. W. F. Garbosa (Orgs.). *Educação Musical e Pedagogia: pesquisas, escutas e ações.* (pp. 47-68). Mercado das Letras.

Bellochio, C., & Souza, Z. A. de. (2017) Professor de referência e unidocência: modos de ser na docência dos anos iniciais do ensino fundamental. In C. R. Bellochio (Org.). *Educação musical e unidocência: pesquisas, narrativas e modos de ser do professor de referência.* (pp. 13-35). Sulinas.

Bourdieu, P., & Passeron, J-C. (2015) *Os herdeiros: os estudantes e a cultura.* Editora UFSC.

Brasil. (2006) Conselho Nacional de Educação. Parecer CNE/CP n. 3/2006. Institui Diretrizes Curriculares Nacionais para o Curso de Pedagogia. CNE, *Diário Oficial da União*, Brasília, 21 fev. 2006. http://www.mec.gov.br

Brasil. (2013) Ministério da Educação. Secretaria de Educação Básica. SECADI. *Diretrizes Curriculares Nacionais Gerais da Educação Básica.* Ministério da Educação. http://portal.mec.gov.br/index.php?option=com_docman&view=download&alias=15548-d-c-n-educacao-basica-nova-pdf&Itemid=30192.

Cardoso, J. T. (2011) *Disciplinamento corporal: as relações de poder nas práticas escolares cotidianas.* 2011. 117f. Dissertação (Mestrado). Faculdade de Filosofia e Ciências, Universidade Estadual Paulista, São Paulo.

Casanova, L. V. (2011) O que as crianças pequenas fazem na creche? As famílias respondem. In *Anais da 34ª Reunião Anual da ANPEd.* Natal (RN).

Charmaz, K. (2009) *A construção da Teoria Fundamentada: guia prático para análise qualitativa.* (J. E. Costa Trad.). Artmed.

Constantino, P. R. P. (2017) Por uma história da apreciação musical na escola brasileira: as ideias dispostas nos manuais didáticos do canto orfeônico. In *Anais da 38ª Reunião Anual da ANPEd.* São Luís (MA).

Correa, A. N. (2013) *Bebês produzem música? O brincar-musical de bebês em berçário.* [Tese de Doutorado em Educação], Universidade Federal do Rio Grande do Sul.

Dagnoni, A. P. R. (2012) Quais as fontes de saberes das professoras de bebês? In *Anais da 35ª Reunião Anual da ANPEd.* Porto de Galinhas (PE).

Duarte, R. (2010) *A construção da musicalidade do professor de educação infantil: um estudo em Roraima.* [Tese de Doutorado em Educação], Universidade Federal do Rio Grande do Sul.

Eisenberg, Z. W., & Carvalho, M. C. M. P. (2011) A educação das crianças e as músicas infantis. In *Anais da 34ª Reunião Anual da ANPEd.* Natal (RN).

Feres, J. S. M. (1998) *Bebê: Música e Movimento – Orientação para Musicalização Infantil.* Editora do autor.

Ferreira, N. S. A. (2002, agosto) As pesquisas denominadas "estado da arte". *Educação & Sociedade*, (79), 257-272.

Ferreira, T. de O. (2013) Processos de formação cultural/musical na escola: como avançar em relação ao que está posto musicalmente? In *Anais da 36ª Reunião Anual da ANPEd.* Goiânia (GO).

Figueiredo, S. L. F. de. (2004) A preparação musical de professores generalistas no Brasil. *Revista da ABEM, 12*(11), 55–61.

Furquim, A. S. dos S. (2009) *A formação musical de professores em cursos de Pedagogia: um estudo das universidades públicas do Rio Grande do Sul.* [Dissertação de Mestrado em Educação], Universidade Federal de Santa Maria.

Galera, M. C. A., & Silva, M. R. P. (2019) Musicalização na creche: práticas pedagógicas e as criações sonoras e musicais. In *Anais da 39ª Reunião Anual da ANPEd.* Niterói (RJ).

Gil, A. C. (2009) *Estudo de Caso.* Atlas.

Guimarães, D. de O., & Arenart, D.; Santos, N. de O. (2019) Docência na creche: atencionalidade pedagógica na rotina e no planejamento. In *Anais da 39ª Reunião Anual da ANPEd.* Niterói (RJ).

Henriques, W. S. C. (2011) *A Educação Musical em cursos de Pedagogia do Estado de São Paulo.* [Dissertação de Mestrado em Música], Universidade Estadual Paulista Júlio de Mesquita Filho.

Lakatos, E. M. (2019) *Fundamentos de metodologia científica*. (8a ed., 3ª reimpr.). Atlas.

Laevers, F. (org.). (1996) *The Leuven Involvement Scale for Young Children*. Manual and Video. Centre for Early Childhood & Primary Education. Scottish consultative Council on the curriculum.

Laevers, F. et al. (2005) *Observation of well-being and involvement in babies and toddlers*. A video-training pack with manual. Leuven: Research Centre for Experiential Education.

Mariano, F. L. R. (2015) *Música no berçário: Formação de professores e a teoria da aprendizagem musical de Edwin Gordon*. [Doutorado em Educação], USP.

Martinez, A. P. de A. (2017) *Infâncias musicais: O desenvolvimento da musicalidade dos bebês*. [Tese de Doutorado em Educação], Universidade de Brasília.

Melo, C. P. de. (2017) *Possíveis contribuições da musicalização para bebês a crianças atendidas em programas de intervenção precoce*. [Dissertação de Mestrado em Música], Universidade Estadual de Campinas.

Niéri, D. (2014) *A pesquisa brasileira em Educação Musical infantil: tendências teórico- metodológicas e perspectivas*. [Tese de Doutorado em Música], Universidade Estadual Paulista.

Nogueira, M. A. (2012) Educação Musical no contexto da indústria cultural: a didática dos pedagogos. In *XVI Encontro Nacional de Didática e Práticas de Ensino*. UNICAMP (*Livro 2*, Junqueira & Marin Editores).

Oesterreich, F. (2010) *A história da disciplina de Música no curso de Pedagogia da UFSM*. [Dissertação de Mestrado em Educação], Universidade Federal de Santa Maria.

Paiva, A. C. dos S. de S. (2019) O desenvolvimento da linguagem oral de bebês e crianças no contexto da creche: práticas docentes em debate. In *Anais da 39ª Reunião Anual da ANPEd*. Niterói (RJ).

Pecker, P. C. (2017) *A prática percussiva de bebês: análise microgenética e reflexões pedagógicas*. [Tese de Doutorado em Educação], Universidade Federal do Paraná.

Pereira, M. V. M. (2013) Fundamentos teórico-metodológicos da pesquisa em educação: o ensino superior em música como objeto. *Revista da FAEEBA-Educação e Contemporaneidade*, 22(40).

Rodrigues, T. S. de A., & Ramos, T. C. G. (2019) Docência com bebês em ocasiões de cuidados pessoais: interações e banho em foco. In *Anais da 39ª Reunião Anual da ANPEd*. Niterói (RJ).

Rodrigues Junior, A. J. (2015) *As relações entre a afetividade e o desenvolvimento cognitivo-musical nos dois primeiros anos de vida*. [Dissertação de Mestrado em Música], Universidade Federal de Minas Gerais.

Santos, N. S. (2012, janeiro a julho) A pesquisa crítico-colaborativa e a formação das educadoras na creche: entre a construção, a contradição e a reflexão. *Revista eletrônica Zero-a-Seis*, (25), 1–13.

Silva, L. B. M. (2015) *Música: um estímulo à expressão cognitiva e à linguagem dos bebês*. [Dissertação de Mestrado em Música na Contemporaneidade], Universidade Federal de Goiás.

Simiano, L. P., & Vasques, C. K. (2011) Sobre importâncias, medidas e encantamentos: o percurso constitutivo do espaço da creche em um lugar para os bebês. In *Anais da 34ª Reunião Anual da ANPEd*. Natal (RN).

Tormin, M. C. (2014) *Bubabi Du: uma proposta de formação e intervenção musical na creche*. [Tese de Doutorado], Faculdade de Educação da Universidade de São Paulo.

Vale, S. P. S., & Casagrande, S. R. (2018) A música nos cursos de Pedagogia do Brasil. *IV Colóquio Luso Afro Brasileiro de questões curriculares*. Instituto de Educação – Universidade de Lisboa.

Vale, S. P. S. (2019) *A música na educação infantil no DF: estabelecendo relações entre o Currículo em Movimento e o currículo de Pedagogia da UnB*. [Dissertação de Mestrado em Música], Instituto de Artes, Universidade de Brasília.

CAPÍTULO VI

EDUCAÇÃO FÍSICA ESCOLAR NAS UNIDADES UNIVERSITÁRIAS DE EDUCAÇÃO INFANTIL EM PRODUÇÕES ACADÊMICAS (1994–2024)

Felipe Rocha dos Santos

Ligia Maria Leão de Aquino

Introdução

O presente capítulo dialoga com os campos da Educação Física Escolar e da Educação Infantil. Não só conversa com um campo e com o outro, mas propõe um diálogo entre eles. Tal diálogo faz-se necessário diante da relativamente recente inserção legal da Educação Física Escolar no contexto da Educação Infantil, por meio da Lei n.º 10.973 de 2003, que alterou a Lei de Diretrizes e Bases da Educação Nacional (Brasil, 1996), tornando a Educação Física um componente curricular obrigatório na Educação Básica. Tal alteração tem trazido a compreensão de que esse componente curricular deve ser de responsabilidade de professores(as) de Educação Física, uma proposição que tem tensionado o campo da Educação Infantil, que, por muito tempo, foi de responsabilidade de professoras com formação para essa etapa educacional e numa perspectiva de promover um currículo não disciplinar. Por outro lado, a presença de professores(as) especialistas — de Educação Física, Artes e Música — vem se fazendo presente em diversas experiências, tanto em instituições privadas como públicas. Muitas dessas experiências têm consolidado a proposta de incorporar esses profissionais específicos, contanto que se observem os princípios teóricos e as práticas pedagógicas promotoras de uma educação que tem por objetivos o desenvolvimento integral das crianças, na articulação entre cuidar e educar, como eixos norteadores a brincadeira e as interações (Brasil, 1996, 2009).

Embora a formalização da Educação Física na Educação Infantil seja recente, os temas e questões caros a esse campo — corpo, movimento, atividades físicas — estão presentes nas propostas e práticas destinadas à educação da primeira infância, como nos Jardins de Infância já no final do século XIX, como abordaremos mais adiante.

De outra parte, para a Educação Física como área profissional, a Educação Infantil é um campo novo para os(as) professores(as) de Educação Física Escolar (Cavalaro & Muller, 2009; Sayão, 1999). Portanto, esses professores precisam construir uma nova identidade profissional, o que se constitui como um desafio para os currículos e propostas dos cursos de licenciatura nessa área.

Referente à discussão sobre os dois campos, temos como foco as Unidades Universitárias de Educação Infantil (UUEI) e suas potencialidades quanto a essa relação, uma vez que temos desenvolvido pesquisas sobre as UUEI desde 2010 no grupo de pesquisa Infância e Saber Docente (GRUPISD), com teses, dissertações e monografias que integram a "pesquisa guarda-chuva" (Aquino, 2010, 2012a, 2012b, 2015, 2018, 2021). Nossas pesquisas têm permitido identificar que as UUEIs têm contribuído mediante ações de ensino, pesquisa e extensão, o que é próprio das instituições universitárias. A criação de diversas UUEI advém de demandas por atendimento a filhos de servidores e estudantes. Entretanto, desde o início de suas atividades, é evidente sua função de produção de conhecimento em diversas áreas — como Educação, Psicologia, Medicina, enfermagem, Serviço Social, entre outras (Aquino, 2012a). Nos levantamentos realizados até o momento, das UUEIs que investigamos (UFF, UFRJ e Carochinha/ USP-Ribeirão Preto), não identificamos nenhuma produção relacionada ao campo da Educação Física em sua dimensão acadêmica.

Acreditamos que a análise das políticas e das práticas realizadas nos contextos das UUEI pode fomentar as práticas pedagógicas na Educação Infantil e contribuir, especificamente, para desenvolver práticas pedagógicas da Educação Física Escolar nessa etapa da Educação Básica. Realizar uma reflexão acerca da Educação Física Escolar no contexto das UUEI relaciona-se à articulação de práticas pedagógicas da Educação Física Escolar ao perfil de uma unidade universitária, o que pode contribuir para a construção de uma identidade acadêmica desenvolvendo ensino, pesquisa e extensão.

A partir desse cenário, emergiu a pesquisa intitulada "As Unidades Universitárias de Educação Infantil e a Educação Física Escolar: trajetórias e possibilidades no âmbito do Rio de Janeiro" (Doutorado em andamento de Felipe Rocha dos Santos, iniciado no ano de 2021), que busca compreender a inserção da Educação Física nas Unidades de Educação Infantil das Universidades Federais, situadas no estado do Rio de Janeiro. Neste capítulo, apresentamos as produções acadêmicas referentes à Educação Física Escolar nos contextos das UUEI como parte da tese de doutorado supracitada, do primeiro autor, que vem sendo desenvolvida no Programa de Pós-Graduação em Educação na Universidade do Estado do Rio de Janeiro (ProPEd/UERJ), na Linha de Pesquisa "Infância, Juventude e Educação", sob a orientação da segunda autora.

Ferreira (2002, 2021), Romanowsky e Ens (2006), Ferreira e Rocha (2012) e Rocha e Ferreira (2002) nos ensinam que, ao realizar um olhar panorâmico sobre as produções acadêmicas, podemos compreender os caminhos (e os descaminhos) na produção de conhecimentos sobre determinada temática, assim como entender que os documentos utilizados na pesquisa são produtos históricos e sociais que apontam para uma determinada mirada na história. Essa é a perspectiva que perseguimos ao realizar o estudo das produções acadêmicas que abordam a trajetória da Educação Física Escolar em unidades que desenvolvem a educação infantil no âmbito universitário.

O estudo ora apresentado visa identificar como as produções feitas na relação com Unidades de Educação Infantil Universitárias apontam modelos ou tendências pedagógicas da Educação Física Escolar em diálogo com a Educação Infantil. A partir dessa análise, pretendemos contribuir para a reflexão sobre a possibilidade de a Educação Física Escolar ser compreendida como mais um componente somado aos objetivos e às práticas pedagógicas da Educação Infantil que favoreçam a consolidação dos direitos das crianças.

Insistimos na importância de compreender o processo de construção do conhecimento sobre a temática — e aqui recorremos aos apontamentos de Silva, Souza e Vasconcellos (2020), que sinalizam a importância de acompanharmos permanentemente as produções científicas, não em busca de uma terminalidade, mas visando apreender continuidades, rupturas e atravessamentos por meio da identificação e do revelar dos percursos das pesquisas. As autoras indicam, tal como Ferreira e Rocha

(2020), que "o processo de construção do conhecimento é revelado para que se possa tentar a integração de resultados, identificar duplicações e lacunas na área, com o objetivo de estimular a produção de novas investigações" (Silva et al., 2020, p. 2).

Para o desenvolvimento deste estudo, revisitamos a relação entre os dois campos — Educação Infantil e Educação Física — nas propostas de educação para a primeira infância.

A Educação Física na/para/com a Educação Infantil

A relação entre Educação Infantil e Educação Física está presente desde os Jardins de Infância froebelianos. No Brasil, o primeiro Jardim de Infância público foi criado em 1896 na cidade de São Paulo, anexo à Escola Normal Caetano de Campos. Segundo estudo de Kuhlmann Jr. (1998), entre as atividades diárias a se realizar com as crianças, estava previsto "Atividade física", sendo indicado como tal "marcha, marcha cantada ou ginástica" (p. 127). Segundo o autor, na acepção de Fröebel, a "ginástica compreendia: as posições, as extensões, os passos, as marchas e os saltos e **não deveria estar dissociada dos jogos e brincadeiras** [ênfase adicionada]" (Kuhlmann Jr., 1998, p. 137).

Nos anos 30 do século XX, identificamos duas proposições direcionadas à educação de crianças pequenas que afirmam a importância da educação corporal, mas divergindo em sua base ideológica e finalidade. Por um lado, na esfera da política cultural, temos os Parques Infantis propostos por Mário de Andrade — intelectual engajado no Movimento Modernista e profundo investigador da cultura brasileira. De outro, na esfera da Educação Física, as publicações de Hollanda Loyola — editor e diretor do primeiro periódico específico da área, a *Revista Educação Physica*[16], e partícipe da Ação Integralista Brasileira (AIB) e do aperfeiçoamento de sua milícia (Simões & Goellner, 2012). Em comum, ambos em suas propostas trazem as marcas do higienismo, movimento que surge no final do século XIX.

Gondra (2003) esclarece que esse movimento que formulou os preceitos médico-higiênicos, "Difundidos e apropriados no âmbito da corporação médica, . . . não deveriam ficar circunscritos a esse espaço. . . . visando atingir toda a população se difundiu através da imprensa, da

---

[16] Em alguns momentos, temos a utilização do termo "educação physica" (datando de 1846), em outros, o uso da Gymnastica (Melo & Peres, 2014).

literatura e das belas-artes" (p. 34). Nesse projeto, a Educação, tanto na esfera privada e familiar como na escolar, "é convertida em caminho privilegiado para fazer disseminar a perspectiva higienista e higienizadora", por meio da qual "a humanidade poderia ser reinventada, dando origem a uma nova espécie: o *Homo hygienicus*" (Gondra, 2003, p. 35).

Mário de Andrade criou os Parques Infantis em 1935, quando esteve à frente do Departamento de Cultura da cidade de São Paulo. Os Parques Infantis se propunham como um lugar destinado à educação não escolar, "centrada nos jogos e brincadeiras e no folclore brasileiro" (Faria, 1999, p. 127), destinados a crianças de 3 a 12 anos de idade. Como marca do higienismo, encontra-se a ginástica, em diferentes modalidades, como uma das atividades físicas, artísticas e culturais que compunham a proposta. Essas atividades tinham por objetivo a valorização da cultura popular brasileira, em contraposição à concepção conservadora, eurocêntrica e elitizada de cultura.

Hollanda Loyola teve uma extensa produção durante as décadas de 1930 e 1940, focada especificamente na temática da Educação Física para a educação da primeira infância (Freitas et al., 2012). Em sua obra, Loyola defendeu a sistematização de atividades para bebês e crianças pequenas atendendo às diferenças fisiológicas, neurológicas e motoras, considerando as brincadeiras como possibilidades de educação das crianças. Defendia que as atividades focalizassem a questão moral, de modo a garantir a "formação de um **indivíduo perfeito**, completo, **capaz de servir a nação**. Guiados pelas discussões que aconteciam no Brasil . . . sobre o **melhoramento da raça** [ênfases adicionadas], da higiene, do eugenismo, do trabalho e da industrialização" (Freitas et al., 2012, p. 19). De modo explícito, seus objetivos são coerentes com os princípios integralistas de caráter fascista.

Inezil Penna Marinho, outra personalidade importante no campo da Educação Física, teve uma produção acadêmica vasta em muitas temáticas referentes à área, e que se preocupou com a educação das crianças pequenas. Por exemplo, durante as décadas de 1940 e 1950, foi uma defensora da substituição de um "conceito anátomo-fisiológico de Educação Física por um conceito bio-psico-sócio-filosófico, onde o prazer, o desenvolvimento integral e o aspecto educacional ficassem sempre ressaltados" (Goellner et al., 2009, p. 3). Inezil Penna Marinho também defendeu uma Educação Física que dialogasse com as preocupações educacionais de sua época, tanto que denunciou o fato de a Educação Física não aderir ao movimento da Escola Nova, mantendo-se atrelada aos exercícios analíticos que se caracterizam por trabalhos parcelados com o corpo, perdendo a possibilidade de atender a uma formação integral (Marinho, 1954). Ao buscar uma relação entre a Recreação e as necessidades biopsicossociais da criança, Marinho (1954) defendeu que a Educação Física deveria superar uma visão que ignora os interesses das crianças para que a prática pudesse fazer sentido para elas, visto que obrigá-las a executar um conjunto de exercícios que não fazia parte de seu universo infantil era incoerente.

Já na década de 1970, o campo da Educação Física começou a realizar um movimento de crítica ao predomínio de conteúdos esportivos com ênfase no treinamento esportivo nas aulas no contexto escolar. A Psicomotricidade surgiu como alternativa pedagógica porque propunha um envolvimento com "as tarefas da escola, com o desenvolvimento da criança, com o ato de aprender (talvez bem mais do que com o de ensinar), com os processos cognitivos, afetivos e psicomotores" (Soares, 1996, p. 9). A Psicomotricidade impactou as aulas de Educação Física porque valorizou o processo de aprendizagem em detrimento da preocupação com o ensino de um gesto técnico (Soares, 1996), encontrando espaço na educação das crianças pequenas. Bracht (1992) afirmou que a influência da Psicomotricidade na Educação Física possibilitou a substituição de uma proposta de "educação do movimento" para uma de "educação pelo movimento", na qual a primeira deixa de ser o principal foco da área.

Sayão (2002) indicou que, se por um lado a Psicomotricidade apresentou um referencial que favoreceu a especificidade da atuação pedagógica com as crianças pequenas, por outro tratou o movimento corporal como uma possibilidade de aprendizagem de outras áreas, ou seja, a realização do movimento buscava a aprendizagem cognitiva a partir de um modelo de criança universal.

Ao longo das décadas de 1980 e 1990, é perceptível no campo da Educação Física Escolar uma preocupação em legitimar a Educação Física no contexto escolar. Tani et al. (1988) partiram do pressuposto de que

> ... o movimento é objeto de estudo e aplicação de Educação Física, o propósito de uma atuação mais significativa e objetiva sobre o movimento pode levar a Educação Física a estabelecer, como objetivo básico, o que se costuma denominar aprendizagem de movimento (p. 64).

Essa abordagem ficou conhecida como "abordagem desenvolvimentista", e se fundamentava nos "processos de crescimento, de desenvolvimento e de aprendizagem motora" (Tani et al., 1988, p. 1).

Em nome de uma especificidade para a área, Tani (1991) tece críticas à influência da Psicomotricidade na Educação Física, propondo uma atuação considerando a "aprendizagem do movimento" e a "aprendizagem através do movimento" para as crianças da pré-escola e para as crianças de 1º ao 4º ano — hoje denominado como Primeiro Segmento do Ensino Fundamental.

Outra abordagem relevante no campo da Educação Física é a abordagem da "Cultura Corporal", que buscou a reflexão pedagógica sobre o acúmulo de representações produzidas pela humanidade por meio da expressão corporal — jogos, ginástica, dança, esportes, lutas, entre outros —, compreendida enquanto linguagem e conhecimento (Soares et al., 1992). Essa abordagem pedagógica trouxe questões e conceitos relevantes para a atuação com as crianças pequenas, mas que podem ser tão adultocêntricas como as abordagens anteriores, sendo necessário considerar os interesses das crianças em relação às suas experiências com a cultura corporal de onde estão inseridas (Buss Simão, 2005).

Embora a determinação legal da obrigatoriedade da Educação Física na Educação Infantil seja recente, acarretando na exigência de professores de Educação Física na primeira etapa da Educação Básica, a inserção da disciplina nesse segmento se dá desde a década de 1980. Mello et al. (2016) se referem à inclusão da Educação Física nas redes municipais de Florianópolis/SC e Vitória/ES. Na cidade de Florianópolis, a experiência inicial com a Educação Física nas instituições de Educação Infantil foi mediante contratação de bolsistas do curso de Licenciatura em Educação Física da Universidade do Estado de Santa Catarina, no ano de 1982. O primeiro concurso público para o quadro de docentes de Educação Física atuarem nas creches e nos Núcleos de Educação Infantil foi realizado no ano de 1987 (Secretaria Municipal de Educação de Florianópolis, 2016). Em Vitória/ES, a Educação Física foi inserida na Educação Infantil por meio do primeiro concurso público para professores de Educação Física atuarem em Unidades Pré-Escolares, no ano de 1991.

De qualquer modo, a Educação Infantil ainda é um campo novo para os(as) professores(as) de Educação Física Escolar (Cavalaro & Muller, 2009; Sayão, 1999), por muito tempo não sendo objeto de estudo nos seus cursos de formação profissional. Porém, recentemente tem se observado o interesse sobre a educação das crianças pequenas e a sua relação com essa área de atuação profissional. Essas questões provocam a necessidade de se (re)construir uma nova identidade profissional.

Cientes de que a Educação Física Escolar não representa uma novidade pedagógica na Educação Infantil, acreditamos na necessidade de refletir sobre quais práticas pedagógicas estão sendo desenvolvidas para as crianças pequenas na atualidade. Para nos aproximarmos desse intento, realizamos um movimento de síntese entre o artigo de Richter, Bassani e Vaz (2015) — "Entrevista com Manuel Jacinto Sarmento" — e o artigo de Almeida, Silva e Eusse (2018) — "A Educação Física na Educação Infantil no Brasil e na Colômbia: diálogos introdutórios". A síntese desses artigos possibilitou a identificação de quatro modelos ou tendências pedagógicas para a Educação Física Escolar na Educação Infantil, a saber: 1) o modelo ou tendência pautada na psicomotricidade; 2) o modelo ou tendência denominada desenvolvimentista, pautada na Psicologia do Desenvolvimento e da Aprendizagem; 3) o modelo ou tendência que dialoga com a recreação; 4) o modelo ou tendência que está embasada na Sociologia da Infância, que apresenta mais possibilidade de diálogo com o campo da Educação Infantil.

Corpo e movimento: intersecção entre a Educação Infantil e a Educação Física

Corpo e movimento são categorias presentes e relevantes no campo da Educação Infantil e da Educação Física. As compreensões sobre essas categorias no contexto de uma escola de Educação Infantil são diversas e variam de acordo com as distintas concepções de criança, de educação de 0 a 6 anos e de propostas pedagógicas. De certa maneira, esse cenário corrobora a ideia de que o "corpo das crianças é um território em disputa apropriado pelo Estado, escola, família, mídia e religião" (Silva, 2012, p. 220).

As legislações educacionais relacionadas à Educação Infantil são exemplos dessa disputa em que o Estado estabelece negociações com os atores do campo para instituir a hegemonia de determinadas concepções sobre as outras, mas, em diversas instâncias, é possível constatar a existência de distintas concepções num mesmo documento.

Ao analisar as categorias corpo e movimento no Referencial Curricular Nacional da Educação Infantil (RCNEI), nas Diretrizes Curriculares Nacionais da Educação Infantil (DCNEI) e nas Base Nacional Comum Curricular (BNCC), é possível identificar que os documentos apresentam uma progressão de uma matriz biológica para uma perspectiva sociocultural (Martins, 2018). Realizamos um movimento de análise dos documentos supracitados para verificar quais são os indícios que os caracterizam numa ou noutra perspectiva teórica.

Ao examinar os três volumes do RCNEI, identificamos conceitos — linguagem infantil, linguagem corporal, preensão, locomoção e motricidade, cultura corporal, ato motor — que, de certa maneira, denotam um diálogo entre as teorias da Psicologia do Desenvolvimento e, principalmente, da Sociologia da Infância. No terceiro volume do RCNEI, notadamente na seção que trata especificamente do movimento, essa relação é mais explícita, e é possível exemplificar por meio da caracterização do movimento humano como "mais do que simples deslocamento do corpo no espaço: constitui-se em uma linguagem que permite às crianças agirem sobre o meio físico e atuarem sobre o ambiente humano, mobilizando as pessoas por meio de seu teor expressivo" (Brasil, 1998, p. 15), mas, ao propor orientações didáticas, os exemplos se aproximam de uma instrumentalização do movimento. Por exemplo, ao tratar do equilíbrio e da coordenação, o documento propõe a realização de ações que promovam a coordenação das habilidades motoras como velocidade, flexibilidade e força, aproximando-se de uma perspectiva desenvolvimentista (Brasil, 1998).

As DCNEI foram definidas pela primeira vez em 1999 e revisadas em 2009. Em sua introdução, apresenta-se uma observação sobre o campo da Educação Infantil, que estaria passando por "um intenso processo de revisão de concepções sobre educação de crianças em espaços coletivos, e de seleção e fortalecimento de práticas pedagógicas mediadoras de aprendizagens e do desenvolvimento das crianças" (Brasil, 2010, p. 7). As definições de criança e de currículo, no documento, apresentam a influência marcante da Sociologia da Infância, pois faz menção às crianças como sujeitos históricos e de direitos, que produzem cultura, e a um currículo compreendido como um conjunto de práticas que vincula os interesses e os saberes das crianças (Brasil, 2010). Embora as DCNEI não apresentem uma seção específica tratando do corpo e movimento, é possível notar no documento uma compreensão dos movimentos corporais enquanto linguagens.

Não há destaque para "o corpo" como parte, mas se afirma

> ... a indivisibilidade das dimensões **expressivo-motora** [ênfase adicionada], afetiva, cognitiva, linguística, ética, estética e sociocultural da criança", como um dos pontos a assegurar nas propostas pedagógicas de modo a efetivar o objetivo de "garantir à criança acesso a processos de apropriação, renovação e articulação de conhecimentos e aprendizagens de diferentes linguagens (Brasil, 2010, artigo 8º).

Por último temos a BNCC, que retomou as categorias corpo e movimento no contexto de um arranjo curricular denominado "campos de experiências" (Brasil, 2017). O documento prevê a existência de cinco campos de experiências, mas as categorias focos deste capítulo estão presentes no campo de experiência "Corpo, Gestos e Movimentos", que defende que o corpo das crianças, no contexto da Educação Infantil, "é o partícipe privilegiado das práticas pedagógicas de cuidado físico, orientadas para a emancipação e a liberdade, e não para a submissão" (Brasil, 2017, p. 41). Mas, para que isso aconteça, é necessário que as escolas promovam possibilidades para que as crianças explorem e vivenciem um conjunto ampliado "de movimentos, gestos, olhares, sons e mímicas com o corpo, para descobrir variados modos de ocupação e uso do espaço com o corpo" (Brasil, 2017, p. 36), considerando os eixos estruturantes da Educação Infantil: interações e brincadeiras. É possível inferir que esses apontamentos se apoiem na Sociologia da Infância.

Questões metodológicas

Para a realização da investigação sobre a produção do conhecimento referente à Educação Física Escolar nas Unidades Universitárias de Educação Infantil, num primeiro momento definimos descritores a serem utilizados no mapeamento das produções acadêmicas que dialoguem com os objetivos do capítulo. A nossa opção foi a utilização dos descritores catalogados pelo Thesaurus Brasileiro da Educação (Brased), que são definidos enquanto

> ... termos e conceitos, extraídos de documentos analisados no Centro de Informação e Biblioteca em Educação (CIBEC), relacionados entre si a partir de uma estrutura conceitual da área, estes termos, chamados de escritores, são destinados a indexação e a recuperação de informações ... Além da sua capacidade de organização, o *thesaurus* também tem um valor didático, porque utiliza conceitos específicos da área do conhecimento que contempla e permite, por meio das relações entre os termos, a melhor compreensão da área (Inep, 2015).

Para realizarmos a consulta ao Brased, utilizamos três conjuntos de descritores a partir dos termos: "*educação infantil*"; "*educação física*"; "*universidade*". Junto ao termo "*educação infantil*" identificamos 15 descritores, dos quais escolhemos três — "*educações infantil*", "*instituições de educação infantil*" e "*professor de educação infantil*" —, por serem os mais próximos de nosso objeto: as Unidades de Educação Infantil Universitárias.

Em relação ao conjunto do termo "*educação física*", identificamos 26 descritores e optamos por seis: "*aprendizagem psicomotora*"; "*cultura corporal do movimento*"; "*educação física*"; "*educação física escolar*"; "*professor de educação física*" e "*recreação*", por entendermos serem relacionados à nossa revisão conceitual apresentada em tópico anterior.

Ao pesquisarmos o conjunto do termo "*universidade*", foram identificados um total de 41 descritores, entre eles, escolhemos quatro: "*colégio universitário*"; "*integração escola universidade*"; "*integração universidade-educação básica*" e "*universidade*", por entendermos que esses, além de contemplarem a condição de "colégio universitário das UUEI", também trazem suas funções como unidade universitária.

A seguir, apresentamos a Tabela 1 com os descritores escolhidos para cada um dos termos.

Tabela 1

Termos e seus descritores

"educação infantil"	"educação física"	"universidade"
"educação infantil"	"aprendizagem psicomotora"	"colégio universitário"
"instituições de educação infantil"	"Cultura corporal do movimento"	"integração escola universidade"
"professor de educação infantil"	"educação física escolar"	"integração universidade-educação básica"
	"professor de educação física"	"universidade"
	"recreação"	

Em seguida, procedemos ao arranjo de três descritores relacionados aos termos "educação infantil", "educação física" e "universidade", que resultaram em 60 combinações distintas.

A título de exemplo, temos a Tabela 2 a seguir, que apresenta todas as combinações relacionadas ao descritor "Educação Infantil", contabilizando 20 eventos. Do mesmo modo, realizamos o mesmo procedimento metodológico com os descritores "instituições de Educação Infantil" e "professores de educação infantil", o que resultou em outros 40 eventos.

Tabela 2

Combinações

Combinações entre descritores

Educação Infantil	Aprendizagem psicomotora	Colégio universitário
Educação Infantil	Aprendizagem psicomotora	Integração escola-universidade
Educação Infantil	Aprendizagem psicomotora	Integração universidade-educação básica
Educação Infantil	Aprendizagem psicomotora	Universidade
Educação Infantil	Cultura corporal do movimento	Colégio universitário
Educação Infantil	Cultura corporal do movimento	Integração escola-universidade
Educação Infantil	Cultura corporal do movimento	Integração universidade-educação básica

Combinações entre descritores		
Educação Infantil	Cultura corporal do movimento	Universidade
Educação Infantil	Educação Física Escolar	Colégio universitário
Educação Infantil	Educação Física Escolar	Integração escola-universidade
Educação Infantil	Educação Física Escolar	Integração universidade-educação básica
Educação Infantil	Educação Física Escolar	Universidade
Educação Infantil	Professor de Educação Física	Colégio universitário
Educação Infantil	Professor de Educação Física	Integração escola-universidade
Educação Infantil	Professor de Educação Física	Integração universidade-educação básica
Educação Infantil	Professor de Educação Física	Universidade
Educação Infantil	Recreação	Colégio universitário
Educação Infantil	Recreação	Integração escola-universidade
Educação Infantil	Recreação	Integração universidade-educação básica
Educação Infantil	Recreação	Universidade

A partir dessas combinações, fizemos o levantamento das produções utilizando o Portal Brasileiro de Publicações e Dados Científicos em Acesso Aberto (Oasisbr) e o Instituto Brasileiro de Informação em Ciência e Tecnologia (Ibict). A nossa opção pelo Oasisbr está relacionada à capacidade dessa base de dados de reunir a produção científica, disponível em acesso aberto, publicada em revistas científicas, repositórios digitais de publicações científicas e bibliotecas digitais de teses e dissertações.

A pesquisa no Oasisbr considerou algumas escolhas metodológicas. A primeira estava relacionada ao tipo de busca, e optamos pela "busca avançada" porque oferecia a possibilidade de trabalhar com três campos. Ou seja, a "busca avançada" possibilitou trabalhar com três descritores, as quais foram utilizadas entre parênteses, de modo que os resultados considerassem o termo exato. Outra escolha metodológica está relacionada à opção "todos os campos", que buscava os descritores pesquisados em toda a produção acadêmica, a saber: títulos; autor; assunto; resumo; área; ISBN/ISSN; editor; coleção; ano de publicação; sumário.

A busca avançada permitiu identificar as produções acadêmicas com os três descritores. Para verificar se tais produções acadêmicas tratavam da Educação Física Escolar no contexto das Unidades Universitárias de Educação Infantil, estabelecemos que seria realizada a análise dos títulos e dos resumos dos documentos catalogados.

Análise e discussão dos resultados

Nesta seção, apresentamos os resultados do esforço de construção do Estado da Arte das produções acadêmicas referentes à Educação Física Escolar nas Unidades Universitárias de Educação Infantil.

Inicialmente, trazemos os resultados gerais dos registros encontrados no Oasisbr. Ao catalogar as 60 possíveis combinações, encontramos 615 produções acadêmicas, constando trabalhos de conclusão de curso (TCC), artigos, dissertações, teses, capítulos de livros, artigos de conferência e relatório. Se considerarmos o recorte temporal da pesquisa — 30 anos — o total de registro é significativo, pois significa 20,5 produções por ano, especificamente, na base de dados Oasisbr.

Um dado que nos chamou a atenção foi a maior incidência de TCCs, se comparados aos outros tipos de registro. Isso sugere que a temática Educação Física na/com a Educação Infantil pode ser objeto de forte interesse entre os(as) graduandos(as) das escolas de formação de professores(as). Foram 222 TCC, 188 dissertações, 168 artigos, 32 teses, 2 capítulos de livro, 2 artigos de conferências e 1 relatório. No decurso de 30 anos (1994–2024), observa-se um crescimento no número de publicações, de modo alinhado com fatos relevantes ligados à Educação Infantil e à Educação Física.

Por exemplo, na década de 2010, identificamos um crescimento considerável das produções acadêmicas, que podem ter sido impulsionadas por um conjunto de fatores relacionados à política educacional, como a publicação das DCNEI (1999, 2009), da promulgação da Lei n.º 12796/2013 — que tornou a matrícula na pré-escola obrigatória, não mais uma opção familiar — e o processo de expansão da oferta de Educação Infantil definidas nas determinações postas nos Planos Nacionais de Educação (2001 e 2014) e associadas a programas do governo federal de apoio às redes públicas municipais. O segundo pico no número de publicações ocorreu entre os anos de 2018 e 2020, o que pode estar relacionado à publicação da versão final da BNCC e dos impactos já produzidos pelos programas federais mencionados.

Ao analisarmos os dados relacionados a cada descritor, observamos que os descritores "colégio universitário", "integração escola-universidade" e "integração "universidade-educação básica", quando combinados com os outros descritores, não apresentaram nenhum registro de produção acadêmica. No uso dos descritores "instituições de educação infantil" e "professores de educação infantil", encontramos produções acadêmicas não relacionadas ao nosso foco de investigação.

Da combinação dos descritores: "Educação Infantil"; "Educação Física"; "Universidade", localizamos a monografia "Cultura Infantil: manifestações nas aulas de Educação Física", de Mariana da Silva (2015), apresentada como trabalho de conclusão de curso em Educação Física, na UFRGS, em 2015. Já na combinação de "Educação Infantil"; "Professor de Educação Física"; "Universidade", encontramos as três dissertações de mestrado: "A presença dos conhecimentos de Educação Física no Núcleo de Educação da Infância da Universidade Federal do Rio Grande do Norte" (Freire, 2018); "Educação Física na Educação Infantil: ambiente e materiais como recursos pedagógicos para bebês" (Ramirez, 2019); e "Histórias vivenciadas: ações interdisciplinares da Educação Física na Educação Infantil" (Ota, 2020). As produções identificadas foram elaboradas em cursos de Educação Física e em instituições públicas — duas na Unicamp, uma na UFRGS e outra na UFRN — entre 2015 e 2020.

Conforme mencionado, as quatro produções acadêmicas encontradas que tratam da Educação Física Escolar nas Unidades de Educação Infantil Universitárias possuem algumas similaridades, mas, para que possamos realçar as suas particularidades, a nossa escolha foi pela realização de análises de cada documento em separado.

A dissertação de mestrado de Giovanna Sayuri Garbelini Ota (2020) tem por objetivo, conforme expresso no resumo, "analisar os limites e das possibilidades das Histórias Vivenciadas como recurso interdisciplinar da Educação Física na Educação Infantil" (Ota, 2020), tendo realizado a sua coleta de dados no Centro de Convivência Infantil da Universidade Estadual de Campinas.

A dissertação apresentou uma proposta que se aproxima do modelo ou da tendência que se apoia na Sociologia da Infância, recorrendo a pesquisadores da infância e Educação Infantil que se apoiam nesse referencial teórico, como Maria Carmen Barbosa[17], Sandra Richter[18] e Paulo Fochi[19]. Foram identificados discursos que contextualizam as "Histórias Vivencia-das" no diálogo dos campos da Educação Infantil e da Educação Física. Por exemplo, ao tratar do desenvolvimento da proposta na dissertação, Ota (2020) destacou "as parcerias desenvolvidas entre as/os pedagogas/os e as/os professoras/es de Educação Física, de modo a favorecer uma proposta interdisciplinar" (p. 77).

Outro aspecto a ser ressaltado é a menção ao termo "cultura corporal" ao longo da dissertação, sendo tratada como um repertório de práticas corporais, que deve considerar o respeito aos interesses das crianças, conforme demonstra a passagem a seguir: "as crianças tinham total liberdade de se expressarem, e serem incentivados a criarem, inventando seus próprios movimentos" (Ota, 2020, p. 77).

Também identificamos na pesquisa a preocupação relacionada à não aderência à abordagem desenvolvimentista, quando a autora relata uma sessão das Histórias Vivenciadas na Sala Cri Cri, que intencionava "proporcionar novas experiências, tentando não padronizar os movimen-tos a serem realizados" (Ota, 2020, p. 77).

A dissertação possui uma seção específica para abordar a Educação Infantil no contexto da BNCC, na qual a autora se preocupa em defender o corpo infantil enquanto um participante ativo das práticas pedagógicas, conforme descrito na passagem:

> ...o corpo das crianças nas práticas de cuidado na EI, ganha centralidade... ele é partícipe privilegiado...Sendo impor-tante uma orientação voltada à emancipação e liberdade, e não para a submissão (Ota, 2020, p. 37).

A dissertação de mestrado de Érika Janaína Santiago Moreira Freire (2018), "A presença dos conhecimentos da Educação Física no Núcleo de Educação da Infância da Universidade Federal do Rio Grande do Norte",

---

[17]   Maria Carmem Silveira Barbosa é professora no Programa de Pós-Graduação em Educação na UFRGS, na linha de pesquisa Estudo sobre Infâncias, e pesquisadora no Grupo de Estudos em Educação Infantil (GEIN). Ver mais em: http://lattes.cnpq.br/5017016632945997.

[18]   Sandra Regina Simonis Richter é pesquisadora e professora no Programa de Pós-Graduação em Educação da Universidade de Santa Cruz do Sul. Ver mais em: http://lattes.cnpq.br/8984188058707610.

[19]   Paulo Sérgio Fochi é professor colaborador do Programa de Pós-Graduação em Educação da Unisi-nos, na linha de pesquisa Formação, Pedagogias e Transformação Digital. Ver mais em: http://lattes.cnpq.br/4284708571035688.

destaca que a Educação Física no contexto da Educação Infantil precisava valer-se das abordagens pedagógicas para promover a organização dos conhecimentos, tal como é possível observar no seguinte trecho: "surgem várias propostas pedagógicas de EF, no intuito de suprir e organizar os conhecimentos da EF na EI, visando facilitar o processo de ensino e aprendizagem das crianças" (Freire, 2018, p. 54). Mas também apontou para a necessidade de construção de uma proposta interdisciplinar entre os(as) pedagogos(as) e as(os) professoras(es) de Educação Física para favorecer um processo educativo relevante para as crianças pequenas, conforme anunciou na próxima passagem:

> ... a troca de experiências no projeto proporcionou às áreas de Educação Infantil e Educação Física uma integração com os diferentes conhecimentos e com as práticas pedagógicas tendo como compromisso o ensino de crianças por meio de uma reconstrução coletiva (Freire, 2018, p. 38).

Aqui, essa reconstrução coletiva não explicita a participação das crianças, embora no desenvolvimento de seu texto a autora recorra à legislação desde a Constituição Federal de 1988, afirmando que "as leis proporcionaram conquistas no que concerne à percepção de identidade das crianças na educação" (Freire, 2018, p. 27), pautada na "premissa da criança como sujeito de direito", "crianças como sujeito social" (p. 27).

Em alguns momentos, a autora defende a necessidade de uma Educação Física embasada em abordagem pedagógica da própria área para a atuação na Educação Infantil. Não considera que na Educação Infantil o currículo não se estrutura por disciplinas, apesar de ainda permear as ações da Educação Física no contexto educacional para crianças pequenas. Entretanto, há passagens em que propôs um diálogo entre os dois campos.

O trabalho também apresenta a compreensão da Educação Física enquanto uma linguagem, em conformidade com a legislação e as orientações educacionais para a Educação Infantil, uma vez que favorece a dimensão expressiva e cultural do corpo. Tal entendimento se evidencia na entrevista de uma professora do Núcleo de Educação Infantil, quando afirma que a

> ... presença da EF na EI é importante porque trabalha as linguagens, visto ser uma área de conhecimento/um campo de experiência que se constitui como parte do processo de

elaboração e reelaboração da cultura, como prática social e pedagógica (Freire, 2018, p. 95).

Outro ponto de contato com a Sociologia da Infância está relacionado ao entendimento das crianças enquanto "atores sociais" (Sarmento, 2008, p. 22). Por serem produtores de cultura diferentes daquelas relacionadas ao mundo adulto, são possuidoras de inteligibilidade, de capacidade de representação e simbolização do mundo por meio de sua condição infantil (Sarmento, 2008). Podemos identificar tal posicionamento na seguinte passagem: "pensar e ressignificar o ato educativo na concretização e na adequação de seu campo de atuação, construindo uma nova cultura na Educação de crianças por meio da experimentação, da produção de saberes e de valores" (Freire, 2018, p. 75).

A terceira dissertação analisada é de Geovane Silva Ramirez (2019), "Educação Física na Educação Infantil: ambiente e materiais como recursos pedagógicos para bebês". Nela, Ramirez visou investigar estratégias para a implementação de ambientes de exploração motora e sensorial dos bebês, dividindo a abordagem em duas etapas: reuniões pedagógicas para planejar a confecção dos materiais e as intervenções práticas com os bebês. O fato de realizar as reuniões pedagógicas com as professoras (pedagogas), o professor de educação física (pesquisador), as estagiárias, as cozinheiras, a nutricionista, a enfermeira, a coordenadora, entre outras, já é um indício de que o professor/pesquisador de Educação Física buscou um diálogo com o campo da Educação Infantil, numa perspectiva dos Estudos da Infância. O autor destaca a importância dessa interação interdisciplinar para a promoção de intervenções pedagógicas que priorizem o movimento com os bebês no contexto de uma cultura infantil (Ramirez, 2019, p. 106). O conceito de culturas infantis também é mencionado quando Ramirez (2019) defende a relevância do campo da Educação Física na educação com os bebês, ou seja, na Educação Infantil, para contribuir na "formação do indivíduo e da valorização da **cultura corporal na primeira infância** [ênfase adicionada]" (p. 63), por meio da construção de planejamento e práticas pedagógicas que foram vivenciadas em formação de educadores.

O autor defendeu a responsabilidade dos adultos em relação à orga-nização dos materiais e dos espaços físicos para que os bebês possam ter experiências produtivas, de maneira que sejam introduzidos num con-texto social a partir de um aprendizado cognitivo lúdico (Ramirez, 2019). Mesmo que os adultos tenham essa função, Ramirez (2019) defendeu que os "bebês demonstraram ser capazes de tomar suas próprias decisões, escolhendo o que queriam fazer e, de maneira geral, demonstraram gostar de explorar novas situações se mostrando criativos e curiosos" (p. 102). Tal posicionamento dialoga com a Sociologia da Infância no que tange a possibilidade de as crianças pequenas serem reconhecidas em suas possibilidades corporais.

Por fim, o quarto trabalho identificado trata-se de uma monografia produzida como trabalho de conclusão de curso por Mariana Santos da Silva (2015), intitulada "Culturas Infantis: manifestações nas aulas de Educação Física". O estudo objetivou compreender as diferentes culturas de infância e comportamentos das crianças em aulas de Educação Física Escolar em duas escolas de Educação Infantil de Porto Alegre, sendo uma delas a creche da Universidade Federal do Rio Grande do Sul.

Um primeiro aspecto que merece atenção nessa produção acadêmica está no fato de a autora inserir os tópicos "Cultura da Infância" e "Sociologia da Infância" em seu referencial teórico, trabalhando, principalmente, com os escritos de Sarmento (2005, 2008) e Corsaro (2011). Outro ponto de destaque está presente na justificativa da relevância da Educação Física no contexto da Educação Infantil, explicitada na passagem em que Silva (2015) defende que a Educação Física possibilita às crianças "uma diversidade de experiências através de situações nas quais elas possam criar, inventar, descobrir movimentos novos, reelaborar conceitos e ideias sobre o movimento e suas ações" (p. 10). Nesse trecho, é possível identificar uma determinada concepção de infância e crianças, que evidencia o papel da Educação Física em oportunizar espaços e tempos educativos para que as crianças sejam corresponsáveis pelas propostas pedagógicas.

A título de conclusão

O debate ou diálogo entre Educação Física e Educação Infantil se coloca como um imperativo por força da realidade, pois, na prática e na lei, isso já está posto. Com o objetivo de melhor compreender essa situação, temos investigado qual a produção que vem registrando e contribuindo na construção desse diálogo entre os dois campos. Neste capítulo, focalizamos a produção relacionada à temática elaborada na relação com Unidades Universitárias de Educação Infantil, especialmente por entendermos que essas unidades são polos catalizadores de conhecimento acadêmico, em especial sobre infância e Educação Infantil.

O processo de produção deste estudo teve como primeiro ponto destacar o fato de termos localizado uma vasta produção referente a estudos que articulam Educação Física e Educação Infantil. Foram 615 tipos de publicações como artigos, capítulos, relatórios e trabalhos acadêmicos de conclusão de cursos de graduação e pós-graduação. Ou seja, uma grande quantidade de produções que trazem inúmeras questões e abordagens, bem como campos de conhecimento, o que sugere novos estudos. Observamos que os quatro trabalhos analisados se deram no campo da Educação Física com a sinalização de aproximação e diálogo com o da Educação Infantil.

O resultado de nossas análises apresenta — na base de dados utilizada no estudo, Oasisbr — um cenário de escassa produção acadêmica que tematize a Educação Física Escolar no contexto das Unidades de Educação Infantil nas Universidades. Além de serem apenas quatro de 615 produções, esses trabalhos foram elaborados a partir de 2015, embora tenham sido localizados trabalhos na intersecção entre Educação Física e Educação Infantil desde 1994. Do recorte temporal de 30 anos, essas produções específicas aparecem no último decênio. Fica a questão sobre quais são as razões para esse cenário de escassez da produção na temática específica, uma vez que as UUEI tiveram suas primeiras unidades na década de 1970 e sua expansão nos anos de 1980.

Os referenciais e as abordagens teóricas adotadas nas quatro produções analisadas estão em consonância com as perspectivas mais recentes dos estudos no campo científico da Educação Física. Há também uma atenção à legislação que rege a Educação Básica naquilo que trata da Educação Infantil e da Educação Física, e as orientações curriculares como as DCNEI e a BNCC, naquilo que diz respeito às áreas.

As produções acadêmicas trouxeram os termos "linguagem" e "linguagem corporal", atrelando, de certa maneira, a Educação Física Escolar à área das linguagens, alinhando-se com a produção científica da área e com as legislações educacionais, como os Parâmetros Curriculares Nacionais, a Base Nacional Comum Curricular.

Soares (1996) afirmou que a Educação Física é um "espaço de ensino" (p. 11), que trata, historicamente, os jogos, as ginásticas, as lutas, as danças e os esportes como conteúdo. Entretanto, as aulas deveriam ser mais do que aprender técnicas de uma determinada atividade, mas "um lugar de aprender coisas" (Soares, 1996, p. 11). A autora defende que tratar tais práticas corporais como "elementos da cultura" permite compreendê-los enquanto "linguagem singular do homem no tempo, de tal maneira que as "atividades físicas tematizadas pela Educação Física se afirmaram como linguagens e comunicaram sempre sentidos e significados da passagem do homem pelo mundo" (Soares, 1996, p. 11).

Em se tratando de legislação educacional, pela primeira vez, em 1998, a Educação Física foi classificada na área de Linguagens, Códigos e suas Tecnologias (Brasil, 1998), por compreender "as atividades físicas e desportivas como domínio do corpo e como forma de expressão e comunicação", conforme expresso em seus objetivos (Brasil, 1998, p. 20).

Outro termo adotado nos trabalhos é o de "cultura corporal". Entretanto, sua utilização não significa uma adesão à determinada perspectiva pedagógica, construída a partir das abordagens críticas da Educação Física que introduziram o conceito da Cultura Corporal. A sua utilização, nesses trabalhos, parece mais ser uma aproximação das práticas corporais que podem ser trabalhadas nos encontros e nas atividades de Educação Física.

Na abordagem sobre as crianças e sua Educação, buscou-se o diálogo com os aportes teóricos da Sociologia da Infância, trazendo uma determinada compreensão dos conceitos de infância e de criança como ator social, sujeito cultural e de direito, não cabendo práticas estandardizadas e adultocêntricas.

Por fim, ressaltamos que as produções acadêmicas indicam a necessidade do diálogo dos(as) professores(as) de Educação Física com os(as) professores(as) de Educação Infantil, bem como os demais profissionais que atuam nessa etapa educacional. Por um lado, isso pode estar relacionado à compreensão acerca da relevância de construção de planejamentos e intervenções pedagógicas coletivas, mas também se aproxima da necessidade da Educação Física não se impor na Educação Infantil enquanto uma disciplina, ao advogar por sua legitimidade.

Referências

Almeida, F. Q., Silva, A. C., & Eusse, K. L. (2018) A Educação Física na educação infantil no Brasil e na Colômbia: diálogos introdutórios. *Motrivivência*, *30*(53), 248–266

Alonso-Berenguer, I. et al. (2019) Visibilidad e impacto de investigaciones pedagógicas cubanas desde el perfil de usuario del Google Académico. *Maestro y Sociedad*, *16*(4) 778-791.

Aquino, L. M. L. de. (2010) *Creche universitária e produção do conhecimento sobre a infância*. [Projeto de Pesquisa (mimeo)], Universidade do Estado do Rio de Janeiro.

Aquino, L. M. L. de. (2012a) *Creche universitária e produção do conhecimento sobre a infância*. Relatório de projeto. Universidade do Estado do Rio de Janeiro.

Aquino, L. M. L. de. (2012b) *Infância e diversidade na produção do conhecimento nas unidades universitárias de Educação Infantil*. [Projeto de Pesquisa (mimeo)], Universidade do Estado do Rio de Janeiro.

Aquino, L. M. L. de. (2015) *Unidade de educação infantil universitária*: políticas e práticas para a infância. [Projeto de Pesquisa (mimeo)], Universidade do Estado do Rio de Janeiro.

Aquino, L. M. L. de. (2018) *Unidades de Educação Infantil Universitária*: políticas e práticas para a infância em diálogo com o ensino, a pesquisa e a extensão. [Projeto de Pesquisa (mimeo)], Universidade do Estado do Rio de Janeiro.

Aquino, L. M. L. de. (2021) *Educação Infantil em instituições de ensino, pesquisa e extensão*: políticas e práticas para a infância. [Projeto de Pesquisa (mimeo)], Universidade do Estado do Rio de Janeiro.

Atkinson, P., & Coffey, A. (1997) Analysing documentary realities. In D. Silverman, (Ed.), *Qualitative research: Theory, method and practice*. Sage Publications.

Bisconsini, C. R. (2017) *A prática como componente curricular na formação inicial de professores de educação física*: ruídos no campo universitário para o encontro com a escola. [Tese de Doutorado em Educação Física], Universidade Estadual de Maringá.

Buss Simão, M. (2005) Educação física na educação infantil: refletindo sobre a "hora da educação física". *Revista Zero a Seis, 7*(12).

Bracht, V. (1992) *Educação Física e Aprendizagem Social*. Magister.

Brasil. (1996) Lei nº 9394 de 20 de dezembro de 1996. *Estabelece as Diretrizes e Bases da Educação Nacional*. Casa Civil. https://www.planalto.gov.br/ccivil_03/leis/l9394.htm.

Brasil. (1986) *Decreto Nº 93.408 / 1986*. Casa Civil. http://www.planalto.gov.br/ccivil_03/decreto/Antigos/D93408.htm

Brasil. (1998) Ministério da Educação e do Desporto. Secretaria de Educação Fundamental. *Referencial Curricular Nacional para a Educação Infantil*. Ministério da Educação e do Desporto, Secretaria de Educação Fundamental. MEC/SEF.

Brasil. (2009) Conselho Nacional de Educação. Câmara de Educação Básica. *Resolução nº 05, de 17 de dezembro de 2009.* Diretrizes Curriculares Nacionais para a Educação Infantil. http://www.mec.gov.br/cne/pdf/.

Brasil. (2010) Ministério da Educação. Secretaria de Educação Básica. *Diretrizes curriculares nacionais para a educação infantil.* Secretaria de Educação Básica. MEC, SEB.

Brasil. (2017) *Base Nacional Comum Curricular.* Ministério da Educação. MEC.

Cavalaro, A. G., & Muller, V. R. (2009, maio, agosto) Educação Física na Educação Infantil: uma realidade almejada. *Educar,* (34), 241-250.

Corrêa, P. M. (2021) *As escolas de educação infantil nas universidades federais da região Sul do Brasil*: desafios e possibilidades. [Trabalho de Conclusão de Curso], Faculdade de Educação, Universidade Federal da Fronteira do Sul.

Corsaro, W.A. (2011) *A Sociologia da Infância.* Artmed.

Falcão, A. E. J. et al. (2009) InDeCS: método automatizado de classificação de páginas web de saúde usando mineração de texto e Descritores em Ciências da Saúde (DeCS). *Journal of Health Informatics, 1*(1).

Faria, A.L.G. (1999) *Educação infantil pós LDB: rumos e desafios.* Autores Associados/FE/UNICAMP.

Ferreira, N. S. de A. (2002) As pesquisas denominadas "estado da arte". *Educação & sociedade, 23,* 257-272.

Ferreira, N. S. A. (2021) Pesquisas intituladas estado da arte: em foco. *Revista Internacional de Pesquisa em Didática das Ciências e Matemática, 2,* e021014-23, 2021.

Ferreira, M., & Rocha, C. (2012) Figures de l'enfance, des enfants et leur éducation dans la production universitaire portugaise (1995-2005): quelle est la contribution de la sociologie de l'enfance? - analyse critique. In L. Brabant & A. Turmel (Dir.), *Les figures de l'enfance d'hier à aujourd'hui: un regard sociologique.* Québec Presses Interuniversitaires.

Freitas, L. L. L. de., Scheneider, O., & Ferreira Neto, A. (2012) Infância e Educação Física: produção e circulação de saberes escolares (1938-1944). In A. da S. Mello & W. dos Santos (Orgs.). *Educação Física na Educação Infantil: práticas pedagógicas no cotidiano escolar.* CRV.

Freire, É. J. S. M. (2018) *A presença dos conhecimentos da Educação Física no Núcleo de Educação da Infância da Universidade Federal do Rio Grande do Norte.* [Dissertação de Mestrado em Educação Física], Universidade Federal do Rio Grande do Norte.

Gondra, J. G. (2004) *Artes de civilizar: medicina, higiene e educação escolar na Corte Imperial.* EDUERJ.

Goellner, S. V., Silva, A. L. dos S., Gonçalves, T. R., Oliveira, C. C. de., & Mattos, L. S. L. C. (2009) A obra de Inezil Penna Marinho e suas repercussões para a estruturação da Educação Física no Brasil. In *Anais do XVI Congresso Brasileiro de Ciências do Esporte e III Congresso Internacional de Ciências do Esporte.*

Inep. Instituto Nacional de Estudos e Pesquisas Educacionais Anísio Teixeira. (2015) *Thesaurus Brasileiro da Educação (Brased).* Inep. http://inep.gov.br/thesaurus-brasileiro-da-educacao.

Kuhlmann Jr., M. (1998) *Infância e educação infantil: uma abordagem histórica.* Porto Alegre: Mediação

Marinho, I. P. (1954) Curso de Fundamentos e Técnica da Recreação. *Revista Brasileira de Educação Física, 194p.*

Martins, R. L. del R. (2018) *O lugar da Educação Física na Educação Infantil.* [Tese de Doutorado em Educação Física], Universidade Federal do Espírito Santo.

Mello, A.S. et al. (2016, setembro) A Educação Infantil na Base Nacional Comum Curricular: pressupostos e interfaces com a Educação Física. *Motrivivência, 28*(48), 130-149. https://periodicos.ufsc.br/index.php/motrivivencia/article/view/2175-8042.2016v28n48p130.

Melo, V. A. de & Peres, F. de F. (2014) *A gymnastica no tempo do Império.* 7Letras.

Miceli, P. de A. M. (2017) *Negritude nas práticas pedagógicas da EEI-UFRJ: estudo das relações étnico-raciais na escola de educação infantil da UFRJ.* [Dissertação de Mestrado em Educação], Faculdade de Educação, UERJ.

Mugnaini, R., & Strehl, L. (2008) Recuperação e impacto da produção científica na era Google: uma análise comparativa entre o Google Acadêmico e a Web of Science. *Encontros Bibli: revista eletrônica de biblioteconomia e ciência da informação,* (Esp), 92-105.

Oliveira, N. R. C. de. (2005) Concepção de infância na educação física brasileira: primeiras aproximações. *Revista Brasileira de Ciências do Esporte, 26*(3), 95-109.

Ota, G. S. G. (2020) *Histórias Vivenciadas: ações interdisciplinares da Educação Física na Educação Infantil.* [Dissertação de Mestrado Em Educação Física], Universidade Estadual de Campinas.

Pellizzon, R. de F. (2004) Pesquisa na área da saúde: 1. Base de dados DeCS (Descritores em Ciências da Saúde). *Acta Cirúrgica Brasileira, 19*, 153-163.

Pereira, F. A. (2017) *Ludicidade na constituição da profissionalidade de docentes de uma creche universitária: desafios e possibilidades.* [Tese de Doutorado em Educação], Faculdade de Educação, Universidade Federal da Bahia.

Ramirez, G. S. (2019) *Educação Física na Educação Infantil: ambiente e materiais como recursos pedagógicos para bebês.* [Dissertação de Mestrado em Educação Física], Universidade Estadual de Campinas.

Raupp, M. D. (2004) Creches nas universidades federais: questões, dilemas e perspectivas. *Educação & Sociedade, 25*(86), 197-217.

Richter, A. C., Bassani, J., & Vaz, A. F. (2015) Entrevista com Manuel Jacinto Sarmento: infância, corpo e educação física. Florianópolis, *Cadernos de Formação da RBCE, 6*(2), 11-37.

Rocha, C., & Ferreira, M. (2002) As crianças na escola e a reconstituição do seu ofício como alunos/as – análise da produção académica nacional (1995-2005): campos disciplinares, instituições e temáticas. Comparências, ausências e prelúdios. Investigar em educação, *Revista da Sociedade Portuguesa de Ciências da Educação*, (6/7), 15-126.

Romanowski, J. P., & Ens, R. T. (2006) As pesquisas denominadas do tipo Estado da Arte em educação. *Revista diálogo educacional, 6*(19), 37-50.

Rodrigues, R. C. F. (2007) *O estágio supervisionado no curso de educação física da UEFS: realidade e possibilidades.* [Dissertação de Mestrado em Educação], Faculdade de Educação, UFBA.

Sayão, D. T. (1999) Educação Física na Educação Infantil: riscos, conflitos e controvérsias. *Motrivivência, 11*(13), 221-238.

Sayão, D. T. (2002, janeiro) Corpo e movimento: notas para problematizar algumas questões relacionadas à educação infantil e à educação física. *Revista Brasileira de Ciências do Esporte. 23*(2), 55-67.

Sarmento, M. J. (2008) Apresentação: Olhares sobre a infância e a criança. In M. J. Sarmento, & M. C. S. de Gouvea (Orgs.). *Estudos da Infância: Educação e práticas sociais*. Vozes.

Sarmento, M. J. (2005, janeiro a julho) Crianças: educação, cultura e cidadania activa - refletindo em torno de uma proposta de trabalho. *PERSPECTIVA, 23*(1), 17-40.

Secretaria Municipal de Educação de Florianópolis. (2016) *A Educação Física na Educação Infantil da Rede Municipal de Ensino de Florianópolis*. Prefeitura Municipal de Florianópolis/SC.

Silva, M. R. da. (2012) "Exercícios de ser criança": o corpo em movimento na Educação Infantil. In M. Arroyo. *Corpo infância: exercícios tensos de ser criança; por outras pedagogias dos corpos*. (pp. 215-239). Vozes.

Silva, A. P. P. N. da., Souza, R. T. de., & Vasconcellos, V. M. R. de. (2020, setembro) O Estado da Arte ou o Estado do Conhecimento. *Educação, 43*(3), e37452. http://educa.fcc.org.br/ scielo.php?script=sci_arttext&pid=S1981-25822020000300005&lng=pt&nrm=iso.

Silva, M. S. da. (2015) *Culturas Infantis: manifestações nas aulas de Educação Física*. [Monografia de Graduação em Educação Física], Universidade Federal do Rio Grande do Sul.

Simões, R. D., & Goellner, S. V. (2012, abril a junho) A educação do corpo para o "soldado integral", "forte de físico, culto de cérebro e grande de alma". *Motriz, 18*(2), 327-337. https://www.scielo.br/j/motriz/a/ T6XHDdnymnZXmykmd65MFZr/?format=pdf&lang=pt.

Soares, C. L. et al. (1992) *Metodologia do ensino da Educação Física*. Cortez.

Soares, C. L. (1996) Educação Física Escolar: conhecimento e especificidade. *Revista Paulista de Educação Física*, (supl.2), 6-12.

Tatagiba, A. B., & Borges, E. M. (2014) Gestão da Informação e do Conhecimento Educacional: contribuições do Inep para a Educação Brasileira. *Anais do XIV Colóquio Internacional De Gestão Universitária – CIGU*. UFSC.. https://repositorio.ufsc. br/bitstream/handle/123456789/131818/2014-187.pdf?sequence=1&isAllowed=y.

Tani, G. (1991) Perspectivas para a Educação Física Escolar. *Revista Paulista de Educação Física, 5*(1-2), 61-69.

Tani, G. et al. (1988) *Educação Física Escolar. Fundamentos para uma abordagem desenvolvimentista*. EPU: EDUSP.

CAPÍTULO VII

O PROINFÂNCIA E A AMPLIAÇÃO DAS VAGAS NA EDUCAÇÃO INFANTIL: UMA REVISÃO DA LITERATURA

Givanildo da Silva

Adelaide Alves Dias

Charlyne Lira Urtiga

Introdução

Este capítulo é uma ampliação do artigo "A política de expansão de vagas para a educação infantil: o proinfância em questão", inicialmente publicado na *Revista Educação*, periódico da Escola de Humanidades da PUCRS, no ano de 2018, cujo objetivo era discutir a expansão de vagas para a Educação Infantil no contexto do Programa Nacional de Reestruturação e Aquisição de Equipamentos de Rede Escolar Pública de Educação Infantil (Proinfância). O recorte temporal do artigo original faz referência aos estudos realizados nos anos de 2008 a 2018. Neste capítulo, atualizamos a revisão sistemática e incorporamos as pesquisas sobre a temática desenvolvidas nos anos de 2018 a 2024.

As lutas por uma Educação Infantil para todas as crianças de 0 a 5 anos, em espaços condizentes com um atendimento público de boa qualidade, ainda estão presentes no cenário da educação brasileira, mesmo após a promulgação da Constituição Federal de 1988 e a aprovação da Lei de Diretrizes e Bases da Educação Nacional (LDB), n.º 9.394, de 20 de dezembro de 1996. Passados 36 anos de uma e 28 anos da outra, os embates para a oferta e a melhoria da primeira etapa da Educação Básica é constante na arena da política educacional, especialmente nos estados e nos municípios menores, que têm poucas perspectivas arrecadatórias.

Localizamos, no decorrer desse tempo, a existência de avanços e recuos na implementação de políticas públicas para a Educação Infantil, que fazem com que perdurem muitas demandas para a efetivação de uma Educação Infantil pública, democrática, igualitária, inclusiva e referenciada socialmente. Entre elas, encontram-se aquelas relacionadas à expansão de vagas, um dos maiores problemas para o cumprimento da Meta 1 do Plano Nacional de Educação (2014–2024), Lei n.º 13.005, de 25 de junho de 2014.

O Brasil vivenciou, nos últimos anos, um período de retrocesso político, social, cultural, econômico e educacional. No contexto da Educação Infantil, muitos elementos políticos contribuíram para a não expansão de vagas na área, sobretudo a falta de visibilidade ao Plano Nacional de Educação (2014–2024), como epicentro das políticas educacionais, desconsiderando essa importante referência para a consolidação de uma educação pública referenciada socialmente.

Os governos nacionais de Michel Temer (2016–2018) e Jair Messias Bolsonaro (2019–2022), cada um ao seu modo, trataram a educação como dimensão com pouca importância, reduzindo investimentos e minimizando a relevância social que ela tem para o avanço da sociedade. No cenário da política educacional, a pauta em destaque do primeiro governo foi o congelamento no investimento nas políticas sociais por 20 anos, incluindo a educação. Essa ação não favoreceu a construção de novas instituições para a Educação Infantil, bem como inviabilizou a conclusão de outras que estavam em andamento. Além disso, desconsiderou a Política de Formação para os Profissionais da Educação como dimensão complexa, ampla e multidimensional, culminando em processos formativos fragmentados e técnicos.

No governo de Bolsonaro, durante os quatro anos, não se teve nenhuma política que contribuísse para o crescimento da Educação Infantil e a consolidação de um regime de colaboração com os municípios brasileiros, na perspectiva de fortalecer a primeira etapa da Educação Básica e contribuir com a expansão da área, como preconiza o Plano Nacional de Educação (2014–2024). Os encaminhamentos foram manter a lógica de congelamento de investimentos do governo anterior e tentar popularizar a ideia de uma educação domiciliar, retirando das crianças o direito de ter acesso a um espaço educativo, como a creche e a pré-escola, favorecendo uma formação integral.

Para além das graves e consequentes questões políticas, há que se destacar a pandemia da covid-19, que se iniciou no Brasil em março de 2020 e cuja pior fase durou até meados de 2022, contribuiu para a manutenção das desigualdades políticas, sociais e educacionais — uma vez que as crianças deixaram de frequentar a creche e a pré-escola durante o período pandêmico, maximizando o distanciamento do espaço educativo e do direito à educação, como apresenta os dispositivos legais. A covid-19 prejudicou o acesso à Educação Infantil às crianças das instituições públicas e consolidou um marco histórico no cenário brasileiro: a exclusão das crianças do espaço educativo.

Desse modo, considera-se que, nos últimos anos, o cenário não foi favorável para a educação de modo geral e, em particular, para a Educação Infantil, uma vez que impossibilitou os avanços que estavam sendo alcançados por meio do Proinfância. Sabe-se que o problema da expansão de vagas na Educação Infantil é complexo, mas, seguramente, um dos fatores que a dificultaram foi a responsabilização exclusiva dos municípios na promoção da primeira etapa da educação básica, especialmente a oferta de creches, que requer mais especificidade no trabalho educativo devido à idade das crianças.

É necessário destacar que a Educação Infantil é um direito constitucional. É dever do Estado provê-la, independentemente da localidade da residência, da raça, da cultura, da religião e da condição social da criança e de seus familiares. Além de garantir o acesso à Educação Infantil, é imprescindível que o Estado a ofereça com qualidade, respeitando "a diversidade e as condições adversas presentes nas creches e pré-escolas" (Campus & Cruz, 2011, p. 15), de forma a garantir os direitos básicos das crianças pequenas, uma vez que "o equilíbrio entre a preocupação com a igualdade e a preocupação com o respeito às diferenças nem sempre é fácil de alcançar, ainda mais em um país marcado por tantas desigualdades como o nosso" (Campus & Cruz, 2011, p. 15).

Com esse cenário desenhado, objetivamos, com este texto, discutir os trabalhos que versam sobre a expansão de vagas para a Educação Infantil no contexto do Programa Nacional de Reestruturação e Aquisição de Equipamentos de Rede Escolar Pública de Educação Infantil (Proinfância), tendo em vista que se trata de um programa do governo federal e que, entre seus pressupostos, consta a expansão de vagas para as crianças de 0 a 5 anos, em regime de colaboração com os municípios.

A metodologia utilizada para tal consiste na revisão sistemática da literatura sobre o Proinfância, tendo como referência os estudos realizados entre os anos 2008 e 2024. A chave de busca foi o termo Proinfância, e a fonte de pesquisa foi o banco de teses e dissertações da Coordenação de Aperfeiçoamento de Pessoal de Nível Superior (Capes), uma vez que o objetivo era mapear os estudos que foram realizados nos programas de pós-graduação no Brasil com foco no referido programa.

Na visão de Gomes e Caminha, "a revisão sistemática é a opção para não apenas acastelar informações, mas acompanhar o curso científico de um período específico, chegando ao seu ápice na descoberta das lacunas e direcionamentos viáveis para a elucidação de temas pertinentes" (2014, p. 397). Nessa lógica, por meio da revisão sistemática da literatura, é possível traçar os principais percursos apresentados sobre o programa em questão, a fim de reuni-los e refletir sobre os seus efeitos no contexto das localidades pesquisadas.

Assim, foram lidos todos os resumos das teses e dissertações identificadas na busca para confirmar sua pertinência em relação à finalidade desse estudo. Na primeira fase do estudo, já com os dados do estudo ampliado, foram encontrados 33 trabalhos. Desses, 27 eram dissertações e 6 teses. Na segunda fase, que compreende o trabalho de revisão e ampliação do estudo, foram encontrados 35 trabalhos entre os anos de 2018 e 2024, entre teses e dissertações. Desses, 29 eram dissertações e 6 teses.

Após a leitura de todos os resumos, foram pontuados, nesse estudo ampliado, os critérios de inclusão inicialmente postos pela pesquisa: (i) trabalhos que tinham por objetivo discutir as repercussões do Proinfância; (ii) trabalhos que tratavam da expansão de vagas para a Educação Infantil; (iii) trabalhos que analisavam os impactos da política no processo de consolidação e de organização da Educação Infantil. Os critérios de exclusão adotados foram: (i) trabalhos realizados em unidades do Proinfância que tinham a perspectiva de perceber a experiência da Educação Infantil nessas instituições; (ii) pesquisas que estiveram centradas em dimensões não educativas; (iii) textos de outras áreas, como arquitetura, engenharias e do meio ambiente. Assim, 25 artigos foram excluídos, restando-nos 10 trabalhos.

Proinfância: contexto e características

O Proinfância teve sua origem no contexto do Plano de Desenvolvimento da Educação (PDE), consolidado no segundo governo do presidente Luiz Inácio Lula da Silva (2007–2010). No âmbito da política educacional, o PDE foi a matriz norteadora da implantação das políticas de governo e de Estado para a educação brasileira. Ele foi apresentado em 15 de março de 2007 e lançado oficialmente em 24 de abril de 2007 (Saviani, 2009). De acordo com o documento de referência do PDE, intitulado "O Plano de Desenvolvimento da Educação: razões, princípios e programas", elaborado pelo Ministério da Educação e por outras entidades, as ações apresentadas foram elaboradas em consonância com o artigo 3º da Constituição Federal de 1988, que sinaliza a perspectiva de

> ... construir uma sociedade livre, justa e solidária; garantir o desenvolvimento nacional; erradicar a pobreza e a marginalização, reduzir as desigualdades sociais e regionais e promover o bem de todos, sem preconceitos de origem, raça, sexo, cor, idade e quaisquer outras formas de discriminação (Brasil, 1988, Art. 3).

Abrúcio e Ramos (2012) compreendem que o PDE foi um instrumento para enfrentar estruturalmente as desigualdades, em termos de oportunidades educacionais. Para Saviani (2009), "o denominado PDE aparece como um grande guarda-chuva que abriga praticamente todos os programas em desenvolvimento pelo MEC" (p. 5). Para o autor, o PDE foi, sem dúvida, a mais ousada, promissora e polêmica política educacional formulada pelo MEC. Saviani (2009) apresenta que:

> O PDE foi saudado como um plano que, finalmente, estaria disposto a enfrentar esse problema, focando prioritariamente os níveis de qualidade do ensino ministrado em todas as escolas de educação básica do país. Mas o Plano mostrou-se bem mais ambicioso, agregando, já na origem, trinta ações que incidem sobre os mais variados aspectos da educação em seus diversos níveis e modalidades (p. 1).

No cenário das políticas educacionais, o Estado em ação evidenciou o PDE como alternativa para desenvolver políticas que contribuíssem para a qualidade da educação brasileira. As ações planejadas direcionavam políticas que iam da Educação Básica ao Ensino Superior, tendo quatro eixos norteadores: educação básica, educação superior, educação profissional e alfabetização (Brasil, 2007). Para Saviani (2009), "o PDE articula o desenvolvimento da educação ao desenvolvimento econômico e social do país, superando a contraposição entre educação com o bem de consumo e como fator de investimento" (p. 16). A adesão do Proinfância pelos municípios se consolidou pelo Plano de Ações Articuladas (PAR). O PAR é um plano de metas elaborado pelos municípios a partir de uma avaliação diagnóstica da realidade educacional local, vinculado ao PDE, que visa enfrentar estruturalmente as desigualdades de oportunidades educacionais, na perspectiva de reduzir desigualdades sociais e regionais. A demanda consolidada no PAR é o instrumento do regime de colaboração entre os entes federados. O objetivo do Proinfância, no contexto do PDE, foi contribuir para a construção de edificações para a Educação Infantil, possibilitando a expansão de vagas nessa etapa educacional, visto que esse é um problema histórico, aliado a outras questões, como: a) segmentação *versus* integração; b) políticas universalistas *versus* políticas focalizadoras; c) a formação dos professores leigos e pessoas da comunidade; d) a oferta da Educação Infantil em período integral; e) a incorporação das crianças de 6 anos ao ensino fundamental; f) políticas de financiamento que contemplem a área (Campos, 2008).

O programa foi viabilizado mediante o regime de colaboração entre a União e os municípios que têm uma grande demanda de crianças que não estão no espaço educacional destinado a elas nessa faixa de idade, de 0 a 5 anos. De acordo com os dispositivos normativos do Proinfância, os municípios, para serem contemplados com os recursos do programa, devem estar inseridos na lista de prioridades em três aspectos:

a. **populacional**: prioridade aos municípios com maior população na faixa etária considerada, maior taxa de crescimento da população nessa faixa etária e com maior concentração de população urbana;

b. **educacional**: prioridade aos municípios com menores taxas de defasagem idade-série no ensino fundamental e com maiores percentuais de professores com formação em nível superior;

c. **vulnerabilidade social**: prioridade dos municípios com maiores percentuais de mulheres chefes de família, com maiores percentuais de jovens em situação de pobreza e com menores disponibilidades de recursos para financiamento de Educação Infantil (Brasil, 2008).

A construção de creches e pré-escolas nas grandes e pequenas cidades contribui para que o direito constitucional à educação seja garantido às crianças no contexto das políticas sociais, sendo a oferta responsabilidade do Estado brasileiro. Sabendo da obrigatoriedade de acesso à educação básica dos 4 aos 17 anos, presente na CF/1988 (Art. 208) e na LDB/1996 (Art. 6º), o governo federal, por meio do Proinfância, favoreceu a construção de edificações para crianças de 0 a 5 anos — isso porque essa etapa de escolarização sempre foi um percalço nas estatísticas sociais e educacionais (Oliveira; Borghi, 2013). O número de crianças de 0 aos 5 anos de idade que ainda não frequentam a Educação Infantil é superior às oportunidades ofertadas nos municípios. Desse modo, o acesso a essa etapa da educação ainda é uma problemática do Estado para com a sociedade civil, em especial para com as crianças pequenas.

É necessário discutir sobre as condições de oferta de Educação Infantil nos municípios que não conseguem ter uma perspectiva arrecadatória significativa. Não basta ofertar a primeira etapa da Educação Básica em qualquer formato, é preciso partir do que estabelecem os referenciais para essa etapa escolar. Nascimento (2011) salienta que:

> ... não basta matricular crianças em qualquer instituição: o que se pretende é que possam conviver e produzir culturas nas relações sociais e educativas, com profissionais de nível superior, com formação continuada, em espaços adequados para brincadeiras e interações. Outra questão interessante é a de garantir que as instituições de Educação Infantil sejam públicas (p. 213).

Nessa conjuntura, a responsabilidade por construções de prédios adequados à Educação Infantil para crianças de 0 a 5 anos, nos municípios brasileiros, necessita ser partilhada pelos entes federados, para que as crianças tenham os seus direitos constitucionais garantidos. O Proinfância se constituiu em um marco na política nacional de Educação Infantil e contribuiu para colocá-la na ordem de prioridades educacionais do governo federal, em parceria com os municípios (Costa, 2015). Campos (2011, p. 210), contribui com a discussão, afirmando que:

> Acredito mesmo que alguns avanços, como investimentos em infraestrutura, melhoria de convênios, iniciativas de formação continuada, produção de textos, entre outros, tenham sido direta e indiretamente estimulados pelo Fundeb. As principais limitações são o montante dos valores, ainda insuficientes. O programa Proinfância, por si só, não parece capaz de suprir os déficits de atendimento.

Como ressaltou a autora, o Proinfância é uma política que contribuiu para o avanço da expansão de vagas, juntamente a outras políticas desenvolvidas nas últimas décadas. No entanto, o número de crianças de 0 a 5 anos que têm acesso à Educação Infantil ainda é incipiente, especialmente quando se analisa o acesso das crianças com menos de 3 anos (Silva, 2019). Na conjuntura de articulação para a implementação de uma política nacional de Educação Infantil, os estados, enquanto entes federados, não foram implicados em ações diretas na área — isso porque a proposta articulou apenas a União com os municípios na execução do projeto de construção das edificações (Costa, 2015).

Os projetos arquitetônicos do Proinfância foram definidos no âmbito do Ministério da Educação em três tipos, com as seguintes características: tipo A – especificações propostas pelos próprios municípios; tipo B – prédio com capacidade de atendimento para 240 crianças em período parcial ou 120 crianças em turno integral (a estrutura conta com oito salas pedagógicas, sala de informática, secretaria, pátio coberto, cozinha, refeitório, sanitário, fraldário, entre outros ambientes, todos adaptados a pessoas com deficiência); tipo C – o prédio possui capacidade de atender 120 crianças, em dois turnos, ou 60 em turno integral (a estrutura possui quatro salas pedagógicas, e os demais espaços são iguais aos do modelo arquitetônico do tipo B).

O Proinfância na realidade brasileira: o que apontam os estudos?

Dos 33 trabalhos encontrados no estudo inicial, realizado no intervalo dos anos 2008 a 2018, somente sete respondiam aos aspectos selecionados para o artigo, entre esses, não tinha nenhum do ano de 2018. Para atualização desse estudo, conduzimos uma nova pesquisa no portal de periódico da Capes. O número total de produções entre 2018 e 2024 foi de 34 trabalhos. No entanto, apenas 10 deles atenderam aos critérios preestabelecidos, e entre eles, nenhum de 2024 foi encontrado.

Ao pontuarmos do estudo inicial e da atualização, estando todos os trabalhos selecionados de 2008 até 2024 nas tabelas a seguir, foi avaliado um total de 67 trabalhos, mas selecionados apenas 17, os quais atendem aos critérios preestabelecidos. São eles:

Tabela 1

Trabalhos selecionados para o estudo (2008–2018)

AUTOR	TÍTULO	INSTITUIÇÃO/ANO
Daniele Vanessa Klosinski	Uma avaliação do programa Proinfância em Erechim: a política dos espaços escolares (Mestrado)	UFFS – 2016
Clarice da Silva Mattos	A implementação do Proinfância em Juiz de Fora e seus desdobramentos (Mestrado)	UFJF – 2014
Jorge Luiz Rocha Beghini Ramos	Implementação de programas federais e descentralização de políticas públicas: um estudo de casos no contexto do Proinfância (Mestrado)	UnB – 2014
Pablo Luiz de Faria Vieira Silva	As condições de trabalho docente na Educação Infantil: uma análise a partir do Proinfância em quatro municípios do Rio de Janeiro (Mestrado)	UNIRIO – 2014
Wagner Silvestre de Oliveira Albiol Garcia	Políticas Públicas para a Educação Infantil na cidade de Chapadão do Sul: estudo de caso do Programa Proinfância (Mestrado)	UEGS – 2014
Sandro Coelho Costa	Programa Proinfância: considerações sobre os efeitos nas políticas municipais de Educação Infantil (Doutorado)	UFMG – 2015
Angela Maria Barbosa Pires	O Proinfância como política de acesso à Educação Infantil nas cidades do sudeste goiano (Mestrado)	UFG – 2017

Tabela 2

Trabalhos selecionados para o estudo (2018–2024)

AUTOR	TÍTULO	INSTITUIÇÃO/ANO
Ana Paula de Oliveira dos Santos	Arranjos e estratégias para o cumprimento da Emenda Constitucional 59/2009: estudo do município de Campo Grande - MS (Mestrado)	UFGD – 2018
Eliane Fernandes	Financiamento da educação infantil no Brasil : descrição e análise da participação do governo federal no período de 2000 a 2016 (Mestrado)	UNICAMP – 2018

Viviam Carvalho de Araújo	O Programa Proinfância e seus desdobramentos: o caso do município de Juiz de Fora/MG (Doutorado)	UFJF – 2019
Jéssica Nascimento Martins	Educação infantil e infraestrutura: uma análise do Programa Proinfância no município de João Pessoa (PB) (Mestrado)	UFPB – 2019
Francymonni Yasmim Marques de Melo	Existem princípios de justiça equitativa na educação? Um estudo de programas educacionais executados pelo Fundo Nacional de Desenvolvimento da Educação (Mestrado)	UFRN – 2020
Eliane Aparecida Moreira dos Santos	Educação infantil: um olhar sobre o processo de acesso das crianças nas creches de Dois Vizinhos - PR (Mestrado)	UFPR – 2020
Ana Paula Flores Péres	Sistemas construtivos inovadores – SCI em obras públicas: estudo da implementação do programa proinfância no Brasil (Mestrado)	UFSM – 2021
Alessandra Biscaia de Andrade	As ações do governo federal para as construções de escolas entre 2007 a 2019 (Mestrado)	UFPR – 2021
Elisa do Nascimento Oliveira	O financiamento da educação infantil: o Proinfância no período de 2011 a 2021 (Mestrado)	UFG – 2022
André Ricardo Dia Lima Mendes	Participação da sociedade no monitoramento do programa educacional Proinfância (Mestrado)	UnB – 2023

Os estudos sobre o Proinfância são oriundos de diversas áreas de pesquisa, isso porque os seus pressupostos e a sua inovação fizeram com que áreas distintas pudessem percebê-lo como objeto pertinente de análise e pesquisa. A seguir, serão apresentados resultados de estudos sobre o programa feitos em diferentes estados brasileiros. Ramos (2011) analisou a implementação de programas federais e a descentralização de políticas públicas, tendo o Proinfância como modelo, em três municípios da região Centro-Oeste. De acordo com o autor, o processo de descentralização é complexo, mas torna-se necessário para a busca e a organização da cooperação e a articulação entre as esferas federativas. A metodologia utilizada na pesquisa foi o estudo de casos múltiplos. Para desenvolvê-la, o autor realizou entrevistas com os secretários de educação e o prefeito de cada um dos três municípios, e utilizou as técnicas de listagem de eventos e quadros comparativos. A partir dos resultados encontrados, Ramos (2011) apontou questões que são inerentes ao complexo processo de construção coletiva de políticas públicas, com destaque para a dinâmica de interesses da administração central e da local.

Para o autor, o processo de implementação do Proinfância requer a concordância política dos governos locais, sendo que, em alguns casos, os gestores não se esforçam para a concretização dos acordos firmados, inviabilizando as possibilidades de realização do programa federal. Mesmo sendo a oferta da Educação Infantil responsabilidade dos entes municipais, essa incumbência, por si só, não se configura como compromisso político dos gestores municipais no processo de implementação de políticas colaborativas. Isso porque "a administração local, ou melhor, seus decisores, podem estar satisfeitos com as atuais condições de funcionamento desse serviço, ou então simplesmente podem decidir priorizar outros serviços que estejam em pior situação" (Ramos, 2011, p. 158). Na visão do mesmo autor, outro entrave que esbarra nos limites dos governos municipais é a disponibilidade de recursos financeiros, uma vez que o montante repassado pelo governo federal é insuficiente para o processo de implementação do programa, e os municípios que têm poucas perspectivas arrecadatórias, em sua grande parte, não conseguem finalizar as obras. Atrelada a essa questão, Ramos apresenta, ainda, o processo de burocratização como dimensão que interfere nas decisões municipais, pois é preciso seguir as regras e as padronizações definidas no âmbito do governo federal.

Esse conjunto de dificuldades encontradas pelo autor para a implementação do Proinfância sugere que a tão esperada política de acesso à Educação Infantil precisa ainda ser mais bem dimensionada com relação aos aspectos da própria configuração dos dispositivos que a regulamentam, para que eles se tornem mais ágeis e menos burocráticos e consigam apresentar regras claras para o regime de colaboração entre as partes envolvidas.

Mattos (2014) realizou estudo sobre a implementação do Proinfância em Juiz de Fora/MG, descortinando o processo da execução da política na localidade. A metodologia utilizada abrangeu a análise de documentos do governo federal e da Secretaria de Educação de Juiz de Fora, além da realização de entrevistas estruturadas e semiestruturadas com diversos gestores municipais. Como principal resultado, a autora nos apresenta que "a eficácia das políticas públicas está vinculada às condições orçamentárias, às especificidades locais e à maneira como os principais responsáveis pela sua efetivação a vêm conduzindo" (Mattos, 2014, p. 123).

A pesquisadora salientou que, como cada localidade em que as construções do Proinfância são realizadas tem suas especificidades, é necessário traçar estratégias adequadas a cada concretização. Para Mattos (2014), na realidade analisada, os principais entraves são a rigidez dos modelos disponibilizados pelo Ministério da Educação e as dimensões dos terrenos, que inviabilizam a construção em áreas densamente ocupadas, como é o caso de Juiz de Fora, principalmente nas regiões centrais.

As ações sinalizadas por Mattos (2014) estão associadas ao processo de elaboração da política e a complexidade de concretizar ações nos moldes do seu desenho. A proposta do Proinfância de contribuir para a expansão de vagas para crianças de 0 a 5 anos, em muitos casos, tornou-se inviável devido à falta de flexibilidade e de adequação dos municípios no processo de construção das creches e pré-escolas. Esse achado nos coloca diante da necessidade de rever as propostas arquitetônicas para além dos tipos de edificações contemplados pelo Proinfância, de modo a poder atender às especificidades dos diversos municípios brasileiros.

A pesquisa de Mattos (2014) evidenciou, ainda, que é necessário que haja um diálogo permanente entre os executores da política e o público-alvo, bem como entre eles e toda a comunidade local que será atendida. Especificamente na implementação do Proinfância, é importante serem incluídos os gestores das escolas contempladas, os membros do colegiado, os presidentes de bairros, os representantes do conselho municipal e outros agentes, que, ao se tornarem parceiros da Secretaria de Educação, favorecem "o encaminhamento do programa, situação que gera, inclusive, melhoria na qualidade do atendimento às crianças, questão fundamental na avaliação do êxito desta política no município de Juiz de Fora" (Mattos, 2014, p. 124).

Silva (2014) realizou um estudo sobre as condições do trabalho docente na Educação Infantil em quatro municípios do estado do Rio de Janeiro, nas unidades do Proinfância. O estudo contemplou a pesquisa bibliográfica e documental (Indicadores de Qualidade da Educação Infantil) e utilizou a entrevista, de roteiro semiestruturado, com os trabalhadores docentes que atuam nas unidades. O autor constatou que o Proinfância promoveu a ampliação de vagas em creches e pré-escola, uma vez que os quatro municípios utilizaram as unidades para ampliação do acesso e, em poucos casos, para o remanejamento das crianças que eram atendidas em instituições precárias. No entanto, no tocante às condições do trabalho docente, postas como fator determinante para a qualidade na educação, o pesquisador apontou que os profissionais da educação estavam sujeitos às condições estruturais debilitantes, como o elevado percentual de contratos precários de trabalho, a cisão entre professores e auxiliares — que provoca tensões — e a pouca participação ativa na elaboração nos planejamentos em conjunto, tanto com outros professores quanto com os auxiliares (Silva, 2014).

Para o pesquisador, ao priorizarem a construção de espaços baseados em padrões e documentos do governo federal, como *Parâmetros básicos de infraestrutura para instituições de Educação Infantil*, volumes 1 e 2 (Brasil, Mec & Seb, 2006), as unidades do Proinfância reafirmam um compromisso com as crianças, por considerarem amplas as variáveis que compõem a qualidade na Educação Infantil. No entanto, o autor também salienta que é válido refletir sobre as condições de trabalho dos profissionais que estão inseridos no contexto dessas instituições.

Na percepção de Silva (2014), os espaços construídos pelo Proinfância requerem um projeto de educação diferenciado, que atenda as crianças e leve em conta suas necessidades, e que garanta que os profissionais da educação sejam sujeitos permanentes, efetivos e que tenham condições de trabalhos exequíveis — uma vez que não adianta haver espaços estruturais adequados para as crianças se os profissionais não estiverem em situação confortável para a realização de suas atividades.

Assim, Silva (2014) reflete que a construção das unidades do programa não constitui condição única para a melhoria da qualidade no atendimento das crianças pequenas; é, sim, condição primeira, que não pode ficar apenas nela. É preciso, dessa forma, reorientar as relações e as condições de trabalho docente. O papel da educação é, essencialmente, transformador, provocador de rompimentos por meio de escolhas políticas hegemônicas (Silva, 2014). A partir dessa lógica, podemos dizer que a política do Proinfância também deveria apontar para a necessidade da contratação de docentes em caráter efetivo, a fim de que situações de precarização possam ser evitadas na oferta da Educação Infantil.

A constatação do autor coloca-nos diante de um problema que precisa ser enfrentado pelo conjunto das políticas públicas educacionais:

a gestão da qualidade da Educação Infantil. A aquisição de prédios com espaços planejados para o desenvolvimento de práticas pedagógicas que contribuam para o desenvolvimento integral da criança precisa vir acompanhada de uma potente política de formação de professores, sob pena de não ser efetivada. Acrescentaríamos, ainda, a necessidade de garantir a formação continuada, não apenas dos professores, mas também de todos os demais trabalhadores que lidam com a criança nas unidades.

Garcia (2014) desenvolveu uma pesquisa no município de Chapadão do Sul, no estado do Mato Grosso do Sul, tendo como foco a expansão de vagas para a Educação Infantil via Proinfância. Metodologicamente, a pesquisa caracterizou-se como estudo de caso. Foram realizadas análises documentais e entrevistas semiestruturadas com seis professores, com a secretária de educação, com a diretora e com a coordenadora pedagógica da instituição.

Os principais achados revelaram que a implantação do Proinfância levou cinco anos para ser concluída no município. De acordo com o autor, contribuíram para essa demora o pequeno número de funcionários do Fundo Nacional de Desenvolvimento da Educação para atender ao grande número de entes federados, a demora na aceitação de documentos, a perda desses documentos e a falta de um canal de comunicação mais direto entre o Ministério de Educação e o município.

Para o pesquisador, "somada a essa limitação, o Proinfância tem questões que vão além das limitações burocráticas. A padronização do modelo de infraestrutura, associada à não permissão de mudança na mesma, inviabiliza o respeito aos aspectos regionais" (Garcia, 2014, p. 107). No caso da realidade em análise, quando da construção do Proinfância, os aspectos geográficos e climáticos — como chuvas e ventos fortes, grande quantidade de poeira e forte incidência de sol — não foram levados em consideração. Isso restringiu espaços, como o parque e o anfiteatro (Garcia, 2014).

Na visão de Garcia (2014), o Proinfância mostra limitações na etapa de implantação; todavia, essas limitações não impedem que os entes federados alcancem o seu objetivo, permitindo àqueles com poucos recursos — no caso, os municípios — a possibilidade de construção de uma estrutura idealizada para o atendimento da Educação Infantil às crianças de 0 a 5 anos, algo que se configura como um avanço para a política educacional.

As análises do autor nos fazem refletir sobre os limites de um programa indutor de política de acesso à educação como o Proinfância. Mesmo considerando que o referido programa contribuiu para a expansão de vagas na Educação Infantil, os sujeitos pesquisados apontaram que "a estrutura física oferecida pelo Proinfância não é fator preponderante para uma Educação Infantil de qualidade" (Garcia, 2014, p. 108). Percebe-se que, para a estrutura física ser considerada fator significativo, faz-se necessário aliar a ela um conjunto de outros aspectos, como, por exemplo, a elaboração de um projeto político pedagógico construído democraticamente com a participação da comunidade escolar, a capacitação dos profissionais atuantes na Educação Infantil e uma gestão que considere a participação dos responsáveis na organização da unidade. Na visão do pesquisador, "esses aspectos vão além de tabelas e estatísticas. Eles perfazem uma qualidade social" (Garcia, 2014, p. 108).

Costa (2015) desenvolveu um estudo sobre os efeitos da política educacional em municípios de Minas Gerais, tendo como ponto de análise o Proinfância. Para o pesquisador, o programa rompeu com o histórico de investimento reduzido na área. Além disso, concentrou-se no financiamento da construção de prédios escolares e foi considerado uma política que proporcionou efeitos positivos em vários municípios brasileiros, uma vez que muitas crianças se encontravam fora das instituições escolares por falta de espaço na rede física dos municípios.

A pesquisa do autor, em termos metodológicos, caracterizou-se pelas seguintes etapas: a) revisão bibliográfica para elucidar alguns conceitos, como o de Política Federal e Municipal de Educação Infantil, de centralização e descentralização das políticas públicas e de sistema federativo e federalismo no Brasil; b) pesquisa documental para levantar documentos e informações sobre o Proinfância disponíveis no Ministério da Educação e nas secretarias municipais de educação dos municípios pesquisados; c) visitas às unidades educacionais do programa nos municípios para levantar dados do atendimento às crianças; d) entrevistas semiestruturadas com os gestores do programa nos Ministério da Educação, nas secretarias municipais de educação e na própria unidade em funcionamento.

Em se tratando de uma política elaborada no âmbito do Ministério da Educação, alguns percalços são encontrados nos locais em que as políticas são executadas. Para Costa (2015), "mesmo após passar por diversas regulamentações, pelo aumento dos recursos investidos, identificou-se que há divergência em relação à concepção de Educação Infantil difundida pelo MEC e aquela praticada nos Municípios" (p. 258).

As divergências sinalizadas pelo autor são de caráter organizacional. Segundo ele, não há uma construção coletiva do projeto político-pedagógico, as características dos profissionais da educação não estão alinhadas com os princípios estabelecidos pela Lei de Diretrizes e Bases da Educação Nacional (Brasil, 1996) e as práticas vivenciadas não são coerentes com as referências estabelecidas nas Diretrizes Curriculares para a Educação Infantil (Brasil, 2009).

Essas questões vão de encontro ao projeto pedagógico elaborado pela política do Proinfância, sinalizando divergências em seu efeito no contexto da prática.

Na visão do autor, além de atrasos em muitos projetos de construção, "as unidades novas nem sempre são direcionadas a novas matrículas, mas às vezes são utilizadas para acomodar crianças que já estavam matriculadas em instituições que funcionavam em prédios em condições precárias" (Costa, 2015, p. 258). Outro fator que possivelmente descaracteriza o objetivo de expansão de vagas para a área é o fato de muitos municípios não terem espaços estruturados para o atendimento das crianças. Por esse motivo, quando as construções são concluídas (Proinfância), as crianças e os profissionais são transferidos para esses espaços. Como resultado, não há acréscimo no número de crianças atendidas.

De acordo com Costa (2015), tanto o Fundo de Manutenção e Desenvolvimento da Educação Básica e de Valorização dos Profissionais da Educação (Fundeb) (Brasil, 2007), quanto o Proinfância têm contribuído para a expansão de vagas na Educação Infantil. No entanto, "os municípios carecem de mais aportes técnicos e financeiros para continuar com a expansão e melhorar, sobretudo, a qualidade dos serviços ofertados" (Costa, 2015, p. 260). Não basta construir espaços, é preciso fazer investimentos que sejam condizentes com a política pós-construção, para garantir a contratação de profissionais e a elaboração de uma proposta pedagógica que dialogue com a política, a fim de que os objetivos do programa sejam alcançados.

Na visão de Costa (2015), alguns entraves persistem na política do Proinfância, a saber: a adoção de projetos-padrão que não dialogam com a realidade das diferentes regiões do país; a falta de mais (in)formação acerca dos projetos construídos, suas finalidades e concepções; falhas na comunicação com os entes federados; a falta de precisão e confiabilidade dos cálculos estatísticos de demanda; a falta de acompanhamento após a inauguração; a ausência de desdobramentos de ações de assessorias pedagógicas em todos os estados da federação; a falta de fortalecimento dos Conselhos Municipais de Educação; pouco incentivo na constituição de Sistemas Municipais de Educação e pouco apoio na regulamentação para adquirir a autorização de funcionamento das unidades.

As questões apresentadas pelo pesquisador são coerentes e estão centradas na ideia de construção de um paradigma de Educação Infantil que tenha no centro a criança e suas necessidades. Assim, esse modelo de educação deve ter um acompanhamento técnico e pedagógico que dialogue com as características e as finalidades epistemológicas do programa. Os municípios brasileiros necessitam de uma assistência financeira, técnica e política dos demais entes federados para cumprir os acordos firmados pelas várias decorrências do regime de colaboração, como é o caso do Proinfância.

Klosinski (2016) fez um estudo sobre a implementação do Proinfância no município de Erechim, no estado do Rio Grande do Sul. A pesquisa, de cunho qualitativo, estabeleceu-se como um estudo de caso que utilizou análise documental e pesquisas de campo, com coleta de dados na Secretaria Municipal de Educação e nas duas unidades do programa na cidade de Erechim.

Para a pesquisadora, o programa é uma política de governo que proporciona aos municípios auxílio nas questões de acesso à educação às crianças de 0 a 5 anos. No município estudado, há duas unidades em funcionamento e mais duas em processo de construção. Essa ampliação, colocada em números, representa em média 320 vagas a mais em relação ao número que o município oferecia anteriormente.

No processo de avaliação da estrutura do programa, a pesquisadora destaca que "para a realidade de Erechim, com clima temperado, onde no inverno faz muito frio e no verão, muito calor, diversas adequações seriam necessárias. Algumas foram sendo realizadas, outras não, por esbarrar na falta de orçamento financeiro" (Klosinski, 2016, p. 94). Entre os principais empecilhos para a não adequação à realidade estava a falta de elementos arquitetônicos compatíveis com as necessidades de adaptação das edificações, que fizeram com que o município enfrentasse certas dificuldades na gestão desse programa, apesar da existência de uma estrutura mínima, planejada às crianças pequenas (Klosinski, 2016).

Pires (2017) realizou pesquisa sobre a política de acesso à Educação em cidades do sudeste goiano. A autora analisou os efeitos do Proinfância em oito anos de vigência (2007 a 2015). A pesquisa centrou-se na metodologia de análise documental, cujas fontes foram os sites do Ministério da Educação (MEC), do Fundo Nacional da Educação (FNDE), do Painel de Controle do Proinfância, do Instituto Nacional de Estudos e Pesquisas Educacionais Anísio Teixeira (Inep), do Educacenso e do Data Escola Brasil. Além desses, outros documentos, de caráter legal e normativo, também foram analisados: Lei n.º 10.172, de 2001; Resolução n.º 6, de 2007; Decreto n.º 6094, de 2007; as Resoluções de 2007 a 2014; Resolução n.º 38, de 2010; Resolução n.º 13, de 2011; Resolução n.º 33, de 2011; Resolução n.º 69, de 2011; Resolução n.º 2, de 2013; Resolução n.º 19, de 2015; Resolução n.º 1, de 2016; Lei n.º 12.695, de 2012; e Lei n.º 11.578, de 2007.

Para a autora, há um número elevado de construções do Proinfância com problemas de atrasos e cancelamento de obras. Além disso, há aquelas não iniciadas, com até três anos de espera no modo de preparação, como é o caso do município de Catalão, no sudeste goiano. Esses são entraves que comprometem o alcance da principal meta do programa, que é auxiliar os municípios brasileiros a ampliar a oferta de vagas na Educação Infantil (Pires, 2017).

A pesquisa afirma que, em Goiás, "das 334 obras pactuadas, apenas 156 foram entregues à população em condição de atendimento. Esse número representa 46,70% do total, menos da metade da demanda do Estado por unidades de Educação Infantil" (Pires, 2017, p. 93).

Os resultados demonstraram que o programa foi insuficiente em termos de expansão; porém, é preciso considerar que, nos pequenos municípios, "o Proinfância tem se constituído como o único meio de acesso à Educação Infantil, principalmente à creche. Esse é o caso de dois dos municípios do sudeste goiano pesquisados, Campo Alegre e Três Ranchos" (Pires, 2017, p. 93).

No trabalho desenvolvido por Santos (2018), o objeto de pesquisa foi a política educacional do município de Campo Grande, Mato Grosso do Sul/MS, com vistas a atender à Emenda Constitucional (EC) 59 de 2009, precipuamente no que se refere à matrícula das crianças de 4 a 5 anos na pré-escola. O município foi escolhido seguindo o critério populacional de ser o mais populoso no estado; e o recorte temporal compreendeu o período de 2009 a 2016. Os principais resultados encontrados apontam para avanços no campo legal a respeito da garantia da obrigatoriedade escolar, especificamente na Educação Infantil, no que tange ao município de Campo Grande, sobre o cumprimento da EC/59. No entanto, segundo Santos (2018), o processo de expansão consistiu na adaptação da infraestrutura já estabelecida para atender às exigências estabelecidas pela Emenda Constitucional n.º 59 em relação à educação pré-escolar. Isso incluiu a integração em programas federais e o estabelecimento de parcerias entre entidades públicas e privadas. Essas ações refletem a abordagem do Estado gerencialista, caracterizada por uma ênfase na eficiência econômica e na busca de parcerias entre diferentes setores para atingir objetivos comuns (Santos, 2018). Apesar disso, o estudo revelou que Campo Grande não conseguiu universalizar o atendimento à pré-escola em 2016.

A pesquisa de Fernandes (2018) analisa e descreve as principais políticas federais de financiamento da Educação Infantil no período de 2000 a 2016, fornecendo detalhes sobre a origem e a alocação dos recursos investidos pela União nessa etapa da Educação Básica. O objetivo era demonstrar o apoio financeiro e estrutural que o governo federal tem fornecido aos municípios e ao Distrito Federal, no âmbito do regime de colaboração, para assegurar a implementação efetiva do direito à Educação Infantil.

Os resultados da pesquisa evidenciaram que, apesar da obrigação legal de integrar os serviços de atendimento educacional à primeira infância ao sistema de educação, a maior parcela dos recursos federais destinados à Educação Infantil permanecia sendo gerida pela área de assistência social. Essa situação decorreu da fragilidade dessa etapa educacional em relação às fontes de financiamento disponíveis (Fernandes, 2018).

Assim, revelou-se que a sobrecarga dos outros entes federativos na prestação dos serviços educacionais acentuava as disparidades na oferta de educação, contribuindo para a existência de variados padrões de qualidade. Especificamente, os municípios, especialmente os de menor porte, dependiam significativamente das transferências intergovernamentais. Isso se deve ao fato de que a estrutura da receita orçamentária dos municípios no Brasil está intimamente ligada à sua população residente.

Outro aspecto crucial abordado foram os fatores de ponderação, que, apesar dos avanços alcançados à época, ainda não representam de forma precisa os custos reais relacionados à prestação de cada etapa e modalidade da educação, especialmente no que diz respeito às creches.

Nesse contexto, as creches enfrentam uma disparidade substancial entre os recursos alocados pelo Fundeb e os custos efetivos ligados à provisão dos serviços de atendimento às crianças (Fernandes, 2018).

O trabalho de Martins (2019) procurou discutir a Educação Infantil e a Infraestrutura das instituições de atendimento às crianças pequenas a partir da implantação do programa Proinfância, que desempenhou um papel significativo no impulso da Educação Infantil em João Pessoa/PB a partir de 2014. A pesquisa teve o objetivo de analisar as informações levantadas, que indicam avanços e desafios no que diz respeito à implementação dessa política de infraestrutura que foram concluídas.

A pesquisa da autora teve como abordagem metodológica a pesquisa qualitativa de caráter documental, fundamentada em bases metodológicas da dialética, que permitiu analisar o programa Proinfância e os seus desdobramentos enquanto política pública de infraestrutura e acesso, e o processo de implantação do Programa na Educação Infantil na rede municipal de ensino do Município de João Pessoa/PB. Os resultados, por sua vez, revelam avanços e retrocessos diante da efetivação dessa política de infraestrutura, pois, ao mesmo tempo que a expansão educacional passa a ser uma realidade a partir das creches construídas, os retrocessos podem ser vistos a partir dos dados que quantificam o número de obras que foram canceladas e paralisadas no município. Foram localizadas, no portal de transparência pública, 45 obras do FNDE, entre as quais encontram-se registros de 15 obras com status de concluídas, 28 canceladas e 2 paralisadas (Martins, 2019).

Araújo (2019) desenvolveu um estudo de abordagem qualitativa, com a base teórico-metodológica do círculo de Mikhail Bakhtin, que apresenta uma concepção de linguagem constitutiva da/na relação com a estrutura social. Os instrumentos e as técnicas utilizados foram: a pesquisa bibliográfica e a análise documental, além de entrevistas dialógicas com gestores, tendo como objetivo compreender o processo de implementação do Programa Nacional de Reestruturação e Aquisição de Equipamentos para Rede Escolar Pública de Educação Infantil (Proinfância) no município de Juiz de Fora/MG.

A pesquisa da autora, nas análises dos dados, revela que o programa Proinfância apresenta elementos essenciais para fortalecer a política de Educação Infantil, assegurando o acesso ao direito à Educação. Em Juiz de Fora, especificamente, o programa destacou questões históricas relacionadas à organização da oferta e gestão das creches municipais. Os efeitos da implementação do programa sugerem um enfraquecimento da política municipal de Educação Infantil, evidenciado pela dicotomia entre creche e pré-escola, com a introdução de uma política de gestão terceirizada das creches por meio de convênios com o terceiro setor.

Santos (2020) realizou uma pesquisa com objetivo de abordar a importância das políticas públicas de educação para o acesso das crianças na creche. A autora analisou as políticas públicas de educação no processo de acesso das crianças de creche da rede pública de Dois Vizinhos/PR, e a pesquisa centrou-se na metodologia exploratória com análise documental, cujas fontes foram legislações e políticas públicas mais importantes no que diz respeito ao acesso à creche, como: Constituição Federal de 1988, Estatuto da Criança e do Adolescente (ECA – Lei n.º 8069/1990), Lei de Diretrizes e Bases da Educação Nacional (LDB – n.º 9.394/1996), Diretrizes Curriculares Nacionais para Educação Infantil (DCNEI), Plano Nacional de Educação (PNE – Lei n.º 13.005/2014) e Plano Municipal de Educação de Dois Vizinhos (PME – Lei n.º 2002/2015).

Para a autora, além de identificar as estratégias desenvolvidas pelo governo municipal para garantir o acesso das crianças a creches na Educação Infantil, a pesquisa evidenciou que a creche ainda possui estreitamento com as questões de trabalho da família. Além disso, considera-se que as políticas públicas de educação não estão sendo efetivas para garantia esse acesso, inclusive das crianças de até 3 anos que residem no campo. A pesquisa também mostrou que a creche, enquanto instituição educacional, configura-se em um espaço plural e, portanto, merece mais apreciações (Santos, 2020).

Melo (2020) realizou um estudo sobre a universalização do acesso à educação. A pesquisa centrou-se na metodologia de abordagem qualitativa que combinou as técnicas de revisão bibliográfica, com análise documental de legislações e boletins de política social, análises estatísticas descritivas, bem como aplicação e análise de entrevistas semiestruturadas com gestores e ex-gestores do FNDE e da Secretaria Municipal de Educação de Natal. O autor constatou, em seu resultado, que a implementação do programa conseguiu satisfazer o que é proposto no projeto, construindo creches no município com recursos oriundos do Proinfância, evidenciando a priorização das famílias em locais de maior situação de vulnerabilidade (Melo, 2020).

Peres (2021) refletiu em sua pesquisa acerca da construção de creches por meio de Sistemas Construtivos Inovadores (SCI) como tecnologia construtiva no programa Proinfância. O percurso metodológico escolhido pela autora foi qualitativo, exploratório e descritivo, e o resultado foi a realização de um levantamento comparativo de práticas realizadas e a percepção das evoluções efetivas na governança e gestão encontradas no estudo.

Andrade (2021) teve como objetivo em sua pesquisa analisar as ações governamentais correlacionadas com a construção de instituições educacionais a partir do programa Proinfância. A autora realizou um recorte dos anos entre 2007 e 2019 e indagou acerca da eficácia e efetividade do programa. A pesquisa insere estudos quantitativos tendo como fonte de dados o Sistema Integrado de Monitoramento Execução e Controle Transparência de Obras, disponíveis no Módulo de Obras 2.0 e nos dados de escolas do Censo Escolar da Educação Básica.

De acordo com a autora, os resultados demonstram um significativo número de obras não finalizadas, indicando uma baixa eficácia dos programas, uma vez que não houve cumprimento dos objetivos preestabelecidos, diante de motivos que resultaram no cancelamento, na paralisação e, consequentemente, no estado inacabado de algumas das obras desses programas (Andrade, 2021).

Oliveira (2022) realizou uma pesquisa sobre a evolução do financiamento do Proinfância num recorte de dez anos, correspondentes aos anos de 2011 a 2021. Para tanto, realizou um levantamento bibliográfico, com dados adquiridos por meio do Sistema Integrado de Planejamento e Orçamento (Siop), cujo principal resultado encontrado foi o esvaziamento da dotação orçamentária do programa.

Na perspectiva da autora, o Proinfância representa um exemplo clássico de política pública federal que se enquadra na competência supletiva e redistributiva da União. No entanto, sua eficácia está intrinsecamente ligada à habilidade dos municípios e do Distrito Federal em executar os recursos destinados, viabilizando assim a construção e o funcionamento de creches e pré-escolas.

> A escassez de recursos destinadas a essa política indica que, ao longo do tempo, foi perdendo posição estratégica frente a outras políticas. A vigência de políticas fiscais coloca ainda mais em risco a continuidade do Proinfância (Oliveira, 2022, p. 198).

Mendes (2023) teve como objetivo de pesquisa refletir e investigar sobre a participação da sociedade no monitoramento das políticas públicas. A pesquisa seguiu a linha metodológica mista — qualitativa e quantitativa — com análise de documentos e entrevistas. Foi constatada a baixa aderência da sociedade em monitorar programas do governo como o Proinfância, e, no referido trabalho, o autor faz sugestões e apresenta propostas a serem implementadas tecnologicamente para que haja o monitoramento do programa, de modo que a "implementação das estratégias aqui propostas permitirá a melhoria das ações de acompanhamento e monitoramento do programa e, consequentemente, possibilitará que os resultados dessa política pública se tornem mais eficientes, eficazes e efetivos" (Mendes, 2023, p. 170), com objetivo de disseminação de informação gerando conhecimento sobre o programa e sua execução.

Os estudos sobre o Proinfância revelam a complexidade e a abrangência do programa, dividindo-se em diversas categorias. A implementação e a descentralização de políticas públicas são analisadas, destacando a cooperação entre esferas federativas e as divergências entre concepções federais e práticas locais. As condições e a infraestrutura das unidades de Educação Infantil são avaliadas, revelando precariedade e limitações arquitetônicas. A eficácia e as especificidades locais do programa são discutidas, enfatizando a necessidade de estratégias adaptadas às realidades locais. A expansão e a oferta de vagas na Educação Infantil são avaliadas, evidenciando atrasos e desigualdades. A qualidade do atendimento e a participação comunitária é ressaltada, enfatizando o diálogo com a comunidade e a reorientação das condições de trabalho docente. Por fim, os desafios e as limitações do programa são destacados, incluindo insuficiência de recursos, entraves burocráticos e falhas na comunicação e apoio contínuo.

Considerações finais

As pesquisas que analisaram o Proinfância foram importantes para descortinar algumas problemáticas da realidade brasileira, vinculadas à política de expansão de vagas elaborada pelo Ministério da Educação, junto ao PDE, em 2007. Os principais impasses para a construção e finalização dos prédios estão na rigidez do projeto e na não possibilidade de adequá-lo à realidade local de cada região do país. Esses sinais dificultam a celeridade da obra, prejudicando especialmente as crianças de 0 a 5 anos e a comunidade local, que necessitam do espaço.

No entanto, por meio dos estudos realizados, ficou evidente que, apesar dos impasses, as unidades estão funcionando, e, em alguns casos, a expansão de vagas para a Educação Infantil foi possível. É necessário dar continuidade a pesquisas que avaliem o Proinfância nas diferentes realidades do país, em suas múltiplas dimensões, para que se perceba como as construções que foram entregues à sociedade estão sendo, de fato, utilizadas pelas crianças dos municípios, e como o desenvolvimento do trabalho pedagógico está se consolidando por meio de um projeto de Educação Infantil pautado nas necessidades do público atendido.

Cabe reforçar que os recursos financeiros designados para a Educação Infantil ainda são insuficientes para garantir a efetividade do acesso à primeira etapa da Educação Básica. Além disso, as condições dos municípios na federação brasileira são divergentes, sendo necessário, portanto, mais participação da União no apoio à implementação de políticas de valorização salarial dos profissionais da educação e à manutenção dos espaços construídos e finalização dos espaços iniciados pelo programa.

Desse modo, é válido afirmar que a responsabilidade de oferta da Educação Infantil é dos municípios (CF/1988; LDB/1996), cabendo, portanto, a esse ente da federação a tarefa de implantar políticas para a área. Sendo também a esfera administrativa a mais próxima do cidadão, é o município quem tem por função viabilizar e acompanhar um maior volume de políticas públicas disponibilizadas à população. Paradoxalmente, grande parte dos recursos financeiros pertence à União e aos estados, e não aos municípios.

Diante dos aspectos sinalizados, conclui-se que os municípios devem realizar planejamentos precisos de atendimento para cumprir a Meta 1 do atual Plano Nacional de Educação (PNE), que prevê a ampliação das matrículas na Educação Infantil. É essencial que as prefeituras estabeleçam setores de planejamento dedicados ao estudo da demanda nessa área, garantindo, assim, dados concretos para embasar as decisões educacionais de cada localidade. Como foi evidenciado nos estudos apresentados, a política de construção de creches e pré-escolas, via Proinfância, apesar de ser uma importante política indutora, não foi suficiente para alcançar as metas estabelecidas nos Planos Nacionais de Educação (2001–2010 e 2014–2024). Isso porque uma política de ampliação de vagas não basta para dar respostas a questões complexas que envolvem esse nível de educação, como: manutenção das unidades do Proinfância, formação de professores e obrigatoriedade do atendimento educacional para crianças de 4 e 5 anos.

O estudo revelou que o Proinfância contribuiu para colocar a educação na agenda de prioridades da política educacional no âmbito do governo federal e dos governos municipais, representando um avanço histórico para a área. Assim, algumas questões ainda precisam ser esclarecidas para que o programa alcance os seus objetivos, mesmo para as localidades em que já estão em funcionamento, destacando-se: i) discussão dos aspectos do currículo específico para a Educação Infantil, de acordo com as Diretrizes Curriculares Nacionais de Educação Infantil; ii) aproximação e diálogo entre as secretarias para implementação e acompanhamento de projetos construtivos; iii) monitoramento da relação entre demanda e oferta de Educação Infantil; iv) composição e efetivo funcionamento de seus Sistemas Municipais de Educação; v) implementação de setor específico para acompanhar o diálogo com o governo federal.

Por fim, salienta-se a relevância do Proinfância enquanto política indutora da expansão de vagas para a Educação Infantil, ao mesmo tempo que se reivindica mais e melhor adequação aos diferentes espaços educativos dos múltiplos e diferentes municípios brasileiros. Nos últimos anos (2016–2024), muitas foram as forças políticas e ideológicas contrárias à expansão e ao investimento para a Educação Infantil, por meio da falta de aportes financeiros para a ampliação de espaços arquitetônicos, bem como a paralisação das obras que estavam em andamento antes do referido período. O tempo sombrio foi vencido, mas muitas lutas ainda precisam ser travadas para garantir a expansão de vagas à Educação Infantil.

Destaca-se, também, a necessidade de um maior aporte de recursos financeiros e humanos, que viabilize a oferta de uma Educação Infantil de qualidade, em edificações que contemplem a diversidade de demandas dos municípios, para que eles possam organizar suas práticas pedagógicas em espaços arquitetônicos cuidadosamente planejados. Assim, são desenvolvidas as ações educativas de cuidar, educar, interagir e brincar, com profissionais qualificados, que contribuem para a melhoria da qualidade da Educação Infantil.

Referências

Abrucio, F. L., & Ramos, M. N. (2012) *Regime de colaboração e associativismo territorial*. Fundação Santillana.

Andrade, A. B. (2021) *As ações do Governo Federal para as construções de escolas entre 2007 a 2019*. [Dissertação de Mestrado em Educação], Universidade Federal do Paraná. https://hdl.handle.net/1884/74362

Araújo, V. C. (2019) *O Programa Proinfância e seus desdobramentos: o caso do município de Juiz de Fora/MG*. [Tese de Doutorado em Educação], Universidade de Juiz de Fora. https://repositorio.ufjf.br/jspui/handle/ufjf/10005

Brasil. (2001) *Lei nº 10.172, de 9 de janeiro de 2001: Plano Nacional de Educação*. Casa Civil. http://www. planalto.gov.br/ccivil_03/leis/leis_2001/l10172.htm

Brasil. (2008) *Decreto nº 6.494, de 30 de junho de 2008: Dispõe sobre o Programa Nacional de Reestruturação e Aquisição de Equipamentos para a Rede Escolar Pública de Educação Infantil - Pro-Infância*. https://www.planalto.gov.br/ccivil_03/_ato2007-2010/2008/decreto/d6494.htm

Brasil. (1988) *Constituição da República Federativa do Brasil de 1988*. Casa Civil. http://www.planalto.gov.br/ccivil_03/constituicao/constituicaocompilado.htm

Brasil. (2007) *O Plano de Desenvolvimento da Educação: razões, princípios e programas*. MEC. http://portal.mec.gov.br/arquivos/livro/livro.pdf

Brasil. (2014) *Lei n.º 13.005, de 25 junho de 2014: Plano Nacional de Educação*. Casa Civil. http://www.planalto.gov.br/ccivil_03/_ato2011-2014/2014/lei/l13005.htm

Brasil. (2006) *Parâmetros Básicos de Infraestrutura para Instituições de Educação Infantil*. Brasília: MEC/Secretaria da Educação Básica.

Brasil. (2009) *Diretrizes Curriculares Nacionais para a Educação Infantil*. Brasília: MEC/Secretaria da Educação Básica.

Campos, M. M., & Cruz, S. H. V. (2011). *Consulta sobre a qualidade da Educação Infantil: o que pensam e querem os sujeitos deste direito*. Cortez.

Campos, M. M. (2008) A legislação, as políticas nacionais de Educação Infantil e a realidade: desencontros e desafios. In M. L. A. Machado (Org.). *Encontros e desencontros da Educação Infantil*. (pp. 26-36). Cortez.

Campos, M. M. et al. (2011, janeiro, abril) A qualidade da Educação Infantil: um estudo em seis capitais brasileiras. *Cadernos de Pesquisa, 41*(141), 20-30.

Campos, M. M. (2011, julho, dezembro) As políticas e a gestão da educação infantil. *Retratos da Escola, 5*(9), 201-214.

Costa, S. C. (2015) *Programa Proinfância: considerações sobre os efeitos nas políticas municipais de Educação Infantil* [Tese de Doutorado em Educação, Conhecimento e Inclusão Social], Universidade Federal de Minas Gerais. https://repositorio. ufmg.br/handle/1843/BUBD-A8JPQ6

Garcia, W. S. O. A. (2014) *Políticas públicas para a Educação Infantil na cidade de Chapadão do Sul: estudo de caso do Programa Proinfância.* [Dissertação de Mestrado em Educação], Universidade Estadual de Mato Grosso do Sul. http://www.uems. br/assets/uploads/biblioteca/2016-10-04_13-40-11.pdf

Gomes, I. S., & Caminha, I. O. (2014, janeiro, março). Guia para estudos de revisão sistemática: uma opção metodológica para as Ciências do Movimento Humano. *Movimento, 20*(1), 395-411.

Fernandes, E. (2018) *Financiamento da educação infantil no Brasil: descrição e análise da participação do governo federal no período de 2000 a 2016.* [Dissertação de Mestrado], Universidade Estadual de Campinas, Faculdade de Educação.

Klosinki, D. V. (2016) *Uma avaliação do programa Proinfância em Erechim: a política dos espaços escolares* [Dissertação de Mestrado em Educação], Universidade Federal da Fronteira do Sul. https://rd.uffs.edu.br/handle/prefix/692.

Martins, J. N. (2019) *Educação Infantil e Infraestrutura: uma análise do Programa Proinfância no município de João Pessoa (PB).* [Dissertação de Mestrado], Universidade Federal da Paraíba. https://repositorio.ufpb.br/jspui/handle/123456789/19642

Mattos, C. S. (2014) *A implementação do Proinfância em Juiz de Fora e seus desdobramentos.* [Dissertação de Mestrado em Gestão e Avaliação da Educação Pública], Universidade Federal de Juiz de Fora. https://repositorio.ufjf.br/jspui/handle/ufjf/445

Melo, F. Y. M. (2020) *Existem princípios de justiça equitativa na educação? Um estudo de programas educacionais executados pelo Fundo Nacional de Desenvolvimento da Educação.* [Mestrado em Estudos Urbanos e Regionais], Centro de Ciências Humanas, Letras e Artes, Universidade Federal do Rio Grande do Norte. https:// repositorio.ufrn.br/handle/123456789/31399

Mendes, A. R. D. L. (2023) *Participação da sociedade no monitoramento do programa educacional Proinfância.* [Dissertação de Mestrado em Educação], Universidade de Brasília. http://repositorio2.unb.br/jspui/handle/10482/46875

Nascimento, M. L., Campos, M. M., & Coelho, R. (2011, janeiro, abril) As políticas e a gestão da Educação Infantil. (Entrevista). *Revista Retratos da Escola, 5*(9), 201-214.

Oliveira, E. N. (2022) *O financiamento da educação infantil: o Proinfância no período de 2011 a 2021.* [Dissertação de Mestrado em Educação], Universidade Federal de Goiás. http://repositorio.bc.ufg.br/tede/handle/tede/12617

Oliveira, J. S., & Borghi, R. F. (2013, janeiro, abril) FUNDEF/FUNDEB – implicações para oferta de Educação Infantil via convênios/ parcerias. *Eccos Revista Científica, 30*, 35-53.

Peres, A. P. F. (2021) *Sistemas Construtivos Inovadores em obras públicas: estudo de implementação do programa Proinfância no Brasil* [Dissertação de Mestrado em Gestão de Organizações Públicas], Universidade de Santa Maria. https://repositorio.ufsm.br/handle/1/23416

Pires, A. M. B. (2017) *O Proinfância como política de acesso à Educação Infantil nas cidades do sudeste goiano* [Dissertação de Mestrado em Educação], Universidade Federal de Goiás. https://repositorio.bc.ufg.br/tede/handle/tede/7861

Ramos, J. L. R. B. (2011) *Implementação de programas federais e descentralização de políticas públicas: um estudo de casos no contexto do Proinfância* [Dissertação de Mestrado em Administração], Universidade de Brasília. https://repositorio.unb.br/handle/10482/9522

Santos, A. P. O. dos. (2018) *Arranjos e estratégias para o cumprimento da Emenda Constitucional 59/2009: estudo do município de Campo Grande - MS.* [Dissertação de Mestrado em Educação], Faculdade de Educação, Universidade Federal da Grande Dourados. http://repositorio.ufgd.edu.br/jspui/handle/prefix/1113

Santos, E. A. M. (2020) *Educação infantil: um olhar sobre o processo de acesso das crianças nas creches de Dois Vizinhos - PR.* [Dissertação de Mestrado em Desenvolvimento Regional], Universidade Tecnológica Federal do Paraná. http://repositorio.utfpr.edu.br/jspui/handle/1/5070

Saviani, D. (2009) *PDE – Plano de Desenvolvimento da Educação: análise crítica da política do MEC.* Autores Associados.

Silva, G. (2019) *As políticas educacionais para a Educação Infantil pós-1988: uma análise no município de São Raimundo Nonato – PI* [Tese de Doutorado em Educação], Universidade Federal da Paraíba. https://repositorio.ufpb.br/jspui/handle/123456789/16910

Silva, P. L. F. V. (2014) *As condições de trabalho docente na Educação Infantil: uma análise a partir do Proinfância em quatro municípios do Rio de Janeiro* [Dissertação de Mestrado em Educação], Universidade Federal do Rio de Janeiro. http://www.unirio.br/ppgedu/dissertacoes/DissertaoPPGEduFernandaBezerradeAlmeida.pdf

CAPÍTULO VIII

VINTE ANOS (2003–2023) DE EDUCAÇÃO INFANTIL NAS PRODUÇÕES CIENTÍFICAS DA UERJ: ENTRE TESES E DISSERTAÇÕES[20]

Roberta Teixeira de Souza

Nas últimas décadas, a Educação Infantil tem sido reconhecida como tema de relevância na política educacional brasileira. Inegáveis são as conquistas decorrentes da Constituição Federal de 1988, da Lei de Diretrizes e Bases da Educação Nacional n.º 9.394/96 e do Plano Nacional de Educação (PNE 2014–2024), que conferiram às crianças de 0 a 5 anos o direito à Educação, o dever do Estado quanto à sua efetivação, a universalização da pré-escola e a ampliação em 50% das vagas e matrículas na creche. Contudo, o cenário da educação das infâncias na atualidade revela ainda muitos desafios a serem enfrentados.

No campo acadêmico, também são crescentes as pesquisas que reafirmam a consolidação da primeira etapa da Educação Básica como objeto de análise e produção de conhecimento. Em diálogo com os trabalhos científicos do século XXI, este capítulo se propõe a fazer um levantamento das teses e dissertações que tiveram como foco as temáticas: Infância, Educação Infantil e Creche, publicadas no período de 2003 a 2023 em quatro programas de pós-graduação da Universidade do Estado do Rio de Janeiro (UERJ). São eles: Processos Formativos e Desigualdades Sociais (PPGEDU); Educação, Cultura e Comunicação em Periferias Urbanas (PPGECC); Políticas Públicas e Formação Humana (PPFH) e Programa de Pós-Graduação em Educação (ProPEd).

O presente estudo amplia as análises iniciais que foram realizadas por Nascimento da Silva (2016) e atualizadas por Nascimento da Silva et al.

---

[20] Toda esta investigação teve como ponto de partida a dissertação de mestrado em Educação de Anne Patrícia Pimentel Nascimento da Silva (1971–2021), intitulada "Os 12 anos (2003-2015) de Educação Infantil na UERJ: entre teses e dissertações" e apresentada ao Programa de Pós-Graduação em Educação da Universidade do Estado do Rio de Janeiro (ProPEd) em 2016.

(2020), revelando os modos pelos quais os temas relacionados à Educação Infantil se apresentam e são tratados nas produções acadêmicas da UERJ em nível de mestrado e doutorado nos últimos 20 anos. Para a análise do material pesquisado, são propostas as seguintes reflexões: quais as temáticas abordadas? Que aportes teórico-metodológicos são utilizados? Quais os resultados e desafios encontrados? Que lacunas ainda precisam ser preenchidas? A busca por respostas a essas indagações, além de dar visibilidade ao que já fora produzido, também pode contribuir para o surgimento de novas pesquisas relativas à Educação Infantil.

Adotou-se como metodologia o Estado do Conhecimento, definido por Soares e Maciel (2000) como um procedimento mais restrito, que aborda apenas um setor das publicações sobre determinado tema. Segundo as autoras, a multiplicidade de trabalhos nas diferentes áreas e com diversas ênfases não colabora para integrar as pesquisas e seus resultados, além de não explicar as contradições e as incoerências encontradas.

Nos trabalhos acadêmicos do tipo Estado do Conhecimento, busca-se mapear, organizar e analisar a produção científica em determinada área de conhecimento. Essas investigações são essenciais para que o pesquisador não apenas conheça o que já foi produzido sobre uma temática específica, mas também contribua com novas pesquisas e com o avanço dos conhecimentos. O conjunto de técnicas e procedimentos que inclui a consulta, a organização e a análise dos dados já produzidos em determinado campo disciplinar e sobre determinada temática oferece elementos relevantes para fundamentar a necessidade de novas produções científicas. Compreende-se, então, que o Estado do Conhecimento deve ser realizado com regularidade, considerando o registro e a atualização permanente das pesquisas.

De acordo com Morosini e Fernandes (2014), os últimos anos foram primordiais para o aumento das pesquisas e dos estudos denominados Estado do Conhecimento, principalmente pela facilidade de acesso às produções científicas (artigos, dissertações, teses, publicações em eventos etc.) promovida pela internet e pelos bancos de dados disponíveis on-line.

Ainda sobre os estudos do tipo Estado do Conhecimento, Romanowski e Ens (2006) acrescentam:

> ... podem significar uma contribuição importante na constituição do campo teórico de uma área de conhecimento, pois

> procuram identificar os aportes significativos da construção da teoria e prática pedagógica, apontar as restrições sobre o campo em que se move a pesquisa, as suas lacunas de disseminação, identificar experiências inovadoras investigadas que apontem alternativas de solução para os problemas da prática e reconhecer as contribuições da pesquisa na constituição de propostas na área focalizada (p. 39).

A defesa do Estado do Conhecimento como metodologia de pesquisa é uma tentativa de melhor ajustar os objetivos às especificidades dos variados campos de investigação, corroborando intencionalmente para a contextualização, a problematização e a exploração de desafios e orientação de abordagens futuras (Torres & Palhares, 2014). No artigo "As pesquisas denominadas: O Estado do Conhecimento", Ferreira (2002) enfatiza que o que mobiliza os pesquisadores nesse tipo de inventário descritivo da produção acadêmica é o não conhecimento da totalidade de produções em determinada área que revela crescimento quantitativo e qualitativo das pesquisas, mas que ainda não foram amplamente divulgadas.

Os diversos autores que utilizam o Estado do Conhecimento como procedimento metodológico apresentam orientações que corroboram na identificação dos principais temas, interesses e resultados das pesquisas que serão aqui analisadas. Mais do que quantificá-las, este estudo se propõe a aprofundar e fazer emergir o que dizem as discussões sobre as temáticas: Infância, Educação Infantil e Creche nos programas de pós-graduação da UERJ.

As investigações que tiveram como foco a Infância se inserem neste estudo por fazerem parte de uma área que tem se expandido nas últimas décadas e com a qual a Educação Infantil se relaciona. Já as teses e dissertações que versam sobre a primeira etapa da Educação Básica acompanham o destaque que a educação das crianças de 0 a 5 anos vem conquistando no cenário político e educacional brasileiro. Tais conquistas legitimam e demarcam o lugar da Educação Infantil na esfera das políticas nacionais. Entretanto, diversos desafios continuam a atravessar esse campo.

A Lei n.º 12.796/2013, que tornou obrigatória a matrícula e a frequência a partir dos 4 anos de idade, e o PNE (2014–2024), que estabeleceu como Meta 1 a universalização da pré-escola, parecem priorizá-la em detrimento da creche. Portanto, o levantamento das produções científicas sobre a creche buscou contribuir para o fortalecimento da Educação

Infantil sem fragmentá-la, pois, de acordo com a pesquisa realizada por Campos (2012), ainda há uma persistência em deixar o bebê e a criança de até 3 anos de idade à mercê de políticas educacionais, que cada vez mais segmentam, subalternam e discriminam, em vez de promover a equidade e a justiça social.

Para a produção dos dados presentes neste estudo, a partir das palavras-chave Infância, Educação Infantil e Creche, buscou-se nas Bibliotecas Digitais de Teses e Dissertações (BDTD) dos quatro programas de pós-graduação já mencionados e, neles, os trabalhos publicados entre os anos de 2019 e 2023. Esse levantamento somou-se aos anteriores realizados por Nascimento da Silva (2016), que tiveram como período de análise os anos de 2003 a 2015, e complementado por Nascimento da Silva et al. (2020), apresentando as teses e dissertações publicadas durante os anos de 2016 a 2018.

O trabalho de análise adotou como procedimentos: i) leitura de título, palavras-chave e resumo; ii) leitura minuciosa do resumo e posteriormente sua síntese; iii) organização dos dados evidenciados nos resumos das pesquisas em tabela digital (Excel), a partir dos itens: título, autor, programa e ano de publicação, possibilitando a familiarização com cada temática e a apropriação do seu conteúdo.

Os dados que serão aqui apresentados referem-se à soma das três buscas. No âmbito dos programas pesquisados, foram encontradas 190 produções; sendo 55 teses e 137 dissertações.

No primeiro levantamento realizado por Nascimento da Silva (2016), foram identificadas 67 produções, sendo 14 teses e 53 dissertações. Dos 67 trabalhos selecionados, 29 tiveram como foco a Infância (no sentido mais ampliado) e a Criança. Deles, 6 são teses e 23 são dissertações. No que diz respeito ao tema Educação Infantil, foram encontrados 19 estudos; entre eles, 4 teses e 15 dissertações. No que se refere exclusivamente à Creche, foram encontradas 19 pesquisas (4 teses e 15 dissertações). O estudo produzido por Nascimento da Silva et al. (2020) inventariou e analisou 35 trabalhos acadêmicos sobre as mesmas temáticas, divididos em 8 teses e 27 dissertações.

Para compor o recorte temporal de 20 anos (2003–2023) de produções científicas sobre Educação Infantil na UERJ, este estudo dedicou-se ao inventário descritivo das produções acadêmicas compreendidas entre os anos de 2019 e 2023. Na pesquisa atual, notou-se significativo aumento no número de teses e dissertações nos quatro programas de pós-graduação da UERJ. Durante os anos de 2019 e 2023, foram publicados 88 trabalhos, sendo 32 teses e 56 dissertações, que se relacionaram com as temáticas da Infância, Educação Infantil e Creche. Como recorte deste estudo, serão analisadas as 114 produções (33 teses e 81 dissertações) referentes à Educação Infantil (creche e pré-escola) nos últimos 20 anos. Para isso, a produção científica foi dividida e organizada de acordo com os eixos temáticos das análises anteriores (Nascimento da Silva, 2016; Nascimento da Silva et al., 2020): Currículo, Diversidade (relações étnico-raciais, inclusão, gênero e sexualidade), Estudos Biográficos, Formação de Profissionais da Educação Infantil, Legitimação da Infância como Experiência, Políticas Públicas e Revisão Bibliográfica, acrescentando-se apenas um novo eixo: Avaliação na/da Educação Infantil, pois, nos levantamentos realizados anteriormente, ainda não haviam sido identificados trabalhos sobre essa temática.

A tabela a seguir apresenta o quantitativo de teses e dissertações organizadas por categoria no período de 2003 a 2023:

Tabela 1

20 anos (2003–2023) de Educação Infantil nas produções científicas da UERJ: entre teses e dissertações

Categorias	Quantidade de trabalhos (teses e dissertações)
Avaliação	2
Currículo	22
Diversidade (relações étnico-raciais, inclusão, gênero e sexualidade)	18
Estudos Biográficos	3
Formação de Profissionais da Educação Infantil	21
Legitimação da Infância como Experiência	15
Políticas Públicas	30
Revisão Bibliográfica	3
Total de categorias: 8	Total de trabalhos: 114

A categoria Políticas Públicas foi a que mais cresceu nos últimos 20 anos e a que mais apresentou produções. Até 2018, foram identificados 14 trabalhos entre teses e dissertações. No período de 2019 a 2023 foram publicados mais 16 trabalhos.

O gráfico abaixo apresenta o percentual dos trabalhos organizados por categoria:

Figura 1

Gráfico com percentual de trabalho por categoria

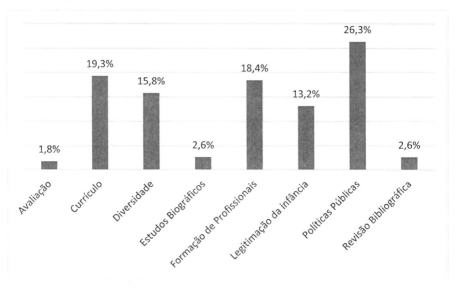

O campo da avaliação na/da Educação Infantil se apresenta como pouco explorado nos programas de pós-graduação da UERJ. No levantamento realizado ao longo de todo o período, foram identificadas apenas duas dissertações publicadas recentemente. A pesquisa de Amancio (2023) reitera a importância do processo de avaliação institucional, oportunizando diálogos no cotidiano da Educação Infantil. Além disso, propõe o debate acerca dos processos de avaliação numa "costura" entre teoria e prática, indissociabilizando-a do trabalho pedagógico. O trabalho de Paula (2023) investiga as concepções e os sentidos que permeiam os processos pedagógicos na transição vivenciada pelas crianças em idade pré-escolar para o 1º ano do Ensino Fundamental, a partir dos estudos sobre avaliação da aprendizagem.

O Currículo desenvolvido na Educação Infantil é questão intrínseca e complementar às discussões sobre a formação dos profissionais da área. Até 2018, esse eixo era composto por 12 estudos, tendo sido ampliado por 10 trabalhos nos últimos cinco anos. Inicialmente, foram encontradas as seguintes produções científicas: Cardoso (2003); Maia (2011); Drumond (2014); Alves (2016); Lima (2016); Pires (2016); Silva J. (2016); Silva, M. (2016); Silva, M. N. (2016); Almeida (2017); Santos (2018); Dinis (2018). A ampliação de pesquisas que ofereceram subsídios para pensar a construção de currículos de Educação Infantil a partir de diferentes perspectivas, nos últimos anos, deu-se a partir dos seguintes estudos: Camões (2019); Drummond (2019); Melo (2019); Mota (2019); Oliveira (2020); Atty (2021); Oliva (2021); Silva, D. (2021); Silva (2022); Pereira (2023). Tal incremento pode ter relação com a Base Nacional Comum Curricular para a Educação Infantil (BNCCEI), publicada em 2017, e refletir sobre as propostas contidas no documento.

A produção acadêmica que envolve temas relacionados à Diversidade na área da Educação Infantil cresceu nos programas de pós-graduação da UERJ e passou a representar quatro campos de análise: relações étnico-raciais, inclusão, gênero e sexualidade. Até 2018, haviam sido encontrados oito trabalhos entre teses e dissertações, sendo eles os estudos de Campos (2012); Rosa (2012); Pereira (2015); Braga (2016); Rossato (2017); Miceli (2017); Siqueira (2017); Santos (2018). A partir de 2019, dez novas pesquisas foram produzidas: Silva (2019); Vique (2019); Cavalcanti (2020); Sousa (2021); Vidal (2021); Romão (2022); Santos, A. (2022); Cunha (2023); Marques (2023); Teperino (2023).

No eixo Estudos Biográficos, nenhum novo trabalho foi encontrado. Ficamos com os produzidos até 2018 (Carvalho, 2014; Reis, 2014; Elia, 2018). Carvalho (2014) e Reis (2014) ajudaram a dar visibilidade ao tema e contribuíram para reafirmar a importância de educadoras que deixaram o seu legado para a Educação Infantil no Brasil ao longo da história. Já Elia (2018) analisou como Mário de Andrade pôs em prática um projeto de Educação Infantil, denominado "Parques Infantis", com crianças realizando atividades artísticas ao ar livre, inspiradas em diversas manifestações culturais do Brasil.

Até 2018, 13 estudos sobre Formação de Profissionais da Educação Infantil foram encontrados: Frangella (2006); Fabricante (2012); Fernandes (2012); Mattos (2013); Campos (2014); Carpi (2014); Barros (2015); Zadminas (2016); Abreu (2017); Oliveira, R. (2017); Morais (2018); Santos, R. (2018); Silva (2018). As pesquisas sobre esse tema foram ampliadas com mais oito até 2023. São elas: Araujo (2019); Motta (2019); Paula (2021); Rosa (2021); Oliveira, A. (2023); Negreiros (2023); Oliveira, R. (2023). Todas contemplaram reflexões, preocupações e perspectivas que perpassam desde o currículo oferecido na formação dos profissionais da infância até a construção de práticas no cotidiano das creches e pré-escolas. Os 21 trabalhos reunidos apontam a formação dos profissionais como aspecto imprescindível à caracterização do trabalho docente na Educação Infantil.

A legitimação da infância como experiência foi identificada, inicialmente, em duas dissertações (Melro, 2013; Lopes, 2015). De 2019 a 2023, foram produzidas mais 13 pesquisas, entre teses e dissertações (Lopes, 2019; Estani, 2020; Pestana, 2020; Silva, 2020; Macedo, 2021; Silva, C., 2021; Azevedo, 2022; Santos, A., 2022; Menezes, A., 2023; Machado, 2023; Menezes, L., 2023; Perrotta, 2023; Vianna, 2023). Os 15 estudos, em geral, buscaram compreender como a criança e a infância eram consideradas no campo acadêmico tradicional e como são vistas e legitimadas na contemporaneidade. Apresentaram caminhos possíveis para pensar uma escola de Educação Infantil na qual professores e crianças compartilham, intencionalmente, a experiência educativa. Outro ponto que aparece nos textos é a concepção de criança e infância muito além do tempo cronológico, levando os sujeitos a estarem abertos ao novo e para o mundo. O reconhecimento das crianças como sujeitos de direitos e produtoras de cultura também se faz presente nas pesquisas que compõem essa categoria de análise. A escola é compreendida a partir das experiências das crianças, rompendo com formas padronizadas de ensino, levando adultos e crianças a aprenderem e interpretarem o mundo de maneira individual e coletiva.

Das 14 pesquisas sobre Políticas Públicas para a criança pequena coletadas nos levantamentos anteriores (Moraes, 2007; D'Almeida 2009, 2014; Brasil, 2016; Lamare, 2016; Coutinho, 2017; Endlich, 2017; 2023; Oliveira, C., 2017; Peres, 2017; Faria, 2018; Gil, 2018; Mendes, 2018; Ribeiro, 2018; Rodrigues, 2018), passou-se para 30 estudos. Os 16 últimos (Alencar, 2019; Martins, 2019; Ribeiro, 2019; Souza, 2019; Campos, 2020; Motta, 2020; Monsores, 2021; Silva, D., 2021; Mattos, 2022; Ribeiro, 2022; Rodrigues, 2022; Vasconcellos, 2022; Amaral, 2023; Pessanha, 2023, Silva, 2023) analisaram o quanto os direitos das crianças à Educação Infantil são atravessados por interesses políticos e explicitaram o lugar que as infâncias e a educação destinadas a elas ocupa na atualidade.

A Revisão Bibliográfica foi objeto de estudo de apenas três trabalhos, sendo uma tese e duas dissertações. Miranda (2016) analisou a produção acadêmica sobre Educação Infantil em contextos rurais no período de

2000 a 2010. O trabalho de Dornelles (2016) investigou a relação entre criança, livro e literatura infantil a partir de ações acadêmicas desenvolvidas em uma Biblioteca Escolar, localizada nas dependências de uma creche universitária. A pesquisa de Nascimento da Silva (2016) analisou teses e dissertações de quatro programas de pós-graduação da UERJ, no período de 2003 a 2015, a partir dos temas: Infância, Educação Infantil e Creche. Na dissertação, o tema creche foi aprofundado e analisado criticamente. A aproximação com as famílias e a formação dos profissionais que atuam com bebês e crianças pequenas assumiram centralidade.

O levantamento realizado nos quatro programas de pós-graduação da UERJ revelou que diversos pesquisadores têm desenvolvido estudos sobre temáticas que dialogam com a Educação Infantil, contribuindo para a ampliação e a consolidação dessa etapa como objeto de produção de conhecimento científico. As teses e dissertações trilham um terreno de constantes reafirmações de direitos, discussões sobre o lugar da Educação Infantil e seu reconhecimento como campo fértil de estudos que apontam caminhos para novas investigações.

Ao buscar sintetizar as pesquisas realizadas nos quatro programas de pós-graduação da UERJ, ao longo de duas décadas (2003–2023), este estudo bibliográfico aqui representado como "Estado do Conhecimento" demarca, historicamente, o lugar da universidade e seus pesquisadores, não só no compromisso com a formação inicial dos professores e professoras da infância, mas também na produção do conhecimento científico por meio de pesquisas que potenciam a Educação Infantil como direito das crianças pequenas e ajudam na construção de práticas de qualidade para esse segmento.

As análises realizadas a partir da leitura dos resumos apontam sempre alguns limites. Ferreira (2002) destaca que a leitura integral dos textos que compõem o corpus dos estudos corrobora para o aprofundamento das análises e do conhecimento sobre a produção acadêmica realizada. Mesmo assim, os trabalhos aqui analisados indicaram o crescimento considerável em áreas sensíveis, como vimos ocorrer com as pesquisas sobre políticas públicas. No entanto, também revelaram que alguns campos merecem mais aprofundamento por ainda estarem silenciados nas pesquisas referentes à Educação Infantil.

O compromisso deste levantamento bibliográfico foi dar tratamento especial às produções dos últimos 20 anos, a partir da produção de quatro programas de pós-graduação de uma mesma universidade estadual, tendo como recorte as 114 produções (33 teses e 81 dissertações) referentes à Educação Infantil (creche e pré-escola). São estudos desenvolvidos por autores que se debruçaram a pesquisar a educação da/na primeira infância, fazendo emergir seus principais interesses, arcabouço teórico, características metodológicas e concepções centrais em que se baseiam. Ao analisar as pesquisas, o objetivo foi identificar os desafios à sua realização e indicar contribuições possíveis para investigações futuras. Os resultados apontaram para a necessidade de tratamentos refinados, olhares críticos e aprofundados sobre os diferentes temas que se relacionam com a Educação Infantil. As análises nos permitem afirmar que existe uma base comum, que aproxima os estudos compartilhados, porém, ainda se faz necessário avançar no estabelecimento de critérios que são fundamentais ao desenvolvimento das próximas investigações.

Dessa forma, este estudo teve como propósito contribuir com o acompanhamento histórico da produção do conhecimento na área, demarcando temas ainda pouco estudados, favorecendo o intercâmbio entre os diferentes saberes e apontando para a possibilidade de novas investigações.

Referências

Abreu, R. S. (2017) *Tia, eu fiz um desenho prá você! Investigando o desenho infantil a partir das narrativas de crianças pequenas e da prática pedagógica.* [Dissertação de Mestrado em Educação – Processos Formativos e Desigualdades Sociais], Universidade do Estado do Rio de Janeiro.

Alencar, C. S. de. (2019) *Expectativas de famílias das classes populares sobre o direito à Educação Infantil em uma creche de favela.* [Dissertação de Mestrado em Educação Processos Formativos e Desigualdades Sociais], Universidade do Estado do Rio de Janeiro.

Almeida, A. G. de. (2017) *A Roda de Conversa na escola da infância: (re) pensando as experiências de linguagens no cotidiano de uma unidade municipal de Educação Infantil.* [Dissertação de Mestrado em Educação – Processos Formativos e Desigualdades Sociais], Universidade do Estado do Rio de Janeiro.

Alves, F. de S. (2016) *"Tem uma hora que aprendemos a contar na cabeça": um estudo sobre a construção do número e o campo aditivo na educação infantil.* [Dissertação de Mestrado em Educação Cultura e Comunicação], Universidade do Estado do Rio de Janeiro.

Amancio, C. F. C. (2023) *Avaliação Institucional na Educação Infantil: Refletindo o percurso, repensando a trajetória, tecendo possibilidades na formação docente.* [Dissertação de Mestrado em Educação], Faculdade de Educação, Universidade do Estado do Rio de Janeiro.

Amaral, M. A. R. G. (2023) *As creches como reivindicação e políticas públicas em Nova Iguaçu (1975-1988): a ação política no governo de Francisco Amaral.* [Dissertação de Mestrado em Educação, Cultura e Comunicação], Universidade do Estado do Rio de Janeiro.

Araujo, A. C. P. de. (2019) *Pacto Nacional pela Alfabetização na Idade Certa (PNAIC): uma proposta de formação continuada para professoras de crianças de 4 e 5 anos.* [Dissertação de Mestrado em Educação – Processos Formativos e Desigualdades Sociais], Universidade do Estado do Rio de Janeiro.

Atty, T. de O. Q. (2021) *Alfabetização e letramento, princípios e processos: educação infantil.* [Dissertação de Mestrado em Educação], Faculdade de Educação, Universidade do Estado do Rio de Janeiro.

Azevedo, J. C. M. de. (2022) *As crianças do Morro São João: infância e cultura de pares entre janelas, lajes, ruas e vielas.* [Dissertação de Mestrado em Educação], Faculdade de Educação, Universidade do Estado do Rio de Janeiro.

Barros, J. F. de. (2015) *Formação docente continuada em unidade universitária federal de educação infantil: concepção, desafios e potencialidades na UUFEI – Creche UFF.* [Tese de Doutorado em Educação], Faculdade de Educação, Universidade do Estado do Rio de Janeiro.

Braga, A. de O. (2016) *"Solta o cabelo!": etnografia sobre o cabelo crespo como marcador de identidade étnico-racial entre crianças negras da Educação Infantil.* [Dissertação de Mestrado em Educação, Cultura e Comunicação], Faculdade de Educação da Baixado Fluminense, Universidade do Estado do Rio de Janeiro.

Brasil. (2013) Congresso Nacional. Processos legislativos da Lei nº 12.796, de 4 de abril de 2013. L12796 (https://www.planalto.gov.br/ccivil_03/_ato2011-2014/2013/lei/l12796.htm).

Brasil. (1988) Constituição da República Federativa do Brasil de 1988. Promulgada em 5 de outubro de 1988. *Diário Oficial da União*, Brasília, DF, 5 out. 1988. Constituição https://www.planalto.gov.br/ccivil_03/constituicao/constituicao.htm.

Brasil. (1996) *Lei de Diretrizes e Bases da Educação Nacional*, LDB. 9394/1996. L9394 https://www.planalto.gov.br/ccivil_03/leis/l9394.htm.

Brasil. (2014) *Lei nº 13.005, de 25 de junho de 2014*. Aprova o Plano Nacional de Educação - PNE e dá outras providências. L13005 https://www.planalto.gov.br/ccivil_03/_ato2011-2014/2014/lei/l13005.htm.

Brasil. (2017) Ministério da Educação. *Base Nacional Comum Curricular*. http://basenacionalcomum.mec.gov.br/#:~:text=A%20Base%20Nacional%20Comum%20Curricular,e%20modalidades%20da%20Educa%C3%A7%C3%A3o%20B%C3%A1sica.

Brasil, M. G. de P. (2016) *Espaço(s) na educação infantil: entre políticas e práticas*. [Tese de Doutorado em Educação], Faculdade de Educação, Universidade do Estado do Rio de Janeiro.

Camões, M. C. de L. S. (2019) *O currículo como um projeto de infância*: afinal o que as crianças têm a dizer? Tese de Doutorado em Educação], Faculdade de Educação, Universidade do Estado do Rio de Janeiro.

Campos, K. P. B. (2012) *Isabel na escola: desafios e prospectivas para a inclusão de uma criança com síndrome de down numa classe comum*. [Tese de Doutorado em Educação], Faculdade de Educação, Universidade do Estado do Rio de Janeiro.

Campos, M. I. F. (2014) *O PROINFANTIL no município do Rio de Janeiro: concepções de criança nos Projetos de Estudos*. [Dissertação de Mestrado em Educação], Faculdade de Educação, Universidade do Estado do Rio de Janeiro.

Campos, M. I. F. (2020) *PROINFANTIL*: política em ação nas narrativas das Agentes de Educação Infantil. [Tese de Doutorado em Educação], Faculdade de Educação, Universidade do Estado do Rio de Janeiro.

Cardoso, M. A. (2003) *Cresça e Apareça: um estudo de caso sobre a construção da autonomia na Educação Infantil*. [Dissertação de Mestrado em Educação], Faculdade de Educação, Universidade do Estado do Rio de Janeiro.

Carpi, C. M. S. (2014) *Tornar-se DoCENte: uma viagem pelas experiências formativas de professores da Educação Infantil do Centro Educacional de Niterói de 1980 a 2006*. [Dissertação de Mestrado em Educação – Processos Formativos e Desigualdades Sociais], Faculdade de Formação de Professores, Universidade do Estado do Rio de Janeiro.

Carvalho, L. D. (2014) *Caminhos de vida, percursos na educação da Infância: um estudo sobre a trajetória profissional da educadora Astrogildes Delgado de Carvalho (anos 1940-1980)*. [Tese de Doutorado em Educação], Faculdade de Educação, Universidade do Estado do Rio de Janeiro.

Cavalcanti, A. dos S. S. (2020) *Corporeidades negras e Educação Física Escolar – construindo práticas antirracistas nos cotidianos da Educação Infantil.* [Dissertação de Mestrado em Educação – Processos Formativos e Desigualdades], Faculdade de Formação de Professores, Universidade do Estado do Rio de Janeiro.

Costa, T. G. (2011) *Movimentos Sociais e direito à educação infantil em São Gonçalo: perspectivas, dilemas da política dos convênios do poder público e creches comunitárias.* [Dissertação de Mestrado em Educação – Processos Formativos e Desigualdades], Faculdade de Formação de Professores, Universidade do Estado do Rio de Janeiro.

Coutinho, A. L. (2017) *Políticas de currículo: relação família e escola nos textos políticos para Educação Infantil.* [Dissertação de Mestrado em Educação], Faculdade de Educação, Universidade do Estado do Rio de Janeiro.

Cunha, E. O. da. (2023) *Por um devir quilombo na escola pública: resistir com infâncias na filosofia.* [Tese de Doutorado em Educação], Faculdade de Educação, Universidade do Estado do Rio de Janeiro.

D'Almeida, K. P. de M. (2009) *Educação Infantil e Direito: práticas de controle como campo de análise.* [Dissertação de Mestrado em Educação], Faculdade de Educação, Universidade do Estado do Rio de Janeiro.

D'Almeida, K. P. de M. (2014) *A obrigatoriedade da educação infantil: governamentalidade e refinamento das técnicas de governo.* [Tese de Doutorado em Políticas Públicas e Formação Humana], Faculdade de Educação, Universidade do Estado do Rio de Janeiro.

Dinis, A. C. (2018) *Representação semiótica: uma perspectiva para a construção do conceito de número na educação infantil.* [Dissertação de Mestrado em Educação, Cultura e Comunicação], Faculdade de Educação da Baixada Fluminense, Universidade do Estado do Rio de Janeiro.

Dornelles, P. de O. (2016) *A Creche UFF e sua Flor de Papel – uma análise sobre a produção de conhecimento de uma biblioteca escolar infantil.* [Dissertação de Mestrado em Educação], Faculdade de Educação, Universidade do Estado do Rio de Janeiro.

Drumond, R. C. R. (2014) *Educação Infantil - Ensino Fundamental: possibilidades de produções curriculares no entre-lugar.* [Dissertação de Mestrado em Educação, Cultura e Comunicação], Faculdade de Educação da Baixada Fluminense, Universidade do Estado do Rio de Janeiro.

Drumond, R. C. R. (2019) *Do Direito à Educação aos Direitos de Aprendizagem*: a *escola sub judice*. [Tese de Doutorado em Educação], Faculdade de Educação, Universidade do Estado do Rio de Janeiro.

Elia, R. (2018) *Um turista aprendiz nos Parques Infantis: Mário de Andrade, viagem e educação*. [Dissertação de Mestrado em Educação], Faculdade de Educação, Universidade do Estado do Rio de Janeiro.

Endlich, A. R. F. G. (2017) *Ambientes para a Educação Infantil: o Proinfância em Quatis*. [Dissertação de Mestrado em Educação], Faculdade de Educação, Universidade do Estado do Rio de Janeiro.

Endlich, A. R. F. G. (2023) *Espaço de Desenvolvimento Infantil (EDI) no município do Rio de Janeiro – uma investigação de seus espaços-ambientes externos*. [Tese de Doutorado em Educação], Faculdade de Educação, Universidade do Estado do Rio de Janeiro.

Estani, J. P. (2020) *Educação Infantil na Favela da Maré: Pouco se tem? Muito se espera?* [Dissertação de Mestrado em Educação, Cultura e Comunicação], Faculdade de Educação da Baixada Fluminense, Universidade do Estado do Rio de Janeiro.

Fabricante, B. S. (2012) *Investigando caminhos formativos de professoras da(s) infância(s) em Rio Bonito: o curso normal em questão*. [Dissertação de Mestrado em Educação – Processos Formativos e Desigualdades Sociais], Faculdade de Formação de Professores, Universidade do Estado do Rio de Janeiro.

Faria, C. E. C. (2018) *Políticas Públicas de Educação Infantil no município de Duque de Caxias – RJ: de 2007 a 2017*. [Dissertação de Mestrado em Educação], Faculdade de Educação, Universidade do Estado do Rio de Janeiro.

Fernandes, L. S. (2012) *O portfólio na formação docente como espaço de produção curricular na Educação Infantil: o PROINFANTIL em Mesquita – RJ*. [Dissertação de Mestrado em Educação, Cultura e Comunicação], Faculdade de Educação da Baixada Fluminense, Universidade do Estado do Rio de Janeiro.

Ferreira, P. F. de B. (2022) *Cultura escolar e infância em Cazuza, de Viriato Corrêa* [Dissertação de Mestrado em Educação], Faculdade de Educação, Universidade do Estado do Rio de Janeiro.

Ferreira, N. S. de A. (2002) As pesquisas denominadas "estado da arte". *Educação & Sociedade*, 79. https://www.scielo.br/j/es/a/vPsyhSBW4xJT48FfrdCtqfp/?lang=pt.

Flores, R. de L. M. (2019) *As crianças e a formação docente: a educação infantil como lugar de encontro*. [Dissertação de Mestrado em Educação - Processos Formativos e Desigualdades Sociais], Faculdade de Formação de Professores, Universidade do Estado do Rio de Janeiro.

Frangella, R. C. P. (2006) *Na procura de um curso: currículo-formação de professores-Educação Infantil Identidade(s) em (des)construção (?)*.[Tese de Doutorado em Educação], Faculdade de Educação, Universidade do Estado do Rio de Janeiro.

Gil, M. de O. G. (2018) *Políticas Públicas de Educação Infantil no Município do Rio de Janeiro: Berçário em Foco (2009 – 2016)*. [Tese de Doutorado em Educação], Faculdade de Educação, Universidade do Estado do Rio de Janeiro.

Lamare, F. de F. de. (2016) *Contradições na concepção de formação humana nas políticas de Educação Infantil no Brasil: o que revelam os documentos do período de 2003 a 2010*. [Tese de Doutorado], Programa de Políticas Públicas e Formação Humana, Universidade do Estado do Rio de Janeiro.

Lima, F. F. de S. (2016) *"9/5": Tempo(s) e Espaço(s) na Educação da Pequena Infância numa Escola Pública do Município de Niterói*. [Dissertação de Mestrado em Educação], Faculdade de Formação de Professores, Universidade do Estado do Rio de Janeiro.

Lopes, A. B. P. (2015) *Habitar o presente, fazer um mundo: movimentos de crianças e adultos em uma escola de educação infantil*. [Dissertação de Mestrado em Educação], Universidade do Estado do Rio de Janeiro.

Lopes, I. P. (2019). *A infância na universidade: A criança enunciada na Escola de Educação Infantil da Universidade Federal do Rio de Janeiro (EEI-UFRJ)*. [Tese de Doutorado em Educação], Faculdade de Educação, Universidade do Estado do Rio de Janeiro.

Macedo, N. A. (2021). *"Tá tudo aqui, o achado e o sumido": Caminhos de uma investigação com crianças numa escola das infâncias em Niterói/RJ*. [Dissertação de Mestrado em Educação Processos Formativos e Desigualdades Sociais], Universidade do Estado do Rio de Janeiro.

Machado, M. de F. R. V. (2023). *Uma pandemia com cor na educação infantil: construindo relações educativas entre telas em tempos de (pós) pandemia da COVID-19*. [Dissertação de Mestrado em Educação Processos Formativos e Desigualdades Sociais], Universidade do Estado do Rio de Janeiro.

Maia, S. N. L. (2011) *Leituras e produções de imagens no cotidiano de uma escola de Educação Infantil: possibilidades de construção de conhecimento*. [Dissertação de Mestrado em Educação], Universidade do Estado do Rio de Janeiro. https://www.bdtd.uerj.br:8443/handle/1/10039.

Marques, M. C. (2023) *O brincar, a educação e as crianças Calon do acampamento cigano de Quissamã, RJ: uma fotoetnografia de brincadeiras e de aprendizagens.* [Tese de Doutorado em Educação], Faculdade de Educação, Universidade do Estado do Rio de Janeiro.

Martins, S. de O. (2019) *Políticas Públicas de Educação Infantil no Município de Niterói-RJ (1988 - 2018).* [Dissertação de Mestrado em Educação], Faculdade de Educação, Universidade do Estado do Rio de Janeiro.

Mattos, I. C. D. de. (2022) *A lei do Espaço Coruja (programa de Espaço Infantil Noturno) e implicações para educação infantil carioca.* [Dissertação de Mestrado em Educação], Faculdade de Educação, Universidade do Estado do Rio de Janeiro.

Mattos, P. G. G. (2013) *O curso de Pedagogia da Faculdade de Formação de Professores da UERJ a partir de narrativas de formação de professoras das infâncias.* [Dissertação de Mestrado em Educação], Universidade do Estado do Rio de Janeiro.

Melo, C. V. de. (2019) *Da Creche Universitária à EEI-UFRJ: uma pedagogia da infância entre rastros, rascunhos e alinhavos.* [Tese de Doutorado em Educação], Faculdade de Educação, Universidade do Estado do Rio de Janeiro.

Melro. R. dos S. (2013) *Percursos de uma Educação de crianças: o que as vozes infantis têm a nos ensinar?* [Dissertação de Mestrado em Educação], Faculdade de Formação de Professores de São Gonçalo, Universidade do Estado do Rio de Janeiro.

Mendes, J. da S. (2018) *Programa "Mais Infância": o direito ao atendimento educacional na primeira infância no munícipio de Niterói.* [Dissertação de Mestrado em Educação], Faculdade de Formação de Professores, Universidade do Estado do Rio de Janeiro.

Menezes, A. C. C. de. (2023) *Crianças e infâncias em ação no Espaço de Desenvolvimento Infantil no Município do Rio de Janeiro.* [Dissertação de Mestrado em Educação], Faculdade de Educação, Universidade do Estado do Rio de Janeiro.

Menezes, L. B. D de. (2010) *Especialmente recomendado para menores de seis anos.* [Dissertação de Mestrado em Educação], Universidade do Estado do Rio de Janeiro.

Menezes, L. B. D de. (2023) *Crianças por trás das câmeras*: infâncias em produção. [Tese de Doutorado em Educação], Faculdade de Educação, Universidade do Estado do Rio de Janeiro.

Miceli, P. de A. M. (2017). *Negritude nas Práticas Pedagógicas da EEI-UFRJ. Estudo das Relações Étnico-Raciais na Escola de Educação Infantil da UFRJ.* [Dissertação de Mestrado em Educação], Faculdade em Educação, Universidade do Estado do Rio de Janeiro.

Miranda, D. R. (2016). *Educação Infantil em contextos rurais: perspectivas presentes na produção acadêmica da última década (2000-2010).* [Tese de Doutorado em Educação], Centro de Educação e Humanidades, Universidade do Estado do Rio de Janeiro.

Monsores, L. H. (2021) *O Movimento Escola Sem Partido, Políticas Conservadoras e a Educação das Crianças Pequenas em Tempos de Resistência: Concepções de Criança, Infância e Educação Infantil.* [Tese de Doutorado em Educação], Faculdade de Educação, Universidade do Estado do Rio de Janeiro.

Moraes, R. M. (2007) *Conselhos Tutelares e Educação Infantil: Impasses Desafios e Tensões. Avanços e Retrocessos de uma Relação em Construção.* [Dissertação de Mestrado em Educação], Universidade do Estado do Rio de Janeiro.

Morais, A. P. S. (2018) *Por uma espreita infantil: fazer-se professora entre os movimentos do imperceptível.* [Dissertação de Mestrado em Educação], Faculdade de Educação, Universidade do Estado do Rio de Janeiro.

Morosini, M. C., & Fernandes, C. M. B. (2014) Estado do Conhecimento: conceitos, finalidades e interlocuções. *Educação por Escrito, 5*(2), 154- 164.

Mota, J. J. D. (2019) *Base Nacional Comum Curricular: Discutindo sentidos de leitura e escrita na Educação Infantil.* [Dissertação de Mestrado em Educação], Faculdade de Educação, Universidade do Estado do Rio de Janeiro.

Motta, M. de S. (2020) *A Política da Educação Infantil em São Gonçalo/RJ nos contextos dos Planos Municipais de Educação.* [Dissertação de Mestrado em Educação Processos Formativos e Desigualdades Sociais], Universidade do Estado do Rio de Janeiro.

Motta, T. da C. (2019) *A formação continuada e a dimensão formativa do cotidiano: narrativas de encontros entre professoras e crianças na Educação Infantil em Itaboraí.* [Dissertação de Mestrado em Educação - Processos Formativos e Desigualdades Sociais], Universidade do Estado do Rio de Janeiro.

Nascimento Silva, A. P., Souza, R. T., & Vasconcellos, V. M. R. (2020, setembro a dezembro) O Estado da Arte ou o Estado do Conhecimento. *Revista Educação 43*(3), 1-12.

Nascimento Silva, A. P. (2016) *12 anos (2003-2015) Infância e Educação Infantil na UERJ: Entre Teses e Dissertações*. [Dissertação de Mestrado em Educação], Universidade do Estado do Rio de Janeiro.

Negreiros, T. S. G. (2023) *Crianças risco! Formação docente e estratégias de mobilização para a prevenção à violência sexual em escolas de Duque de Caxias – RJ*. [Dissertação de Mestrado em Educação, Cultura e Comunicação], Universidade do Estado do Rio de Janeiro.

Oliva, M. F. (2021) *Os sentidos de movimento nas Políticas Curriculares para Educação Infantil*. [Dissertação de Mestrado em Educação], Faculdade de Educação, Universidade do Estado do Rio de Janeiro.

Oliveira, A. d. S. F. (2023) *Processos formativos de professoras de Educação Infantil em uma instituição pública federal*. [Tese de Doutorado em Educação], Faculdade de Educação, Universidade do Estado do Rio de Janeiro.

Oliveira, C. C. G. de. (2020) *Currículo para a Educação Infantil, que Território é esse?* [Tese de Doutorado em Educação], Faculdade de Educação, Universidade do Estado do Rio de Janeiro.

Oliveira, C. G. de. (2017) *"Que rei sou eu?" Escolas Públicas de Excelência, Políticas Educacionais e Currículo: uma análise sobre o processo de instituição da Educação Infantil no Colégio Pedro II*. [Tese de Doutorado em Educação], Centro de Educação e Humanidades, Universidade do Estado do Rio de Janeiro.

Oliveira, R. R. B. (2023) *Escre(vivências) de Professoras Negras da Educação Infantil*. [Dissertação de Mestrado em Educação], Faculdade de Educação, Universidade do Estado do Rio de Janeiro.

Oliveira, R. T. (2017) *Audiovisualidades praticadas nos/com os cotidianos da Educação Infantil como dispositivos para autoformação e formação docente continuada*. [Dissertação de Mestrado], Centro de Educação e Humanidades, Universidade do Estado do Rio de Janeiro.

Paula, A. de. (2021) *O docente na Educação Infantil*: professor ou professora? [Dissertação de Mestrado em Educação, Cultura e Comunicação], Universidade do Estado do Rio de Janeiro.

Paula, R. D. (2023) *Cadê a avaliação que estava aqui? Sentidos e concepções que permeiam o processo de transição das crianças em idade pré-escolar para o 1º ano do Ensino Fundamental.* [Dissertação de Mestrado em Educação], Faculdade de Educação, Universidade do Estado do Rio de Janeiro.

Pereira, E. J. H. (2015). *Tia, existe flor preta? Educar para as relações étnico*-raciais. [Dissertação de Mestrado em Educação], Faculdade de Educação, Universidade do Estado do Rio de Janeiro.

Pereira, P. G. (2023) *Entre corpos, criações e narrativas: Um estudo sobre o encontro da dança com crianças na educação infantil.* [Tese de Doutorado em Educação], Faculdade de Educação, Universidade do Estado do Rio de Janeiro.

Pereira, E. J. H. (2015). *Tia, existe flor preta? Educar para as relações étnico*-raciais. [Dissertação de Mestrado em Educação], Faculdade de Educação, Universidade do Estado do Rio de Janeiro.

Peres, S. P. V. (2017) *Por Uma Política Nacional Para a Educação Infantil: Os Cadernos da COEDI (1994 -1998).* [Dissertação de Mestrado em Processos Formativos e Desigualdades Sociais], Universidade do Estado do Rio de Janeiro.

Perrotta, C. da S. (2023) *Almoçar e fofocar com os amigos: infância, cultura e alimentação na escola.* [Dissertação de Mestrado em Educação], Faculdade de Educação, Universidade do Estado do Rio de Janeiro.

Pessanha, F. N. de L. (2023) *O FUNDEB e a educação das crianças de 0 a 3 anos, no município de São Gonçalo/RJ: um estudo de caso.* [Tese de Doutorado em Educação Processos Formativos e Desigualdades Sociais], Universidade do Estado do Rio de Janeiro.

Pestana, A. de S. (2020) *O Lugar e o Protagonismo das Infâncias na passagem da Educação Infantil para o Ensino Fundamental.* [Dissertação de Mestrado em Educação Processos Formativos e Desigualdades Sociais], Universidade do Estado do Rio de Janeiro.

Pires, M. I. (2016) *Educação Sexual no Currículo da Educação Infantil: elementos para se pensar corpo, gênero e orientação sexual como temas da Educação em Direitos Humanos.* [Dissertação de Mestrado em Educação, Cultura e Comunicação em Periferias Urbanas], Universidade do Estado do Rio de Janeiro.

Reis, A. C. C. (2014) *Formação docente para a infância: o legado pedagógico da professora Heloísa Marinho.* [Dissertação de Mestrado em Educação], Universidade do Estado do Rio de Janeiro.

Ribeiro, L. E. G. (2019) *Política de financiamento da Educação Infantil em cinco municípios fluminenses*. [Dissertação de Mestrado em Educação], Faculdade de Educação, Universidade do Estado do Rio de Janeiro.

Ribeiro, R. (2018) *Uma análise do Programa "Mais Infância": concepções e ações envolvidas na implementação da política pública para a Educação Infantil em Niterói (2013-2016)*. [Dissertação de Mestrado em Educação Processos Formativos e Desigualdades Sociais], Faculdade de Formação de Professores, Universidade do Estado do Rio de Janeiro.

Ribeiro, R. (2022) *Expansão do atendimento em Educação Infantil em municípios do Estado do Rio de Janeiro: entre a autonomia municipal e o papel indutor do governo federal*. [Tese de Doutorado em Políticas Públicas e Formação Humana], Universidade do Estado do Rio de Janeiro.

Rodrigues, D. A. dos S. (2018) *Mais Infância para quem? Problematizando o "Programa Mais Infância" a partir de vozes de crianças no cotidiano de uma Unidade Municipal de Educação Infantil em Niterói*. [Dissertação de Mestrado em Educação Processos Formativos e Desigualdades Sociais], Faculdade de Formação de Professores, Universidade do Estado do Rio de Janeiro.

Rodrigues, D. S. (2022) *Políticas Públicas de Educação Infantil Indígena do Povo Magüta (Tikuna) na Comunidade de Filadélfia, em Benjamin Constant/AM*. [Tese de Doutorado em Educação], Faculdade de Educação, Universidade do Estado do Rio de Janeiro.

Romanowski, J. P., & Ens, R. T. (2006) As pesquisas denominadas do tipo" Estado da Arte. *Revista Diálogo Educacional, 6*(19).

Romão, M. de O. (2022) *Masculinidades em salas de aula da Educação Infantil da rede municipal de Educação de Niterói*. [Dissertação de Mestrado em Educação Processos Formativos e Desigualdades Sociais], Universidade do Estado do Rio de Janeiro.

Rosa, F. J. P. da. (2012) *O dispositivo da sexualidade enquanto enunciador do professor-homem no magistério das séries iniciais e na educação infantil*. [Dissertação de Mestrado em Educação], Universidade do Estado do Rio de Janeiro.

Rosa, J. P. (2021) *Professoras Articuladoras do município do Rio de Janeiro: olhares quanto à Educação de bebês e crianças bem pequena*. [Dissertação de Mestrado em Educação], Faculdade de Educação, Universidade do Estado do Rio de Janeiro.

Rossato, B. C. L. (2017) *Aprendizagens de gênero-sexualidade na/com a Educação Infantil: apontamentos para pensar os currículos.* [Dissertação de Mestrado em Educação], Faculdade de Educação, Universidade do Estado do Rio de Janeiro.

Santos, A. B. dos. (2022) *Como quem carrega água nas bochechas – Participação e infância em uma escola pública de Educação Infantil.* [Dissertação de Mestrado em Educação], Faculdade de Educação, Universidade do Estado do Rio de Janeiro.

Santos, E. C. R. dos. (2018) *Dança na Escola de Educação Infantil da UFRJ: proposta pedagógica e práticas docentes.* [Dissertação de Mestrado em Educação], Faculdade de Educação, Universidade do Estado do Rio de Janeiro.

Santos, J. L. de M. P. dos. (2022) *Alunos com Síndrome Congênita pelo ZIKA Vírus e outras alterações no desenvolvimento na Educação Infantil: Sistemas de Apoio, Processos Pedagógicos e Materiais Didáticos Acessíveis.* [Dissertação de Mestrado em Educação, Cultura e Comunicação], Universidade do Estado do Rio de Janeiro.

Santos, R. (2018) *Bidocência na Educação Infantil do Colégio Pedro II: possibilidades e desafios narrados pelas professoras.* [Dissertação de Mestrado em Educação Processos Formativos e Desigualdades Sociais], Faculdade de Formação de Professores, Universidade do Estado do Rio de Janeiro.

Santos, A. (2018). *A Educação das Relações Étnico-Raciais na Creche: uma leitura a partir do espaço institucional.* [Tese de Doutorado em Educação], Universidade do Estado do Rio de Janeiro.

Silva, A. V. da. (2021) *Pensamento Geométrico e Autonomia Intelectual: Práxis Pedagógica e Arte na Educação Infantil.* [Dissertação de Mestrado em Educação, Cultura e Comunicação], Universidade do Estado do Rio de Janeiro.

Silva, C. P. da. (2021) *Exercícios de curiosidade menina: perguntar com crianças.* [Tese de Doutorado em Educação], Faculdade de Educação, Universidade do Estado do Rio de Janeiro.

Silva, D. X. da. (2021) *Políticas Públicas de Educação Infantil: Creches municipais da cidade de Manaus.* [Tese de Doutorado em Educação], Faculdade de Educação, Universidade do Estado do Rio de Janeiro.

Silva, J. C. E. (2022) *À base de experiências: a BNCC para a Educação Infantil e a organização curricular em campos de experiências.* [Dissertação de Mestrado em Educação], Faculdade de Educação, Universidade do Estado do Rio de Janeiro.

Silva, J. V. da. (2016) *Indagações sobre a relação entre currículo e o uso das mídias digitais: O projeto KidSmart na Educação Infantil do Município do Rio de Janeiro.* [Dissertação de Mestrado em Educação], Universidade do Estado do Rio de Janeiro.

Silva, M. C. da. (2019) *Programa de colaboração docente na educação infantil: a sala de recursos como mediador de desenvolvimento profissional para inclusão.* [Tese de Doutorado em Educação], Faculdade de Educação, Universidade do Estado do Rio de Janeiro.

Silva, M. do N. (2016) *O que aprendemos com os bebês? Uma experiência de pesquisa no berçário de uma creche pública de Niterói.* [Dissertação de Mestrado em Educação Processos Formativos e Desigualdades Sociais], Faculdade de Formação de Professores, Universidade do Estado do Rio de Janeiro.

Silva, M. M. (2016) *Formação do leitor literário na Educação Infantil.* [Tese de Doutorado em Educação], Faculdade de Educação, Universidade do Estado do Rio de Janeiro.

Silva, P. L. de F. V. da. (2020) *Bebês e Literatura: percursos em uma creche pública do município do Rio de Janeiro.* [Tese de Doutorado em Educação], Faculdade de Educação, Universidade do Estado do Rio de Janeiro.

Silva, T. N. da. (2018) *Escrever, refletir, compartilhar: marcas da formação continuada em registros de uma professora das infâncias.* [Dissertação de Mestrado em Processos Formativos e Desigualdades Sociais], Faculdade de Formação de Professores, Universidade do Estado do Rio de Janeiro.

Silva, T. S. M. T. da. (2023) *As políticas curriculares para a primeira infância: discutindo possíveis negociações em Secretarias da Educação da Baixada Fluminense a partir do advento da BNCC.* [Tese de Doutorado em Educação], Faculdade de Educação, Universidade do Estado do Rio de Janeiro.

Siqueira, M. C. D. (2017) *Todos na roda: o uso da Comunicação Alternativa e Ampliada em uma escola de Educação Infantil.* [Dissertação de Mestrado em Educação], Faculdade de Educação, Universidade do Estado do Rio de Janeiro.

Soares, M., & Maciel, F. (2000) *Alfabetização – Série Estado do Conhecimento.* MEC/INEP. 410-50-PB.pdf.

Sousa, R. D. de. (2021) *Pertencimento étnico racial e práticas pedagógicas antirracistas com crianças pequenas: narrativas de professoras negras de Educação Infantil.* [Dissertação de Mestrado em Educação Processos Formativos e Desigualdades Sociais], Universidade do Estado do Rio de Janeiro.

Souza, R. T. de. (2019) *Políticas Públicas de Educação Infantil no município de Itaboraí – RJ: ampliação e acesso à creche.* [Dissertação de Mestrado em Educação], Faculdade de Educação, Universidade do Estado do Rio de Janeiro.

Souza, Y. C. (2009) *Atravessando a Linha Vermelha: Programa "Nova Baixada" de Educação Infantil – Discutindo a diversidade étnico-racial e cultural na formação docente.* [Dissertação de Mestrado em Educação, Cultura e Comunicação em Periferias Urbanas], Universidade do Estado do Rio de Janeiro.

Teperino, J. B. (2023) *Infância quilombola: memória, ancestralidade a narrativa no Quilombo Cafundá Astrogilda.* [Dissertação de Mestrado em Educação], Faculdade de Educação, Universidade do Estado do Rio de Janeiro.

Torres, L. L., & Palhares, J. A. (2014) *Metodologia de investigação em Ciências Sociais da Educação.* Instituto de Educação da Universidade do Minho, Edições Húmus. Universidade do Minho: Metodologia de Investigação em Ciências Sociais da Educação.

Vasconcellos, C. Q. S. de. (2022) *Homeschooling no modelo de coletivo parental*: a *experiência da creche Quintal.* [Dissertação de Mestrado em Educação], Faculdade de Educação, Universidade do Estado do Rio de Janeiro.

Vasconcellos, V. M. R. de., Nascimento da Silva, A. P. P. & de Souza, R. T. (2020) O Estado da Arte ou o Estado do Conhecimento. *Educação, 43*(3), e37452. https://revistaseletronicas.pucrs.br/ojs/index.php/faced/article/view/37452.

Vianna, P. T. F. (2023) *A diretora e as crianças: miudezas do cotidiano na gestão da Educação Infantil.* [Dissertação de Mestrado em Educação], Faculdade de Educação, Universidade do Estado do Rio de Janeiro.

Vidal, H. J. E. (2021) *Práticas-teorias e políticas da sexualidade tecidas nos/com os cotidianos da educação infantil.* [Tese de Doutorado em Educação], Faculdade de Educação, Universidade do Estado do Rio de Janeiro.

Vique, I. P. (2019) *Resistir na Educação Infantil: pela possibilidade de uma educação não sexista.* [Dissertação de Mestrado em Educação], Faculdade de Educação, Universidade do Estado do Rio de Janeiro.

Zadminas, M. R. (2016) *PEI egressos da UERJ no facebook: uma busca pelas falas a respeito dos saberes e prática no berçário carioca.* [Dissertação de Mestrado em Educação], Faculdade de Educação, Universidade do Estado do Rio de Janeiro.

CAPÍTULO IX

RETRATOS DA PRODUÇÃO CIENTÍFICA SOBRE CUIDAR-EDUCAR BEBÊS NA CRECHE[21]

Ana Rosa Picanço Moreira

Letícia de Souza Duque

Introdução

Nos últimos 50 anos, no Brasil, movimentos sociais e pesquisas científicas contribuíram substantivamente para a construção de um novo olhar para a infância, resultando na elaboração de leis que conferem às crianças e aos bebês a condição de sujeitos sociais, históricos e de direitos. No que concerne o direito à Educação, particularmente, destacam-se a Constituição Federal de 1988; o Estatuto da Adolescente, de 1990; a Lei de Diretrizes e Bases, de 1996; e as Diretrizes Curriculares para a Educação Infantil, de 2009. Entre eles, os dois últimos abordam a temática deste capítulo — a dizer, o binômio cuidado-educação, determinando que a Educação Infantil deve integrar as ações de cuidar e educar de modo a favorecer o desenvolvimento integral das crianças. Tal recomendação está assentada na ideia de que é impossível vivenciar tais ações separadamente, visto que o cuidado está inserido no processo educativo e vice-versa.

> . . . educar de modo indissociado do cuidar é dar condições para as crianças explorarem o ambiente de diferentes maneiras (manipulando materiais da natureza ou objetos, observando, nomeando objetos, pessoas ou situações, fazendo perguntas etc) e construírem sentidos pessoais e significados coletivos, à medida que vão se constituindo

---

[21] Este capítulo tem o objetivo atualizar a análise sobre a produção bibliográfica sobre o cuidado e a educação de bebês em creches publicada no artigo intitulado "Cuidar-educar na creche: itinerários pelos trabalhos da ANPEd, GRUPECI e BDTD" (Duque & Moreira, 2020). Nesse artigo, foram consideradas as publicações no intervalo temporal de 2007 a 2018. Para o estudo atual, ampliou-se o período até 2023.

como sujeitos e se apropriando de um modo singular das formas culturais de agir, sentir e pensar (Brasil, 2009, p. 10).

Duque e Moreira (2020) salientam que, apesar de a discussão sobre a dicotomia entre cuidado e educação parecer superada no âmbito da legislação, ela não o é na visão das professoras que atuam em creches. Diversos estudos do campo da Educação Infantil têm evidenciado a separação dessas ações nos discursos de professoras sobre as suas práticas, revelando concepções reducionistas e fragmentadas de criança, infância, educação e desenvolvimento (Azevedo, 2013).

Assim, não é raro encontrar no interior das creches práticas pedagógicas ora orientadas pela visão romântica de infância, ora pela ótica cognitivista, segregando o cuidar do educar ao passo que limitam e simplificam a um só significado. Ao longo da história da creche, o cuidar tem sido principalmente associado a práticas de higiene, alimentação e sono, e o educar, ao ensino de conteúdos escolares, à leitura e à escrita. Tal compreensão tem suas raízes na história do atendimento em creche, no Brasil, marcado pelo viés assistencialista/higienista. De acordo com Kuhlmann Jr. (2000),

> A concepção da assistência científica, formulada no início do século XX, em consonância com as propostas das instituições de educação popular difundidas nos congressos e nas exposições internacionais, já previa que o atendimento da pobreza não deveria ser feito com grandes investimentos. A educação assistencialista promovia uma pedagogia da submissão, que pretendia preparar os pobres para aceitar a exploração social (p. 8).

Considerando os modos de educar e cuidar de bebês na creche como um dos aspectos relevantes à qualidade da Educação Infantil, buscamos neste capítulo apresentar e discutir estudos que abarcam a temática no período entre 2007 e 2023, a partir de três fontes científicas: Anais da Reunião Nacional da Associação Nacional de Pós-Graduação e Pesquisa em Educação (ANPEd), especificamente dos trabalhos apresentados no GT 07 – Educação de crianças de 0 a 6 anos; Anais do Seminário de Grupos de Pesquisa sobre Crianças e Infâncias (GRUPECI); e Biblioteca Digital Brasileira de Teses e Dissertações BDTD).

Os sítios ANPEd e GRUPECI foram escolhidos pela relevância científica que têm no meio acadêmico, visto que congregam estudos do campo da Educação Infantil que propiciam o adensamento de pesquisas sobre a educação de bebês e crianças pequenas, além de contribuírem na elaboração de políticas para a infância. O GT 07 foi implantado em 1981, "com a intenção de constituir um fórum de discussões e debates dos problemas e políticas da área" (Rocha, 2008), e tem hoje um longo percurso de discussões e questões teórico-metodológicas. O primeiro evento do GRUPECI ocorreu em 2008, em consonância com o crescimento dos grupos de pesquisa envolvidos na investigação sobre bebês e crianças e suas infâncias.

O recorte temporal adotado se deve ao fato de que em 2007 a Educação Infantil alcançou um avanço importante com a criação do Fundo de Manutenção e Desenvolvimento da Educação Básica (Fundeb), sendo inserida na política de financiamento.

Este capítulo, portanto, retoma os estudos de Duque (2018) e Duque e Moreira (2020) e atualiza os dados procurando fornecer subsídios para a reconstrução de políticas de Educação Infantil de qualidade.

Mapeamento bibliográfico

Para a realização do mapeamento bibliográfico nas três bases de dados, adotamos os seguintes passos: em alguns trabalhos, a temática foi evidenciada por meio do título ou do próprio resumo; em outros, recorreu-se ao texto completo. Com o intuito de refinar a busca, selecionaram-se os descritores *cuidar; cuidado; educar; educação* e *creche*. A primeira busca foi feita nos resumos das publicações e nas palavras-chave apresentadas no próprio texto, e, quando necessário, os termos foram procurados no corpo do texto.

É notório que, nos últimos anos, o quantitativo de estudos referentes à Educação Infantil apresentou crescimento expressivo, indicando o empenho do campo para responder à complexidade dos processos educativos voltados para a infância (Silva, Luz, & Faria Filho, 2010; Rocha & Buss-Simão, 2013). Contudo, ainda são poucos os estudos que têm se dedicado à temática do cuidar-educar na creche (Duque & Moreira, 2020).

Produções na ANPEd

Na busca por trabalhos que discutam a questão do cuidar-educar na creche, no site oficial dos Anais da Reunião Anual da ANPEd foram encontradas seis publicações referentes ao período de 2007 a 2023 (30ª a 41ª reunião anual). Na Tabela 1 são apresentadas informações preliminares, a saber: título, autoria, instituição e ano.

Tabela 1

Trabalhos encontrados nos Anais da Reunião Nacional da ANPEd (2007–2023)

Título	Autoria	Instituição	Ano de Publicação
Um tempo vivido, uma prática exercida, uma história construída: o sentido do cuidar e do educar	Leusa de Melo Secchi; Ordália Alves Almeida	UFMS	2007
No contexto da creche, o cuidado como ética e a potência dos bebês	Daniela de Oliveira Guimarães	PUC-Rio	2008
Cuidado ou educação? A prática educativa nas creches comunitárias de Curitiba	Elisabet Ristow Nascimento; Ademir Valdir dos Santos	UTP	2010
O que as crianças pequenas fazem na creche? As famílias respondem	Letícia Veiga Casanova	Univali	2011
Bebês que se relacionam com crianças mais velhas: cuidados e conflitos na educação infantil	Carolina Machado Castelli; Ana Cristina Coll Delgado	UFPel	2015
Docência com bebês em ocasiões de cuidados pessoais: interações e banho em foco	Thamisa Sejanny de Andrade Rodrigues; Tacyana Karla Gomes Ramos	UFS	2019

Considerando os aspectos temporais e geográficos dos artigos, é possível constatar que os seis trabalhos foram apresentados em anos distintos (2007, 2008, 2010, 2011, 2015 e 2019), provenientes de diferentes instituições (UFMS, PUC-Rio, UTP, Univali, UFPel, UFS), sendo três advindos da região Sul.

A partir da análise das publicações nos Anais da ANPEd, é possível perceber que a temática cuidado e educação foi abordada sob diferentes ângulos: das professoras (Secchi & Almeida, 2007; Nascimento & Santos, 2010), das famílias (Casanova, 2011) e das crianças/bebês (Guimarães, 2008; Castelli & Delgado, 2015). Tal diversidade permite não somente ampliar o olhar sobre a temática, mas também desencadear reflexões sobre outros temas imbricados nas discussões sobre cuidado e educação, tais como formação docente, relação creche-famílias e relações entre bebês e adultos.

Igualmente, pode-se constatar que tais estudos adotaram abordagens teórico-metodológicas distintas, apesar de prevalecerem investigações de natureza qualitativa, dada a pretensão de compreender e interpretar práticas de cuidado e educação. Conforme salienta Gatti (2004), existe pouca tradição no campo da educação de se realizar pesquisas com metodologias quantitativas e a utilização de mensuração no Brasil. A partir dos anos 1970, com o advento da ampliação das temáticas de investigação e o aprimoramento metodológico, novas fundamentações teórico-metodológicas começaram a ser adotadas em Educação. No entanto, Zanette (2017) adverte que:

> Na atualidade, é pacífico que a produção do conhecimento na área das Ciências Humanas e Sociais não elimina a imbricação entre técnicas quantitativas e qualitativas; e que o valor dos estudos não se mede pela dimensão de uma ou outra abordagem, mas pela concepção que determina a orientação dos resultados e os vínculos estabelecidos com os sujeitos e os problemas investigados (p. 160).

Assim, dos seis trabalhos encontrados, apenas um, o artigo "Cuidado ou educação? A prática educativa nas creches comunitárias de Curitiba", de autoria de Nascimento e Santos (2010), adotou abordagem quantitativa. Para identificar o perfil e discutir aspectos ligados à formação e às práticas, foram aplicados 1.027 questionários aos educadores de 82 centros de Educação Infantil.

Se a maioria das pesquisas focalizou os sentidos e/ou as práticas de cuidado e educação dos adultos (professoras) com bebês e crianças, o artigo "Bebês que se relacionam com crianças mais velhas: cuidados e conflitos na educação infantil", de Carolina Machado Castelli e Ana Cristina Coll Delgado (2015), discutiu um estudo sobre a relação entre bebês e crianças mais velhas. Contudo, as autoras mencionam a pesquisa de Gonzaga e Arruda[22], que investigou os significados e as fontes do cuidar e do não cuidar no contexto hospitalar. O estudo identificou três significados sobre o cuidado que se encontram conectados: o *cuidar profissional*, o cuidar *materno-paterno* e o cuidar *amigo*. Com base nessa pesquisa, Castelli e Delgado (2015) definiram o cuidado profissional no âmbito educacional como aquele:

> ...proporcionado pelos profissionais da escola; inclui ações como prover alimento, dar banho, trocar fraldas, organizar o espaço, limpar a instituição, contar histórias, oferecer brinquedos e materiais, possibilitar ampliação de saberes, relações, experiências e autonomia das crianças (p. 8).

Do total das oito edições do Seminário GRUPECI (2008–2023), foram localizados 19 trabalhos que discutem a temática do cuidar-educar na creche, sendo um deles do tipo levantamento bibliográfico. Não foi encontrado nenhum trabalho sobre o tema nos anos 2008 e 2023.

Todavia, diferente do que se viu no levantamento dos Anais da Reunião Nacional da ANPEd, foi possível perceber um crescente movimento de ascensão no número de pesquisas que abordam a temática até a edição de 2021, quando foi publicada a maioria dos artigos, como pode ser visto na Tabela 2.

---

[22] Ver Gonzaga, M. L. de C.; Arruda, E. N. (1998) Fontes e significados de cuidar e não cuidar em hospital pediátrico. *Rev. Latinoam. Enferm., 6*(5), 17-26.

Tabela 2

Trabalhos encontrados nos Anais do GRUPECI (2008–2023)

Título	Autoria	Instituição	Ano de Publicação
Assistência social, família e educação: significado de práticas educativas no âmbito da assistência social no trabalho com famílias	Ana Paula da Silva Pereira	UERJ	2010[23]
Trabalho docente na educação infantil: entre o educar e o cuidar	Ana Maria Cunha Aguiar; Maria do Rosário de Fátima Carvalho	UFRN	2012[24]
Educação e cuidado da criança negra no Brasil: as relações entre escravização, escolarização e socialização	Ana Cristina Juvenal da Cruz; Fabiana de Oliveira; Maria Walburga dos Santos; Tatiane Consentino Rodrigues	UFSCar	2012
A formação docente na creche: o cuidar e o educar.	Thaís Oliveira de Souza; Adelaide Alves Dias	UFPE	2014[25]
O trabalho pedagógico com bebês na educação infantil: contribuições da psicologia histórico-cultural.	Janaina Cassiano Silva	UFG	2014
A creche como espaço de educação e cuidado: o trabalho pedagógico no município de Corumbá-MS	Ana Maria Santana da Silva; Silvia Adriana Rodrigues; Fernanda Ribeiro da Silva; Maria de Fátima Ribeiro; Lilyane da Silva Pedreira; Micheline Medeiros dos Santos Santanna; Dayane Laura Estigarribia	UFMS	2014

---

[23] 2º GRUPECI realizado em 2010, na Universidade do Estado do Rio de Janeiro – Cidade: Rio de Janeiro/RJ

[24] 3º GRUPECI realizado em 2012, na Universidade Federal de Sergipe – Cidade: Aracaju/SE

[25] 4º GRUPECI realizado em 2014, na Universidade Federal de Goiás – Cidade: Goiânia – GO.

Levantamento bibliográfico: uma primeira leitura sobre o tema do cuidar e ser cuidado no campo da educação	Gabriela Barreto da Silva Scramingnon; Maria Leonor Pio Borges de Toledo; Marina Pereira de Castro e Souza	PUC-Rio	2016[26]
Práticas de cuidados/educação na creche: o que dizem as crianças sobre a atuação de suas educadoras?	Jeane Costa Amaral; Tacyana Karla Gomes Ramos	UFS	2016
Percepções de familiares de crianças de creches quanto ao trabalho desenvolvido na educação infantil	Karla Cabral Barroca; Patrícia Maria Uchôa Simões	UFRPE	2016
Levantamento bibliográfico: uma primeira leitura sobre o tema do cuidar e ser cuidado no campo da educação	Maria Leonor Pio Borges de Toledo; Gabriela Scramingnon; Marina Castro	PUC-Rio	2016
Cuidado e família: narrativas de mulheres	Aline Faria Silveira; Liana Garcia Castro; Silvia Néli Falcão Barbosa	PUC-Rio	2021[27]
O que dizem as crianças sobre cuidar e ser cuidado?	Gabriela Scramingnon; Julia Baumann Campos; Rosiane Siqueira Brandão Alves	PUC-Rio	2021
Cuidar e educar na educação infantil: histórias de vida e formação de professoras	Ubirane da Silva Nascimento; Márcia Tereza Fonseca Almeida	UNEB	2021
O trabalho docente com bebês e crianças bem pequenas na creche: cuidado/educação em foco	Alessandra Gondim Ribeiro; Rosimeire Costa de Andrade Cruz	UFC	2021

---

[26] 5 º GRUPECI realizado em 2016, na Universidade Federal de Santa Catarina – Cidade: Florianópolis – SC.

[27] 7º GRUPECI realizado em 2021, remotamente, em razão da pandemia da covid-19. Promovido pela Universidade Federal do Rio Grande do Norte e pela Universidade Federal Rural do Semi-Árido – Campus Angico (RN).

EDUCAÇÃO INFANTIL NAS PRODUÇÕES ACADÊMICAS DO SÉCULO XXI

Percepções de profissionais de creche sobre o trabalho da assistente/auxiliar com foco no cuidado/educação	Maria Nerice dos Santos Pinheiro; Kátia Cristina Fernandes e Silva; Rosimeire Costa de Andrade Cruz	UFC	2021
Professores homens na creche: desafios, tensões e possibilidades no cuidado e educação de bebês	Antônio Marcos de Sousa Barbosa Miranda; Celiane Oliveira dos Santos; Fernanda Pedrosa Coutinho Marques	UFMG	2021
O direito às práticas de educação e cuidado em instituições escolares	Jéssica Andrade Silva; Karina de Oliveira Santos Cordeiro	UFRB	2021
O cuidado na rotina das creches: a hora do banho com bebês e crianças	Adriana de Menezes; Bruna Borges	UERJ	2021
Gênero e cuidado: desafios docentes diante da reprodução das desigualdades sociais na educação infantil	Camila de Marchi Pagnussat; Julio Cesar de Arruda; Michelle Gonçalves do Nascimento Faria	Unifesp	2021

Nota: Os Anais do 7º GRUPECI encontram-se no prelo. Só tivemos acesso aos títulos e às autorias dos trabalhos a partir da programação do evento.

Assim como foram observados os aspectos geográficos das publicações nos Anais da Reunião Nacional da ANPEd, nos Anais do GRUPECI, houve prevalência de duas instituições no que se refere à distribuição dos trabalhos, quatro advindos da PUC-Rio e dois, da UFC. Também foi possível observar que a maioria dos trabalhos (17) está concentrada nas regiões Sudeste e Nordeste, sendo nove na primeira e oito na segunda. A região Centro-Oeste concentra três trabalhos, e as regiões Norte e Sul não apresentam nenhum trabalho.

No que tange aos sujeitos das pesquisas, a temática foi investigada a partir dos segmentos: família (Pereira, 2010; Barroca & Simões, 2016; Silveira et al., 2021), professor (Aguiar & Carvalho, 2012; Souza & Dias, 2012; Silva, 2014; Silva et al., 2014; Nascimento & Almeida, 2021; Pinheiro et al., 2021; Pagnussat et al., 2021; Miranda et al., 2021), e criança (Amaral & Ramos, 2016, Scramingnon et al., 2021). Os demais trabalhos foram revisão de literatura (Scramingnon et al., 2016; Borges et al., 2018) e estudo histórico (Cruz et al., 2012).

Em relação à abordagem metodológica, prevalecem os estudos de natureza qualitativa, com o uso de diferentes instrumentos e métodos para a produção dos dados (entrevista, fotografia, grupo focal, observação participante). Entretanto, o artigo de Silva et al. (2014), intitulado "A creche como espaço de educação e cuidado: o trabalho pedagógico no município de Corumbá-MS", adota as abordagens quantitativa e qualitativa, utilizando a fotografia e o questionário. De acordo com Dal-Farra e Lopes (2013):

> A conjugação de elementos qualitativos e quantitativos possibilita ampliar a obtenção de resultados em abordagens investigativas, proporcionando ganhos relevantes para as pesquisas complexas realizadas no campo da Educação (p. 1).

Tendo como objeto de análise a produção científica, os trabalhos de Scramingnon, Toledo e Souza (2016) e Borges, Scramingnon e Castro (2018) discutiram pesquisas no intervalo de 2011–2015 em diversos sítios, a saber: Banco de Teses e Dissertações da Capes e artigos no SciELO; Anais da Reunião Nacional da ANPEd – GT 07; Congresso de Práticas (Auto) biográficas (CIPA); e IV Seminário de Grupos de Pesquisa sobre Crianças e Infâncias (GRUPECI), tendo como descritores as palavras *história de vida; crianças e adultos; cuidar e ser cuidado; narrativa; educação infantil e ensino fundamental; professores e famílias*. As áreas de conhecimento pesquisadas foram Educação, Serviço Social e Saúde. O resultado da revisão bibliográfica foi disposto em uma tabela, tendo sido realizados ainda três seminários para estudo e discussão dos textos encontrados.

Ainda sobre a metodologia da pesquisa, merece destaque o artigo de Amaral e Ramos (2016), que, a partir das lentes da Sociologia da Infância, investigou a temática cuidar-educar na perspectiva das crianças por meio de sessões de conversas, jogos com fotografias, histórias e desenhos. Esse trabalho ilustra uma tendência dos últimos anos de privilegiar as crianças como participantes do processo metodológico, como esclarecem Sarmento e Pinto (1997):

> O estudo das realidades da infância com base na própria criança é um campo de estudos emergente, que precisa adotar um conjunto de orientações metodológicas cujo foco é a recolha da voz das crianças. Assim, além dos recursos técnicos, o pesquisador precisa ter uma postura de constante reflexibilidade investigativa. . . . a não projetar o seu olhar sobre as crianças colhendo delas apenas aquilo que é o reflexo dos seus próprios preconceitos e representações. O olhar das crianças permite revelar fenômenos sociais que o olhar dos adultos deixa na penumbra ou obscurece totalmente (p. 78).

Embora o artigo de Barroca e Simões (2016) não tenha apresentado no título os descritores selecionados para este levantamento bibliográfico, o tema cuidado-educação tem centralidade no corpo do texto, fornecendo um dado importante para o avanço das discussões sobre o tema, ou seja, o reconhecimento pelos familiares de que as ações de cuidado e educação são inseparáveis.

Dois artigos publicados nos Anais do 7º Seminário GRUPECI merecem destaque por trazerem à tona a interface cuidado-educação e gênero, a partir do ponto de vista tanto de quem cuida quanto de quem é cuidado. São eles: "Professores homens na creche: desafios, tensões e possibilidades no cuidado e educação de bebês" (Miranda et al., 2021) e "Gênero e cuidado: desafios docentes diante da reprodução das desigualdades sociais na educação infantil" (Pagnussat et al., 2021). Esses trabalhos abrem diálogo com questões que atravessam silenciosamente o cotidiano da docência com bebês.

Os artigos ora abordados permitem dizer que o tema cuidado-educação ainda precisa avançar em número e problemáticas nos eventos científicos, mas são expressivos no campo da Educação Infantil.

Assim como as pesquisas apresentadas no GT 07 da Reunião Nacional da ANPEd "passaram de uma perspectiva que procurava incluir marginalmente os bebês, para uma perspectiva que passa a privilegiar ou priorizar os bebês" (Gonçalves et al., 2014, p. 12), pode-se dizer que esses trabalhos também têm se preocupado em discutir o cuidar-educar dos bebês na creche.

Por fim, esses estudos apontam para a fragilidade da formação docente voltado ao cuidar e educar na creche. Trata-se de um desafio que precisa ser urgentemente enfrentado, visto que são professores e professoras sem formação específica para trabalhar com bebês e crianças bem pequenas, que, na maioria das vezes, adaptam práticas pedagógicas voltadas às crianças maiores.

Produções da Biblioteca Digital Brasileira de Teses e Dissertações

Tabela 3

Teses e Dissertações da BDTD (2007–2023)

Título e autor	Área de conhecimento	Instituição e ano	Aspectos metodológicos	Natureza
Representações sociais de educadoras de creche a respeito do cuidado em saúde de crianças até cinco anos de idade **Maria Elizabeth Siqueira Lemos**	Medicina	UFMG, 2010	Estudo 1: Abordagem etnográfica, pesquisa-ação, relatos escritos, entrevistas semiestruturadas e oficinas de trabalho. Estudo 2: Abordagem estrutural e questionário	Tese
Ações em educação nutricional: cuidado em saúde com crianças pré-escolares em Creche Universitária **Elizabeth Azevedo de Azeredo**	Enfermagem	UFF, 2012	Abordagem qualitativa, grupo focal e entrevista semiestruturada	Dissertação
Creche: desafios e possibilidades. Uma proposta curricular para além do Educar e Cuidar **Rita de Cássia Marinho de Oliveira André**	Educação	PUC – SP, 2016	Abordagem qualitativa, pesquisa bibliográfica e análise documental	Dissertação
Cuidado, educação e vínculo na perspectiva de educadores de creches e instituições de acolhimento. **Pedro Paulo Bezerra de Lira**	Psicologia	UFPE, 2017	Abordagem qualitativa, entrevista	Tese
Os sentidos da relação cuidar-educar nos berçários de uma creche do município de Juiz de Fora/MG **Letícia de Souza Duque**	Educação	UFJF, 2018	Abordagem qualitativa, questionário e Pesquisa Crítica de Colaboração (PCCol).	Dissertação

EDUCAÇÃO INFANTIL NAS PRODUÇÕES ACADÊMICAS DO SÉCULO XXI

Título e autor	Área de conhecimento	Instituição e ano	Aspectos metodológicos	Natureza
A qualidade das práticas educativas em uma creche do município de Santo André/SP **José Carlos da Silva**	Educação	Uninove, 2018	Abordagem qualitativa, pesquisa-intervenção com observação	Dissertação
E o bebê? : a função de cuidar na perspectiva das educadoras de berçário **Rodrigo Gabbi Polli**	Educação	UFRGS, 2016	Abordagem qualitativa em análise de entrevista e questionário	Tese
Desejo e cuidado na educação de crianças pequenas em creches **Ana Carolina Linardi Munguía Payés**	Educação	USP, 2017	Indicadores Clínicos de Risco do Desenvolvimento Infantil (IRDI)	Dissertação
A pesquisa-ação colaborativa como instrumento para construção de práticas educativas em creche **Stella Grimal**di	Letras	UNESP, 2018	Pesquisa-ação colaborativa	Tese
"Com quem ficam os nossos filhos quando a gente sai para trabalhar": o cuidar e o educar na programação e nas propostas de atendimento das creches da rede direta paulistana (1969 a 1982) **Juliana Dos Santos Camaru**	Educação	UNIFESP, 2019	Abordagem qualitativa, pesquisa documental	Dissertação
O professor em cena e o trinômio cuidar/brincar/educar: trajetórias do programa Criança na Creche do município de Niterói **Patrícia Gomes Pereira Moreir**a	Educação	UFF, 2019	Abordagem qualitativa com entrevista	Dissertação
Cuidar/educar: formação de profissionais de creche em contexto de Extensão Universitária **Andressa de Oliveira Martins**	Educação	UFSCar, 2020	Abordagem qualitativa a partir de estudo de caso.	Tese

Título e autor	Área de conhecimento	Instituição e ano	Aspectos metodológicos	Natureza
Cuidado e educação de bebês: as práticas alimentares na creche **Deise Bruna Massena Leite**	Educação	UFMG, 2020	Pesquisa qualitativa com observação participante por meio de entrevistas semiestruturadas; notas de campo e registros fotográficos e vídeos	Dissertação
O cuidar e o educar na educação infantil: aspectos do trabalho da auxiliar de classe em uma rede municipal de ensino **Jessica Tavares Luz**	Educação	Universidade Metodista de SP (Umesp), 2020	Análise documental	Dissertação
Os documentos norteadores do trabalho com bebês e crianças nas creches paulistanas: principais eixos das orientações didáticas voltadas ao cuidar e educar, no início da rede direta e a partir dos anos 2000 **Fernanda Kalil Duarte**	Educação	PUC – SP, 2021	Análise documental	Dissertação
Educar para emancipar: o direito do bebê à educação **Fernanda Jorge Kivitz Crucciti**	Educação	PUC – SP, 2021	Abordagem qualitativa, análise documental	Dissertação
Um estudo sobre a relação entre educar e cuidar de crianças bem pequenas, segundo a percepção de profissionais da educação infantil **Vanilda Divina Almério Bistaffa**	Ensino e Processos Formativos	Unesp, 2022	Abordagem qualitativa com questionário	Dissertação

No âmbito dos programas de pós-graduação, foram localizadas 17 produções acadêmicas, sendo 5 teses e 12 dissertações distribuídas entre as áreas da saúde e das ciências humanas e sociais. Isso se explica pelo fato de o termo "cuidar" transitar entre essas áreas, visto que seu significado diz respeito à função de assegurar e zelar pela continuidade da vida, sugerindo que é necessário abordar a educação de bebês e crianças bem pequenas na creche junto ao cuidado.

Entre o recorte temporal em questão, percebe-se que as primeiras produções foram desenvolvidas nas áreas de saúde (Medicina em 2010 e Enfermagem em 2012). Somente em 2016 aparecem os primeiros estudos na área da educação (Educação e Ensino e Processos Formativos), que concentra 13 trabalhos até 2022. Apesar da prevalência da área de Educação, considera-se reduzido o número de trabalhos encontrados, visto que a temática aparece nos principais documentos legais que orientam as práticas no campo da Educação Infantil, como a LDB (Brasil, 1996) e as DCNEI (Brasil, 2009).

Observa-se um crescimento interessante do número de investigações sobre o tema no intervalo de 2016 a 2021. Se durante os anos 2010 e 2012 foi produzida a cada ano uma pesquisa — sendo exclusivamente vinculadas às áreas da saúde —, em 2016 esse número passou para dois, abarcando outras áreas (Psicologia, Letras e Educação), chegando a três produções nos anos 2018 e 2020. O aumento foi acompanhado da emergência de pesquisa de cunho interventivo/formativo — provavelmente em resposta às lacunas apontadas em estudos anteriores e debates da área sobre a ausência ou incipiente discussão do tema na formação docente. As investigações de Duque (2018), Grimaldi (2018) e Silva (2018) fazem parte desse grupo e tiveram o propósito de produzir dados e propiciar transformações nas práticas dos sujeitos das pesquisas.

Considerando a instituição de origem e sua região, as pesquisas estão vinculadas a instituições distintas, sendo as teses provenientes da UFMG (1), UFPE (1), UFRGS (1), Unesp (1) e UFSCar (1), e as dissertações circunscritas a UFF (1), PUC-SP (3), UFJF (1), Uninove (1), USP (1), Unifesp (1), UFMG (1), Umesp (1) e Unesp (1). Enquanto as teses estão distribuídas entre as regiões Sudeste (3), Sul (1) e Nordeste (1), as dissertações concentram-se na região Sudeste.

Esses estudos centram as suas metodologias na abordagem qualitativa, utilizando análise documental, entrevista, grupo focal, questionário e observação participante, na maioria das vezes conjugando dois ou mais técnicas e instrumentos. As dissertações de André (2016), Santos (2019), Tavares (2020), Duarte (2021) e Crucciti (2021) são exclusivamente pesquisas documentais.

Em relação aos sujeitos das pesquisas, prevalecem as professoras/ educadoras e outras profissionais de creche nos trabalhos de Lemos (2010), Azeredo (2012), Gabbi (2016), Lira (2017), Payés (2017), Duque

(2018), Silva (2018), Grimaldi (2018), Gomes (2019), Martins (2020), Leite (2020) e Bistaffa (2022).

De modo geral, os trabalhos encontrados na BDTD dão visibilidade à tensão que existe entre os campos da educação e da assistência, marcada na história da creche no Brasil. As pesquisas evidenciam a separação entre o cuidar e o educar, de forma hierarquizada, muito presentes na Educação Infantil. Professores(as) com escolaridade mais elevada ficam responsáveis pela "educação", enquanto o "cuidado" é destinado aos(às) professores(as) ou outros profissionais com nível mais baixo de escolarização. Por conseguinte, os que recebem menor remuneração, geralmente, são aqueles que ocupam as funções de apoio (cozinha e limpeza). As atividades circunscritas exclusivamente ao "cuidado" têm sido desvalorizadas ao serem comparadas com aquelas relativas exclusivamente à "educação" e ao ensino. No interior dessas funções estão presentes relações de poder que passam pelas questões de gênero e da matriz sócio-histórica. O cuidado está circunscrito às questões culturais, dependendo do contexto e dos costumes.

Em razão de fatores socioculturais específicos de nossa sociedade, essa dicotomia alimenta práticas distintas entre profissionais que atuam lado a lado nas escolas de Educação Infantil, especialmente nas creches: as auxiliares cuidam, e as professoras realizam atividades pedagógicas (Tiriba, 2005).

Os estudos apontam para a necessidade de os(as) professores(as) compreenderem que a Educação Infantil abrange a dimensão cuidar-educar como dois aspectos indissociáveis da prática docente, e não o somatório de duas funções separadas, em que uma acontece num determinado tempo/espaço e a outra, noutro.

Craidy e Kaercher (2001) salientam que

> ... a dicotomia, muitas vezes, vividas entre cuidar e o educar deve começar a ser desmistificada. Todos os momentos podem ser pedagógicos e de cuidados no trabalho com crianças de 0 a 5 anos. Tudo dependerá da forma como se pensam e se procedem as ações. Ao promovê-las proporcionamos cuidados básicos ao mesmo tempo em que atentamos para a construção da autonomia, dos conceitos, das habilidades, do conhecimento físico e social (p. 70).

Essa mudança de mentalidade, no entanto, não ocorre repentinamente. Ao contrário, trata-se de um processo permanente de reflexões sobre as ações cotidianas a partir da teoria.

Concordamos com Azevedo (2013) quando afirma que as instituições formadoras têm a urgente tarefa de reverem os seus currículos no sentido de articular teoria-prática de maneira reflexiva crítica. Para isso, é importante pensar aproximações entre universidade e creche, seja por meio de análise e discussão de situações concretas, seja por meio de projetos de pesquisa e projetos de extensão, em que estudantes de Pedagogia e professores(as) de creche possam vivenciar a formação inicial e continuada em diálogo e de modo mais significativo, e, assim, melhorar a qualidade do atendimento da Educação Infantil.

Considerações finais

Diante das análises realizadas com o levantamento dos trabalhos nos três sítios investigados, é possível perceber o baixo número de publicações que se dedicam ao tema cuidar-educar na creche. No entanto, é importante ressaltar que, desses poucos, as publicações foram inéditas, ou seja, cada pesquisa apareceu apenas em uma das fontes de dados.

O quantitativo reduzido aponta para a necessidade de os(as) pesquisadores(as) se debruçarem mais sobre a compreensão das práticas de cuidado-educação no fazer pedagógico na Educação Infantil, fornecendo subsídios teórico-metodológicos que potencializem as discussões na formação de professores(as) de bebês e crianças.

Igualmente, o mapeamento das produções científicas chama a atenção para a diversidade de metodologias adotas no estudo da temática do cuidar-educar na creche, podendo inspirar a realização de futuras pesquisas.

Para concluir, esperamos que este capítulo contribua para uma reflexão crítica sobre o binômio cuidado-educação, que se apresenta como um dos pilares para se pensar uma Educação Infantil de qualidade.

Referências

Aguiar. A. M. C., & Carvalho. M. R. F. (2012) Trabalho docente na educação infantil: entre o educar e o cuidar. In *Anais do II Seminário de Grupos de Pesquisa sobre Bebês e crianças pequenas e Infâncias.* Universidade do Estado do Rio de Janeiro.

Amaral, J. C., & Ramos, T. K. G. (2016) Práticas de cuidados/educação na creche: o que dizem as crianças sobre a atuação de suas educadoras? In *Anais do V Seminário de Grupos de Pesquisa sobre Crianças e Infâncias – GRUPECI.* Universidade Federal de Santa Catarina.

André R. C. M. O. (2016) *Creche: desafios e possibilidades. Uma proposta curricular para além do Educar e Cuidar.* [Dissertação de Mestrado em Educação], Pontifícia Universidade Católica de São Paulo.

Azeredo E. A. (2012) *Ações em educação nutricional: cuidado em saúde com crianças pré-escolares em Creche Universitária.* [Dissertação de Mestrado em Ciências do Cuidado em Saúde], Universidade Federal Fluminense.

Azevedo, H. H. O. (2013) *Educação Infantil e formação de professores: Para além da separação cuidar-educar.* Editora Unesp.

Barroca, K. C., & Simões, P. M. U. (2016) Percepções de familiares de crianças de creches quanto ao trabalho desenvolvido na educação infantil. In *Anais do V Seminário de Grupos de Pesquisa sobre Crianças e Infâncias.* Universidade Federal de Santa Catarina.

Bistaffa, V. D. A. (2022) *Um estudo sobre a relação entre educar e cuidar de crianças bem pequenas, segundo a percepção de profissionais da educação infantil.* [Dissertação de Mestrado em Ensino e Processos Formativos], Universidade Estadual Paulista.

Borges, L. P., Scramingnon, G. &; Castro, M. (2018) Levantamento bibliográfico: uma primeira leitura sobre o tema do cuidar e ser cuidado no campo da educação. *38ª Reunião Nacional da ANPEd.* São Luís (MA).

Brasil. (1996) Lei 9.394 de 20/12/1996. Diretrizes e Bases da Educação Nacional. *Diário Oficial da União.* Ano, nº 248, de 23/12/1996.

Brasil. (2009) *Parecer CNE/CEB 020/2009. Resolução CNE/CEB n. 5/2009 Diretrizes Curriculares Nacionais para a Educação Infantil* Brasília, DF: Conselho Nacional de Educação; Câmara da Educação Básica, 2009b.

Camaru, J. dos S. (2019) *Com quem ficam os nossos filhos quando a gente sai para trabalhar: o cuidar e o educar na programação e nas propostas de atendimento das creches da rede direta paulistana (1969 a 1982)*. [Dissertação de Mestrado em Educação], Universidade Federal de São Paulo.

Casanova L. V. (2011) O que as crianças pequenas fazem na creche? As famílias respondem. In *Anais da ANPEd GT 07, 34ª Reunião Nacional da ANPEd*. Natal (RN).

Castelli, A. M., & Delgado, A. C.C. (2015) Bebês que se relacionam com crianças mais velhas: cuidados e conflitos na educação infantil. In *Anais da ANPEd GT 07, 37ª Reunião Nacional da ANPEd*. Florianópolis (SC).

Craidy, C. M., & Kaercher, G.E.P.da S. (2001) *Educação Infantil: pra que te quero?* Artmed.

Crucciti, F. J. K. (2021) *Educar para emancipar: o direito do bebê à educação*. [Dissertação de Mestrado em Educação: Currículo], Pontifícia Universidade Católica de São Paulo.

Cruz. A. C. J., Oliveira. F., Santos. M. W., & Rodrigues T. C. (2012) Educação e cuidado da criança negra no Brasil: as relações entre escravização, escolarização e socialização. In. *Anais do III Seminário de Grupos de Pesquisa sobre Bebês e crianças pequenas e Infâncias*. Universidade Federal de Sergipe.

Dal-Farra, R. A., & Lopes, P. T. C. (2014). Métodos Mistos de Pesquisa em Educação: Pressupostos Teóricos. *Nuances: Estudos Sobre Educação, 24*(3), 67–80.

Duarte, F. K. (2021) *Os documentos norteadores do trabalho com bebês e crianças nas creches paulistanas: principais eixos das orientações didáticas voltadas ao cuidar e educar, no início da rede direta e a partir dos anos 2000*. [Dissertação de Mestrado em Educação: História, Política, Sociedade], Pontifícia Universidade Católica de São Paulo.

Duque, L. de S. (2018) *Os sentidos da relação cuidar-educar nos berçários de uma creche do município de Juiz de Fora/MG*. [Dissertação de Mestrado em Educação], Universidade Federal de Juiz de Fora.

Duque, L. de S., & Moreira, A. R. C. P. (2020) Cuidar-educar na creche: itinerários pelos trabalhos da Anped, Grupeci e BDTD. *Educação, 43*(3), e37472. Epub 00 de 2021.

Gatti, B. A. (2004) Estudos quantitativos em educação. *Educação E Pesquisa, 30*(1), 11–30.

Gonçalves, F., Buss-Simão, M., & Rocha, E. A. C. (2014) Percursos e tendências na produção científica sobre crianças de 0 a 3 anos na ANPEd. In *Anais da X ANPEd SUL*. Universidade do Estado de Santa Catarina.

Grimaldi, S. (2018) *A pesquisa-ação colaborativa como instrumento para construção de práticas educativas em creche*. [Tese de Doutorado em Educação Escolar], Universidade Estadual Paulista.

Guimarães, D. (2008) No contexto da creche, o cuidado como ética e a potência dos bebês. In *Anais da ANPEd GT 07. 31ª Reunião Nacional da ANPEd*. Caxambu (MG).

Kuhlmann Jr., M. (2000) Histórias da educação infantil brasileira. *Rev. Bras. Educ.,* (14), 5-18.

Leite, D. B. M. (2020) *Cuidado e educação de bebês: As práticas alimentares na creche*. [Dissertação de Mestrado em Educação], Universidade Federal de Minas Gerais.

Lemos M. E. S. (2010) *Representações sociais de educadoras de creche a respeito do cuidado em saúde de crianças até cinco anos de idade*. [Tese de Doutorado em Ciências da Saúde], Universidade Federal de Minas Gerais.

Luz, J. T. (2020) *O cuidar e o educar na educação infantil: aspectos do trabalho da auxiliar de classe em uma rede municipal de ensino*. [Dissertação de Mestrado em Educação], Universidade Metodista de São Paulo.

Martins, A. de O. (2020) *Cuidar/educar: formação de profissionais de creche em contexto de Extensão Universitária*. [Tese de Doutorado em Educação], Universidade Federal de São Carlos.

Menezes, A. de, & Borges, B. (2021) O cuidado na rotina das creches: a hora do banho com bebês e crianças. In *Anais do VII Seminário de Grupos de Pesquisa sobre Crianças e Infâncias - GRUPECI*, Universidade Federal do Rio Grande do Norte.

Miranda, A. M. de S. B., Santos, C. O. dos, Marques, F. P. C. (2021) Professores homens na creche: desafios, tensões e possibilidades no cuidado e educação de bebês. In *Anais do VII Seminário de Grupos de Pesquisa sobre Crianças e Infâncias - GRUPECI*, Universidade Federal do Rio Grande do Norte.

Moreira, P. G. P. (2019) *O professor em cena e o trinômio cuidar/brincar/educar: trajetórias do programa Criança na Creche do município de Niterói*. [Dissertação de Mestrado em Educação], Universidade Federal Fluminense.

Nascimento E. R., & Santos A. V. (2010) Cuidado ou educação? A prática educativa nas creches comunitárias de Curitiba. In *Anais da ANPEd GT 07. 33ª Nacional da ANPEd*. Caxambu (MG).

Pagnussat, C. de M., Arruda, J. C. de, Faria, M. G. do N. (2021) Gênero e cuidado: desafios docentes diante da reprodução das desigualdades sociais na educação infantil. In *Anais do VII Seminário de Grupos de Pesquisa sobre Crianças e Infâncias - GRUPECI*, Universidade Federal do Rio Grande do Norte.

Payés, A. C. L. M. (2016) *Desejo e cuidado na educação de crianças pequenas em creches.* [Tese de Doutorado em Educação], Universidade de São Paulo.

Pereira. A. P. S. (2010) Assistência social, família e educação: significado de práticas educativas no âmbito da assistência social no trabalho com famílias. In *Anais do II Seminário de Grupos de Pesquisa sobre Bebês e crianças pequenas e Infâncias*. Universidade do Estado do Rio de Janeiro.

Pinheiro, M. N. dos S., Silva, K. C. F. e, Cruz, R. C. de A. (2021) Percepções de profissionais de creche sobre o trabalho da assistente/auxiliar com foco no cuidado/educação. In *Anais do VII Seminário de Grupos de Pesquisa sobre Crianças e Infâncias - GRUPECI*, Universidade Federal do Rio Grande do Norte.

Polli, R. G. (2016) *E o bebê?: a função de cuidar na perspectiva das educadoras de berçário.* [Tese de Doutorado em Psicologia], Universidade Federal do Rio Grande do Sul.

Ribeiro, A. G., & Cruz, R. C. de A. (2021) O trabalho docente com bebês e crianças bem pequenas na creche: cuidado/educação em foco. In *Anais do VII Seminário de Grupos de Pesquisa sobre Crianças e Infâncias - GRUPECI*, 2021, Universidade Federal do Rio Grande do Norte.

Rocha, E. A. C. (2008) 30 anos da educação infantil na ANPEd: caminhos da pesquisa. *Zero-a-seis*, 17, 52-65, Florianópolis.

Rocha, E. A. C., & Buss-Simão, M. (2013) Infância e educação: novos estudos e velhos dilemas da pesquisa educacional. *Educação e Pesquisa*, 39(4), 943-954.

Rodrigues, T. de A., & Ramos, T. K. G. (2019) Docência com bebês em ocasiões de cuidados pessoais: interações e banho em foco. In *39ª Reunião Nacional da ANPEd*. Niterói (RJ).

Sarmento, M. J.; Pinto, M. (1997) As crianças e a infância: definindo conceitos, delimitando o campo In Pinto, M.; Sarmento, M. J. (orgs.). *As Crianças: Contextos e Identidades*. Centro de Estudos da Criança, Universidade do Minho, p. 7-30.

Scramingnon, G. B. S, Toledo, M. L. P.B, & Souza, M. P. C. (2016) Levantamento bibliográfico: uma primeira leitura sobre o tema do cuidar e ser cuidado no campo da educação. In *Anais do V Seminário de Grupos de Pesquisa sobre Crianças e Infâncias*. Universidade Federal de Santa Catarina.

Scramingnon, G. B. S.; Brandao, R.; Bauman, J. (2021) O Que Dizem as Crianças sobre Cuidar e Ser Cuidado?. In *Anais do VII Seminário de Grupos de Pesquisa sobre Crianças e Infâncias - GRUPECI*, Universidade Federal do Rio Grande do Norte.

Secchi, L. M.; Almeida, O. A. (2007) Um tempo vivido, uma prática exercida, uma história construída: o sentido do cuidar e do educar. In Reunião Anual da Associação Nacional de Pós-Graduação e Pesquisa em Educação, 30., 2007, Caxambu. *Anais* [...]. Caxambu: ANPEd , 2007. p. 1-16.

Silva, I. de O. e; Luz, I. R. da; Faria Filho, L. M. de. (2010) Grupos de pesquisa sobre infância, criança e educação infantil no Brasil: primeiras aproximações. *Revista Brasileira de Educação*, 15(43), 84-98, jan./abr.

Silva, J. A., & Cordeiro, K. de O. S. (2021) O direito às práticas de educação e cuidado em instituições escolares. In *Anais do VII Seminário de Grupos de Pesquisa sobre Crianças e Infâncias - GRUPECI*, Universidade Federal do Rio Grande do Norte.

Silva, J. C. da. (2018) *A qualidade das práticas educativas em uma creche do município de Santo André/SP.* [Dissertação de Mestrado em Gestão e Práticas Educacionais], Universidade Nove de Julho.

Silva. J. C. (2014) O trabalho pedagógico com bebês na educação infantil: contribuições da psicologia histórico-cultural. In *Anais do IV Seminário de Grupos de Pesquisa sobre Crianças e Infâncias*. Universidade Federal de Goiás.

Silva. A. M. S., et al. (2014) A creche como espaço de educação e cuidado: o trabalho pedagógico no município de Corumbá-MS. In *Anais do IV Seminário de Grupos de Pesquisa sobre Bebês e crianças pequenas e Infâncias*. Universidade Federal de Goiás.

Silveira, A. F., Castro, L. G., Barbosa, S. N. F. (2021) Cuidado e família: narrativas de mulheres. In *Anais do VII Seminário de Grupos de Pesquisa sobre Crianças e Infâncias - Grupeci*, 2021, Natal. Universidade Federal do Rio Grande do Norte.

Souza. T. O., & Dias. A. A. (2014) A formação docente na creche: o cuidar e o educar. In *Anais do IV Seminário de Grupos de Pesquisa sobre Bebês e crianças pequenas e Infâncias*. Universidade Federal de Goiás.

Tiriba, L. (2005) Educar e cuidar ou, simplesmente, educar? Buscando a teoria para compreender discursos e práticas. In *Anais da ANPEd GT 07. 28ª Reunião Nacional da ANPEd*. Caxambu (MG).

Toledo, M. L. P. B. de., Scramingnon, G., Castro, M. (2016) Levantamento Bibliográfico: Uma Primeira Leitura Sobre o Tema do Cuidar e Ser Cuidado no Campo da Educação. In *Anais do V - Seminário de Grupos de Pesquisa sobre Crianças e Infâncias - Grupeci*, 2016, Florianópolis. Universidade Federal de Santa Catarina.

Vosgerau, D. S. R., & Romanowski, J. P. (2014) Estudos de revisão: implicações conceituais e metodológicas. *Revista Diálogos Educacionais, 14*(41), 165-189.

Zanette, M. S. (2017) Pesquisa qualitativa no contexto da Educação no Brasil. *Educar Em Revista,* 65, 149–166.

CAPÍTULO X

BEBÊS NAS CRECHES: UMA ANÁLISE DA PRODUÇÃO ACADÊMICA

Patrícia Maria Uchôa Simões

Elaine Suane Florêncio Santos

Introdução

O conhecimento sobre o trabalho pedagógico desenvolvido com bebês em creches ainda carece do diálogo com a produção acadêmica que possa promover uma profícua discussão das práticas pedagógicas, das formas de avaliação e do currículo. E, assim, contribuir para a qualidade desse atendimento junto aos profissionais, gestores e formuladores de políticas públicas.

A dificuldade em estabelecer o diálogo, em parte, localiza-se na fragmentação dos estudos sobre bebês nas diferentes áreas de pesquisa — como a Psicologia, os campos da Saúde e da Educação —, dificultando a troca de conhecimentos na construção de saberes interdisciplinares sobre fenômenos complexos, que envolvem também uma multiplicidade de perspectivas a partir de um mesmo objeto de estudo.

Para se compreender e mapear esses estudos, a referência aos bebês como indivíduos recém-nascidos ou com pouco tempo de vida, usando a delimitação cronológica para a definição do campo semântico, não é suficiente. Outras concepções são chamadas a explicar os sentidos e significados que os bebês assumem na produção científica, bem como a apresentar e fundamentar formas de intervenção e de práticas pedagógicas dirigidas aos bebês.

Para a presente análise, parte-se da ideia de que a história das creches ocorreu de forma quase paralela e independente em relação à história da Educação Básica e da pré-escola no Brasil. É uma história marcada tanto pela desigualdade, pela exclusão e pelo assistencialismo, quanto pela capacidade de organização das comunidades mais pobres e pela luta das mulheres trabalhadoras. Sendo assim, a trajetória de consolidação de uma identidade para a Educação Infantil enquanto etapa da Educação Básica não é uma só. Creche e pré-escola, enquanto subetapas, possuem trajetórias diversas, enfrentando diferentes desafios e dilemas — desafios e dilemas esses que constituem o debate na área até hoje.

Em 1984, Rosemberg (1984) já assinalava que "a história recente da creche como instituição tem se dado por ciclos sucessivos de expansão e retraimento divergindo, assim, da trajetória da escola que, pelo menos numa perspectiva quantitativa, tem apresentado uma evolução cons- tante" (p. 73). Compreender, pois, a produção bibliográfica sobre bebês em creches requer um olhar sobre essa trajetória e suas especificidades no contexto maior das pesquisas sobre bebês.

A análise da produção acadêmica sobre bebês em creches, enten- dendo os campos semânticos que constituem esses estudos, pode revelar as carências e lacunas no atendimento educacional a essa faixa etária e explicar as dificuldades que a literatura das diferentes áreas tem para dialogar com os(as) profissionais da área.

O presente estudo teve como objetivo atualizar a discussão sobre a produção bibliográfica em periódicos sobre os bebês nas creches publicada no artigo "Os campos semânticos dos estudos dos bebês na educação infantil: uma análise da produção acadêmica em artigos de periódicos brasileiros" (Simões, 2020). Nessa primeira análise, foram consideradas as publicações no período de 2007 a 2018. Para o estudo atual, ampliamos esse período até o ano de 2023.

O ano de 2007 foi marcado por várias conquistas nas políticas da Educa- ção Infantil, entre elas a criação do Fundo de Manutenção e Desenvolvimento da Educação Básica (Fundeb). Pela primeira vez no Brasil regulamentou-se a destinação de um considerável aporte de recursos para a Educação Infantil, possibilitando o aumento do atendimento, a diminuição de desigualdades regionais e a busca de padrões mínimos de qualidade. Apesar de não garan- tir o acesso, a entrada da Educação Infantil no Fundeb, especialmente para as creches, foi um marco de valorização e garantia de direito das crianças pequenas à educação (Bassi, 2011; Gaspar, 2012; Rosemberg, 2010).

Por sua vez, o ano de 2023 antecede o fim previsto para o atual Plano Nacional de Educação 2014–2024, com vigência até 2024. A escolha do ano de 2023 para o final do período investigado teve a intenção de contribuir e oferecer subsídios às análises que orientam planejamentos para a próxima década, no sentido de avançar na inclusão com qualidade dos bebês nas creches. A presente investigação bibliográfica considerou esses dois marcos históricos para realizar as análises da produção acadêmica, com a pretensão de compreender os determinantes nas pesquisas sobre bebês e creches publicadas em periódicos nacionais nas plataformas SciELO (Scientific Electronic Library Online) e PePsic (Periódicos de Psicologia).

Perspectiva teórica de análise da produção científica

O presente estudo parte de uma perspectiva pós-estruturalista para analisar sentidos presentes na produção acadêmica sobre bebês e creches nas últimas décadas. Essa abordagem de análise vem mobilizando a produção de estudos nas diferentes áreas do conhecimento, de maneira a ressignificar conceitos e formas metodológicas nos processos investigativos.

Como em Foucault (2000), a perspectiva pós-estruturalista assinala a produção do conhecimento como uma forma de luta contra um discurso que se denomina unitário, verdadeiro e científico, afastando-se de pressupostos da modernidade e desconstruindo metanarrativas que marcam a produção do conhecimento. Dessa forma, entende-se que a verdade é fabricada institucionalmente; cada sociedade produz seus discursos considerados verdadeiros e constrói mecanismos para qualificar e desqualificar os saberes.

Segundo Peters (2000), a influência do pós-estruturalismo tem sido muito significativa em diversas áreas das ciências sociais e humanas, como nos estudos feministas e na psicanálise. Acredita-se que também para os estudos das infâncias, e na pesquisa com bebês, essa perspectiva inspire análises que ajudem a cumprir sua "dupla tarefa: criar um espaço para a infância no discurso sociológico e encarar a complexidade e ambiguidade da infância como um fenômeno contemporâneo e instável" (Prout, 2010, p. 733).

Dessa forma, essa investigação de processos de visibilização e invisibilização, enunciação e silenciamento, na produção de conhecimentos sobre bebês e creche pretende contribuir para a compreensão dos discursos acadêmicos que dão suporte à formulação de políticas e ao desenvolvimento de práticas nas creches no Brasil.

Processos metodológicos

Foram realizadas seis buscas combinando os descritores *bebê* ou *bebês* e *creche, berçário* ou *educação infantil,* para todos os indexadores, em duas bases de dados: SciELO e PePsic. Os artigos foram categorizados quanto ao ano de publicação, área do periódico, temática do artigo e tipo de texto.

As publicações foram divididas em dois períodos: 2007–2017 e 2018–2023[28], numa análise comparativa que se constituiu de exploração do material oriundo dos artigos encontrados. Em seguida, foi construída uma análise dos temas que emergiram dessas publicações por área dos periódicos e que deram origem às categorias que serviram de base para a interpretação e construção das inferências.

Para a análise das temáticas dos artigos, foi feita uma leitura minuciosa dos resumos e, quando necessário, do texto completo. Foi utilizada a técnica de Bardin (2011) de Análise de Conteúdo, que consiste em analisar significados e significantes discursivos utilizando-se de um conjunto de técnicas de análise de textos com procedimentos sistemáticos e objetivos para a compreensão dos seus conteúdos.

Análise da produção acadêmica

Foram identificados 87 artigos entre 2007 e 2023. A Tabela 1 mostra que a produção se concentrou nos últimos cinco anos, o que revela o grande crescimento do interesse pela temática, já apontando em estudo anterior (Simões, 2020).

Tabela 1

Número de artigos por ano de publicação

2007–2017	2018–2023	TOTAL
40	47	87

A Tabela 2 apresenta as áreas dos periódicos nas quais os artigos foram publicados. A área foi identificada na própria página eletrônica dos periódicos, na seção que define o foco e o escopo das revistas.

---

[28] Considerando que na primeira análise realizada (Simões, 2020) foram consideradas as publicações no período de 2007 a 2018, para o estudo atual ampliamos esse período até o ano de 2023 e reorganizamos a análise em dois conjuntos de produções: aquelas publicadas no período de 2007 a 2017 e aquelas publicadas entre 2018 e 2013.

Tabela 2

Número de artigos por área dos periódicos

ÁREA PERÍODICOS	SAÚDE	PSICANÁLISE	PSICOLOGIA	EDUCAÇÃO	LINGUÍSTICA	INTERDISCIPLINAR
2007–2017	4	2	20	6	0	8
2018–2023	9	1	17	16	2	2

No período de 2007–2017, os artigos foram publicados em 22 periódicos diferentes; a maioria tinha como área principal a Psicologia, e um número significativo de periódicos se localiza nas áreas multi, trans ou interdisciplinares, o que parece apontar a complexidade dos temas relacionados aos bebês na creche e a necessidade de uma visão não disciplinar (Tabela 2). No período seguinte (2018–2023), o número de periódicos com artigos sobre o tema investigado subiu para 24, sendo que, entre esses periódicos, 15 não aparecia no período anterior, o que também indica o crescimento do campo.

Nesse último período, a maioria dos artigos estão em periódicos de Psicologia, mas um número grande e crescente foi publicado em periódicos das áreas de Educação e Saúde, em relação ao período anterior. Houve uma queda do número de artigos em periódicos das áreas multi, trans ou interdisciplinares. Também registramos uma outra área do conhecimento que não foi encontrada no período anterior: Linguística.

A análise das temáticas por área de periódico apresentada a seguir auxiliará na compreensão da produção do conhecimento sobre bebês em creche.

No período de 2007 a 2017, entre os artigos publicados na área de Saúde, em apenas um dos estudos foi focalizada uma dimensão do trabalho docente — a alimentação dos bebês —, identificando erros alimentares e alertando para a necessidade da capacitação das profissionais (Golin et al., 2011).

Os outros estudos na área de Saúde utilizaram a creche apenas como lócus para o encontro dos participantes da pesquisa, os bebês. Dessa forma, não tinham como objeto de estudo as práticas educativas ou as rotinas das creches onde as investigações foram realizadas, nem consideraram possibilidades de o conhecimento na área poder auxiliar as práticas pedagógicas. Ressalta-se, no entanto, que dois estudos apresentaram propostas de intervenção para favorecer o desenvolvimento motor dos bebês (Almeida & Valentini, 2010; Gerzon et al., 2016) e um outro analisou fatores relacionados às alterações do desenvolvimento neuropsicomotor (Silva et al., 2015), sem vincular essas temáticas ao trabalho das educadoras na creche.

Entre os anos de 2018 e 2023, os estudos publicados em periódicos da área de Saúde tiveram como preocupação maior os programas de apoio e orientação sobre cuidados e o desenvolvimento dos bebês, dirigidos a mães, gestantes e famílias (Baldin et al., 2022; Costa et al., 2021; Figueiredo et al., 2021; Fochi et al., 2020; Jaramillo-Majía & Chernichovsky, 2019). Na área da Psicologia, também foi registrado um estudo que avaliou a eficácia de uma intervenção rápida que consistia em promover o conhecimento sobre a Síndrome do Bebê Sacudido a pais e familiares, que é uma forma de maus tratos que pode ter consequências no desenvolvimento do bebê (Lopes et al., 2018).

Nesse último período estudado, ainda considerando os periódicos da área de Saúde, a temática do desenvolvimento dos bebês foi tratada em quatro estudos. No primeiro, Mélo et al. (2019) fizeram um levantamento dos instrumentos de avaliação do desenvolvimento neuropsicomotor de crianças de 0 a 2 anos que tivessem baixo custo e pudessem ser utilizados em creches e/ou programas de intervenção precoce. Em outra pesquisa do mesmo grupo, Mélo et al. (2020) estudaram a correlação da qualidade de vida dos bebês renda familiar e desenvolvimento neuropsicomotor de bebês que frequentam centros de Educação Infantil. O terceiro estudo foi desenvolvido por Lovison et al. (2021), que analisaram a influência da qualidade do ambiente no desenvolvimento motor. O último desse grupo é um estudo que desenvolveu uma primeira versão de um Guia Avaliativo da qualidade do atendimento de atenção primária a bebês prematuros (Silva & Mello, 2022).

De forma geral, na área de Saúde parece haver uma preocupação crescente com o desenvolvimento dos bebês. Três linhas de pesquisa se delineiam: a) os estudos da qualidade dos ambientes onde os bebês se desenvolvem; b) as pesquisas sobre as possíveis formas de intervenção junto aos familiares dos bebês; e c) a avaliação do desenvolvimento dos bebês. Apesar das contribuições que esses temas podem ter para a educação de bebês, não há um diálogo com o papel e a função da creche para esse desenvolvimento.

Nos três textos encontrados em revistas da Psicanálise, no primeiro período estudado (2007–2017), foi tratada a dimensão do cuidado na Educação Infantil, sendo que dois deles relatam pesquisas de campo. Em um dos estudos, é apresentada uma reflexão sobre as possibilidades constitutivas das crianças nos espaços da creche, a partir das relações estabelecidas entre os profissionais da Educação Infantil e os bebês (Flach & Sordi, 2007). No outro, foi feita uma pesquisa qualitativa que constava uma técnica de intervenção junto às educadoras (Gabeira & Zornig, 2013). Esses dois estudos consideraram as competências do bebê e suas características de ser ativo nas relações que estabelece com o mundo ao seu redor. O foco dos estudos foi os processos de subjetivação, ao tratarem o espaço da Educação Infantil como espaço de construção de subjetividades e a importância da dimensão do cuidado no desenvolvimento desses processos nos bebês.

De forma um pouco diferente, no terceiro artigo, em forma de ensaio, os autores apresentam os Indicadores Clínicos de Riscos para o Desenvolvimento Infantil (ICRDI) como um instrumento interdisciplinar para a avaliação do bebê (Pesaro & Kupfer, 2016). Nesse artigo, apesar de propor um diálogo entre a Medicina, a Psicanálise e a Educação, não são mencionados os estudos anteriores das outras áreas além da Psicanálise e apresenta uma forma de linguagem prescritiva, a partir da normatividade do instrumento construído com base nas teorias psicanalíticas, dirigida aos profissionais de creches.

No período seguinte, 2018–2023, só foi identificado um artigo em periódico na área da Psicanálise que apresentou uma experiência de formação para educadoras de berçário, visando à melhoria da qualidade das interações educadora-bebê, numa abordagem pikleriana. Os resultados desse estudo apontam a necessidade de um programa de acompanhamento do trabalho das educadoras que fizesse parte do cotidiano da creche como uma atividade permanente de compartilhamento de experiências e que a formação continuada fosse realizada envolvendo toda a instituição onde o berçário está inserido — para além das próprias famílias (Gabriel et al., 2022). A existência de um único artigo na área da Psicanálise talvez indique a pequena contribuição da área para a temática dos bebês e o trabalho pedagógico em creches.

Sobre a formação para educadoras de berçário, foi identificada uma pesquisa, a partir da mesma abordagem teórica (a Psicanálise), com uma proposta de formação para a organização dos espaços do berçário e para a interação educadora-bebê. Os resultados apontam mudanças na organização do berçário e contribuições para a promoção do desenvolvimento infantil (Portugal et al., 2019).

Os artigos publicados em periódicos que tinham como área principal a Psicologia ainda apresentam pouco diálogo com a Educação, no sentido de discutir contribuições da área para a formação docente e o desenvolvimento das práticas educativas na creche, relações entre desenvolvimento infantil, aprendizagem e currículo, capacidades perceptuais e motivacionais do bebê e organização de espaços educativos, adequação das formas de avaliação dos bebês para o trabalho em creches, entre outros temas, apesar de metade dos estudos mencionarem a importância da área para as práticas pedagógicas na creche.

A docência nessa etapa educacional parece ser entendida, quase de forma restrita, ao cuidado. São estudadas as crenças sobre o desenvolvimento infantil e sobre o próprio bebê e comparados comportamentos e estilos de cuidar com os comportamentos de mães e outros familiares (Albuquerque & Aquino, 2021; Becker et al., 2013; Klein & Martins, 2017; Melchiori et al., 2007; Oliveira et al., 2020; Piccinini et al., 2016; Seidl-de--Moura et al., 2014).

Na área da Psicologia, Recktenvald e Donelli (2019) avaliaram a capacidade de mentalização — que é a possibilidade de um indivíduo entender seu comportamento e dos outros em termos de estados mentais — de educadores que atuam com bebês. Os resultados apontam a importância de novos estudos sobre a temática para a construção de instrumentos e planejamento de intervenções que almejem aprimorar a capacidade de mentalização e promoção de saúde mental.

Martins et al. (2014, 2019) investigaram a experiência de mães primíparas, com carreiras profissionais consolidadas, em relação à maternidade e ao próprio trabalho, da gestação ao término do período de licença. Três servidoras públicas federais participaram desse estudo, respondendo entrevistas. A análise de conteúdo qualitativa revelou que as experiências das participantes foram semelhantes em vários aspectos: as repercussões do trabalho na experiência da maternidade foram identificadas desde a gestação, considerando as preocupações perante as mudanças decorrentes da maternidade e a conciliação das demandas profissionais; sentimentos de insegurança e ambivalência também se fizeram presentes quando do ingresso do bebê na creche e do retorno da mulher ao trabalho. Desde a gestação, foram identificados movimentos de adaptação, visando ao gerenciamento das demandas da maternidade e do trabalho. O apoio familiar, social e organizacional recebido pelas participantes contribuiu para esse gerenciamento. Ainda assim, sentimentos de sobrecarga pelo acúmulo de atividades ficaram evidentes, mesmo após o ingresso do bebê na creche e o retorno da mãe ao trabalho, o que corrobora a literatura sobre a temática.

A tônica desses estudos está na influência que crenças e concepções das profissionais da creche sobre o bebê e seu desenvolvimento podem ter na sua atuação profissional e no desenvolvimento do bebê.

Ainda entre os anos de publicação de 2018 e 2023, dois estudos tratam da prática pedagógica na creche: um sobre as construções lúdicas entre educadoras e bebês (Carvalho; Ferrari, 2023) e outro artigo sobre as experiências iniciais de leitura e o desenvolvimento dos bebês (Nascimento-Dias et al., 2023).

A preocupação mais frequente entre os estudos analisados que se aproximam das práticas na creche relacionam-se à questão da adaptação de bebês a esse espaço, fora da vida familiar, tratada em cinco estudos da área no período anterior (2007–2017) e em mais dois no período 2018–2023, (Bossi et al., 2017; Bossi et al., 2018; Dentz et al., 2022; Gabriel & Lopes, 2016; Martins et al., 2014; Pasinato & Mosmann, 2015; Peixoto et al., 2017). Essa temática é tratada do ponto de vista das famílias ou das características do próprio bebê, o foco não é a articulação da reflexão sobre o processo de separação-individuação com as práticas pedagógicas nas creches.

A temática mais debatida entre as publicações em periódicos da área da Psicologia foi o desenvolvimento infantil. Nos estudos, o desenvolvimento infantil foi tratado de forma geral. Foi identificado também um estudo que focalizou o desenvolvimento de uma habilidade específica do bebê, a capacidade de discriminação, avaliada a partir de um planejamento experimental (Oliveira & Gil, 2008). Outro estudo, de Barbosa e Lima (2018), discute a função que os educadores de creche podem exercer na estruturação psíquica dos bebês e das crianças pequenas, mencionando, especialmente, o desenvolvimento da linguagem, utilizando a teoria psicanalítica.

Em dois dos estudos em periódicos da área da Psicologia, havia também a preocupação com a avaliação do desenvolvimento infantil, sinais de atraso no desenvolvimento e a proposição e comparação de instrumentos de avaliação (Brandão & Kupfer, 2014; Sigolo & Aiello, 2011).

O desenvolvimento infantil também é citado como o objetivo do trabalho pedagógico na creche e, muitas vezes, relacionado à temática da interação, como em Rossetti-Ferreira, Anjos e Oliveira (2009). No entanto, poucos estudos investigaram as interações de bebês na creche. A maioria desses estudos tiveram como foco os processos de subjetivação e a construção de significados pelos bebês em suas interações e foram desenvolvidos por um mesmo grupo de pesquisa (Amorim, 2012; Amorim et al., 2012; Amorim et al., 2012; Costa & Amorim, 2015, 2018).

Dentz et al. (2019) apresentaram uma pesquisa da produção sobre a expressividade emocional entre pares de bebês de creche. Foram analisados 24 artigos indexados e foi identificado que a maioria dos trabalhos utilizam dados empíricos, numa perspectiva qualitativa. Os estudos reconhecem as expressividades emocionais dos bebês na face e em sua relação com adultos. Os autores ressaltam a importância de estudos longitudinais e que considerem toda a corporeidade da criança, não apenas a face.

Alguns estudos analisaram discursos sobre creches na literatura acadêmica ou entre profissionais. Urra (2016) analisou duas revistas brasileiras de pediatria, articulando aspectos da teoria de ideologia, teoria de gênero e dos estudos sociais sobre infância, apontando percepções negativas em relação à creche — que não é referida como espaço de desenvolvimento do bebê, mas como local de guarda pela ausência da mãe. Na mesma linha, Andrade (2015) utilizou a Teoria Histórico Cultural e a Teoria das Representações Sociais para discutir o berçário como artefato cultural e como suas significações orientam profissionalidades de educadoras e regulam as oportunidades para o desenvolvimento de bebês.

Apenas dois estudos, entre todos os analisados, trataram da educação especial em creches, investigando a perspectiva das educadoras quanto à inclusão de bebês com deficiência física no berçário (Bossi et al., 2018, Bossi & Piccinini, 2018). Entre os diversos fatores que interferem na inclusão, as educadoras não ressaltaram nenhum aspecto com relação à família dos bebês com deficiência, o que revela a dificuldade das educadoras em perceber as famílias como agentes da inclusão educacional. É como se a família não tivesse também um papel na educação institucionalizada desses bebês.

Nos dois períodos estudados, a maioria das publicações em periódicos da área de Educação abordaram temáticas em torno da discussão das especificidades das práticas pedagógicas e rotinas na creche: a qualidade da Educação Infantil, condições de funcionamento e práticas pedagógicas (Cruz et al., 2021); a articulação do educar com o cuidar e o brincar e os seus possíveis efeitos no laço com o bebê (Fonseca, 2018); os momentos de descanso, a alimentação e o choro dos bebês (Costa et al., 2023; Marques & Luz, 2022; Monção, 2017; Piva & Carvalho, 2020); os espaços e tempos nas rotinas da creche (Lopes et al., 2023; Oliveira et al., 2023); as possibilidades dialógicas na relação professor-bebê na creche (Guimarães & Arenari, 2018); a mediação, numa abordagem psicanalítica, junto às educadoras de uma creche, num estudo de caso de um bebê mordedor (Saullo et al., 2013); a avaliação de um programa de intervenção precoce (Soejima & Bolsanelo, 2012); e um ensaio sobre a prática pedagógica numa perspectiva filosófica (Nörnberg, 2013).

Souza e Falciano (2023) analisaram uma proposta intersetorial de segurança alimentar e nutricional desenvolvida em creches, ampliando para a discussão sobre políticas públicas e o direito à Educação.

A formação de profissionais para atuarem em creches com bebês é objeto da discussão de três estudos: Micarello e Baptista (2018) investigaram a repercussão do processo formativo de mediação de leitura literária para professoras da Educação Infantil nas práticas docentes; Arenhart, Guimarães e Santos (2018), partindo da perspectiva da pesquisa-formação, analisaram os sentidos da docência na educação das crianças de 0 a 3 anos; e Frabetti (2011) aborda a formação teatral de docentes da Educação Infantil. Ainda foram registrados dois estudos que abordam a identidade dos profissionais de creche (Munhoz & Prado, 2022; Buss-Simão & Silva, 2023).

Nessa área, também registramos uma pesquisa de intervenção psicanalítica com um grupo interativo pais-bebês que pretendeu articular educação e psicanálise no campo da discussão sobre saúde mental (Pesaro et al., 2018) e, ainda, o estudo de Silva (2014) sobre a confiança das mães na instituição de Educação Infantil.

Uma característica comum desses estudos é o foco nos adultos, educadoras ou mães, mesmo quando se trata do estudo sobre o desenvolvimento do bebê, pois o que se discute são práticas que poderiam prevenir e evitar "defasagens" ou "transtornos" no desenvolvimento.

No período de 2018 e 2023, apenas em dois artigos dos periódicos da área de Educação foram registrados estudos com foco nas relações entre bebês em atividades compartilhadas por bebês na creche (Silva & Neves, 2019; Silva et al., 2023). Nota-se que esses estudos foram realizados pelo mesmo grupo de pesquisa.

Uma temática se sobressaiu entre os artigos publicados em periódicos que privilegiam estudos multi, trans e/ou interdisciplinares: a análise de instrumentos normatizados de avaliação do desenvolvimento — a Alberta Infant Motor Scale avalia o desenvolvimento motor e foi utilizada num estudo transversal com 561 crianças em instituições de Educação Infantil no Rio Grande do Sul (Saccani & Valentini, 2010; Carneiro et al., 2013); o Infant Characteristics Questionnaire tem como objetivo a análise do temperamento dos bebês; e o Indicadores Clínicos de Risco para o Desenvolvimento Infantil (IRDI) é um instrumento de avaliação e acompanhamento da constituição psíquica do bebê e é utilizada como fundamento para a intervenção psicanalítica no desenvolvimento de bebês avaliados como tendo dificuldades no desenvolvimento (Cavaggioni et al., 2018; Ferrari et al., 2017). Assinala-se que o IRDI também foi temática em quatros artigos publicados em periódico da área da Psicologia, sendo um no primeiro período estudado (Brandão & Kupfer, 2014) e três no segundo (Silva et al., 2021; Oliveira, Donelli, Charczuk, 2020; Wiles & Ferrari, 2020). Ainda, um outro na área da Psicanálise (Pesaro & Kupfer, 2016).

Nesse campo interdisciplinar, dois artigos relataram pesquisas sobre a relação educadora/bebê: um estudo, com base no conceito de responsividade materna da teoria do apego, analisou a relação educadora-bebê na creche (Bressani et al., 2007) e outro investigou as mediações da cuidadora e o desenvolvimento da linguagem nos bebês (Teixeira & Dickel, 2013). Outros três estudos trouxeram outras temáticas diferentes: a produção bibliográfica sobre amamentação em creches (Braga et al., 2009), a formação continuada das profissionais de creche no que se refere ao toque e à afetividade com relação ao bebê (Oliveira, 2009) e as possibilidades de atuação do psicólogo escolar no auxílio ao desenvolvimento psicossocial das crianças (Zendron et al., 2013).

No período de 2018–2023, um estudo já mencionado abordou a Metodologia IRDI (Cavaggioni et al., 2018) e, em outro estudo (Izidoro et al., 2019), foram descritos e analisados os serviços de Intervenção Precoce oferecidos pela Associação de Pais e Amigos dos Excepcionais do Mato Grosso do Sul. Na conclusão, é destacada a urgência desse tipo de formação continuada para os profissionais das instituições da região.

Também entre os anos de 2018 a 2023, foram identificados dois trabalhos em periódicos da área de Linguística que dialogam com os estudos sobre práticas docentes nas creches. Simas e Prado (2021) focalizaram as narrativas de uma professora de creche, no contexto de atendimento não presencial e assíncrono devido à pandemia de covid-19 e a reorganização do seu trabalho pedagógico a partir das narrativas das famílias sobre o que vivenciavam com os bebês. Por sua vez, Pimentel, Catrini e Arantes (2021) refletem sobre a linguagem e a dimensão do corpo em crianças com lesões neurológicas associadas a Síndrome Congênita do Zika Vírus (SCZV), considerando o momento em que essas crianças começam a frequentar o espaço escolar. A partir de filmagens de situações dialógicas entre uma criança diagnosticada com a SCZV e seus colegas, professores, a Auxiliar de Desenvolvimento Infantil e uma pesquisadora, são reveladas as capacidades comunicativas dessa criança.

A análise também focalizou a caracterização dos tipos de relatos que os artigos encontrados apresentaram (Tabela 3).

Tabela 3

Número de artigos por tipo de texto

Relato de experiência	Ensaio	Relato de pesquisa de campo	Relato de pesquisa bibliográfica ou pesquisa documental	Relato de pesquisa de intervenção
0	4	26	2	8
1	2	33	8	3

Nos dois períodos estudados, a maioria dos artigos relata pesquisa de campo. No primeiro período, 2007–2017, foi registrado um número maior de pesquisas de intervenção do que no segundo período, 2018–2023, no qual houve publicações de pesquisas documentais ou bibliográficas.

As pesquisas de campo utilizaram entrevistas e questionários dirigidos às profissionais de Educação Infantil e aos familiares, observação de situações da rotina da creche e das práticas pedagógicas e aplicação de testes de avaliação do desenvolvimento. Ressalta-se que poucos estudos são dirigidos à observação dos bebês e das suas interações com adultos e com seus pares, apesar de serem apontadas como constitutivas do desenvolvimento dos bebês.

Considerações finais

Como conclusão deste estudo, primeiramente, destaca-se a necessidade de partir do bebê e da creche enquanto categorias próprias de análise para a discussão da produção acadêmica, não sendo suficiente tratarmos os bebês como crianças bem pequenas, nem a creche apenas como subetapa da Educação Infantil.

Os estudos revelam que há especificidades que necessitam de melhor compreensão das diferenças que estão invisibilizadas nos estudos sobre políticas, práticas, formação docente, currículo e avaliação na Educação Infantil, sem focalizar a creche. Essas especificidades foram tratadas nos artigos analisados de forma a contribuir para o desenvolvimento de um campo de estudos dos bebês em creches, distinto do campo de estudos da Educação Infantil como um todo, apontando para trajetórias próprias e diversas da pré-escola.

Assinala-se o crescimento no número de estudos e, particularmente, daqueles que focalizaram suas investigações em temáticas que estão diretamente relacionadas às práticas docentes na creche. O cruzamento das informações sobre ano de publicação e área do periódico destaca, assim, o crescimento dos estudos na área de Educação e Saúde no último período estudado.

A multiplicidade de temas e os diferentes campos semânticos que estão presentes nos estudos analisados refletem a complexidade das questões tratadas. O estudo dos bebês em creches, enquanto fenômeno complexo, parece requerer abordagens trans, inter, pluri e multidisciplinares que, muito além da transposição de conhecimentos, contribuam na produção de novos conhecimentos que emerjam dessa complexidade e que são chamados a compor esse novo campo de estudo.

Apesar da diversidade dos temas, a análise mostrou também que parece haver temas ainda pouco estudados — por exemplo a inclusão de bebês que apresentam deficiências e/ou são identificados com transtornos do neurodesenvolvimento — e lacunas — como a investigação de formas de avaliação contextual para as creches, além dos instrumentos normatizados de avaliação do bebê e de seu desenvolvimento. Ressalta-

-se a necessidade de diálogo entre as áreas para que a produção possa romper com a abordagem disciplinar e alcance uma perspectiva mais ampla de estudo.

Esse registro é importante uma vez que, na formulação de políticas ou na atuação de profissionais nas creches, o saber requerido é transdisciplinar, sem a fragmentação resultante da ausência de articulação entre as áreas do conhecimento.

Quando consideramos os aspectos metodológicos das pesquisas, a diversidade nos estudos fica mais evidente e a necessidade de um olhar para as especificidades ainda maior. A construção de metodologias próprias abre a possibilidade de formulações teóricas que impliquem contribuições para os estudos acadêmicos e para o avanço de políticas e práticas na creche que permitam considerar o fenômeno na sua totalidade e, ao mesmo tempo, as realidades locais.

Ressaltamos que foram identificados poucos estudos que têm o bebê como sujeito da pesquisa, a maior parte dos registros são de adultos, mães ou educadoras, além de resultados de testes de avaliação do desenvolvimento dos bebês que partem de critérios e indicadores externos.

Por fim, este estudo procurou indicar lacunas e vieses das pesquisas nas áreas, identificar trajetórias de formação do campo de estudos, entender as preocupações que as pesquisas elegeram como prioritárias, admitindo a complexidade das temáticas tratadas e os cenários históricos e políticos nos quais as pesquisas se inserem. A pretensão foi contribuir para a construção de novos caminhos da pesquisa e a consolidação de um campo interdisciplinar de estudos que deem conta do lugar dos bebês nas instituições de Educação Infantil e das funções que as creches e os profissionais podem (e devem) assumir.

Referências

Albuquerque, J. A. D., & Aquino, F. D. S. B. (2021) Interações educadora-bebê em creches: um estudo sobre concepções de educadoras infantis. *Psicologia USP*, *32*, e200173.

Almeida, C.S. de, & Valentini, N.C. (2010) Integração de informação e reativação da memória: impacto positivo de uma intervenção cognitivo-motora em bebês. *Revista Paulista de Pediatria*, *28*(1), 15-22.

Amorim, K. de S. (2012) Processos de significação no primeiro ano de vida. *Psicologia: Teoria e Pesquisa, 28*(1), 45-53.

Amorim, K. de S., Anjos, A.M. dos, & Rossetti-Ferreira, M.C. (2012) Interactive processes among babies at a daycare center. *Psicologia, Reflexão e Crítica, 25*(2), 378-389.

Amorim, K. de S. et al. (2012) O bebê e a construção de significações, em relações afetivas e contextos culturais diversos. *Temas em Psicologia, 20*(2), 309-326.

Andrade, D.B.D.S.F. (2015) O potencial narrativo dos lugares destinados às crianças: incursões do grupo de pesquisa em psicologia da infância GPPIN. *Fractal: Revista de Psicologia, 27*(1), 16-21.

Arenhart, D., Guimarães, D., & Santos, N.O. (2018) Docência na Creche: o cuidado na educação das crianças de zero a três anos. *Educação & Realidade, 43*(4), 1677-1691.

Baldin, P. E. A. et al. (2022) Relation between prenatal education for breastfeeding and breastfeeding technique. *Revista Brasileira de Saúde Materno Infantil, 22*, 651-657.

Barbosa, V.M.A.C., & Lima, N.L. de. (2018) O outro pluralizado no processo de constituição subjetiva. *Psicologia Clínica, 30*(1), 95-113.

Bardin, L. (2011) *Análise de conteúdo*. Edições 70.

Bassi, M.E. (2011) Financiamento da educação infantil em seis capitais Brasileiras. *Cadernos de Pesquisa, 41*(142), 116-141.

Becker, S.M. da S., Bernardi, D., & Martins, G.D.F. (2013) Práticas e crenças de educadoras de berçário sobre cuidado. *Psicologia em Estudo, 18*(3), 551-560.

Bossi, T.J., & Piccinini, C.A. (2018) A Vivência Materna do Processo de Separação-Individuação de Bebês que Frequentavam ou Não a Creche. *Trends in Psychology, 26*(4), 2031-2046.

Bossi, T.J., Brites, S. de A.N.D., & Piccinini, C.A. (2017) Adaptação de Bebês à Creche: Aspectos que Facilitam ou não esse Período1. *Paidéia, 27*(Suppl. 1), 448-456.

Bossi, T.J., Junges, A.P.P., & Piccinini, C.A. (2018) Fatores que interferem no processo de inclusão de bebês com deficiência física no berçário. *Psicologia Escolar e Educacional, 22*(2), 377-384.

Braga, N.P., Rezende, M.A., & Fujimori, E. (2009) Amamentação em creches no Brasil. *Journal of Human Growth and Development, 19*(3), 465-474.

Brandão, D.B. dos S.R., & Kupfer, M.C.M. (2014) A construção do laço educador--bebê a partir da Metodologia IRDI. *Psicologia USP, 25*(3), 276-283. http://doi.org/10.1590/0103-6564A20134413

Bressani, M. C. L., Bosa, C. A., & Lopes, R. S. (2007) A responsividade educadora-bebê em um berçário: um estudo exploratório. *Journal of Human Growth and Development, 17*(3), 21-36.

Buss-Simão, M., & Silva, I. R. da. (2023) Disponibilidade Corporal como Conduta Pedagógica na Docência com Bebês. *Educação & Realidade, 48*, e121685.

Cardoso, J. T. (2011) *Disciplinamento corporal: as relações de poder nas práticas escolares cotidianas.* [Dissertação de Mestrado em Educação], Universidade Estadual Paulista.

Carneiro, A., et al. (2013) Avaliação do temperamento aos 13 e aos 24 meses através do relato da mãe: validação da versão portuguesa do infant characteristics questionnaire. *Journal of Human Growth and Development, 23*(1), 71-79.

Carvalho, M. G. D., & Ferrari, A. G. (2023) Intersubjetividade e interludicidade na creche: brincar e constituição psíquica do bebê. *Psicologia Escolar e Educacional, 26*, e240152.

Cavaggioni, A. P. M., Oliveira, M. C. T. D., & Benincasa, M. (2018) Metodologia IRDI nas creches: relato de experiência na rede pública e privada. *Semina: Ciências Sociais e Humanas, 39*(1), 05-20.

Costa, C. A., & Amorim, K. S. (2015) Abreviação em relações de bebês com seus pares de idade. *Psicologia: Teoria e Pesquisa, 31*(1), 15-23.

Costa, N.M.S. da, & Amorim, K. de S. (2018) A co-construção do fluxo locomotor em processos interativos bebê-bebê. *Revista Psicologia em Pesquisa, 12*(3).

Costa, N.M.S. da., Dentz, M. von; Amorim, K. de S. (2023) Enquanto você (não) dormia: tempos, rotinas e ritmos em negociação no processo de transição do bebê à creche. *Revista Brasileira de Educação, 27*, e270116.

Costa, P. et al. (2021) Educational workshops about bonding with the fetus during pregnancy: a clinical trial. *Revista Gaúcha de Enfermagem, 42*, e20200330.

Cruz, S. H. V., Cruz, R. C. de A., & Rodrigues, A. P. C. M. (2021) A qualidade das creches conveniadas de Fortaleza em foco. *Educar em Revista, 37*, e78408.

Dentz, M. von, & Amorim, K. de S. (2019) Expressões emocionais entre bebês na creche: revisão sistemática da literatura. *Psicologia em Revista, 25*(1), 133-154.

Dentz, M. V., Castro, C. R. C. D., Neder, K., & Amorim, K. D. S. (2022) Processos de transição com ingresso de bebês na educação infantil: revisão bibliográfica. *Psicologia USP, 33*, e210045.

Ferrari, A.G., Fernandes, P. de P., Silva, M. da R., & Scapinello, M. (2017) A experiência com a Metodologia IRDI em creches: pré-venir um sujeito. *Revista Latinoamericana de Psicopatologia Fundamental, 20*(1), 17-33.

Figueiredo, M. de O., Alegretti, A. L., & Magalhães, L. (2021) COVID-19 and child development: educational material for family members. *Revista Brasileira de Saúde Materno Infantil, 21*, 501-508.

Flach, F., & Sordi, R. (2007) A educação infantil escolar como espaço de subjetivação. *Estilos da Clínica, 12*(22), 80-99.

Fochi, M. do C. S. et al. (2020) Mothers mothering in prison: an experience report of the nursing care project. *Revista Brasileira de Enfermagem, 73*, e20180932.

Fonseca, P. F. (2018) O Laço Educador-Bebê se Tece no Enodamento entre Cuidar, Educar e Brincar. *Educação & Realidade, 43*(4), 1555-1568.

Foucault, M. (2000) *Microfísica do poder*. (15a. ed.). Graal.

Frabbetti, R. (2011) A arte na formação de professores de crianças de todas as idades: o teatro é um conto vivo. *Pro-Posições, 22*(2), 39-50.

Gabeira, T.R., & Zornig, S.A. (2013) Os eixos do cuidado na primeira infância. *Cadernos de psicanálise, 35*(29), 143-158.

Gabriel, M.R., & Lopes, R. de C. S. (2016) Transformações no Envolvimento Paterno ao Longo dos Seis Primeiros Meses do Bebê na Creche. *Psicologia: Teoria e Pesquisa, 32*(3), e32321.

Gabriel, M.R., Carvalho, C., & Piccinini, C.A. (2022) Programa de acompanhamento de educadoras de berçário: relato de experiência. *Revista da SPAGESP, 23*(2), 55-68.

Gaspar, M. D. L. R. (2012) Os impactos do FUNDEB na Educação Infantil brasileira: oferta, qualidade e financiamento. *Revista Evidência, 6*(6). https://www.uniaraxa.edu.br/ojs/index.php/evidencia/article/view/213.

Gerzson, L. R., et al. (2016) La frecuencia semanal de un programa de intervención motora en bebés. *Fisioterapia e Pesquisa, 23*(2), 178-184.

Golin, C. K., Toloni, M. H. D. A., Longo-Silva, G., & Taddei, J. A. D. A. (2011) Erros alimentares na dieta de crianças frequentadoras de berçários em creches públicas no município de São Paulo, Brasil. *Revista Paulista de Pediatria, 29*(1), 35-40.

Guimarães, D., & Arenari, R. (2018) Na creche, cuidados corporais, afetividade e dialogia. *Educação em Revista, 34*, e186909.

Izidoro, I. R. et al. (2019) Early intervention specialized services: eligibility and multiprofessional work. *Revista CEFAC, 21*, e4919.

Jaramillo-Mejía, M.C., & Chernichovsky, D. (2019) Early adolescent childbearing in Colombia: time-trends and consequences. *Cadernos de Saúde Pública, 35*, e00020918.

Klein, B. S., & Martins, G. D. F. (2017) Concepções de educadoras de berçário sobre desenvolvimento infantil e interação educadora-bebê. *Temas em Psicologia, 25*(1), 117-130.

Lopes, J.J.M., Kapoor, A., & Paula, S.R.V. de. (2023) A vida espacializada de bebês e crianças: legados para a pensar a docência na educação infantil. *Cadernos CEDES, 43*, 75-85.

Lopes, N. R. L. et al. (2018) Assessment of a brief intervention with parents to prevent shaken baby syndrome. *Paidéia, 28*, e2823.

Lovison, K. et al. (2021) The influence of the quality in daycare environments on children's motor development between six to 15 months old. *Revista Brasileira de Saúde Materno Infantil, 21*, 829-836.

Marques, F.P.C., & Luz, I.R. da. (2022) O choro dos bebês e a docência na creche. *Educação em Revista, 38*, e26836.

Martins, G. D. F. et al. (2014) Fatores associados a não adaptação do bebê na creche: da gestação ao ingresso na instituição. *Psicologia: Teoria e Pesquisa, 30*(3), 241-250.

Martins, G. D. F., Leal, C. L., Schmidt, B., & Piccinini, C. A. (2019). Maternidade e Trabalho: Experiência de Mulheres com Carreiras Profissionais Consolidadas. *Trends in Psychology*, 27(1), 69-84.

Melchiori, L. E., Alves, Z. M. M. B., Souza, D. C., & Bugliani, M. A. P. (2007) Família e creche: crenças a respeito de temperamento e desempenho de bebês. *Psicologia: Teoria e Pesquisa*, 23(3), 245-252.

Mélo, T.R. et al. (2020) Quality of life and neuropsychomotor development of infants between 4-18 months in daycare center. *Ciência & Saúde Coletiva*, 25, 3175-3184.

Mélo, T.R. et al. (2019) Sistematização de instrumentos de avaliação para os dois primeiros anos de vida de bebês típicos ou em risco conforme o modelo da CIF. *Fisioterapia e Pesquisa*, 26, 380-393.

Micarello, H., & Baptista, M. C. (2018) Literatura na educação infantil: pesquisa e formação docente. *Educar em Revista*, 34(72), 169-186.

Monção, M. A. G. (2017) Cenas do cotidiano na educação infantil: desafios da integração entre cuidado e educação. *Educação e Pesquisa*, 43(1), 162-176.

Munhoz, L.M. de M., & Prado, G. do V.T. (2022) Pedagogia Freinet e o trabalho com bebês: desafios e possibilidades. *Cadernos CEDES*, 42, 133-142.

Nascimento-Dias, P., Mietto, G. S. D. M., & Rengifo-Herrera, F. J. (2023) Interaction Dynamics with Babies During Shared Reading Practices. *Paidéia (Ribeirão Preto)*, 33, e3338.

Nörnberg, M. (2013) Do berço ao berçário: a instituição como morada e lugar de contato. *Pro-posições*, 24(3), 99-113.

Oliveira, M. A., Donelli, T. M. S., & Charczuk, S. B. (2020) Cuidar e educar: o sujeito em constituição e o papel do educador. *Psicologia Escolar e Educacional*, 24, e213679.

Oliveira, R.P. de. (2009) Tocar e trocar... o corpo, o afeto, a aprendizagem: uma experiência de formação continuada em um Centro de Educação Infantil. *Construção psicopedagógica*, 17(15), 91-110.

Oliveira, T.P. de, & Gil, M.S.C. de A. (2008) Condições experimentais facilitadoras para a aprendizagem de discriminação por bebês. *Psicologia: Teoria e Pesquisa*, 24(1), 5-18.

Oliveira, V.S., Marques, R. F., & Neves, V.F.A. (2023) Os bebês na sala do berçário: diferentes trajetórias no espaço. *Educação e Pesquisa, 49*, e255022.

Pasinato, L., & Mosmann, C. P. (2015) Coparentalidade em genitores de bebês com indicativos de dificuldades de inserção escolar. *Psicologia Escolar e Educacional, 19*(1), 31-40.

Peixoto, C. et al. (2017) Transição para a creche e bem-estar emocional dos bebês em Portugal. *Psicologia Escolar e Educacional, 21*(3), 427-436.

Pesaro, M. E., & Kupfer, M. C. M. (2016) Um lugar para o sujeito-criança: os Indicadores Clínicos de Risco para o Desenvolvimento Infantil (IRDI) como mediadores do olhar interdisciplinar sobre os bebês. *Analytica: Revista de Psicanálise, 5*(9), 58-68.

Pesaro, M. E., et al. (2018) Grupos de pais-bebês nas creches como estratégia de promoção da saúde mental na primeira infância. *Educação e Pesquisa, 44*, e183424.

Peters, M. (2000) *Pós-estruturalismo e filosofia da diferença: uma introdução.* (T. T. da Silva Trad.). Autêntica.

Piccinini, C.A., Polli, R.G., & Bortolini, M., et al. (2016) Razões maternas para colocar ou não o bebê na creche. *Arquivos Brasileiros de Psicologia, 3*(68), 59-74.

Pimentel, C.S., Catrini, M., & Arantes, L. (2021) A linguagem e a dimensão do corpo na Síndrome Congênita do Zika Vírus: um estudo de caso. *Trabalhos em Linguística Aplicada, 60*, 483-499.

Piva, L. F., & Carvalho, R. S. de. (2020) Transições na vida de bebês e de crianças bem pequenas no cotidiano da creche. *Educação E Pesquisa, 46*, e227311.

Portugal, P.N., Gabriel, M.R., & Piccinini, C.A. (2019, janeiro a abril) Espaço do berçário: contribuições de um programa de acompanhamento. *Arquivos brasileiros de psicologia, 71*(1), 128-142.

Prout, A. (2010) Reconsiderando a nova sociologia da infância. *Cadernos de Pesquisa, 40*(141), 729-750.

Recktenvald, K., & Donelli, T. M. S. (2021). Mentalização em Professoras de Berçário. *Estudos e Pesquisas em Psicologia, 21*(3), 990-1007.

Rosemberg, F. (1984) O movimento de mulheres e a abertura política no Brasil: o caso da creche. *Cadernos de Pesquisa*, (51), 73-79. http://publicacoes.fcc.org.br/ojs/index.php/cp/article/viewFile/1462/1457.

Rosemberg, F. (2010) Educação infantil pós-FUNDEB: avanços e tensões. In G. Souza. *Educar na infância: perspectivas histórico-sociais.* (pp. 171-186). Contexto.

Rossetti-Ferreira, M.C., Amorim, K. de S., & Oliveira, Z. de M. R. de. (2009) Olhando a criança e seus outros: uma trajetória de pesquisa em educação infantil. *Psicologia USP, 20*(3), 437-464.

Saccani, R., & Valentini, N.C. (2010) Análise do desenvolvimento motor de crianças de zero a 18 meses de idade: representatividade dos ítens da alberta infant motor scale por faixa etária e postura. *Journal of Human Growth and Development, 20*(3), 711-722.

Saullo, R.F.M., Rossetti-Ferreira, M.C., & Amorim, K. de S. (2013) Cuidando ou tomando cuidado? agressividade, mediação e constituição do sujeito - um estudo de caso sobre um bebê mordedor em creche. *Pro-Posições, 24*(3), 81-98.

Seidl-de-Moura, M.L., et al. (2014). Beliefs of Mothers, Nannies, Grandmothers and Daycare Providers Concerning Childcare1. *Paidéia 24*(59), 341-349.

Sigolo, A.R.L., & Aiello, A.L.R. (2011) Análise de instrumentos para triagem do desenvolvimento infantil. *Paidéia 21*(48), 51-60.

Silva, Â. C. D. D., Engstron, E. M., & Miranda, C. T. D. (2015) Fatores associados ao desenvolvimento neuropsicomotor em crianças de 6-18 meses de vida inseridas em creches públicas do Município de João Pessoa, Paraíba, Brasil. *Cadernos de Saúde Pública, 31*, 1881-1893.

Silva, E. de B. T., & Neves, V. F. A. (2019) Brincando de roda com bebês em uma instituição de Educação Infantil. *Educar em Revista, 35*(76), 239-258. Epub 23 de setembro de 2019.

Silva, I. de O. e. (2014) A creche e as famílias: o estabelecimento da confiança das mães na instituição de educação infantil. *Educar em Revista, 53*, 253-272.

Silva, M. D. R., Medeiros, C. B. D., Arrosi, K. E., & Ferrari, A. G. (2021) "Que bom que ele havia estranhado": Considerações sobre a metodologia IRDI. *Psicologia Escolar e Educacional, 25*, e226338.

Silva, R.M.M. da; Mello, D. F. de. (2022) Quality of follow-up of preterm infants in the Primary Health Care network: "Qualipreterm" guide. *Revista Brasileira de Enfermagem, 75*, e20220241.

Silva, V.T. da., Goulart, M.I.M., & Neves, V.F.A. (2023) Vivências de bebês no contexto de um berçário em Belo Horizonte. *Educar em Revista, 39*,b e82743.

Simas, V.F.; Prado, G. do V.T. (2021) Narrativas de uma professora de bebês: a busca por réplicas das infâncias em tempos pandêmicos. *Bakhtiniana: Revista de Estudos do Discurso, 16*, 53-71.

Simões, P. M. U. (2020) Os campos semânticos dos estudos dos bebês na educação infantil: uma análise da produção acadêmica em artigos de periódicos brasileiros. *Educação, 43*(3).

Soejima, C.S., & Bolsanello, M.A. (2012) Programa de intervenção e atenção precoce com bebês na educação infantil. *Educar em Revista, 43*, 65-79.

Souza, M.P. de C., & Falciano, B.T. (2023) Os reflexos de uma política de acesso à educação infantil destinada a bebês e crianças desnutridas. *Educar em Revista, 39*, e87500.

Teixeira, C.R., & Dickel, A. (2013) A aquisição da linguagem por meio das interações promovidas pelo cuidador em classe de berçário. *Revista Psicopedagogia, 30*(91), 52-63.

Urra, F. (2016) Ideologia: concepções de creche em revistas brasileiras de pediatria. *Arquivos Brasileiros de Psicologia, 68*(1),95-110.

Wiles, J. M., & Ferrari, A. G. (2020) Do cuidado com o bebê ao cuidado com o educador. *Psicologia Escolar e Educacional, 24*, e213976.

Zendron, A.B.F., Kravchychyn, H., Fortkamp, E.H.T., & Vieira, M.L. (2013) Psicologia e educação infantil: possibilidades de intervenção do psicólogo escolar. *Barbaroi*, (39), 108-128.

CAPÍTULO XI

RELAÇÕES DE PODER E CUIDADO ENTRE PROFESSORAS E BEBÊS NA CRECHE: BREVE REVISÃO NOS SÍTIOS ACADÊMICOS

Núbia Aparecida Schaper Santos

Tamires Cristina dos Reis Carlos Alvim

Introdução

Nas pesquisas sobre bebês e crianças bem pequenas, as discussões que promovem reflexões sobre rotinas, tempo, espaço e trabalho docente no contexto institucional das creches são urgentes e reverberam as inúmeras possibilidades desses espaços educacionais para a aprendizagem e o desenvolvimento dos bebês.

O presente capítulo é fruto do desdobramento de uma pesquisa de mestrado[29], que buscou investigar as relações de poder e cuidado a partir das interações de bebês e professoras em uma creche do município de Juiz de Fora/MG. Para alcançar os objetivos desta investigação, realizamos a revisão da literatura, em âmbito nacional, sobre pesquisas publicadas em três sítios acadêmicos: (i) Associação Nacional de Pós-Graduação em Educação (ANPEd), com recorte dos trabalhos produzidos no Grupo de Trabalho Educação de Crianças de 0 a 6 anos (GT 07); (ii) anais do Seminário de Grupos de Pesquisa sobre Crianças e Infâncias (GRUPECI); (iii) Biblioteca Digital Brasileira de Teses e Dissertações (BDTD).

O GT 07 é reconhecidamente um espaço de publicação que, desde 1981, tem reunido trabalhos importantes no âmbito da pós-graduação

---

[29] A pesquisa, conduzida pela segunda autora deste capítulo, resultou em uma dissertação de mestrado intitulada "Tecendo relações sobre as perspectivas de poder e cuidado: o que dizem as professoras de uma creche conveniada do município de Juiz de Fora/MG", que foi defendida em 2021 no Programa de Pós-Graduação em Educação pela Universidade Federal de Juiz de Fora (UFJF).

stricto sensu. O GRUPECI consolidou-se como um evento científico nacional que agrega diferentes grupos de pesquisa com olhar específico para temáticas relacionadas às infâncias desde 2008. E, por fim, a BDTD reúne teses e dissertações brasileiras em repositório digital.

Com a revisão da literatura, foi possível analisar em que medida a discussão sobre cuidado, poder, creche e práticas pedagógicas já havia circulado na produção acadêmica entre estudos realizados nos anos de 2010 a 2023. Como procedimento metodológico para a seleção das produções acadêmicas nas bases de dados apresentadas, realizamos a leitura dos resumos dos textos para identificar os descritores e, posteriormente, a leitura na íntegra dos trabalhos selecionados. Utilizamos quatro descritores na busca: poder; cuidado; creche; e práticas pedagógicas. Para esta revisão, apresentaremos os trabalhos que discutem questões relacionadas ao poder e ao cuidado no âmbito das instituições de Educação Infantil, assim como a docência e as práticas pedagógicas realizadas pelas professoras de bebês e crianças bem pequenas foram priorizados.

Associação Nacional de Pós-Graduação em Educação (ANPEd)

A Associação Nacional de Pós-Graduação em Educação (ANPEd) é referência, quando buscamos trabalhos acadêmicos realizados no âmbito nacional e internacional. Na Tabela 1, a seguir, evidenciam-se os trabalhos publicados na ANPEd – GT 07, no período do recorte temporal da pesquisa. Em um universo de 167 trabalhos que discorrem sobre possibilidades de pensar as infâncias e seus desdobramentos apresentados no período de 2010 a 2023 na ANPEd – GT 07, foram selecionados oito trabalhos que dialogam com o tema deste estudo. Vale destacar que os trabalhos apresentados na 41ª reunião (2023), em Manaus/AM, até a escrita deste capítulo não estavam disponíveis nos anais do evento.

Tabela 1

Identificação dos trabalhos da ANPEd GT 07, de acordo com os descritores Poder, Cuidado, Creche e Práticas pedagógicas

Título	Autores	Instituição	Ano
1. A prática de seleção de alunos(as) e a organização das turmas na escola de educação infantil	Rodrigo Saballa de Carvalho	UFRGS	2010
2. Olhares, gestos e falas nas relações de adultos e crianças no cotidiano de escolas de educação infantil	Patrícia Corsino e Núbia de Oliveira Santos	UFRJ / FAETC	2010
3. Educação do corpo infantil como politização às avessas: um estudo sobre os momentos de alimentação em uma creche	Ana Cristina Richter e Alexandre Fernandez Vaz	UFSC	2010
4. "Quero mais, por favor!": disciplina e autonomia na educação infantil	Anelise Monteiro do Nascimento	UFRRJ	2011
5. Tia, posso pegar um brinquedo? A ação das crianças no contexto da pedagogia do controle	Lenilda Cordeiro de Macêdo e Adelaide Alves Dias	UFPB	2015
6. Formas regulatórias na educação infantil: retratos a partir da perspectiva das crianças	Aline Helena Mafra-Rebelo e Márcia Buss-Simão	UFSC / Unisul	2017
7. Docência na creche: atencionalidade pedagógica na rotina e no planejamento	Daniela de Oliveira Guimarães, Deise Arenharte e Núbia de Oliveira Santos	UFRJ / PUC-RIO	2019
8. Para Além das Paredes da Sala de Aula: a educação biofílica para bebês e crianças pequeninas	Dulce Cornet dos Santos Pomilio e Carlos Sousa Reis	Universidade de Coimbra	2021

O primeiro texto selecionado na base de dados é: "A prática de seleção de alunos(a)s e a organização das turmas na escola de educação infantil", elaborado por Rodrigo Saballa de Carvalho e publicado na 33ª reunião da ANPEd, em 2010. O artigo é fruto de resultados parciais obtidos a partir de uma pesquisa em nível de mestrado. De abordagem etnográfica, a pesquisa busca inspirações nos estudos desenvolvidos por Michel Foucault para problematizar práticas escolares e disciplinamento a partir da seleção das crianças e a organização das turmas em uma escola municipal de Educação Infantil.

A pesquisa demonstra que o processo de seleção e organização nas turmas favorece a produção de crianças e famílias disciplinadas. Com base na perspectiva foucaultiana, Carvalho, em seu texto, enfatiza alguns efeitos dessa prática na subjetividade desses sujeitos, como contraponto a essas práticas. O autor sinaliza que, "se assumirmos a perspectiva de que as práticas escolares são 'produzidas', é possível desnaturalizá-las, repensá-las, reinventá-las, experimentando outras posições de sujeito, outros modos de agir e de pensar" (Carvalho, 2010, p. 15).

O artigo "Olhares, gestos e falas nas relações de adultos e crianças no cotidiano de escolas de Educação Infantil" é um recorte de uma pesquisa interinstitucional, desenvolvida por Patrícia Corsino e Núbia de Oliveira Santos, apresentada na 33ª reunião da ANPEd, em 2010. Nele, as autoras buscam identificar, conhecer e compreender as relações, interações e ações de adultos e crianças a partir de temáticas relacionadas à diversidade, identidade e relações de autoridade no cotidiano das instituições de Educação Infantil. Como estratégias metodológicas de pesquisa, as autoras utilizaram revisão bibliográfica, observação, caderno de campo, fotografias, entrevistas individuais e coletivas com as crianças e os adultos.

Utilizando diferentes autores, como Walter Benjamin, Lev Vygotsky, Mikhail Bakhtin e Michel Foucault, a pesquisa evidenciou pontos de encontro e contradições entre as crianças e as professoras nas relações de cuidado e poder que compõem o contexto das escolas de Educação Infantil pesquisadas. As autoras também problematizam o papel do pesquisador nessas relações, indagando:

> O que é ser pesquisadora num espaço onde as solicitações – de professoras e crianças – são constantes e que é preciso muitas vezes sair do silêncio, dar respostas e se deslocar deste lugar? Como responder sem ultrapassar fronteiras? Tomando a escola como uma arena de encontro e confronto de discursos, qual o lugar de cada ator neste processo: professores, crianças e nós, pesquisadoras? (Corsino & Santos, 2010, p. 15).

A pesquisa nos faz um convite a refletir sobre como as relações de poder e cuidado e o papel do pesquisador atravessam o contexto das crianças e dos adultos das instituições de Educação Infantil.

O artigo de 2010 de Ana Cristina Richter e Alexandre Fernandez Vaz, também publicado nos anais da 33ª reunião e sob o título "Educação do corpo infantil como politização às avessas: um estudo sobre os momentos de alimentação em uma creche", traz para o debate reflexões relacionadas às expressões do corpo nos espaços institucionais, no caso, em uma creche pública.

Com o objetivo de realizar um levantamento dos momentos e espaços da educação do corpo, o artigo, de abordagem etnográfica, aponta aos leitores(as) que os momentos de alimentação na creche configuram-se como importante norteador de toda a rotina institucional. A partir da análise documental, observação e diário de campo, os autores sinalizam a necessidade de (re)pensar as práticas alimentares no âmbito da creche:

> ... é preciso equipar as crianças para orientar-se no mundo, e isso obviamente passa pelos processos de regulação de si e de autocontrole, tributos à vida civilizada. A questão é, no entanto, em que medida esses processos não se tornam um fim em si mesmo e o autocontrole não emerge como domínio exercido por uma razão formalizada e instrumental. (Richter & Vaz, 2010, p. 13).

No texto, Richter e Vaz (2010) demonstram a necessidade de buscar práticas que valorizem a autonomia do sujeito e que, ao mesmo tempo, rompam com o disciplinamento e o controle dos corpos nos espaços, principalmente quando pensamos nos momentos de alimentação no interior das creches.

De autoria da pesquisadora Anelise Monteiro do Nascimento, o trabalho "'Quero mais, por favor!' Disciplina e autonomia na educação infantil" (2011), apresentado na 34ª reunião da ANPEd, tem como objetivo problematizar as práticas de institucionalização das crianças pequenas (no caso, crianças de 3 e 4 anos), discutindo conceitos como disciplina, autonomia, autoridade e obediência no ambiente da Educação Infantil. Como metodologia, a autora, a partir de uma inspiração etnográfica, realizou observações sistemáticas e registro no caderno de campo.

Por meio de situações relatadas no cotidiano institucional, ela apontou como a disciplina instaurada no ambiente da Educação Infantil favorece a utilização dos corpos de crianças e professores(as) como forma de controle e como a autonomia pode favorecer a participação crítica e ativa dos sujeitos na comunidade escolar. Nascimento (2011) conclui a pesquisa salientando a importância de se possibilitar a autonomia do sujeito no campo social: "muitos fatores diferenciam adultos de crianças, todos somos educadores e educandos ao mesmo tempo, objeto e sujeito da história, da criação e da implementação de regras sociais e normas de conduta" (p. 11).

O artigo "Tia, posso pegar um brinquedo? A ação das crianças no contexto da pedagogia do controle" é o trabalho selecionado no sítio acadêmico da ANPEd na 37ª reunião, em 2015. As autoras Lenilda Cordeiro de Macêdo e Adelaide Alves Dias têm como propósito debater a ação das crianças na Educação Infantil e problematizar o contexto das práticas pedagógicas e seus reflexos na produção de culturas infantis. De natureza qualitativa e utilizando metodologia de inspiração etnográfica, a pesquisa foi realizada com 28 crianças e 4 professoras, por meio de observações, registros em diário de campo e filmagens.

As autoras apontam em seu texto que as normas e a pedagogia do controle funcionam como dispositivos disciplinares, formas que controlam, mas não impedem, a transgressão dessas regras pelas crianças. Para elas, os indivíduos constroem formas de resistir e sobreviver à pedagogia do controle. "A coerção gera uma ação/reação. As crianças, como sujeitos sociais competentes, conseguem, na maioria das vezes, elaborar estratégias de resistência às regras/normas e/ou negociá-las com os adultos e seus pares" (Macêdo & Dias, 2015, p. 16).

O texto encontrado na plataforma da 38ª reunião da ANPEd, das autoras Aline Helena Mafra-Rebelo e Márcia Buss-Simão, "Formas regulatórias na educação infantil: retratos a partir da perspectiva das crianças", é parte dos desdobramentos resultantes de uma pesquisa de mestrado. O trabalho busca compreender, a partir da perspectiva de crianças na faixa etária de 4 e 5 anos, como as formas regulatórias circundam o cotidiano das instituições de Educação Infantil. Como instrumentos metodológicos, foram utilizadas ferramentas etnográficas: filmagens, fotografias e registros de campo. As autoras problematizam a produção de estratégias no ambiente da instituição infantil capazes de fomentar uma ordem desejada. De acordo com as pesquisadoras,

> Nesse lugar habitado por sujeitos singulares e pertencentes a categorias geracionais distintas, a lógica da Modernidade, a qual todos estão submetidos, faz com que os adultos concebam o caos, ou seja, qualquer outra organização que não seja ordenada, sistematizada e disciplinada, como algo

> que foge ao que se deseja para qualquer instituição coletiva. Imbuídos por esta lógica, os profissionais que atuam na instituição acabam estabelecendo às crianças organizações ordenadas, sistematizadas e padronizadas que não podem fugir à regularidade já instituída. Isso significa afirmar que, muitas vezes, a disciplina é utilizada como forma de manter esse ordenamento, sem que haja uma reflexão ou uma tomada de consciência sobre os motivos dessa exigência (Mafra-Rebelo & Buss-Simão, 2017, p. 5).

Assim, os estudos de Mafra-Rebelo e Buss-Simão (2017) demonstram como as regras estabelecidas nas instituições têm por objetivo a organização do cotidiano educativo, além de apontar que, mesmo constrangidas, as crianças buscam a transgressão das regras impostas.

No ano de 2019, na 39ª reunião da ANPEd, o texto de Daniela de Oliveira Guimarães, Deise Arenhart e Núbia de Oliveira Santos, "Docência na creche: atencionalidade pedagógica na rotina e no planejamento", apresenta importantes contribuições para pensarmos os sentidos da docência na creche. O artigo, que é resultado de uma pesquisa institucional, utiliza como metodologia a pesquisa-formação, realizada com professoras da rede pública. Foram promovidos encontros gravados com esses docentes — que foram transcritos posteriormente —, cujas discussões tiveram como ponto de partida as especificidades da docência com os bebês.

Nesse diálogo com as professoras, as autoras apontam que o tema da rotina ganhou força nos encontros:

> Nos discursos das professoras, aparece ora a rotina como prisão ou grade, e ora a possibilidade de compreendê-la como narrativa de vida, que inclui a ação das crianças. O cuidado emerge como atenção na relação adulto e bebê/criança, em contraponto a práticas pautadas na reprodução, na rigidez e no automatismo (Guimarães et al., 2019, p. 1).

O artigo traz reflexões potentes sobre a identidade docente, a observação, a atencionalidade pedagógica, a necessidade de ampliar o debate sobre a docência com bebês e crianças bem pequenas e a formação docente a partir da reflexão com seus pares.

O trabalho "Para Além das Paredes da Sala de Aula: a educação biofílica para bebês e crianças pequeninas", apresentado na 40ª reunião da ANPEd, no ano de 2021, por Dulce Cornetet dos Santos Pomilio e Carlos

Sousa Reis, propõe investigar situações de confinamento das infâncias em escolas de Educação Infantil. Utilizando como caminho metodológico a investigação-ação, os autores buscaram compreender as práticas pedagógicas a partir de uma formação de 100 educadores da rede municipal de Campinas/SP. Os autores trazem conceitos como "desemparedamento", a partir de Lea Tiriba, e "disciplina dos corpos", como em Michel Foucault, para pensar as práticas pedagógicas com os bebês e as crianças bem pequenas. Pomilio e Reis (2021) reforçam que a investigação surge "do desconforto de conviver com crianças que permanecem em espaços fechados nas escolas de Educação Infantil, por até 11 horas diárias, vivenciando pouquíssimos momentos de liberdade ao ar livre" (p. 2).

O trabalho desenvolvido possibilita importantes reflexões sobre práticas pedagógicas que favoreçam o contato com a natureza e a liberdade dos corpos, rompendo com concepções que enrijecem o trabalho docente e sequestram os corpos dos sujeitos.

Pode-se observar que o número de trabalhos selecionados na ANPEd que possuem pontos de encontro como os descritores selecionados para a pesquisa, diante do universo de 167 trabalhos encontrados, é escasso. Isso demostra que estamos avançando, quando discutimos essa categoria, pois encontramos trabalhos que se dedicaram a pensar a constituição do sujeito na Educação Infantil. Entretanto, acreditamos ser necessário ampliar o debate sobre poder, cuidado, creche e práticas pedagógicas.

Anais do Seminário de Grupos de Pesquisa sobre Crianças e Infâncias (GRUPECI)

Os anais do Seminário de Grupos de Pesquisa sobre Crianças e Infâncias (GRUPECI) têm sido uma grande referência para as autoras deste capítulo. O evento, de periodicidade bienal, tem como objetivo reunir grupos de pesquisa brasileiros, bem como profissionais e estudantes de diferentes áreas do conhecimento, para dialogar e compartilhar sobre as infâncias e seus desdobramentos. A primeira edição ocorreu em 2008, na Universidade Federal de Juiz de Fora, e em 2023 foi realizada a oitava edição. Desde então, esse seminário tem se revelado um espaço importante de interlocução entre os grupos de pesquisa no país, com um número considerável de publicações na área da Educação Infantil.

A partir do levantamento realizado, foi encontrado um total de 1.087 trabalhos apresentados da primeira à sexta edição do seminário. Até a redação deste capítulo, os trabalhos apresentados na sétima edição, realizada em 2021 em Natal/RN, e a oitava edição, em 2023 em Curitiba/PR, não haviam sido incluídos nos anais do evento. Desse total, selecionamos quatro trabalhos que trazem discussões relacionadas aos descritores escolhidos para direcionar a pesquisa.

Tabela 2

Identificação dos trabalhos do GRUPECI, de acordo com os descritores Poder, Cuidado, Creche e Práticas pedagógicas

Título	Autores	Instituição	Ano
1. Autoridade e resistência: crianças e adultos em duas escolas da baixada fluminense	Anelise Monteiro do Nascimento, Cíntia Conceição de S. Ferreira, Michelle Abraão e Monica Belarmino	UFRRJ	2010
2. O aluno desencarnado da criança, a criança desencarnada do corpo, o corpo desencarnado do tempo e espaço: delírios de um modelo escolar alheio às culturas de infância	Rosana Coronetti Farenzena	UPF	2016
3. Educação, Biopolítica e Infância: Algumas Proposições	Késia D'Almeida, Lenir Nascimento da Silva, Luan Sávio	UERJ	2016
4. O governo dos corpos das crianças e a supressão da liberdade para brincar e se movimentar na educação infantil	Roselaine Kuhn, António Camilo Cunha e Andrize Ramires Costa	UFS	2018

O primeiro texto encontrado nos anais do GRUPECI, que data de 2010 e intitulado "Autoridade e resistência: crianças e adultos em duas escolas da baixada fluminense", foi produzido por Anelise Monteiro do Nascimento, Cíntia Conceição de S. Ferreira, Michelle Abraão e Monica Belarmino. Nele, objetivou-se debater as práticas de autoridade presentes na Educação Infantil e nos anos iniciais do Ensino Fundamental em duas escolas de Nova Iguaçu/RJ. A pesquisa, de inspiração etnográfica, demonstra, a partir das vozes das crianças, a violência simbólica vivenciada no cotidiano escolar. As autoras consideram que as ações punitivas das docentes são "tentativas de homogeneizar os comportamentos das crianças". Essa ação exercida por meio de práticas disciplinares produz uma pseudossubmissão e docilização. A vida social é feita de embates, de lutas por poder, e as crianças não estão à margem desse processo (Nascimento et al., 2010, p. 24). Dessa forma, a autoridade vai se transformando em castigo, em uma "expressão emocional do poder".

Nos anais de 2016, foi encontrado o texto "O aluno desencarnado da criança, a criança desencarnada do corpo, o corpo desencarnado do tempo e espaço: delírios de um modelo escolar alheio às culturas de infância", de Rosana Coronetti Farenzena. A pesquisa foi realizada em turmas do jardim de infância e do primeiro ciclo (3º e 4º ano) em uma escola pública portuguesa. A partir de grupos focais, observações e entrevistas, foi possível, de acordo com Farenzena (2016), expor "um modelo de organização escolar que concentra poder adulto e o exerce através de mecanismos disciplinares voltados à homogeneidade de linguagens e de condutas" (p. 54). Para a autora, as representações da cultura da infância são vivenciadas pelas crianças por meio de iniciativas transgressoras. A pesquisa aponta a necessidade de uma nova percepção da criança a partir de seus direitos e potencialidades.

Já o texto apresentado também em 2016, publicado nos anais da 5ª edição do GRUPECI, de Késia D'Almeida, Lenir Nascimento da Silva e Luan Sávio, intitulado "Educação, Biopolítica e Infância: Algumas Proposições", busca refletir acerca das relações sociais em diferentes vertentes que possibilitam a tessitura de uma complexa teia que captura a todos, objetivando analisar a educação brasileira e o processo de escolarização determinados para as crianças. Nessa perspectiva, para os autores, "a escola funciona por um regime de interdições e prescrições de comportamentos em função do que se espera para o futuro docente" (D'Almeida et al., 2016, p. 240).

Na 6ª edição, em 2018, destaca-se o texto "O governo dos corpos das crianças e a supressão da liberdade para brincar e se movimentar na educação infantil", de autoria de Roselaine Kuhn, António Camilo Cunha e Andrize Ramires Costa. Os autores tensionam o governo da infância na modernidade, questionando "como e por que governar a criança e a infância?" (Kuhn et al., 2018). Utilizando os escritos de Michel Foucault e Alfredo Veiga-Neto, entre outros, os autores evidenciam como a educação institucionaliza, domina e governa a infância. Para eles,

> ...a infância foi o foco precípuo das estratégias de governo, pois emerge correlacionada com a população como promessa de renovação política dos códigos convenientes a construção de uma sociedade moderna normalizada: "Nesta sociedade a infância consolida-se na população" associada a um projeto de uma "tecnologia de população" que, no centro, a infância soa como prenúncio de uma possível renovação, "espécie de dobradiça entre o velho e o novo" (Kuhn et al., 2018, p. 3).

Compreende-se, a partir do trabalho realizado pelos autores, como a infância está engendrada em uma maquinaria de poder que a submete e a inferioriza.

A seguir, vamos conferir os trabalhos encontrados na Biblioteca Digital Brasileira de Teses e Dissertações (BDTD).

Biblioteca Digital Brasileira de Teses e Dissertações (BDTD)

A Biblioteca Digital Brasileira de Teses e Dissertações (BDTD) caracteriza-se como um importante banco de dados para as pesquisas das instituições de ensino do país. Com o intuito de refinar ainda mais a busca de trabalhos, foi possível, nessa plataforma, empregar separadamente os descritores: (a) poder, cuidado; (b) poder, cuidado, creche; (c) poder, cuidado, creche, práticas pedagógicas. O recorte temporal na plataforma foi entre os anos 2010 e 2023. Foram encontrados, a partir dos descritores utilizados, um total de 43 trabalhos. Desse universo, elegemos seis que dialogam com o tema da pesquisa. A seguir, apresentamos a Tabela 3 com os trabalhos selecionados na plataforma BDTD.

Tabela 3

Identificação dos trabalhos do BDTD, de acordo com os descritores Poder, Cuidado, Creche e Práticas pedagógicas

Título	Autores	Instituição	Ano
1. Um olhar sobre o educador da infância: o espaço do brincar corporal na prática pedagógica	Daina Camargo	UEPG	2011
2. Disciplinamento corporal: as relações de poder nas práticas escolares cotidianas	José Tiago Cardoso	Unesp	2011
3. Autoridade docente na Educação Infantil: relações de poder e (des) naturalização	Estela Elisabete Reichert	Unisinos	2015
4. Práticas pedagógicas na educação de crianças de zero a três anos de idade: concepções acadêmicas e de profissionais da educação	Telma Aparecida Teles Martins	UFG	2015
5. O cuidado na educação infantil: perspectivas e significados	Meirilene dos Santos Araújo Barbosa	UFPA	2017
6. Tecendo relações sobre as perspectivas de poder e cuidado: o que dizem as professoras de uma creche conveniada do município de Juiz de Fora/MG	Tamires Cristina dos Reis Carlos Alvim	UFJF	2021

Daina Camargo, em sua dissertação de título "Um olhar sobre o educador da infância: o espaço do brincar corporal na prática pedagógica" (2011), realizou uma pesquisa que objetivou descrever e analisar as práticas pedagógicas em relação ao corpo, ao movimento e ao brincar, fundamentada em conceitos como disciplina, docilização dos corpos e relação de poder, a partir de Michel Foucault e de Janet Moyles, no que tange o brincar. A dissertação, de cunho qualitativo, teve como lócus de pesquisa três centros municipais de Educação Infantil, com 21 professoras participantes. Para o desenvolvimento da pesquisa, Camargo (2011) utilizou instrumentos como a observação, questionário e entrevista. Em sua análise, a autora evidenciou que "o poder do educador em controlar e vigiar as atividades corporais durante o brincar nos instiga a compreender a concepção que tem sobre o brincar e o corpo" (Camargo, 2011, p. 118).

Tal perspectiva nos faz refletir sobre como as práticas pedagógicas podem favorecer ou não o brincar, considerando o corpo como parte fundamental do desenvolvimento infantil e, consequentemente, da aprendizagem. As relações de poder, a disciplina e a rigidez da rotina provocam o que a autora denomina de uma "inexistência da atividade corporal no ambiente escolar" (Camargo, 2011, p. 122). Essa inexistência impacta consideravelmente nos processos relacionados ao brincar e, assim, no desenvolvimento infantil.

A pesquisa de mestrado "Autoridade docente na Educação Infantil: relações de poder e (des) naturalização", desenvolvida no ano de 2015 por Estela Elisabete Reichert, tem como objetivo identificar e descrever relações de poder nos processos de autoridade docente. Com uma abordagem de inspiração etnográfica, a autora acompanhou uma turma da Educação Infantil e, a partir das observações no campo, de registros no caderno de notas e a constituição de um grupo focal, a pesquisa foi consolidada.

Reichert (2015) utiliza as perspectivas de autoridade e poder para pensar duas tecnologias de poder: o afeto e o cuidado no âmbito da Educação Infantil. A autora busca em seus escritos demonstrar que "foi possível estabelecer um paralelo entre o cuidado e afeto nas relações educativas e nas formas de exercer a autoridade docente" (Reichert, 2015, p. 122). A pesquisadora sinaliza a potência do afeto e do cuidado como condições fundamentais para o trabalho docente, entendendo que não é possível pensar as crianças sem pensar a (des)construção da autoridade docente na escola de hoje.

O trabalho de doutorado desenvolvido por Telma Aparecida Teles Martins em 2015, intitulado "Práticas pedagógicas na educação de crianças de 0 a 3 anos de idade: concepções acadêmicas e de profissionais da educação", tem como objetivo compreender as concepções profissionais e acadêmicas sobre a prática pedagógica com crianças de 0 a 3 anos de idade. A pesquisa utiliza o estado da arte, entrevistas, questionários e análise de documentos como estratégias metodológicas.

Martins realiza, em sua investigação, um levantamento minucioso dos trabalhos acadêmicos desenvolvidos entre 1996 e 2012 sobre aspectos relacionados à prática pedagógica com crianças de 0 a 3 anos, além de aplicar questionários para traçar o perfil das participantes e realizar entrevistas individuais com 26 professoras e agentes educacionais. Ao longo do trabalho, a autora traz importantes reflexões para pensarmos a prática pedagógica como práxis, conforme nos aponta Martins (2015):

> Os pressupostos que regem a compreensão e as análises são de que a prática pedagógica deve ser compreendida como

> práxis, unidade teoria e prática que adquire um caráter mediador do processo de apropriação dos conhecimentos historicamente produzidos na realidade material, concreta dos seres humanos. E desse modo, as práticas pedagógicas têm relações orgânicas com as condições econômicas, políticas e sociais, se constituindo em diferentes contextos, de diferentes modos (p. 22).

O trabalho desenvolvido pela autora é robusto; as concepções apresentadas no discurso das docentes sobre a prática pedagógica indicam pontos de encontro e de distanciamento entre a teoria e a prática, demonstrando, entre muitos aspectos, como o cuidar e o educar ainda são pensados e praticados de maneiras contraditórias. A autora defende a necessidade de construirmos "uma efetiva práxis pedagógica" (Martins, 2015, p. 277).

A pesquisa de mestrado "O cuidado na Educação Infantil: perspectivas e significados", realizada por Meirilene dos Santos Araújo Barbosa em 2017, buscou compreender como duas professoras de uma turma de crianças do infantil V de uma escola pública de Fortaleza significam o cuidado em suas práticas pedagógicas. Para tanto, como estratégias metodológicas foram utilizadas a observação participante e as entrevistas narrativas.

Barbosa (2017), em seu texto, apresenta-nos a necessidade de pensar o cuidado em múltiplas dimensões, trazendo a contribuição de diferentes autores para tratar sobre o cuidado, destacando-se, entre eles, "o cuidado de si", de Michel Foucault. Segundo a autora, os estudos foucaultianos sobre o cuidado têm inspirado a busca de um novo ser docente "a partir de uma nova possibilidade ética" (Barbosa, 2017, p. 85).

A partir das narrativas construídas pelas professoras pesquisadas, a autora sinaliza "que a significação do cuidado pelas professoras recebe influência da forma como foram cuidadas, de sua subjetivação e de suas escolhas do modo de ser; que o cuidado humaniza as práticas docentes, inspirando emancipação" (Barbosa, 2017, p. 146). O trabalho desenvolvido é um convite à reflexão sobre o cuidado e a prática pedagógica no cotidiano de uma escola de Educação Infantil.

Alvim, em 2021, defendeu a dissertação: "Tecendo relações sobre as perspectivas de poder e cuidado: o que dizem as professoras de uma creche conveniada do município de Juiz de Fora/MG". A pesquisa buscou investigar as relações de poder e cuidado entre bebês e professoras em uma creche conveniada no município de Juiz de Fora/MG. A metodologia de pesquisa adotada enfatizou a escuta atenta das professoras de um berçário, utilizando observação colaborativa, diário de campo e sessões reflexivas como instrumentos para a geração dos dados.

A partir dos conceitos de "poder" e "cuidado de si", presentes na obra de Michel Foucault, e "alteridade" e "ato responsivo", presentes nos escritos de Mikhail Bakhtin, a autora assinala que as relações de poder e cuidado "atravessam cotidianamente o trabalho das professoras com os bebês e, por isso, merecem destaque no trabalho pedagógico, na organização das instituições e nas políticas públicas para a Educação Infantil" (Alvim, 2021, p. 154).

Com o trabalho desenvolvido, foi possível perceber a importância da formação continuada como instrumento de diálogo com as professoras e que a possibilidade de reflexão sobre a ação durante as sessões reflexivas promoveu novas perspectivas de trabalho com os bebês.

Considerações finais

A busca realizada nas bases de dados citadas evidenciou a existência de um número pequeno de trabalhos — diante do universo apresentado — que discutem as dimensões do poder, cuidado, creche e práticas pedagógicas. Foi possível perceber, com o levantamento, que o uso da etnografia foi recorrente, demonstrando que tal metodologia tem trazido contribuições para os estudos da primeira infância.

Vale ressaltar que os trabalhos aqui apresentados são um recorte do número de produções encontradas, uma vez que a busca e a apresentação detalhada das publicações acadêmicas foram dirigidas para uma interface com o tema da pesquisa de mestrado da segunda autora deste capítulo.

As diferentes publicações encontradas nos sítios acadêmicos versam sobre questões relevantes para se pensar as infâncias, as práticas pedagógicas e as relações de poder no âmbito das instituições infantis de Educação Infantil. Os trabalhos encontrados tomam os espaços da Educação Infantil como de constituição de sujeitos, sejam professores(as), bebês, crianças bem pequenas e pequenas, alunos(as). Demonstram como esses espaços dialogam com a sociedade e como eles acabam exercendo alguma função a partir de um entendimento de educação. Entretanto, percebemos que há necessidade de ampliar o debate e problematizar as relações entre bebês e professoras no contexto da creche.

Negar a importância de tal discussão, mascarando o poder que se exerce sobre bebês e crianças ainda pequenas, significa negar a abertura para a discussão sobre sujeitos autônomos e o atravessamento da institucionalização na constituição dos corpos; além marcar a presença da rigidez nas suas relações interpessoais.

Referências

Alvim, T.C. dos R.C. (2021) *Tecendo relações sobre as perspectivas de poder e cuidado: o que dizem as professoras de uma creche conveniada do município de Juiz de Fora/MG.* [Dissertação de Mestrado], Faculdade de Educação, Universidade Federal de Juiz de Fora.

Barbosa, M. dos S.A. (2017) *O cuidado na educação infantil: perspectivas e significados.* [Dissertação de Mestrado em Educação], Faculdade de Educação, Universidade Federal do Ceará.

Camargo, D. (2011) *Um olhar sobre o educador da infância: o espaço do brincar corporal na prática pedagógica.* [Dissertação de Mestrado em Educação], Faculdade de Educação, Universidade Estadual de Ponta Grossa.

Cardoso, J. T. (2011) *Disciplinamento corporal: as relações de poder nas práticas escolares cotidianas.* [Dissertação de Mestrado em Educação], Universidade Estadual Paulista.

Carvalho, R.S. de. (2010) A prática de seleção de alunos/as e a organização das turmas na escola de educação infantil. In *Anais da 33ª Reunião Nacional da ANPEd.* Caxambu (MG).

Corsino, P., & Santos, N. de O. (2010) Olhares, gestos e falas nas relações de adultos e crianças no cotidiano de escolas de educação infantil. In *Anais da 33ª Reunião Nacional da ANPEd.* Caxambu (MG).

D'Almeida, K., Silva, L.N. da., & Sávio, L. (2016) Educação, Biopolítica e Infância: Algumas Proposições. In *5º Seminário de Grupos de Pesquisa sobre Crianças e Infâncias.* UFSC.

Farenzena, R.C. (2016) O aluno desencarnado da criança, a criança desencarnada do corpo, o corpo desencarnado do tempo e espaço: delírios de um modelo escolar alheio às culturas de infância. In *5º Seminário de Grupos de Pesquisa sobre Crianças e Infâncias.* UFSC.

Guimarães, D. de O., Arenhart, D., & Santos, N. de O. (2019) Docência na creche: atencionalidade pedagógica na rotina e no planejamento. In *Anais da 39ª Reunião Nacional da ANPEd*. Niterói (RJ).

Kuhn, R., Cunha, A.C., & Costa, A.R. (2018) O governo dos corpos das crianças e a supressão da liberdade para brincar e se movimentar na Educação de Infância. In *III Colóquio Internacional De Ciências Sociais Da Educação. Infância(S) E Juventude(S) Na Educação Contemporânea. Instituto de Educação*. Universidade do Minho.

Macêdo, L.C. de, & Dias, A.A. (2015) Tia, posso pegar um brinquedo? A ação das crianças no contexto da pedagogia do controle. In *Anais da 37ª Reunião Nacional da ANPEd*. Florianópolis (SC).

Mafra-Rebelo, A.H., & Buss-Simão, M. (2017) Formas regulatórias na educação infantil: retratos a partir da perspectiva das crianças. In *Anais da 38ª Reunião Nacional da ANPEd*. São Luís (MA).

Martins, T.A.T. (2015) *Práticas pedagógicas na educação de crianças de zero a três anos de idade: concepções acadêmicas e de profissionais da educação*. [Tese de Doutorado em Educação], Faculdade de Educação, Universidade Federal de Goiás.

Nascimento, A.M. do. (2011) "Quero mais, por favor!": disciplina e autonomia na educação infantil. In *Anais da 34ª Reunião Nacional da ANPEd*. Natal (RN).

Nascimento, A.M. do., Ferreira, C.C. de S., Abrão, M., & Belarmino, M. (2010) Autoridade e resistência: crianças e adultos em duas escolas da baixada fluminense. In *5º Seminário de Grupos de Pesquisa sobre Crianças e Infâncias*. UFSC.

Pomilio, D.C. dos S., & Reis, C.S. (2021) Para Além das Paredes da Sala de Aula: a educação biofílica para bebês e crianças pequeninas. In *Anais da 40ª Reunião Nacional da ANPEd*. Belém (PA).

Richter, E.E. (2015) *Autoridade docente na Educação Infantil: relações de poder e (des)naturalização*. [Dissertação de Mestrado em Educação], Faculdade de Educação, Universidade do Vale do Rio dos Sinos.

Richter, A.C., & Vaz, A.F. (2010) Educação do corpo infantil como politização às avessas: um estudo sobre os momentos de alimentação em uma creche. In *Anais da 33ª Reunião Nacional da ANPEd*. Caxambu (MG).

CAPÍTULO XII

ESTRATÉGIAS DE COMUNICAÇÃO AUMENTATIVA E ALTERNATIVA EM CRIANÇAS COM TEA NA EDUCAÇÃO INFANTIL[30]

Grazielle Ribeiro de Queiroz

Cátia Walter

Introdução

O ingresso de crianças com deficiência na rede regular de ensino tem crescido exponencialmente nos últimos anos. Dados do Censo Escolar da Educação Básica de 2023 apontam para um aumento no número de matrículas de estudantes com deficiência em escolas públicas regulares, com maior concentração no Ensino Fundamental, seguido pelas matrículas na Educação Infantil. Cabe ressaltar que, no Brasil, a oferta de vagas de creche e pré-escola ainda é deficitária. Dessa forma, o número de crianças com deficiência na Educação Infantil poderia ser ainda maior.

A inclusão escolar se inicia na Educação Infantil, quando é possível desenvolver as bases necessárias para a construção do conhecimento e do desenvolvimento global da criança. Para crianças com deficiência e altas habilidades/superdotação, as Diretrizes Curriculares Nacionais para a Educação Infantil (Brasil, 2010) orientam que haja a acessibilidade de espaços, materiais, objetos, brinquedos e instruções. A acessibilidade neste contexto, busca não apenas o acesso do educando, mas sua permanência, integração e participação.

Uma das estratégias de inclusão de alunos com deficiência e/ou altas habilidades/superdotação é a oferta do Atendimento Educacional Especializado (AEE). Tal atendimento tem o objetivo de complementar

---

[30] Este capítulo foi constituído a partir de dados coletados para a dissertação de mestrado de Queiroz (2023), pelo Programa de Pós-Graduação em Educação (ProPEd) da Universidade do Estado do Rio de Janeiro.

e/ou suplementar a formação dos estudantes, visando à sua autonomia e independência na escola e fora dela (Brasil, 2015). Cabe ao AEE o ensino de linguagens e códigos específicos de comunicação e sinalização, entre outras ações. O AEE deve estar articulado com a proposta pedagógica do ensino comum ao longo de todo o processo de escolarização (Brasil, 2008).

Segundo a Nota Técnica Conjunta n.º 2/2015/MEC/SECADI/DPEE (Brasil, 2015), que dispõe sobre o Atendimento Educacional Especializado na Educação Infantil, a oferta do AEE se dá desde os primeiros anos de vida, proporcionando acessibilidade física e pedagógica aos brinquedos, mobiliários, às comunicações e informações, fazendo uso da Tecnologia Assistiva, como uma área que agrega recursos e estratégias de acessibilidade. Também está prevista na LDBEN/96 (Brasil, 1996) a garantia do Atendimento Educacional Especializado gratuito aos educandos com necessidades especiais como dever do Estado, preferencialmente na rede regular de ensino.

O termo "Necessidades Educacionais Especiais", muito utilizado em documentos relativos ao público da Educação Especial, refere-se às Pessoas com Deficiência (intelectual, auditiva, visual, física ou múltipla), Transtornos Globais do Desenvolvimento (autismo, psicoses, síndromes) e Altas Habilidades/Superdotação (Brasil, 2008). Em 2012, a Lei 12764/12 (Brasil, 2012) caracterizou também as pessoas com Transtorno do Espectro Autista (TEA), terminologia adotada a partir de 2013 pela Associação Americana de Psiquiatria (APA), como Pessoas com Deficiência.

A linguagem, como um dos eixos estruturantes da proposta pedagógica da Educação Infantil, pode estar comprometida em crianças com deficiência. Destacam-se as crianças com Transtorno do Espectro Autista, que apresentam como característica prejuízos qualitativos na comunicação verbal e não verbal, nas relações sociais recíprocas e na manifestação de padrões restritos de interesses, atividades e condutas repetitivas e estereotipadas (Klin, 2006).

A linguagem oral, a contação de histórias, a linguagem audiovisual ou mesmo a linguagem por meio das artes visuais, entre as múltiplas linguagens utilizadas na Educação Infantil, podem não ser acessíveis a todas as crianças. Entende-se por acessibilidade o conjunto de estratégias que visem efetivar o acesso, a participação, o desenvolvimento e a aprendizagem, a fim de constituir as Pessoas com Deficiência como sujeitos capazes de aprender e se tornar aptos a seguir de forma autônoma, flexível e participativa (Kraemer & Thoma, 2018). O conceito de acessibilidade, segundo Sassaki (2010), pode ser classificado em seis dimensões: arquitetônica, comunicacional, metodológica, instrumental, programática e atitudinal.

A comunicação entre os indivíduos ocorre em sua maioria por meio da linguagem oral. Entretanto, quando esse meio de comunicação apresenta algum impedimento, é preciso recorrer a outros meios comunicativos. Nesse caso, é possível utilizar meios não orais para a comunicação, seja de modo substitutivo ou mesmo complementar à fala. Um dos meios não orais utilizados para esse fim é a Comunicação Aumentativa e Ampliada (CAA). Esta, por sua vez, refere-se ao uso de formas não faladas como complemento ou substituto da linguagem oral, podendo ocorrer por meio de signos gestuais, gráficos e/ou tangíveis (Von Tetzchner; Martinsen, 2002).

Muitas crianças com TEA vivenciam desafios de comunicação que podem atingir a todos os subsistemas da linguagem, incluindo a pragmática, a gramática, a semântica, a sintaxe, a fonologia e a morfologia na linguagem oral e escrita (Vogindroukas et al., 2022). Esses desafios de comunicação por vezes afetam a participação dessas crianças nas propostas escolares e na interação com seus pares. O desempenho na linguagem, além de ser considerado uma característica significativa para a definição do TEA, também é muito frequentemente associado ao seu prognóstico (Fernandes, 1994). As alterações da linguagem de crianças com TEA se caracterizam pelo comprometimento ou atraso nos domínios das interações sociais e na comunicação/linguagem. Domínios esses que se inter-relacionam, já que o desenvolvimento da linguagem necessita de habilidades sociais (Reis et al., 2016).

Para Von Tectzchner e Martinsen (2002), o uso de sistemas alternativos de comunicação na idade pré-escolar em indivíduos com TEA pode influenciar no melhor desenvolvimento de competências linguísticas, em comparação àqueles que não receberam nenhuma instrução para a utilização da CAA. No entanto, os sistemas alternativos de comunicação não são formas naturais de comunicação e dependem de um processo de construção e planejamento para que haja o desenvolvimento desse meio comunicativo (Von Tetzchner et al., 2005). Assim, ressalta-se a importância da participação ativa dos professores enquanto interlocutores capacitados para se comunicar por meio da CAA com as crianças com TEA a fim de otimizar a acessibilidade comunicativa e a integração dessas crianças nas rotinas e atividades educacionais.

Ressalta-se que a CAA consiste em uma área de conhecimento multidisciplinar utilizada para pessoas com necessidades complexas de comunicação (Nunes et al., 2021). Ela envolve o uso de gestos manuais, expressões faciais e corporais, símbolos gráficos (fotografias, gravuras, desenhos, linguagem alfabética, objetos reais e miniaturas), voz digitalizada ou sintetizada, entre outros meios que visam facilitar a comunicação (Nunes & Santos, 2015). Existem diversas técnicas de ensino da CAA, algumas delas elaboradas sobretudo para pessoas com TEA. Por se tratar de uma Prática Baseada em Evidências, é importante conhecer as diferentes estratégias de CAA utilizadas e os resultados obtidos em espaços brasileiros de Educação Infantil.

Este capítulo tem por intenção elucidar questionamentos sobre o uso de sistemas alternativos de comunicação em crianças pequenas com TEA, mediante revisão integrativa da literatura, buscando compreender os diferentes meios de CAA utilizados pelas crianças e sua inserção no ambiente educacional. No entanto, é preciso primeiramente ressaltar a trajetória de lutas, conquistas e desafios vivenciados pela Educação Especial no Brasil, hoje também buscando, juntamente à Educação Infantil, o reconhecimento de sua importância no processo educacional brasileiro. Dessa forma, o capítulo conta com uma breve explanação acerca da Educação Especial nas políticas de Educação Infantil e, posteriormente, trata do uso da CAA por crianças com TEA na Educação Infantil.

A construção histórica da Educação Especial nas Políticas da Educação Infantil

A história da Educação Especial no Brasil vem acompanhada pelos movimentos políticos das Pessoas com Deficiência, com o apoio de organizações internacionais. A educação de Pessoas com Deficiência, historicamente, era oferecida em sua maioria por escolas especializadas de caráter filantrópico, bem como em classes especiais de algumas escolas públicas (Neres & Kassar, 2016).

À época do segundo reinado, havia no Brasil, mais especificamente na capital Rio de Janeiro, apenas duas instituições voltadas para o ensino de Pessoas com Deficiência: o Instituto Benjamin Constant, voltado para pessoas cegas, e o Instituto Nacional de Educação para Surdos (INES), para estudantes surdos. Com o passar do tempo e a ausência de ações do poder público, outras instituições de caráter filantrópico surgiram e passaram a atender Pessoas com Deficiência Intelectual (Brasil, 2008).

A primeira Lei de Diretrizes e Bases da Educação Nacional, Lei 4024/61 (Brasil, 1961), fez alusão aos primórdios do trabalho com educação especial como parte da educação brasileira. No seu artigo 88º, havia uma referência à educação de Pessoas com Deficiência (na época chamadas de excepcionais). O texto não tratava a Educação Especial como uma modalidade de ensino e nem como dever do Estado, o que abria espaço para que a iniciativa privada continuasse exercendo esse papel. A LDBEN seguinte, Lei 5692/71 (Brasil, 1971), cita em seu artigo 9º que os alunos com deficiências físicas ou mentais deveriam receber tratamento especial, sem especificar onde e nem como esse tratamento deveria ser realizado.

Somente a partir da Constituição Federal de 1988 (Brasil, 1988) nota-se significativa ampliação das referências à educação de alunos com deficiência no Brasil (Meletti & Bueno, 2011). Registra-se, nesse documento no artigo 205, "a educação como um direito de todos e um dever do Estado", incluindo nesse texto Pessoas com Deficiência. Ainda com respeito à Educação, a Constituição de 1988 (Brasil, 1988) traz a obrigatoriedade do ensino a partir dos 4 anos de idade (o que contempla a Educação Infantil), com a Emenda Constitucional n.º 59, de 2009. No artigo 208º, menciona a oferta do Atendimento Educacional Especializado para Pessoas com Deficiência, preferencialmente na rede regular de ensino.

Seguindo a linha histórica das políticas públicas em Educação Especial, chegamos à década de 1990, quando tais políticas começaram a ser influenciadas por movimentos internacionais. O Brasil se comprometeu a universalizar a Educação após a assinatura da Declaração de Educação para Todos (UNESCO, 1990) e aderir à Declaração de Salamanca na Conferência Mundial sobre Necessidades Educacionais Especiais (UNESCO, 1994). A partir de então, a Educação Especial passou a ser analisada como uma modalidade de ensino e, em 1994, foi criada a Política Nacional de Educação Especial – PNEE (Brasil, 1994). Esse documento trouxe orientações acerca do trabalho com estudantes com deficiência, abordando o ensino na rede regular, e manteve as estratégias das classes especiais. Ele também deu continuidade à estrutura paralela e substitutiva da educação especial, indo na contramão do processo inclusivo.

A terceira edição da LDBEN, a Lei 9394/96 (Brasil, 1996), abordou a oferta gratuita de Atendimento Educacional Especializado para Pessoas com Deficiência. O que deveria ser transversal em todos os níveis, etapas e modalidades, de preferência na rede regular de ensino, podendo ainda ocorrer em outros espaços. A LDBEN/96 (Brasil, 1996) possui um capítulo totalmente dedicado à Educação Especial, no qual é tratada a oferta dessa modalidade de ensino desde a Educação Infantil. No entanto, o mesmo texto registra que o estudante que não conseguisse se adequar à escola poderia ter a sua educação em escolas ou classes especiais como também em serviços especializados.

Em 2001, o Plano Nacional de Educação (PNE), Lei 10172/01 (Brasil, 2001), que vigorou por dez anos, determinou como uma das metas da Educação Infantil para as crianças com deficiência a adequação da infraestrutura no atendimento a esse público e manteve a indicação de escolas e/ou classes especiais para aqueles que não se adequassem à escola regular. O PNE de 2001 também sugeriu a garantia de vagas na rede regular para os diferentes graus e tipos de deficiência.

Embora os movimentos em prol da Educação Especial como parte integrante da rede regular de ensino ocorressem desde a década de 1990, até então pouco se havia caminhado nesse sentido. Em 2007, o Decreto Federal 6094/07 (Brasil, 2007), que dispunha sobre a implementação do Plano de Metas Compromisso Todos pela Educação (PMCTE), reafirmou a garantia de acesso e permanência das Pessoas com Deficiência nas classes comuns do ensino regular, sendo um importante passo no fortalecimento da inclusão educacional nas escolas públicas.

Em continuidade ao movimento inclusivo, em 2008 foi divulgada a Política Nacional de Educação Especial na Perspectiva da Educação Inclusiva (PNEEPEI) (Brasil, 2008), que representou um marco político e teórico da educação no Brasil. Essa política define a educação especial como parte integrante das escolas públicas regulares, com sua inserção desde a Educação Infantil até a Educação Superior. O item IV do texto diz "assegurar a inclusão escolar de alunos com deficiência, transtornos globais do desenvolvimento e altas habilidades/superdotação, orientando os sistemas de ensino para garantir acesso ao ensino regular" (Brasil, 2008, p. 14). Ressalta-se nesse documento a orientação para a eliminação de barreiras para a plena participação dos alunos, diferentemente do que se propunha nos documentos anteriores, os quais salientavam que era a criança quem precisava se adequar ao sistema de ensino.

A PNEEPEI, para que pudesse ser efetivada, precisava de uma reorganização estrutural, inclusive no que se refere aos recursos para sua implantação. Dessa forma, foi publicado o Decreto n.º 6.571/2008, incorporado pelo Decreto n.º 7.611/2011, dispondo sobre o apoio da União aos sistemas de ensino para a oferta do Atendimento Educacional Especializado a estudantes contemplados pela Educação Especial, mantendo seu financiamento no âmbito do Fundo de Manutenção e Desenvolvimento da Educação Básica e de Valorização dos Profissionais da Educação (Fundeb)[31].

O Plano Nacional de Educação (PNE 2014–2024) (Brasil, 2014) com vigência até 2024, estabelece como meta a garantia do "atendimento às necessidades específicas na Educação Especial, assegurando um sistema educacional inclusivo em todos os níveis, etapas e modalidades" (Brasil, 2014, Art. 8º, § 1º, III). Esse documento amplia o público atendido pela educação especial, passando também a contemplar outras necessidades estudantis que não se configuram como deficiências.

Apesar dos benefícios observados pela PNEEPEI (Brasil, 2008), sua duração determinada de somente dez anos tornava necessário que o Plano fosse reformulado. Foi então que, em 2020, o governo federal instituiu, mediante o Decreto 10502/20, a Política Nacional de Educação Especial: equitativa, inclusiva e com aprendizado ao longo da vida, a qual até o presente momento encontra-se suspensa pelo Superior Tribunal de Justiça por inconstitucionalidade, já que a Política de Educação Especial de 2020 (Brasil, 2020) retomou o discurso ultrapassado da exclusão, indo na contramão do processo inclusivo. Após sua publicação, diversas entidades manifestaram-se contra suas orientações, pois o texto desconsidera os avanços obtidos pela inclusão escolar de Pessoas com Deficiência e Altas Habilidades/Superdotação em classes regulares, retomando a opção de matrícula em escolas especiais ou centros especializados.

Partindo dessa trajetória histórica e política da Educação Especial no Brasil e considerando a importância das estratégias para acesso, permanência e participação das crianças com deficiência em escolas regulares, evidencia-se a necessidade de estudos que analisem as estratégias utilizadas para que essas crianças possam ter a garantia de seus direitos. Considerando a criança como:

---

[31]   O Fundeb tem como objetivo diminuir a desigualdade de recursos entre as redes de ensino. Entrou em vigor em janeiro de 2007, e em 2020 foi instituído como instrumento permanente de financiamento da educação pública por meio da Emenda Constitucional n.º 108, de 27 de agosto de 2020, e encontra-se regulamentado pela Lei n.º 14.113, de 25 de dezembro de 2020.

... sujeito histórico e de direitos que, nas interações, relações e práticas cotidianas que vivencia, constrói sua identidade pessoal e coletiva, brinca, imagina, fantasia, deseja, aprende, observa, experimenta, narra, questiona e constrói sentidos sobre a natureza e a sociedade produzindo cultura (Brasil, 2010, p. 12).

Metodologia

Para a composição deste capítulo, foi realizada uma revisão integrativa da literatura, na qual foi feito um levantamento de estudos no portal de periódicos da Coordenação de Aperfeiçoamento de Pessoal de Nível Superior (Capes) e na Biblioteca Digital Brasileira de Teses e Dissertações (BDTD). Para esse levantamento, foram utilizados os descritores "Autis*"e "Comunicação Alternativa", em um recorte temporal de dez anos, compreendendo o intervalo temporal de 2012 a 2022. O descritor "Autis*", utilizado entre aspas com um asterisco, faz referência aos termos "Autismo" e "Autista", dessa forma a busca pôde encontrar estudos que utilizavam qualquer um dos termos.

A seleção dos estudos contou com a leitura dos títulos, das palavras-chave e dos resumos, que deveriam atender aos critérios de inclusão e exclusão previamente delimitados. Como critério de inclusão, foram selecionados os artigos de intervenção, revisados por pares, que abordavam a CAA na Educação Infantil com crianças com TEA. Foram excluídos os estudos duplicados, os que não explicitavam a idade das crianças participantes da pesquisa, os estudos em que todos os participantes tinham idade superior a 6 anos e estudos realizados apenas em ambientes clínicos ou residenciais.

Resultados

A busca inicial evidenciou um total de 62 publicações, das quais 5 foram selecionadas por se enquadrarem nos critérios supracitados, após a leitura dos resumos e das palavras-chave. A análise dos documentos selecionados evidenciou o uso de três programas utilizados para o ensino da CAA para crianças pequenas com TEA em espaços de Educação Infantil: o Sistema de Comunicação Alternativa para o Letramento no Autismo (SCALA), o Picture Exchange Communication System (PECS®) (Bondy

& Frost, 1994) e o Pessoas Engajadas Comunicando Socialmente (PECS-Adaptado) (Walter, 2000). Os dados analisados também abordaram um estudo com uso da CAA sem especificar a utilização de algum programa de ensino, citando apenas a utilização de figuras como meio de CAA para crianças nessa faixa etária.

Para melhor visualização dos dados encontrados na pesquisa de revisão, foi elaborada a Tabela 1, que sintetiza os achados:

Tabela 1

Lista dos estudos de revisão da literatura, envolvendo programas de CAA para crianças com TEA em espaços de Educação Infantil no período de 2012–2022

Autor e ano	Programa de CAA	Número de estudos	Tipo de estudo
Bez (2014)	SCALA	2	Tese
Monte (2015)			Dissertação
Caetano (2020)	Uso de figuras	1	Dissertação
Silva (2019)	PECS®	1	Dissertação
Olmedo (2015)	PECS-Adaptado	1	Dissertação

É importante destacar que a acessibilidade comunicacional pode contribuir para a interação e participação, além de ampliar as possibilidades de compreensão e expressão, impactando o acesso às informações das atividades e das brincadeiras e rotinas vivenciadas. Bez (2014) e Monte (2015) utilizaram o programa SCALA para a acessibilidade comunicacional de crianças de 3 a 5 anos com TEA. O SCALA é um software de CAA desenvolvido para a construção de pranchas de comunicação que podem ser utilizadas em suportes de alta tecnologia, como tablets e computadores, ou de baixa tecnologia, quando as pranchas são impressas e disponíveis para manipulação do usuário sem a necessidade de dispositivos eletrônicos.

Bez (2014) realizou uma pesquisa qualitativa, estruturada como uma pesquisa-ação e embasada na teoria sócio-histórica com foco nas interações sociais e nos contextos culturais. A pesquisa contou com a participação de três crianças com idades entre 3 e 5 anos, diagnosticadas com TEA, com severas falhas de comunicação e dificuldade de adaptação no meio social. A pesquisa ocorreu em três contextos vivenciados pelas crianças: a escola, a família e o Laboratório de Experimentação do Centro Interdisciplinar de Novas Tecnologias na Educação da Universidade Federal do Rio Grande do Sul.

A pesquisadora atuou diretamente com os sujeitos-foco e com as demais pessoas que faziam parte dos contextos de investigação. No Laboratório de Experimentação, realizou ação mediadora em CAA com os sujeitos. No contexto escolar, realizou uma formação em CAA com os professores e auxiliares para que pudessem utilizar as estratégias do SCALA com as crianças, além de encontros para relatos e trocas de experiência, com observação e acompanhamento dos sujeitos. A família também recebeu orientações e visitas constantes para observação e acompanhamento das crianças. O estudo ocorreu em duas diferentes escolas privadas de Educação Infantil e utilizou recursos de alta tecnologia para a CAA.

As propostas da Educação Especial na perspectiva da inclusão devem ser elaboradas contemplando todas as crianças. Nessa pesquisa, Bez (2014) realiza ações na escola acompanhando o currículo com o intuito de abranger toda a turma, não somente utilizando estratégias voltadas para as crianças-foco da pesquisa. Os dados obtidos por meio da observação da pesquisadora, bem como dos relatos das professoras e dos familiares, denotaram a ampliação da comunicação intencional e das formas de construção e representação comunicacionais nas três crianças com TEA. A pesquisadora constatou ainda o crescimento da interação social e a inclusão das crianças nesses processos, com acréscimo da comunicação oral e gestual das crianças participantes.

Seguindo a perspectiva da inclusão, Monte (2015) observou o valor da comunicação multimodal nas interações e ressaltou a importância do professor no papel de interlocutor para sustentar as várias formas de "ser" e "estar" na escola. Mediante uma abordagem qualitativa, orientada pelo Estudo de Caso Múltiplo e Exploratório, objetivou analisar a apropriação das narrativas visuais mediadas pelo SCALA no processo de inclusão de crianças com TEA na primeira infância. Participaram da pesquisa três crianças entre 3 e 4 anos, que apresentavam déficits na comunicação social e estavam em investigação para o TEA. O estudo foi realizado em uma creche vinculada à rede municipal de Porto Alegre/RS e todas as crianças participantes estudavam na mesma turma.

A pesquisa utilizou um sistema de alta e baixa tecnologia no uso da CAA para a contação de histórias, que ocorria durante momentos da rotina da turma. Baseando-se na teoria sócio-histórica, considerou o olhar, os gestos, os balbucios, os movimentos incontroláveis, a leitura e a brincadeira simbólica como importantes indícios de comunicação. Assim, observou que o uso do sistema forneceu apoio à inclusão, a participação nas interações, como também permitiu antecipar o aprendizado a partir de leituras de pictogramas baseado na CAA. Isso possibilitou habilitar um sujeito ativo e interativo — um agente —, além de viabilizar um outro/novo modo de interagir e participar. A partir do interesse pelos recursos utilizados, foi incentivada a participação, o envolvimento e a interação das crianças foco da pesquisa com as demais crianças da turma.

Caetano (2020) realizou sua pesquisa em uma escola pública de Educação Infantil na cidade de Santos/SP, utilizando sistemas de baixa tecnologia de CAA sem especificar um programa de ensino. Por meio de uma pesquisa qualitativa, sob a perspectiva histórico-cultural, o pesquisador realizou a observação participante com registro audiovisual das aulas de Educação Física e o uso do Diário de Campo (DC). As observações foram realizadas especialmente nas rodas de conversa no início e final das aulas com as crianças das turmas investigadas. Participaram do estudo 65 crianças entre 5 e 6 anos de idade, distribuídas em três turmas, que apresentavam em cada sala pelo menos um caso de criança diagnosticada com TEA. Na pesquisa, foi observado que o uso de recursos visuais nas aulas de Educação Física facilitou a comunicação e a interação das crianças típicas e atípicas, pois o recurso foi disponibilizado para todas os alunos da turma.

Alguns estudos tem por intenção identificar se uma intervenção pode impactar no desenvolvimento ou mesmo no comportamento de um único indivíduo, analisando-o antes e após a intervenção. Nesse sentido, o estudo de Silva (2019) a partir de um delineamento quase experimental de caso único, buscou analisar a contribuição do protocolo PECS® na comunicação da criança no espaço escolar, identificando se a sua implementação em um contexto clínico proporcionou o aumento de mandos verbais e não verbais do participante na escola e se facilitou a generalização de mandos para diferentes espaços e com diferentes parceiros de comunicação. A pesquisa foi desenvolvida em uma clínica particular de atendimento fonoaudiológico e em uma escola municipal de Educação Infantil situada em Bagé/RS. O sujeito da pesquisa foi uma criança com TEA de 2 anos de idade que não se comunicava verbalmente de modo funcional.

A pesquisa de Silva (2019) foi dividida em dois momentos, que aconteceram em um espaço clínico e no espaço escolar. Neles, foram coletados dados antes e após a intervenção. No ambiente escolar, antes do uso da CAA pela criança, houve a coleta de dados em sala de aula, com a criança junto aos seus pares, o professor e os auxiliares. Em um segundo momento, quando a criança já havia aprendido a usar os cartões de CAA, as observações foram realizadas na escola, porém em uma sala separada da turma, contando apenas com a presença da mãe e da pesquisadora. A autora pontuou que os professores e auxiliares não participaram do treinamento oferecido, dessa forma não foi possível a observação da criança utilizando a CAA em sala junto à sua turma. Os dados analisados denotam o aumento na frequência de mandos verbais e não verbais da criança, apoiados nas figuras de CAA, e destacou a necessidade de estudos que envolvessem a atuação do professor no uso da CAA com a criança.

O Picture Exchange Communication System (PECS) é um método de ensino da CAA, desenvolvido em 1985 nos EUA, pelos pesquisadores Andrew Bondy e Lori Frost. Implementado pela primeira vez com crianças da pré-escola com diagnóstico de autismo, tem sido utilizado desde então com várias pessoas com dificuldades físicas, cognitivas e de comunicação em diversas partes do mundo (PECS Brazil, 2023). O PECS tem a função de capacitar o indivíduo a se expressar por um meio pictográfico e seu procedimento é baseado na Análise Experimental do Comportamento, com estratégias específicas de estímulo e reforço (Bond & Frost, 1994).

Olmedo (2015) realizou estudo experimental em uma creche municipal localizada no sul do estado do Rio de Janeiro e contou com a participação de quatro crianças com idade entre 3 e 5 anos, seus professores e mediadores. A pesquisa objetivou estruturar, implementar e avaliar um programa de formação de professores e mediadores da Educação Infantil em CAA, especificamente no uso do PECS-Adaptado. Vale destacar que o PECS-Adaptado[32] (Pessoas Engajadas Comunicando Socialmente), proposto por Walter (2000), baseia-se no Currículo Funcional Natural (CFN), para o processo de ensino da CAA, que evidencia o "enfoque amigo", a idade cronológica, os interesses, as situações e o ambiente naturais (Leblanc & Mayo, 1999). Por não se tratar de um método de ensino da CAA, o PECS-Adaptado não necessita de ambientes extremamente estrutura-

---

[32] Para conhecer melhor as Fases do PECS-Adaptado (Walter, 2000), acessar o site do Laboratório de Tecnologia Assistiva e Comunicação Alternativa (LATECA-UERJ). Disponível em: https://pecs-adaptado.lateca-uerj.net.

dos, consequentemente, pode ser facilmente implementado em espaços de Educação Infantil.

Assim, Olmedo (2015) buscou analisar os impactos nas interações de crianças e professores após o uso da CAA. Para isso, foi realizada uma formação de professores em CAA baseado no modelo de Consultoria Colaborativa, na qual uma fonoaudióloga realizava os encontros de formação e orientação para aplicação das estratégias do PECS-Adaptado. Por meio da aplicação de questionários, os professores participantes da pesquisa apontaram as prioridades comunicativas em relação às crianças e suas dificuldades de comunicação com elas.

A autora realizou observações das crianças em interação com as professoras e com as mediadoras antes e após o uso da CAA. Incialmente, constatou uma melhor interação das crianças com as mediadoras em relação aos professores. Posteriormente à intervenção, foi verificada uma mudança nas iniciativas de interação por parte dos professores, ampliando, assim, a qualidade da relação deles com as crianças. Os profissionais participantes da pesquisa apontaram por meio de questionários que a formação contribuiu positivamente em seu trabalho, melhorando a interação entre eles e seus alunos. A pesquisa denotou uma melhor interação dos educadores com as crianças após o uso da CAA.

Considerações finais

A pesquisa bibliográfica abordou investigações sobre diferentes estratégias de CAA utilizadas com crianças com TEA na Educação Infantil. Todos os estudos analisados nesta revisão relataram benefícios no uso de formas não convencionais de comunicação para crianças em espaços educacionais, seja na participação das atividades, seja nas relações entre os pares e os professores. Um ponto em comum destacado nas pesquisas foi a importância do professor na participação nesse processo. Sendo a formação continuada uma das formas de capacitação desse profissional como parceiro comunicativo das crianças.

Deliberato (2017) aponta que, na rotina das atividades pedagógicas ainda é um desafio ter interlocutores capacitados para entender e se apropriar dos sistemas aumentativos e alternativos de comunicação que venham a utilizar esse meio com as crianças com deficiência. Bersch e Sartoretto (2017) ressaltam a importância da formação continuada de professores para atuar na CAA não só com os estudantes com deficiência, mas com todos, a partir de práticas inclusivas que salientem a função social da comunicação. As autoras também indicam que a formação inicial de professores muitas vezes não contempla a CAA, sendo imprescindível a inclusão desse tema nas grades curriculares dos cursos de formação inicial e continuada oferecidos nas faculdades de Educação.

Schmidt et al. (2016) destacam como um grande desafio para a inclusão de crianças com TEA na escola a falta de uma formação na área, uma vez que muitos profissionais se sentem despreparados para educar crianças com algum tipo de necessidade especial de ensino. A formação inicial e continuada é necessária para a ampliação do conhecimento dos profissionais, bem como para instrumentalizá-los. Contudo, também deve-se atentar para questões relativas à qualidade da educação, a qual referencia-se às questões estruturais, bem como aos processos de organização e gestão do trabalho escolar, condições de trabalho dos profissionais e a dinâmica curricular (Dourado & Oliveira, 2009). Esses pontos que atingem toda comunidade escolar traz impactos aos processos de inclusão da criança com TEA.

Nos últimos anos, a Educação Infantil tem se constituído em campo fértil e preferencial, colocando as instituições, os sujeitos que lá atuam e suas práticas no centro de discussões e pesquisas. Por meio da análise de percursos históricos, desafios e propostas, faz-se necessário discutir e promover ações visando a um futuro mais justo e igualitário para a infância de todas crianças presentes nas redes de ensino. São múltiplos os desafios que se fazem nesse percurso, de um modo mais amplo, mas que atingem de forma mais intensa aqueles que se mostram atípicos em seu desenvolvimento.

Diante desse cenário atual, que inclui diferenças sociais, culturais, políticas e históricas vigentes, vale voltar um olhar investigativo sobre o percurso histórico que aponta as pesquisas sobre a Educação Especial. Há muitos desafios a serem enfrentados nessa área, não só pela necessidade de fazer emergir os principais interesses, mas também contribuir para a estruturação e a sedimentação da área da infância e dos estudos em educação de crianças pequenas na Educação Especial, buscando contribuir para desvelar as lacunas existentes, instigadoras prementes em futuras investigações.

Referências

Bez, M. R. (2014) *SCALA – Sistema de comunicação alternativa para processos de inclusão em autismo: uma proposta integrada de desenvolvimento em contextos para aplicações móveis e web*. [Tese de Doutorado em Informática na Educação], Centro de Estudos Interdisciplinares em novas tecnologias na Educação, Universidade Federal do Rio Grande do Sul.

Bersch, R., & Sartoretto, M. L. (2017) Formação de professores para promoção e vivência da comunicação alternativa no contexto escolar. In D. Deliberato, D. R. P. Nunes, & M. J. Gonçalves (Orgs.). *Trilhando juntos a comunicação alternativa*. (pp. 197-204). ABPEE.

Bondy, A., & Frost, L. (1994) *PECS: The Picture Exchange Communication System*. Pyramid Educational Consultants INC.

Brasil. (1988/2002). *Constituição da República Federativa do Brasil*. Organizado por Cláudio Brandão de Oliveira. Roma Victor.

Brasil. (1961) Lei nº 4.024, de 20 de dezembro de 1961. Fixa as Diretrizes e Bases da Educação Nacional. *Diário Oficial da União*, Seção 1, p. 11429, 27/12/1961.

Brasil. (1971) Lei 5.692, de 11 de agosto de 1971. Diretrizes e Bases para o ensino de 1º e 2º graus, e dá outras providências. *Diário Oficial da União,* Seção 1, 12/8/1971, Página 6377.

Brasil. (1990) Lei n.8069, de 13 de julho de 1990. Dispõe sobre o Estatuto da Criança e do Adolescente e dá outras providências. *Diário Oficial da União*, Seção 1, 16/7/1990, Página 13563.

Brasil. (1996) Lei 9.394 de 20/12/1996. Diretrizes e Bases da Educação Nacional. *Diário Oficial da União*. Ano, nº 248, de 23/12/1996.

Brasil. (2001) Lei nº 10.172/01, de 9 de janeiro de 2001. Aprova o Plano Nacional de Educação dá outras providências. *Diário Oficial da União,* Seção 1, 10/1/2001, Página 1.

Brasil. (2008) *Política Nacional de Educação Especial na Perspectiva da Educação Inclusiva*. MEC/SEESP.

Brasil. (2010) *Diretrizes Curriculares Nacionais para a Educação Infantil*. Ministério da Educação. Secretaria de Educação Básica. Diretoria de Concepções e Orientações Curriculares para a Educação Básica. Coordenação Geral de Educação Infantil.

Brasil. (2012) Lei 12.764. Política Nacional de Proteção dos Direitos da Pessoa com Transtorno do Espectro Autista. *Diário Oficial da União,* Seção 1, 28/12/2012, Página 2.

Brasil. (2014) Lei 13.005, de 25 de junho de 2014. *Aprova o Plano Nacional de Educação – PNE 2014-2024 e dá outras providências.* Presidência da república. Casa Civil. Subchefia para Assuntos Jurídicos. Brasília, DF.

Brasil (2015) Instituto Nacional de Estudos e Pesquisas Educacionais Anísio Teixeira (Inep). Caderno de Instruções: Censo Escolar da Educação Básica 2015. 130p.

Brasil. (2015) Nota Técnica Conjunta nº 02/2015. *Orientações para a organização e oferta do Atendimento Educacional Especializado na Educação Infantil.* MEC/SECADI/DPEE.

Brasil (2020) Decreto nº 10.502/2020. *Política Nacional de Educação Especial (PNEE): Equitativa, Inclusiva, com Aprendizado ao longo da vida.* Brasília: MEC. SEMESP.

Caetano, U. S. (2020) *Interação e comunicação de crianças com transtorno do espectro do autismo em aulas de educação física infantil.* [Dissertação de Mestrado em Educação], Universidade Católica de Santos.

Deliberato, D. (2017) Comunicação alternativa na educação infantil: instrumentos para aquisição de competências do aluno com deficiência. In D. Deliberato, D. R. P. Nunes, & M. J. Gonçalves. (Orgs.) *Trilhando juntos a comunicação alternativa.* (pp. 77-95). ABPEE.

Dourado, L. F., & Oliveira, J. F. (2009) A qualidade da educação: perspectivas e desafios. *Cadernos Cedes, 29,* 201-215.

Fernandes, F. D. M. (1994) A questão da linguagem em autismo infantil. Uma revisão crítica da literatura. *Revista Neuropsiquiatria da infância e adolescência.* 2(3), 5-10.

Klin, A. (2006) Autismo e Síndrome de Asperger: uma visão geral. *Revista Brasileira de Psiquiatria, 8*(supl. 1), 3-11.

Kraemer, G. M., & Thoma, A. S. (2018, setembro) Aprendizagem como condição de acesso, participação, desenvolvimento e aprendizagem de alunos com deficiência. *Psicologia: Ciência e Profissão, 38*(3), 554-563.

Leblanc, J. M. (1991) El Curriculum Funcional em la Educacion de la persona com Retardo Mental. In *Simpósio Internacional COANIL,* Santiago, Chile. 10p.

Leblanc, J. M., & Maio, L. (1999) Centro Ann Sullivan del Peru para la integracion a la vida de las personas con discapacidades severas. *Boletin del Real Patronato, 44*, 24-39.

Meletti, S. M. F., & Bueno, J. G. S. (2011, maio a agosto) O impacto das políticas públicas de escolarização de alunos com deficiência: uma análise dos indicadores sociais no Brasil. *Linhas Críticas, 17*(33), 367-383.

Monte, B. T. (2015) *Por trás do espelho de Alice: narrativas visuais de inclusão de crianças com transtorno do espectro do autismo.* [Dissertação de Mestrado em Educação], Faculdade de Educação, Universidade Federal do Rio Grande do Sul.

Neres, C. C., & Kassar, M. D. C. M. (2016) Inclusão escolar de crianças com deficiência: do direito à matrícula ao acesso ao conhecimento em trajetórias escolares. *International studies on law and Education, 22*, 39-50.

Nunes, D. R. P., Barbosa, J. P. S., & Nunes, L. R. P. (2021, julho) Comunicação Alternativa para Alunos com Autismo na Escola: uma Revisão da Literatura. *Revista Brasileira de Educação Especial, 27*.

Nunes, D. R. P., & Santos, L. (2015, janeiro a abril) Mesclando práticas em Comunicação Alternativa: caso de uma criança com autismo. *Revista Quadrimestral da Associação Brasileira de Psicologia Escolar e Educacional, 10*(1), 59-69.

Olmedo, P. B. (2015) *Sem comunicação, há inclusão? Formação de educadores em Comunicação Alternativa para crianças com autismo.* [Dissertação de Mestrado em Educação], Faculdade de Educação, Universidade do Estado do Rio de Janeiro.

PECS Brazil. (2023) *Sistema de Comunicação por Troca de Figuras (PECS): O que é o PECS.* PECS Brazil. https://pecs-brazil.com/sistema-de-comunicacao-por-troca-de-figuras-pecs/.

Queiroz, G. R. L. A. (2023) *Aliada ou vilã? O papel da Comunicação Alternativa e Ampliada no desenvolvimento da linguagem de crianças com TEA.* [Dissertação de Mestrado em Educação], Faculdade de Educação, Universidade do Estado do Rio de Janeiro.

Reis, H. I. S., Pereira, A. P. da S., & Almeida, L. S. (2016) Características e especificidades da comunicação social na perturbação do Espectro do Autismo. *Revista Brasileira de Educação Especial, 22*(3), 325-336.

Sassaki, R. K. (2010) *Inclusão: Construindo uma sociedade para todos.* (8ª ed.) Rio de Janeiro. WVA.

Silva, S. R. (2019) *A integração da comunicação alternativa e ampliada através do protocolo Picture Exchange Communication System PECS® no aumento da frequência de mandos em um aluno com transtorno do espectro autista.* [Dissertação de Mestrado em Educação], Faculdade de Educação, Universidade Federal de Pelotas.

Schmidt, C. et al. (2016, janeiro a abril) Inclusão escolar e autismo: uma análise da percepção docente e práticas pedagógicas. *Revista Psicologia: Teoria e Prática, 18*(I), 222-235.

UNESCO. (1990) *Declaração mundial sobre educação para todos: Satisfação das necessidades básicas de aprendizagem.* Jomtien. 8p.

UNESCO. (1994) *Declaração de Salamanca: Sobre princípios, políticas e práticas na área das necessidades educativas especiais.* Salamanca – Espanha.

Von Tetzchner, S. et al. (2005) Inclusão de crianças em educação pré-escolar regular utilizando comunicação suplementar e alternativa. *Revista Brasileira de Educação Especial, 11*(2), 151-184.

Von Tetzchner, S., & Martinsen, H. (2002) *Introdução à Comunicação Aumentativa e Alternativa.* (A. André Trad.). Porto Editora.

Vogindroukas, I. et al. (2022) Language and speech characteristics in Autism. *Neuropsychiatric Disease and Treatment,* 2367-2377.

Walter, C. C. F. (2000) *Os efeitos da adaptação do PECS associada ao* curriculum *funcional natural em pessoas com autismo infantil.* [Dissertação de Mestrado em Educação Especial], Centro de Educação e Ciências Humanas, Universidade Federal de São Carlos.

CAPÍTULO XIII

ATENDIMENTO EDUCACIONAL ESPECIALIZADO NA EDUCAÇÃO INFANTIL: UM SERVIÇO EM CONSTRUÇÃO

Maciel Cristiano da Silva

Sirlane Araujo Marques

Getsemane de Freitas Batista

Introdução

O presente capítulo tem por objetivo discutir o Atendimento Educacional Especializado (AEE), a partir da observação da literatura que tem analisado esse serviço e como ele tem sido realizado na Educação Infantil em diferentes municípios brasileiros. O debate aqui apresentado teve origem na pesquisa de doutorado do primeiro autor, "Programa de colaboração docente na Educação Infantil: a sala de recursos como mediador de desenvolvimento profissional para inclusão" (Silva, 2019). O capítulo parte da compreensão de que o AEE na Educação Infantil (EI) tem por objetivo criar condições que auxiliem no processo educacional por meio de atividades e ações de caráter lúdico que proporcionem desenvolvimento e aprendizagem de qualidade nos primeiros anos de vida das crianças nas redes de ensino.

A literatura evidencia que o processo de educação de bebês e crianças pequenas com deficiências e Transtorno do Espectro Autista (TEA) constitui-se um desafio para o modelo político de inclusão escolar adotado no Brasil (Cotonhoto, 2014; Drago, 2011; Farias et al., 2008; Gomes & Mendes, 2010; Nunes & Nunes, 2003; Silva, 2013). As normatizações e orientações de âmbito nacional indicam as turmas regulares como ambientes para escolarização desses sujeitos, tendo o AEE como suporte pedagógico ao processo de educação inclusiva. Há de se considerar que somente com as alterações na legislação nacional, com a Lei n.º 12.796/2013 (Brasil, 2013), o processo de educação escolar passa a ser obrigatório aos quatro 4 anos, fortalecendo o enfoque da inclusão na Educação Infantil nos contextos educacionais.

Atendimento educacional às crianças da educação especial e as orientações para educação infantil

A inclusão escolar compreende o processo de escolarização do público da Educação Especial (Mendes et al., 2015), conforme as diretrizes políticas da educação brasileira (Brasil, 1996). Portanto, tem se apresentado como atual modelo político da Educação Especial (Damasceno & Andrade, 2016; Glat & Pletsch, 2012; Pletsch, 2011; Silva & Vasconcellos, 2015), em contraste com a perspectiva de integração adotada, anteriormente, neste campo do saber (Silva, 2013).

Em 2005, foi lançado o Programa de Implantação das Salas de Recursos Multifuncionais (SRM), visando sistematizar o apoio aos sistemas de ensino público na organização e oferta do AEE, para o fortalecimento do processo de inclusão escolar nas redes de ensino, contemplando estudantes registrados no Censo Escolar de escolas públicas e estaduais (Rebelo, 2012). Entretanto, somente em 2007 foi instituído legalmente (Rebelo, 2012) e reconhecido a SRM como um espaço organizado com materiais pedagógicos e de acessibilidade aos sujeitos da Educação Especial (Brasil, 2007).

Após a implementação das SRM, o Ministério da Educação (MEC) publica, em 2008, a Política Nacional de Educação Especial na Perspectiva da Educação Inclusiva (PNEEPEI/08), proporcionando novas orientações. Nele, o AEE é apresentado com a função de "identificar, elaborar e organizar recursos pedagógicos e de acessibilidade que eliminem as barreiras para a plena participação dos alunos, considerando suas necessidades específicas" (Brasil, 2008, p. 10).

Novo foco é fornecido ao AEE com a instituição das Diretrizes Operacionais para o Atendimento Educacional Especializado na Educação Básica, modalidade Educação Especial, por meio da Resolução n.º 4 de 2009 (Brasil, 2009). Essa resolução compreende como função do AEE

> ...complementar ou suplementar a formação do aluno por meio da disponibilização de serviços, recursos de acessibilidade e estratégias que eliminem as barreiras para sua

plena participação na sociedade e desenvolvimento de sua aprendizagem (Brasil, 2009, art. 2º).

Conforme o documento, o AEE pode ser "ofertado em salas de recursos multifuncionais ou em centros de Atendimento Educacional Especializado da rede pública ou de instituições comunitárias, confessionais ou filantrópicas sem fins lucrativos" (Brasil, 2009, art. 1º). Contudo, o artigo 5º indica que a SRM passa a ser forma prioritária de AEE, a ser oferecida no turno inverso à escolarização de estudantes de todos os níveis, etapas e modalidades de ensino (Brasil, 2009).

Ao longo da história, o atendimento de bebês e crianças pequenas da Educação Especial esteve vinculado aos programas de estimulação precoce, ligadas ao modelo clínico-médico e à perspectiva de integração escolar presentes nos sistemas de educação até o século XX (Brasil, 1992). O modelo político de inclusão escolar tornou-se escasso de normativas e diretrizes do trabalho educacional com bebês e crianças pequenas da Educação Especial.

Somente em 2006, para suprir essa falta de orientação sobre o processo de inclusão escolar na Educação Infantil, o MEC publicou a coletânea *Educação Infantil: saberes e práticas da inclusão*. Esse documento, composto por nove volumes, foi organizado por público da Educação Especial, a saber: deficiência múltipla, deficiência física, deficiência visual, deficiência auditiva/surdez, surdocegueira/múltipla deficiência sensorial, altas habilidades/superdotação, incluindo também as dificuldades de aprendizagem (Silva, 2013). Apesar disso, os conceitos presentes na coletânea são apresentados de forma fragmentada, sem estabelecerem relações entre si (Beretta-López, 2010). Os livros constituem-se como cartilhas que explicam o que fazer, sem discutir teoricamente o porquê fazer (Garcia, 2013).

No mesmo ano (em 2006), o documento *Brincar para Todos* (Siaulys, 2005) também foi publicado, fortalecendo uma ruptura de paradigma que envolve os processos lúdicos com crianças na Educação Infantil, ao trazer o brincar como elemento fundamental às ações para com elas. Da mesma forma, reafirma as mesmas diretrizes de desenvolvimento humano para as crianças da Educação Especial, inserindo-as em uma cultura lúdica.

Os preceitos presentes nesse documento apresentam a mesma configuração denunciada por Beretta-López (2010) ao analisar a coletânea

Educação Infantil: saberes e práticas da inclusão. Dessa forma, o documento *Brincar para Todos* também se constitui como uma "cartilha" que ilustra o que deve ser feito, sem debater teoricamente os motivos de se fazer. Notamos, com isso, uma tendência de propor manuais orientadores de ações, e não de textos, que articulem as atividades práticas às concepções de desenvolvimento humano.

Sobre o serviço de estimulação precoce, a Política Nacional de Educação Especial na Perspectiva da Educação Inclusiva (PNEEPEI) esclarece que deve "otimizar o processo de desenvolvimento e aprendizagem em interface com os serviços de saúde e assistência social" (Brasil, 2008, p. 10). Assim, assume a possibilidade de parceria com outros setores, bem como a criação de uma rede intersetorial. Apesar de não aprofundar o assunto, o PNEEPEI restringe, paralelamente, possíveis organizações de AEE na Educação Infantil ao apontar que ele "deve ser realizado no turno inverso ao da classe comum, na própria escola ou centro especializado que realize esse serviço educacional" (Brasil, 2008, p. 10).

Somente em 2015, já com a obrigatoriedade aos 4 anos de idade e com o desenrolar do Plano Nacional de Educação, o MEC publicou um documento oficial que orienta a organização e a oferta do AEE na Educação Infantil: a Nota Técnica conjunta n.º 2/2015 (Brasil, 2015). O documento reafirma os dispositivos legais que regem o modelo político de inclusão escolar. Nele, há a orientação de que as crianças do público da Educação Especial têm direito a acesso, permanência e participação nas instituições de Educação Infantil, devendo contar com profissionais qualificados e uma proposta pedagógica centrada na infância. Reafirma, ainda, a compreensão do AEE presente no PNEEPEI, como um amplo serviço, considerando que

> O AEE na Educação Infantil é fundamental para que as crianças, desde os seus primeiros anos de vida, usufruam da acessibilidade física e pedagógica aos brinquedos, aos mobiliários, às comunicações e informações, utilizando-se da Tecnologia Assistiva como uma área que agrega recursos e estratégias de acessibilidade (Brasil, 2015, p. 4).

Embora não faça menção direta em relação à organização do serviço, o texto sugere que o atendimento seja realizado na própria instituição de Educação Infantil, requerendo a atuação do profissional de AEE nos diferentes ambientes que compõem tais espaços. Esclarece, ainda, que esse serviço não deve ser substitutivo às atividades curriculares comuns da instituição e sua organização deverá ser definida no diálogo entre profissional de AEE e professor de referência da turma (Brasil, 2015).

Nesse contexto, o profissional de AEE para Educação Infantil assume como principal atribuição "identificar barreiras e implementar práticas e recursos que possam eliminá-las, a fim de promover ou ampliar a participação da criança com deficiência em todos os espaços e atividades propostos no cotidiano escolar" (Brasil, 2015, p. 5).

Com base nesses elementos, podemos considerar que a Nota Técnica conjunta proporciona uma dissociação do modelo de AEE como SRM e das diretrizes apresentadas na PNEEPEI. Assim, proporciona mais autonomia às redes educacionais de forma que fuja da lógica da SRM oferecidas no contraturno, inviabilizada em instituições que proporcionem às crianças educação em tempo integral, bem como o diálogo e a prática colaborativa entre docente especializado e regente de turma.

O que dizem as pesquisas sobre o Atendimento Educacional Especializado na Educação Infantil

Para compreender como essa política do AEE na EI tem reverberado no cotidiano educacional, Silva (2019) realizou um levantamento bibliográfico da produção nacional de teses e dissertações de 2010 a 2018, utilizando os descritores nacionais "Atendimento Educacional Especializado" e "Educação Infantil". A investigação foi realizada na Biblioteca Digital Nacional de Teses e Dissertações (BDTD). Diante dos resultados do levantamento, o autor analisou os objetivos e selecionou somente aqueles que evidenciassem a organização do Atendimento Educacional Especializado para crianças da Educação Especial. Com isso, foram encontrados dez trabalhos (Amorim, 2015; Benincasa, 2011; Fagliari, 2012; Ferreira, 2016; Kuhnen, 2011; Meirelles-Benincasa, 2016; Oliveira, 2015; Ribeiro, 2016; Rodrigues, 2014; Santos, 2017). No processo de atualização dos dados incluindo os anos de 2019 a 2023, foram encontrados quatro estudos cujas pesquisas guardavam aproximações com a proposta deste capítulo. São eles, além o do próprio autor, um oriundo do Rio de Janeiro (Silva, 2019), dois estudos da região Norte (Gomes, 2020; Santos, 2020) e um do Nordeste (Rosa, 2020).

Em uma análise da política municipal de inclusão escolar em São Bernardo do Campo/SP, no período de 2009 a 2011, Fagliari (2012) destacou que, apesar do sistema de educação prever a SRM no contraturno, na prática as crianças matriculadas na Educação Infantil não tinham acesso a esse serviço, já que o apoio realizado ocorria por meio das ações do professor itinerante. Resultados semelhantes foram evidenciados por Amorim (2015), que, ao descrever as organizações que estruturam a prática do AEE na EI em uma cidade do interior de São Paulo, indicou que o atendimento a esse público também é realizado pelo professor itinerante, que não é reconhecido como profissional de AEE. A pesquisadora denuncia a falta de padrões e a evidência de um trabalho pedagógico não sistematizado, que possibilita lacunas na organização e articulação de ações entre o professor regente e o itinerante.

Em outro município paulista, Ribeiro (2016) analisou as ações desenvolvidas pela Secretaria Municipal de Educação que garantem a permanência das crianças pequenas da Educação Especial, matriculadas na Educação Infantil, e o AEE oferecido. A cidade conta com o Professor de Apoio e Acompanhamento à Inclusão (PAAI), que tanto pode assumir função de professor itinerante como de professor de sala de recursos (PSR). Com isso, para crianças de até 3 anos é oferecido o serviço itinerante de apoio e acompanhamento pedagógico, por meio do PAAI, que orienta os professores da turma comum a adotarem ações de estimulação precoce. Para as crianças de 4 e 5 anos, além do atendimento no contexto da instituição de Educação Infantil, também há a opção de atendimento nas SRM no contraturno.

Rodrigues (2014) investigou, em um outro município do interior de São Paulo, como acontece o AEE realizado nas SRM, considerando a participação dos pais e professores do ensino comum na dinâmica das SRM. Os resultados apontam que a presença de materiais adaptados e/ou adequados à idade não garantia seu uso, demonstrando uma variação entre profissionais que recebiam materiais e não os utilizavam e profissionais que adquiriram tais materiais com recursos financeiros próprios para poderem utilizá-los. As crianças eram atendidas duas vezes por semana por 60 minutos na SRM.

Em um trabalho fora da rede paulista de investigação, Kuhnen (2011) examinou as organizações do trabalho pedagógico na Educação Infantil que atendem crianças da Educação Especial na rede municipal de Florianópolis/SC. Seu estudo aponta que o trabalho é realizado em unidades educacionais polos e organizado no modelo de AEE, oferecido em SRM. Das 19 SRM disponibilizadas pela rede de Educação, somente duas estão localizadas em creches. Além disso, a pesquisadora denuncia que o trabalho segue os moldes do Ensino Fundamental, com poucos elementos relacionados à Educação Infantil. Portanto, o desenvolvimento da criança e a articulação entre Educação Infantil e Educação Especial não foram contempladas como elementos importantes na organização do atendimento.

Benincasa (2011) analisou os serviços de educação precoce e psicopedagogia inicial da rede municipal de ensino de Porto Alegre de modo a compreender a composição do AEE para crianças da Educação Infantil no município. Expôs que a Educação Precoce é disponibilizada em atendimentos individuais para as crianças de até 3 anos de idade nos serviços da Educação Especial, contando com a participação dos pais e do profissional. Inicialmente, o serviço é ofertado duas vezes por semana durante 45 minutos, o que pode ser ajustado à rotina da criança, considerando a quantidade de atividades clínicas e sua frequência na instituição de Educação Infantil.

Meirelles-Benincasa (2016) comparou o AEE oferecido às crianças com deficiência na Educação Infantil em Santa Maria/RS e na cidade italiana Bologna. Em Santa Maria/RS, o Atendimento Educacional Especializado é disponibilizado por meio das SRM, em que os professores com uma carga horária menor optam por prestar assessoria ao professor da turma comum ou em trabalhar individualmente com a criança. Já em Bologna, o trabalho ocorre no contexto da Educação Infantil e conta com duas realidades: para a creche, o AEE é realizado somente pela professora da turma; na pré-escola, há dois profissionais envolvidos — a professora de apoio, com formação em Educação Especial, e o professor regente da turma. Diante dos dados, a pesquisadora concluiu que, no Brasil, o apoio está centralizado na SRM, que assume toda a responsabilidade em conduzir o processo de inclusão escolar. Na Itália, existe uma rede de apoio com diversos profissionais e o professor especializado, que trabalha com o grupo de crianças na turma. Os resultados apontam as diferenças, sem trazer para o debate o número de crianças existentes em cada turma dos países avaliados.

Santos (2017) comparou as práticas do AEE para a Educação Infantil nas redes municipais de ensino de Caxias do Sul, Porto Alegre, Santa Maria e Uruguaiana, no estado do Rio Grande do Sul, de forma a apontar aspectos específicos da oferta desse serviço de apoio na primeira etapa da educação básica. Os resultados indicaram que foram abertas turmas de Educação Infantil em unidades de Ensino Fundamental para dar conta da obrigatoriedade da matrícula aos 4 anos. Há parceria das redes municipais de ensino com universidades locais com ações efetivas para inclusão, referente à oferta de formação continuada e de serviços de apoio (equoterapia, fisioterapia e estágios). O incentivo na proposta de trabalho docente colaborativo entre professor do AEE e do professor da turma comum também foi um dos achados. A organização do serviço de apoio para a Educação Infantil ocorre de diferentes formas (escolas especiais, sala de recursos da Educação Infantil e por colaboração do professor de AEE com o da turma comum).

Alguns dos resultados encontrados descrevem que, em Caxias do Sul, o serviço na Educação Infantil é realizado mediante professoras itinerantes, que realizam o trabalho nas instituições de Educação Infantil conveniadas uma vez por semana. O atendimento ocorre de 50 a 60 minutos e conta com atividades ligadas às ações lúdicas, de brincadeira e psicomotoras.

Na cidade de Uruguaiana, o atendimento para crianças da Educação Infantil ocorre, individualmente, por 50 minutos uma vez por semana na SRM, havendo investimento na docência colaborativa.

No município de Porto Alegre, esse atendimento acontece em polos, que são distribuídos em quatro escolas especiais. Como também descrito em Benincasa (2011), esses serviços são desenvolvidos por meio da Educação Precoce (EP) e da Psicopedagogia Inicial.

Em Santa Maria, a autora relata que todas as unidades de Educação Infantil contam com o AEE, porém sem haver espaço físico adequado — que é encontrado somente em quatro instituições. Nessas unidades, o trabalho é realizado de forma colaborativa entre professora especializada e professora da turma comum. Santos (2017) ressalta o pioneirismo de Porto Alegre e Santa Maria no compromisso com a inclusão de bebês e crianças pequenas, cidades que iniciaram seus serviços para essa parcela da população antes da PNEEPEI/08.

Ao analisar cautelosamente os dados apresentados por Benincasa (2011), Meirelles-Benincasa (2016) e Santos (2017), podemos notar que

Porto Alegre ressignificou os serviços oriundos do modelo de integração para a diretriz política de inclusão escolar. Situação que proporcionou ações e serviços atentos às efetivas demandas de desenvolvimento e aprendizagem de bebês e crianças pequenas da Educação Especial em instituições educacionais.

De volta ao Sudeste, Ferreira (2016) propôs conhecer a implementação de políticas públicas de inclusão na Educação Infantil em creches do município de Franca/SP. Em seus achados, mapeou uma rede que não oferecia serviços da Educação Especial às crianças da Educação Infantil. Dessa forma, a autora argumenta ser necessário garantir a qualidade dos processos educacionais para crianças da Educação Especial na Educação Infantil, desenvolvidos em ambientes físicos e com recursos pedagógicos adequados, proposta pedagógica com atendimento especializado complementar e capacitação dos profissionais.

No Espírito Santo, no município de Cariacica, Oliveira (2015) discutiu a implementação da política de Educação Especial/Inclusiva no cotidiano da Educação Infantil da cidade. A pesquisadora destaca que o município, além de disponibilizar o professor de AEE, também fornece o professor colaborador das ações inclusivas. A cidade conta somente com três SRM em centros municipais que atendem crianças da Educação Infantil. A autora explica que, devido à obrigatoriedade aos 4 anos de idade, houve uma redução na oferta de vagas para a primeira infância, causando uma diminuição proporcional na matrícula de bebês e crianças pequenas da Educação Especial.

Na região Norte do Brasil, Gomes (2020) investigou o contexto de Belém do Pará, indicando duas organizações aos atendimentos educacionais especializados para crianças com deficiência(s) e autismo. Nas Escolas Municipais de Ensino Infantil e Fundamental (EMEIF) e em suas Unidades Pedagógicas (UP), as crianças são atendidas em horário parcial e recebem o AEE no formato de SRM nas próprias instituições onde estão matriculadas ou em escolas-polo. Enquanto isso, as crianças matriculadas em Unidades de Educação Infantil (UEI) e Escolas Municipais de Educação Infantil (EMEI), que funcionam com horário integral, não recebem atendimentos em SRM. Há de se ressaltar que, nesse caso, o AEE fica sob responsabilidade da equipe técnica do Centro de Referência em Inclusão Educacional (CRIE), assim como os estudantes e as crianças com deficiência oriundos de escolas com convênios entre o referido município e Organizações da Sociedade Civil.

Santos (2020), ao investigar outro município (Tucuruí) do estado do Pará, indicou que todas as unidades do município que contam com pré-escolas de 4 e 5 anos oferecem o AEE para as crianças com deficiências. Contudo, o mesmo serviço não contempla as unidades com crianças pequenas de até 3 anos de idade, isto é, nas creches. Na unidade de pesquisa, o AEE, no modelo de SRM, funciona no contraturno, duas vezes por semana, com duração de 45 minutos cada e com atendimentos individualizados de acordo com as definições municipais e federais.

Na região Nordeste, Rosa (2020) dialogou com a literatura acadêmica e os preceitos legais que garantem às crianças com necessidades educacionais especiais o acompanhamento em caráter pedagógico complementar do AEE e o apoio de profissionais auxiliares na sala de aula comum, sobretudo para as crianças diagnosticadas com TEA. O trabalho foi realizado no município de Juazeiro/BA e, embora não traga especificações do funcionamento do AEE na EI, discorre sobre a incipiência na formação pedagógica continuada de profissionais da Educação, a despeito do aumento considerável de crianças diagnosticadas com TEA na referida rede, com formações direcionadas aos professores de AEE e aos auxiliares.

De volta à região Sudeste, Silva (2019) traz o contexto carioca do atendimento especializado às crianças da Educação Infantil ao explicitar que, no município do Rio de Janeiro, o atendimento a esses sujeitos era realizado tanto por unidades-polo em SRM como com professores itinerantes. A pesquisa foi realizada com a metodologia de Estudo de Caso, procurando compreender a organização e as possibilidades, diante do paradigma da colaboração docente. Os atendimentos às crianças aconteciam duas vezes por semana por 50 minutos; além de intervenções e diálogos que ocorriam junto às professoras regentes, famílias e gestão escolar. A pesquisa propôs programa de colaboração docente entre duas professoras de Educação Infantil e uma professora de sala de recursos. Os resultados demonstraram a viabilidade do trabalho colaborativo. Quanto à percepção das professoras, as regentes trouxeram mais avaliações negativas a respeito do seu trabalho quando comparado com as informações da docente do AEE sobre essa mesma prática. Consideramos ser a colaboração em serviço um campo de desenvolvimento do protagonismo profissional docente.

Com base nesses achados, podemos perceber a notória necessidade de reestruturação e organização que sistematize e oriente os profissionais para o atendimento de crianças da Educação Especial na Educação Infantil. Nessa dinâmica, cabe organizar e executar planejamentos coletivos de forma a avaliar o desempenho da unidade escolar e seus profissionais, junto à educação da Pessoa com Deficiência, bem como traçar ações e propostas para sanar os entraves encontrados.

Algumas considerações

A Educação Infantil se configura como um nível da Educação com especificidades próprias. Compreendemos que as escolas necessitam se adequar a todas as crianças, além de ter em foco as necessidades e especificidades de cada nível. Devemos, para isso, considerar a abismal discrepância entre as necessidades do nível de Educação Infantil e o que foi desenhado na política de implantação de SRM, modelo no qual os sistemas de Educação vêm se baseando, pela falta de outros exemplos que possam ser executados no contexto de Educação Infantil.

Em nossas reflexões, pudemos notar o distanciamento entre legislação e atendimento efetivo às crianças pequenas da Educação Especial em diferentes municípios do país. Somente com a obrigatoriedade de crianças de 4 anos foi que os serviços da Educação Especial voltaram suas atenções ao processo educacional e de apoio para tais sujeitos. Esses serviços têm sido representados pela SRM, adotadas em âmbito federal como medida única das políticas públicas de inclusão escolar. Ainda percebemos poucos relatos de ações e propostas de atendimento no oferecimento desse serviço, sobretudo em relação a bebês e crianças pequenas menores de 3 anos de idade.

Apesar de esse formato de atendimento ter se disseminado como modelo principal no país, os dados encontrados se concentram principalmente na literatura referente ao Sul e Sudeste do país, com um número reduzido de pesquisas na região Norte (somente dois) e apenas mais um da região Nordeste, revelando um repertório de arranjos organizacionais em poucos municípios brasileiros, com diferentes indicadores para o atendimento de crianças da Educação Especial. Devemos ponderar, ainda, que nessa revisão da literatura (2010–2023) obtivemos poucos estudos que tratassem do AEE na EI no Norte e Nordeste, além de não termos encontrado nenhum oriundo dos programas de pós-graduação das universidades do Centro-Oeste do país. Sendo assim, é possível afirmar que o AEE na EI, em todo o território brasileiro, carece de efetivas ações que eliminem as barreiras entre as prescrições legais e as práticas pedagógicas, de forma a atender de forma plena as crianças com deficiência e TEA matriculadas nas redes de ensino, contribuindo, assim, para o pleno desenvolvimento de tais sujeitos.

A legislação garante o acesso a SRM em caráter complementar, entretanto, encontramos pesquisas que revelam o desrespeito a esse direito para as crianças da Educação Infantil em diversas partes do território nacional. Esse resultado revela uma necessidade a ser contemplada na escolarização na EI, de forma a garantir o pleno desenvolvimento educacional das crianças dessa etapa da educação brasileira.

Podemos considerar que houve uma ampliação nas investigações sobre inclusão na Educação Infantil após a obrigatoriedade para crianças a partir dos 4 anos. Isso pode ser justificado pelo fato de que os serviços destinados às crianças pequenas nas redes municipais de Educação ainda estão em construção e, por essa razão, são ainda pouco visibilizados nas pesquisas acadêmicas.

Com essas considerações, cabe, a partir dos dados já produzidos pelas referidas pesquisas, cruzar com a realidade de outras redes municipais de Educação, bem como a partir deles intervir em novos contextos de estudos. É necessário também um profícuo diálogo com pesquisas, conceitos e contribuições do campo da Educação Infantil, como Drago (2011) e Silva e Vasconcellos (2015) já vêm sinalizando ao longo dos anos, para que haja melhor contextualização e aprofundamento acerca das práticas educacionais e do trabalho pedagógico em prol do desenvolvimento infantil das crianças da Educação Especial.

Referências

Amorim, G. C. (2015) *Organização e funcionamento do atendimento educacional especializado na Educação Infantil: estudo de caso*. [Dissertação de Mestrado em Educação], Universidade Estadual Paulista.

Beretta-López, G. M. (2010) *As políticas de educação inclusiva para a Educação Infantil no Brasil: anos 2000*. [Dissertação de Mestrado em Educação], Universidade Federal de Santa Catarina.

Benincasa, M. C. (2011) *Educação Especial e Educação Infantil: uma análise de serviços especializados nos municípios de Porto Alegre.* [Dissertação de Mestrado em Educação], Universidade Federal do Rio Grande do Sul.

Brasil. (2009) Câmara de Educação Básica. Conselho Nacional de Educação. Resolução nº 4, de 2 de outubro de 2009. Institui Diretrizes Operacionais para o Atendimento Educacional Especializado na Educação Básica, modalidade Educação Especial. *Diário Oficial da União*, Brasília, 5 out. 2009, Seção 1, p. 17.

Brasil. (1992) *Estimulação Precoce*: serviços, programas e currículos. Ministério de Ação Social. Coordenadoria Nacional para a Integração da Pessoa Portadora de Deficiência.

Brasil. (1996) *Lei de Diretrizes e Bases da Educação Nacional*, LDB. 9394/1996. L9394 https://www.planalto.gov.br/ccivil_03/leis/l9394.htm.

Brasil. (2008) *Política Nacional de Educação Especial na Perspectiva da Educação Inclusiva.* MEC/SEESP.

Brasil. (2007) *Portaria Interministerial nº 13*, de 24 de abril de 2007. Dispõe sobre a criação do "Programa de Implantação de Salas de Recursos Multifuncionais". Casa Civil. http://www.ufpb.br/cia/contents/manuais/a-consolidacao-da-inclusao-escolar-no-brasil-2003-a-2016.pdf.

Brasil. (2013) *Lei nº 12.796*, de 4 de abril de 2013. Altera a Lei no 9.394, de 20 de dezembro de 1996, que estabelece as diretrizes e bases da educação nacional, para dispor sobre a formação dos profissionais da educação e dar outras providências. Casa Civil. https://www.planalto.gov.br/ccivil_03/_ato2011-2014/2013/lei/l12796.htm.

Brasil. (2001) Ministério da Educação. Conselho Nacional de Educação. *Resolução CNE/CEB nº 2*, de 11 de setembro de 2001. Estabelece as Diretrizes Nacionais para a Educação Especial na Educação Básica. *Diário Oficial da União*. Brasília, 14 set. 2001. Seção 1E, p. 39-40.

Brasil. (2015) Ministério da Educação. *Nota Técnica Conjunta nº 2/2015/MEC/SECADI/DPEE*. Orientações para a organização e oferta do Atendimento Educacional Especializado na Educação Infantil. http://www.ufpb.br/cia/contents/manuais/a-consolidacao-da-inclusao-escolar-no-brasil-2003-a-2016.pdf.

Brasil. (2011) *Decreto nº 7.611*, de 17 de novembro de 2011. Dispõe sobre a educação especial, o atendimento educacional especializado e dá outras providências.

Casa Civil. https://www.planalto.gov.br/ccivil_03/_ato2011-2014/2011/decreto/d7611.htm.

Cotonhoto, L. A. (2014) *Currículo e atendimento educacional especializado na Educação Infantil: possibilidades e desafios à inclusão escolar.* [Tese de Doutorado em Educação], Universidade Federal do Espírito Santo.

Damasceno, A. R., & Andrade, P. F. (2016) Organização Político Pedagógica do Atendimento Educacional Especializado e o Processo de Inclusão de Estudantes do Público Alvo da Educação Especial: Experiências Instituintes na/da escola Contemporânea. In E. G. Mendes, & M. A. Almeida (Orgs.). *Inclusão Escolar e Educação Especial no Brasil: entre o instituído e o instituinte.* (pp. 233-247). ABPEE.

Drago, R. (2011) *Inclusão na Educação Infantil.* WAK.

Fagliari, S. S. S. (2012) *A educação especial na perspectiva da educação inclusiva: ajustes e tensões entre a política federal e municipal.* [Dissertação de Mestrado em Educação], Universidade de São Paulo.

Farias, I. M. de., Maranhão, R. V. A., & Cunha, A. B. (2008, dezembro) Interação professor-aluno com autismo no contexto da educação inclusiva: análise do padrão de mediação do professor com base na teoria da Experiência de Aprendizagem Mediada (Mediated Learning Experience Theory). *Rev. bras. educ. espec.,* *14*(3), 365-384.

Ferreira, G. S. (2016) *Políticas públicas de inclusão na Educação Infantil: um estudo em creches do Município de Franca.* [Dissertação de Mestrado Profissional em Políticas Públicas], Universidade Estadual Paulista.

Garcia, R.M.C. (2013, janeiro a março) Política de educação especial na perspectiva inclusiva e a formação docente no Brasil. *Revista Brasileira de Educação, 18*(52).

Glat, R., & Pletsch, M. D. (2012) *Inclusão escolar de alunos com necessidades especiais.* (2a ed.) EdUERJ.

Gomes, C.G.S., & Mendes, E .G. (2010, dezembro) Escolarização inclusiva de alunos com autismo na rede municipal de ensino de Belo Horizonte. *Rev. bras. educ. espec., 16*(3), 375-396.

Gomes, M. R. (2020) *O Atendimento Educacional Especializado na Educação Infantil Promovido pelo Centro de Referência em Inclusão Educacional Gabriel Lima Mendes, Belém-Pará.* [Dissertação de Mestrado em Currículo e Gestão da Escola Básica], Universidade Federal do Pará.

Kuhnen, R. T. (2011) *Os fundamentos psicológicos da Educação Infantil e da educação especial na organização da rede municipal de ensino de Florianópolis (2000-2010)*. [Dissertação de Mestrado em Educação], Universidade Federal de Santa Catarina.

Lima, M. R. A. F. (2019) *Inclusão de Crianças com a Síndrome Congênita do Vírus Zika em Creches Públicas do Município de Recife/PE: um novo capítulo na educação brasileira*. [Dissertação de Mestrado em Educação, Culturas e Identidades], Universidade Federal Rural de Pernambuco.

Meirelles-Benincasa, M. C. (2016) *Educação Infantil e Atendimento Educacional Especializado: configurações de serviços educativos no Brasil e na Itália*. [Tese de Doutorado em Educação], Universidade Federal do Rio Grande do Sul.

Mendes, E. G., Cia, F., & D'Affonseca, S. M. (2015) Apresentação. In E. G. Mendes, F. Cia, & S. M. D'Affonseca. *Inclusão Escolar e a Avaliação do Público Alvo da Educação Especial*. (pp. 9-24). Marquezine & Manzini; ABPEE.

Nunes, L. R., & Nunes, D. R. P. (2003) AAC Intervention Research With Children and Youth With Moderate And Severe Disabilities. *American Speech Language Hearing Association Division, 12 Perspectives On Aac, 12*(3), 2-6.

Oliveira, A. N. P. (2015) *Políticas de Inclusão Escolar na Educação Infantil: um estudo no município de Cariacica-ES*. [Dissertação de Mestrado em Educação], Universidade Federal do Espírito Santo.

Pletsch, M. D. (2011) A dialética da inclusão/exclusão nas políticas educacionais para pessoas com deficiências: um balanço do governo Lula (2003-2010). *Revista Teias (UERJ. Online), 12*, 39-55.

Rebelo, A. S. (2012) O Programa de Implantação de Salas de Recursos Multifuncionais: indicadores e aspectos operacionais. In *Anais do XI Encontro de Pesquisa em Educação da ANPEd-CO*. UFMS.

Ribeiro, R. S. (2016) *Política paulista de educação especial e infantil para crianças pequenas público-alvo da educação especial*. [Dissertação de Mestrado em Educação], Universidade de São Paulo.

Rodrigues, R. K. G. (2014) *Atendimento Educacional Especializado na Educação Infantil: interface com os pais e professores da classe comum*. [Dissertação de Mestrado em Educação], Universidade Federal de São Carlos.

Rosa, R. C. D. (2020) *Análise do Processo de Inclusão Escolar de Crianças com Transtorno do Espectro Autista no Município de Juazeiro-BA*. [Dissertação de Mestrado

Profissional em Formação de Professores e Práticas Interdisciplinares], Universidade de Pernambuco.

Santos, J. F. (2017) *Atendimento Educacional Especializado para Educação Infantil em Redes Municipais de Ensino do Estado do Rio Grande do Sul: Caxias do Sul, Porto Alegre, Santa Maria e Uruguaiana.* [Dissertação de Mestrado em Educação], Universidade Federal do Rio Grande do Sul.

Santos, M. V. Q. (2020) *Uso do Plano de Desenvolvimento Individualizado (PDI) para a inclusão educacional de alunos com deficiência.* [Dissertação de Mestrado em Currículo e Gestão da Escola Básica], Universidade Federal do Pará.

Siaulys, M. O. de C. (2005) *Brincar para todos.* MEC/SEESP.

Silva, M. C. (2013) *Trajetórias Educacionais de crianças com necessidades especiais no município do Rio de Janeiro.* [Dissertação de Mestrado em Educação], Universidade do Estado do Rio de Janeiro.

Silva, M. C. (2019) *Programa de Colaboração Docente na Educação Infantil: a sala de recursos como mediador de desenvolvimento profissional para inclusão.* [Tese de Doutorado em Educação], Faculdade de Educação, Universidade do Estado do Rio de Janeiro.

Silva, M. C., & Vasconcellos, V. M. R. (2015) Contexto de inclusão escolar para a infância no Rio de Janeiro: tensões entre a produção de políticas e práticas. *Linhas, 16,* 81-121.

CAPÍTULO XIV

ATUAÇÕES DA FAMÍLIA DE CRIANÇAS COM DEFICIÊNCIA INTELECTUAL: REPERCUSSÕES PARA A EDUCAÇÃO INFANTIL

Marina Taglialegna

Silviane Barbato

Gabriela Mietto

Introdução

A família costuma ser o primeiro núcleo de convivência da criança. Garantir a sobrevivência e a proteção do filho ainda é considerado pelo senso comum como ato de natureza instintiva parental. No estabelecimento de vínculo entre um ou mais adultos e as crianças pequenas, podem ser promovidas condições de cuidado estável e consciente, com a atuação de pessoas que vão se tornando mais experientes na cultura, orientadas à segurança, ao refúgio e ao vínculo parental que promovem o desenvolvimento afetivo-cognitivo e social da criança com deficiência. As condições de cuidados dispensadas pelos adultos modificam a possibilidade de socialização, autonomia e expressão da criança diagnosticada (Batista & Leme, 2004; Cavalcante et al., 2020).

No desenvolvimento de crianças com Deficiência Intelectual, definida como uma incapacidade caracterizada por impactos significativos no comportamento adaptativo antes dos 18 anos (Schalock et al., 2010), são recomendadas atuações em diferentes áreas por parte da Educação Especial e inclusiva. A utilização das mediações existentes e a criação de novos mediadores modificam as condições de socialização das crianças no cotidiano familiar, fomentando seu desenvolvimento cognitivo, indicado pelo processo gradativo de ampliação e aprimoramento das habilidades relacionadas ao entendimento, ao conhecimento e à interpretação do mundo (Araújo & Almeida, 2014; Morales & López, 2019).

A família também pode promover, com a equipe multiprofissional e a escola, mudanças em mediações nas condições de socialização, diante do diagnóstico de Deficiência Intelectual. Essas mudanças desencadeiam alterações nas condições de desenvolvimento. Nesse processo de aprender a se comunicar e organizar os contextos interacionais mediados, multi-facetados e multimodais, vão se estabelecendo relações entre a reflexão sobre o que acontece nas interações com e entre as crianças e as mudanças necessárias que podem promover ainda mais experiências dinamogênicas, ou seja, que promovem o desenvolvimento (Lapa & Barbato, no prelo).

Nesse jogo entre reflexividade e agencialidade, profissionais de diferentes áreas de intervenção avançam na compreensão sobre como a estimulação cognitiva é promovida pelas mães e pelos pais, podendo planejar os instrumentos e processos mediadores integrando afetivida-de-cognição e socialização (Barbour, 1970; Cavalcante et al., 2020).

Os cuidados no cotidiano do desenvolvimento da criança e seus processos de socialização geram possibilidades de inclusão nas comuni-dades e sociedade. Os adultos estão envolvidos em contínuas tomadas de decisões complexas em condições de socialização e desenvolvimento, na maior parte com poucas regras orientadoras para soluções flutuantes e incertas. As incertezas desencadeiam apreensões concretas geradas por conflitos éticos constantes, podendo produzir fracassos com o desconhe-cimento das situações únicas e intraduzíveis (Clímaco, 2018; Bernal-Ruiz et al., 2018; Mattingly, 2017).

A Associação Americana sobre Retardo Mental (AAMR) aponta a Deficiência Intelectual (DI) associada a déficits em habilidades sociais (entender regras, relacionar-se com os pares e com a família), concei-tuais (relacionadas à leitura e à escrita, à localização espacial, ao uso de dinheiro) e práticas (relacionadas à autonomia) (Araújo & Almeida, 2014). Neste sentido, adultos que exercem os papéis principais de educação ou cuidado na vida da criança pequena, como mães e pais, costumam lidar com julgamentos externos, dificuldades na comunicação com a criança com diagnóstico de DI, sendo mais exigidos quanto à dedicação ao filho (Santos & Pereira-Martins, 2016). Os familiares enfrentam ainda senti-mentos negativos relacionados ao diagnóstico desse quadro de modo semelhante às famílias que descobrem que os filhos foram acometidos por doenças crônicas e outras condições adversas. Crianças com deficiência demonstram dificuldades em sinalizar necessidades específicas, cooperam menos com o envolvimento parental e apontam ter menos competências acadêmicas quando comparadas com crianças com desenvolvimento típico (Freitas & Del Prette, 2010; Silva, 2019).

Estudos recentes reconhecem a importância de vias de comunicação bidirecionais entre a família e a equipe de profissionais atuantes no atendimento à criança (Annunziata & Morales-Cabello, 2019; Spinazola et al., 2018). Tendo sido identificada a importância da singularidade e explicitação das orientações destinadas à família a fim de promover atitudes parentais de cuidado e estimulação, carecem de ser explicados caminhos que familiares e profissionais percorrem em suas práticas para oferecer os recursos às crianças com necessidades especiais. Faz-se necessária uma revisão acerca dos comportamentos que indicam quais as ações dos adultos promovem intervenções eficazes para a execução de dinâmicas apropriadas às famílias, entre elas o esclarecimento do diagnóstico de DI (Cerqueira-Silva & Dessen, 2018).

Os desafios identificados pelas famílias no que tange às atividades cotidianas da pessoa com Deficiência Intelectual são amplos e requerem comunicação entre as diferentes pessoas e equipes envolvidas para que haja mudanças nas condições de socialização. Há necessidade de adequada estimulação, cuidados, de entrada na escola, atenção a contextos de socialização, garantia do direito à brincadeira e ao lazer, vivências múltiplas que venham a facilitar o processo de alfabetização e escolarização. As perspectivas de intervenção que enfocam somente o modelo médico com a função de remediar problemas diante dessas questões podem gerar baixas expectativas quanto ao desenvolvimento cognitivo e condutas que eximem a criança de entrar em contato com esses desafios, dificultando o aprendizado de comportamentos adaptativos (Araújo & Almeida, 2014).

Ter uma estrutura coesa e basear-se numa perspectiva dialógica, aberta às novidades da criança, são apontados como recursos viabilizadores do crescimento e do desenvolvimento infantil pelos progenitores (Bernal-Ruiz et al., 2018). Em contextos em que o desenvolvimento da criança apresenta adversidades e rompe com padrões idealizados, a família pode se perceber fragilizada. A escuta dos profissionais em relação às angústias e dificuldades do familiar que exerce o principal papel de cuidador modifica a postura da família diante da perda do filho ideal, por ser fortalecida a dimensão da competência quando esse familiar é estimulado a interagir com a criança por meio do brincar (dos Santos et al., 2019).

O papel do familiar em fomentar as habilidades e potencialidades do filho, por exemplo, é reconhecido na interação familiar-criança em cenários nos quais a família é informada sobre práticas educativas adequadas (Cerqueira-Silva & Dessen, 2018). O trajeto de construção do conhecimento compartilhado entre familiar e criança também apresenta a dimensão estética. Nesta, o familiar, em parceria com a equipe profissional, mostra os ganhos e o que reconhece como bonito no comportamento da criança. Brincar e despender tempo e atenção à criança significa viver a realidade imposta à mãe ou ao pai no que se refere ao filho com deficiência. A dimensão da competência e da estética encontra ainda uma nova fase: a de futuro. O pai ou a mãe passam a fazer planos para a criança, reidealizando o filho com diagnóstico à medida que superam o luto da criança idealizada (dos Santos et al., 2019).

Tradicionalmente, os responsáveis pela criança distribuem-se em dois papéis: o de prover e o de oferecer cuidados primários. É constatado, ainda, em pesquisas recentes que, mesmo em contexto de deficiência, a figura paterna é exercida apenas como um complemento aos cuidados, sem se implicar de maneira protagonista no processo de educação e estimulação do filho com deficiência, apesar de ter maior grau de instrução que a mãe (Cruz et al., 2019). Nessa padronização conservadora de funções parentais, a principal responsável era e ainda é a mãe, e seria habitualmente a pessoa encarregada em levar o filho aos tratamentos, cumprir as diversas orientações transmitidas acerca dos cuidados e das instruções de aumentar a equipe de trabalho a fim de oferecer mais recursos à criança com deficiência, resultando em uma sobrecarga materna, discriminação e desestímulo à procriação (Clímaco, 2020a). Atualmente, entende-se que há várias agencialidades, definidas como atuações baseadas em reflexividade, fundamentais para o desenvolvimento infantil e que é importante considerar as prioridades e necessidades também da família. O cuidado e a proteção oferecidos à criança juntamente a um contexto de estimulação e liberdade segura de exploração do ambiente estão intrinsecamente relacionados à promoção do desenvolvimento da linguagem, psicomotricidade e cognição (Bernal-Ruiz et al., 2018).

Os adultos que exercem as funções de educação e cuidado são reconhecidos como atuantes no processo de estimulação, oportunizando situações em que ensinamentos e condutas enriquecem o desenvolvimento da criança diagnosticada a partir da dinâmica advinda do reconhecimento de que as figuras parentais precisarão de apoio e lidarão com transformações recorrentes no ambiente familiar (Annunziata & Morales-Cabello, 2019; Spinazola et al., 2018). Os responsáveis encorajam a criança a tentar por ela própria e adotam condutas explicativas quanto aos acertos e erros relacionados às tentativas para a vivência de frustrações e aprendizados nos quais os pais têm participação (Weber et al., 2003).

A identificação de sinais precoces no atraso em algumas dessas áreas possibilita intervenções profissionais e parentais com o intuito de potencializar habilidades fundamentais necessárias ao longo da vida. Por meio de observações na interação entre o adulto e a criança, ocorrem relações recíprocas constatadas já no segundo mês de vida da criança. São notadas alterações no sistema nervoso central que, ao longo do processo de desenvolvimento, relacionam-se à aquisição de habilidades cognitivas decorrentes do compartilhamento de atenção, sorriso responsivo, sustentação do olhar como fenômenos significativos.

Os profissionais que trabalham junto à família podem ressaltar a deficiência como uma das formas de existir no mundo e assinalar que são necessárias condições sociais que favorecem o modo de viver da Pessoa com Deficiência (Diniz, 2017). O modo como os pais compreendem os sinais dos filhos pode acarretar em condutas adequadas diante da situação de necessidade da criança com deficiência. A sensibilidade parental diante desses fatores favorece intervenções eficazes nos cuidados dispensados à criança com DI. Familiares ou profissionais propensos ao afeto, flexíveis e com disponibilidade de tempo costumam apontar condutas orientadas a comunicações mais efetivas, havendo tendência à escassa comunicação verbal em alguns casos de deficiência (Silva, 2019). A participação e integração da criança com deficiência desencadeiam construções familiares continuadas no ambiente escolar e social (Morales & López, 2019). Os pais que convivem entre si com ações de respeito e reciprocidade positiva têm comportamentos semelhantes com a criança, mediando os processos relacionados às capacidades cognitivas e emocionais do filho (Cerqueira-Silva & Dessen, 2018). Contextos de práticas pró-sociais buscam promover autonomia dos filhos, caracterizada por comportamentos adaptados ao ambiente que nascem da interação da criança com outras crianças com ou sem diagnóstico de deficiência e, por meio disso, a criança consegue alcançar seus objetivos, como concluir determinada tarefa. É no contato e investimento pessoal que são aprendidas as habilidades sociais e o compromisso com a execução do que foi solicitado (Alvim et al., 2012; Gusmão et al., 2019).

A equipe profissional, seja no âmbito escolar ou no âmbito da saúde, concomitantemente à família, pode ser orientada a compreender o desenvolvimento infantil a partir dos eixos: linguagem e outros processos cognitivos, como motores e sociais. As intervenções adequadas abarcam a promoção de novos conhecimentos sobre si, o outro e o mundo, reconhecendo os avanços e o ritmo de desenvolvimento da criança (Batista & Leme, 2004; Cerqueira-Silva & Dessen, 2018).

O caminho para trilhar o desenvolvimento é singular. Formas restritas e tradicionais não abarcam todas as realidades, pois, assim como devem ser reconhecidos casos de desenvolvimento típico, também devem ser analisados e construídos os recursos que viabilizem o estudo do desenvolvimento infantil diante do cenário de deficiência. Os estudos relacionados ao desenvolvimento cognitivo da criança com deficiência pelos progenitores fomentam ações dirigidas à criança e favorecem a expressão e construção da identidade do filho (Batista & Leme, 2004). Condutas pontuais ensinadas aos adultos, como formas de estimulação das crianças, favorecem práticas potencializadoras do desenvolvimento cognitivo dos pequenos desde o seu nascimento. O objetivo é compreender como as atuações da família fomentavam o vínculo estabelecido com a criança diagnosticada com Deficiência Intelectual (Lopes et al., 2018), compreendendo-se que esse vínculo é essencial à primeira infância.

Aprendendo a partir da literatura

Foi realizada revisão sistemática da literatura relacionada à participação parental em cenários de deficiência por meio do método Prisma (*Referred Reporting Items for Systematic Reviews and Meta-Analyses*). Foram selecionados artigos nas bases de dados Google Acadêmico, SciELO, PePsic, LILACS e Medline, com as palavras-chaves "família", "deficiência" e "desenvolvimento", entre janeiro de 2020 e março de 2024.

Na primeira etapa de aproximação de revisão da literatura, os estudos tinham enfoques em deficiências e doenças crônicas diversas; e a maioria das pesquisas que consideravam a família abordavam questões relacionadas à perda do filho idealizado e aos sentimentos decorrentes ao diagnóstico. Após serem filtrados artigos datados posteriormente a 2010, envolvendo a família no contexto de desenvolvimento da criança com deficiência, foram encontrados 110 artigos para leitura. Para o estudo, foram selecionados 48 deles, após serem excluídos artigos cujo desenvolvimento não estava implicado a aspectos cognitivos e comunicacionais, que estavam replicados ou incompletos. As informações foram analisadas tendo por base fala de entrevistas, apontamentos em questionários e aspectos discutidos pelos autores acerca do papel da equipe multiprofissional para diagnóstico, intervenções junto às famílias, de modo a promover a aproximação entre pais e filhos com deficiência por meio do brincar. e fornecer orientações às famílias diante das dúvidas e dos sentimentos apresentados. Os resultados dos estudos foram resumidos em categorias criadas com base nas principais questões relacionadas à família e aos profissionais que lidam com a criança com deficiência. Foram abarcados artigos escritos em português, inglês e espanhol.

Quais temas foram encontrados?

Os temas apontados nos estudos englobam a descoberta do diagnóstico de deficiência e os sentimentos contrastantes advindos dos desafios vivenciados com a parentalidade de crianças com desenvolvimento atípico. A relação entre a família e as equipes profissionais, sejam equipes terapêutica ou pedagógica, foi central para a mobilização e o estabelecimento de vínculo entre familiares que exercem a principal função do cuidado e as crianças. O enfrentamento diante dos desafios vivenciados e os cuidados dedicados à criança com DI foram identificados por meio de relatos e respostas em questionários.

A descoberta do diagnóstico e a relação entre família e equipe terapêutica

Entre os trabalhos analisados, foram identificadas propostas de atuação multiprofissional no Brasil com enfoque também voltado para a família (Alvim et al., 2012; Azevedo et al., 2019). A inserção dos pais, e não apenas das mães, tem se mostrado mais expressiva ao longo dos anos, principalmente em estudos com perfis socioeconômicos mais elevados, ao mesmo tempo que é indicado que falta aos profissionais o conhecimento de conteúdos que propiciem a inclusão do pai no cuidado da criança em sua atuação (de Souza Dias et al., 2021). Identifica-se que a rotina de cuidados exige disponibilidade incompatível para apenas um familiar assumir as demandas relacionadas à criança diagnosticada.

Nesse processo, os pais compartilharam sentimentos semelhantes diante da descoberta do diagnóstico, bem como da responsabilidade de estimular o desenvolvimento do filho com deficiência. Perante a perspectiva de envelhecimento de pais ou mães, por exemplo, surge a necessidade de orientar mais o filho a ter comportamentos autônomos e a se conscientizar de seus deveres em casa, desde a primeira infância. As famílias reconhecem que os filhos conseguem fazer atividades delegadas a eles, mas atribuem pouco valor a elas.

O papel da família na autonomia da Pessoa com Deficiência pode ser positivo ou negativo e influenciado pela maneira como a sociedade retrata esse quadro (Cruz, Mori & Hespanhol, 2021) e pela maneira como se organizam as políticas públicas nacionais e internacionais voltadas a esse público (Teixeira et al., 2021; Spinieli & dos Santos Camargo, 2021). A participação familiar pode gerar consequências para a autonomia das Pessoas com Deficiência no ingresso e permanência no mercado de trabalho (Gonçalves, 2024) e no efetivo exercício de sua cidadania (Devidé & Romão, 2021). A orientação — transmitida de um profissional para outros adultos responsáveis pelas crianças — e grupos de apoio são duas das intervenções mais frequentemente realizadas (Cruz et al., 2019; Silva & Ramos, 2014; Takebayashi et al., 2019; Seidel et al., 2022).

Destacam-se estudos que se dedicam a compreender a participação da família e suas inúmeras configurações, como famílias monoparentais chefiadas por mulheres (Machado, Carvalho & Spittle, 2021) ou famílias estendidas, em perspectiva intergeracional (Hayashi et al., 2021; Martinez et al., 2021), e a importância das redes estabelecidas entre as famílias (Portela & Costa, 2022; Londero et al., 2021). O trabalho de Hayashi et al. (2021) analisa o papel dos avós no apoio às famílias de crianças com deficiência e destaca ainda uma questão de gênero significativa, em que as avós, mais do que os avôs, representam efetivamente um papel de solidariedade em meio ao que vivenciam.

A relação entre a equipe de saúde e a família foi dissonante entre os artigos analisados. Há relatos de que os profissionais da psicologia ofereciam às famílias serviços pouco humanizados, com enfoque em atividades que visavam ao desenvolvimento de habilidades cognitivas e comunicativas sem levar em consideração a percepção dos adultos envolvidos nesse processo. Alguns familiares se sentiam excluídos das equipes, cujas práticas eram calcadas na perspectiva biomédica apesar de haver propostas descentralizadoras para os cuidados prestados à família (Branco & Ciantelli, 2017). Convidar familiares adultos responsáveis pelas crianças para sessões de terapias e discutir procedimentos em vias de serem executados eram ações que fortaleciam o vínculo entre profissionais e familiares (Lima et al., 2021).

Uma proposta com o objetivo de desenvolver um programa de cuidado unitário às mães de crianças com Síndrome Congênita do Zika Vírus (Vale et al., 2023) demonstrou ser possível que as profissionais promovam cuidados inovadores, valorizando acolhimento, autonomia, cidadania e consciência crítica, favorecendo o cuidado interacional emancipatório, transformando os cuidados profissionais, promovendo a resolutividade das necessidades de saúde das mães e potencializando qualidade de vida da criança com a síndrome, da família e das próprias mães.

Alguns profissionais relataram que propostas de formação continuada para uso de protocolos na educação inclusiva esbarravam em campos que necessitavam da informação advinda de familiares (Benitez et al., 2023). Outros profissionais reiteram que a estimulação precoce é imprescindível para o desenvolvimento da Pessoa com Deficiência e, para que essa proposta de atendimentos se torne produtiva, é preciso que a família seja incluída na equipe multiprofissional. É apontado que, no ambiente domiciliar, os pais devem continuar o que é oferecido à criança em termos de estimulação aos aspectos cognitivos, mas muitas famílias relatam dificuldades em relação a isso (França e Silva & Elias, 2022). Incentivar o brincar com crianças sem deficiência, com membros da família e solicitar demandas à criança com deficiência foi apontado como meio eficaz de potencializar o desenvolvimento das funções cognitivas autônomas (Ferreira et al., 2018; Gusmão et al., 2019).

No âmbito educacional, os estudos assinalam a importância da comunicação efetiva e da adequada interação entre as esferas que atuam diretamente nas escolas e as famílias (Ramos & Azevedo, 2024; Figueiredo et al., 2022). As trocas e interações entre familiares e professores promoveram mais engajamento da família diante das atividades apresentadas para serem realizadas remotamente em decorrência da pandemia de covid-19 (Fachinetti et al., 2021). No contexto pandêmico, professores das salas de

Atendimento Educacional Especializado (AEE) — política pública educacional nacional brasileira de apoio à educação inclusiva — relataram que, além de se preocuparem com a aprendizagem dos estudantes nesse período, tentaram não propor iniciativas que representassem dificuldades ainda maiores às famílias, que já viviam uma realidade desafiadora à época (Queiroz & Melo, 2021).

O estudo de Silva e Anversa (2022) sobre a ação educativa em espaços culturais, como museus, indica que a maior frequência das pessoas com deficiência a esses espaços ocorre a partir da escola, sendo necessário o investimento em programas específicos que atendam famílias com filhos com deficiência. Outros estudos foram homogêneos quanto ao papel dos profissionais de saúde: a equipe é considerada como uma mediação para o desenvolvimento de todos os agentes implicados ao processo de desenvolvimento da criança. À família, caberia sinalizar os comportamentos apresentados pela criança que indicam aprendizado, autorregulação e o que a criança é capaz de diferenciar em termos de conceitos (Annunziata & Morales-Cabello, 2019; McCoy et al., 2017).

O impacto do diagnóstico e os cuidados à criança com DI

Estudos também indicaram os encargos parentais como possíveis comprometedores do vínculo com a criança no contexto de desenvolvimento atípico. Aponta-se que a abordagem deve ser cuidadosa no momento em que profissionais informam a família sobre o diagnóstico (Fernandes de Oliveira et al., 2021), uma vez que esta comunicação afeta os caminhos de aceitação da família sobre a condição de seus filhos (Silva & Alves, 2021). Tais estudos ressaltam ainda que famílias de crianças com deficiência lidam com níveis de estresse mais elevados do que famílias de crianças com desenvolvimento típico. O estresse e o desgaste no exercício da autoridade parental tendem a resultar em condutas menos coercitivas ao longo dos anos com os filhos com Deficiência Intelectual (Santos & Pereira-Martins, 2016).

Borilli et al. (2022) apontam que a ocorrência de casos de crianças com Deficiência Intelectual (DI) e Transtorno do Espectro Autista (TEA) podem interferir na qualidade de vida familiar (QVF), sendo que a melhoria do bem-estar emocional e das condições físicas e materiais familiares podem afetar positivamente a qualidade de vida dessas famílias. Nesse sentido, há estudos que enfatizam que o desenvolvimento de características de resiliência dos membros das famílias de pessoas com deficiência (Aguiar & Morais, 2021) influencia na QVF, enquanto outros mencionam que a QVF envolveria, também, as famílias serem mais participativas nas escolas (Carvalho, Xerinda, & Vidal, 2021), no entanto, sem indicar o que fazer para que isso ocorra.

Por sua vez, Esposito e Castanho (2021) indicam que os profissionais devem procurar compreender que as modalidades de atendimentos às famílias em instituições poderão ser flexibilizadas ao longo do tempo, permitindo intervenções individuais, grupais e familiares, uma vez que suas demandas podem mudar. Alguns desafios foram acrescentados no período de pandemia (2020–2022), no qual a educação especial e inclusiva ocorreu por meio de telas com a mediação dos progenitores que buscavam engajar as crianças nas atividades enviadas de formas alternativas pela escola, mediante mensagens, áudios e materiais impressos, com o objetivo de visar ao bem-estar da família e do aluno com deficiência (Fachinetti et al., 2021).

Artigos qualitativos ou de metodologia mista (qualiquantitativa) apresentaram mais dados relacionados às formas de intervenção e seus desdobramentos com a criança com DI do que artigos de metodologia quantitativa, que mesuraram a qualidade de vida, o relacionamento conjugal e o impacto na rotina familiar diante do cenário de desenvolvimento. Independentemente da metodologia empregada, as pesquisas indicaram o abalo de suas redes de apoio e que questões relacionadas à parentalidade enfraqueciam o suporte entre os cônjuges (Azevedo et al., 2019).

Ao longo dos anos, as pesquisas trouxeram enfoques centrados na família de modo a evitar recomendações contraditórias aos familiares e respeitar a última palavra dos responsáveis (Annunziata & Morales-Cabello, 2019), em que o protagonismo materno foi a base para a luta pela garantia de direitos em diversas áreas (Azevedo, Freire & Moura, 2021). Reconhece-se, assim, a busca da família em garantir os cuidados profissionais de qualidade, e as famílias demonstram o quanto o início é difícil em termos de compreensão acerca da Deficiência Intelectual (Cerqueira, Alves & Aguiar, 2016), podendo haver comorbidades diante de outros quadros desafiadores, como o Transtorno do Espectro Autista, a Paralisia Cerebral (Lima et al., 2021) e Síndrome Congênita do Zika Vírus (SCZV).

Tabela 1

Bases pesquisadas, palavras-chaves utilizadas na busca, quantidades de artigos encontrados, lidos, descartados e selecionados

Palavras-chave	Artigos encontrados	Artigos lidos	Artigos descartados	Artigos selecionados
SciELO: (família) and (desenvolvimento) and (deficiência)	64	28	42	15
PePsic:(família) and (desenvolvimento) and (deficiência)	12	6	7	3
Medline: (deficiência intelectual) and (cuidado parental)	123	21	102	2
Lilacs: (deficiência intelectual) and (família)	94	14	80	5
Google Acadêmico: (desafios) and (cuidado parental) and (crianças com deficiência)	20.600	41	19.512	23

O que aprendemos com esses estudos?

As atuações de aproximação entre família, equipe multiprofissional e criança favoreceram a construção do vínculo entre mães/pais e filhos. Essas atuações foram constatadas como trocas, orientações, escuta ativa e aproximação por meio do brincar e dos cuidados dedicados à criança diagnosticada (Lopes et al., 2018).

O enfoque para o vínculo família-criança foi apontado como preditivo de respostas de autonomia, autocontrole, flexibilidade, afetuosidade e autoestima nos estudos realizados (McCoy et al., 2017). Muitas famílias ainda mantêm seu foco nos cuidados de higiene e alimentação, em vez de serem dirigidos às atividades que potencializam o desenvolvimento da criança com DI (Minatel & Matsukura, 2014).

Algumas famílias reconhecem que os filhos conseguem auxiliar nas atividades domésticas, e as crianças e os adolescentes que percebem contribuir com atividades rotineiras se mostram satisfeitas com isso (Takebayashi et al., 2019). É importante que as atividades estejam alicerçadas nas características individuais de cada pessoa: como seu temperamento, interesses, etapa de desenvolvimento e características que repercutem na vida futura, aspectos sociais, intelectuais e culturais (Perin, 2010).

A comunicação entre os cônjuges, atrelada ao suporte social e à proximidade com as equipes de saúde, foram apontados como propiciadores de atitudes protetivas ao núcleo familiar (Azevedo et al., 2019). A mediação e o incentivo familiar está relacionada à aquisição da linguagem, à contagem de dinheiro e ao desenvolvimento das funções psicológicas superiores orientadas pela equipe multiprofissional, cuja atuação abarcava práticas de socialização entre progenitores e filhos com deficiência. Ao longo dos anos, relacionados à detecção de sinais precoces de atrasos no desenvolvimento, quantificados por meio de escalas do desenvolvimento infantil, também foram verificados como precursores da importância da estimulação fornecida pela família (McCoy et al., 2017).

O contato da família por meio de questionamentos acerca das condições observadas nas condutas das crianças, compartilhamento quanto ao aprendizado verificado e acompanhamento no processo de reabilitação do filho diagnosticado com a equipe profissional auxiliou o desenvolvimento da linguagem da criança atendida (Novaes et al., 2012). O cuidado e a proteção oferecidos à criança juntamente a um contexto de estimulação e liberdade segura de exploração do ambiente, favorecida pelos progenitores, estão intimamente relacionados à predição de memória e raciocínio mais desenvolvidas nas crianças.

Atitudes de regulação, flexibilidade e incentivo em ajudar os outros de forma sistemática e permanente apresentam relevância para o desenvolvimento cognitivo a partir da mediação dos responsáveis pelas crianças. E tais possibilidades emergem da reflexão acerca do exercício da parentalidade e dos elementos associados às condutas durante a interação com os filhos identificada pelos próprios pais. Está incluído, principalmente, trocas afetivas e gestuais caracterizadas como comunicação, empatia, aceitação e respeito dispensados à prole (Bernal-Ruiz et al., 2018). Incluir os pais no atendimento clínico instrumentaliza a família a realizar as atividades aprendidas nesse contexto em situações cotidianas, fortalece o vínculo entre progenitores e filhos e contribui para o sentimento de segurança diante dos desafios enfrentados com a criança (Ferreira et al., 2018).

Intervenções pontuais e acessíveis aparecem na literatura mais recente como alternativas para o melhor conhecimento dos progenitores em relação às necessidades dos filhos, como a prática de ensino acerca dos comportamentos de choro e tremores nos primeiros meses de vida da criança. O ensino aos pais das diferentes expressões emocionais e fisiológicas da criança viabiliza saber os riscos implicados a formas inadequadas de cessar o choro. Podem ser ensinadas práticas adequadas no trato com a criança por meio de vídeos e leituras, sabendo reconhecer as necessidades da prole antes de intervir. Estudos com a finalidade de alertar para os riscos de lesionar o cérebro da criança ao carregá-la com agressividade, detectar baixa audição precoce a fim de intervir antes de serem detectados sinais de atraso na linguagem e a estimulação motora de crianças com paralisia cerebral no contexto doméstico são pesquisas que contam com os membros da família para potencializar cuidados e promover desenvolvimento infantil entre profissionais e figuras parentais (de Araujo Luna et al., 2018; Samelli et al., 2017).

As ações dos adultos são possibilidades que facilitam o processo de compreensão da criança quanto ao objeto reconhecido como signo de uso convencional e, ainda que a criança não tenha verbalizações elaboradas, consegue compreender e responder de forma consonante ao que é esperado dela durante as repetições características do processo de assimilação e acomodação, até chegar ao equilíbrio — a realização completa da tarefa proposta por pais engajados no processo de crescimento da criança com deficiência (Batista & Leme, 2004; Rodriguez et al., 2017).

O impacto do diagnóstico desencadeia processos de transição nos quais os conflitos gerados nas tomadas de decisões cotidianas fomentam laboratórios morais nos quais os adultos se esforçam para oferecer refúgio, segurança e desenvolvimento para a criança. Os serviços disponibilizados às pessoas diagnosticadas possibilitam mudanças nas condições de socialização entre progenitores e crianças, pois são apontadas estratégias interventivas que visam apoiar as tomadas de decisão no cotidiano e o enfrentamento de situações nos diferentes contextos dos quais a criança participa (Tomaz et al., 2017).

A descoberta do diagnóstico de DI repercute em sentimentos de tristeza, medo, preocupação, raiva, barganha, depressão e aceitação. As famílias se sentem despreparadas para enfrentar os desafios e desejam receber mais auxílio do que identificam existir por parte da equipe de saúde. Elas desconhecem o vocabulário médico e não recebem as informações necessárias no momento de diagnóstico (Cerqueira et al., 2016; da Silva & Ramos, 2014). Às vezes, a família é colocada como intermediária entre a criança e a equipe profissional. Sua participação não é central e ativa no cuidado à saúde da criança, sendo apontada a marginalização dos adultos por meio de informações escassas, transmitidas de forma genérica, mediante palestras e orientações unilaterais (Ferreira et al., 2018; Minatel & Matsukura, 2014; Valverde & Jurdi, 2020).

O diagnóstico é iniciado com sinais identificados pela mãe, como observar a criança não ser capaz de sustentar a cabeça e, ao deitar, não se sentar novamente sozinha. Em casos de identificação tardia, são apontados os sinais de atraso percebidos em brincadeiras, ao lidar com dinheiro e pouca noção de localização. O processo de diagnóstico é permeado por exames, encaminhamentos a outros profissionais e poucos esclarecimentos e orientações aos responsáveis. Durante esse percurso, os sentimentos descritos são de humilhação, angústia e ansiedade (Cerqueira et al., 2016; Takebayashi et al., 2019; Valverde & Jurdi, 2020).

O alinhamento entre os membros da família é defendido por Minuchin (1998) como capaz de promover a aliança para se dirigir a um objetivo comum, como fomentar a participação, a autonomia e a socialização da criança com DI. A parentalidade atípica pode alterar dinâmicas familiares com limites bem definidos, estrutura coesa e hierarquia entre pais e filhos. Famílias nas quais o casal apresenta dificuldades no relacionamento, após a chegada da criança com DI, podem ampliar o distanciamento entre os pais e fortalecer os pactos com os filhos contra um dos cônjuges (Azevedo et al., 2019; Handal Asbún, 2016).

Os irmãos sem diagnóstico podem sentir a responsabilidade pelos cuidados aos irmãos diagnosticados, e os progenitores se sentirem sobrecarregados com os cuidados demandados (Goitein & Cia, 2011; Messa & Fiamenghi Jr., 2010). A família pode se perceber isolada ao identificar o afastamento de pessoas que anteriormente tinham contato (Takebayashi et al., 2019); a mãe apresenta dificuldades em organizar a rotina e conciliar os cuidados com outras tarefas e compromissos. Há situações secundárias ao diagnóstico, como o abandono paterno, que geram culpa e preocupação materna (Lima et al., 2021; Valverde & Jurdi, 2020); e, entre os desafios vivenciados, está a lacuna do acesso ao ensino em escolas, assim como o medo e a incerteza ao se separar da criança e permitir o ingresso escolar (Maturana et al., 2019).

O receio da família em levar a criança à escola e ela ter de enfrentar a vida longe dos cuidados que a cerca são acrescentados por expectativas altas quando os pais o fazem. A família costuma distribuir uma série de papéis à escola: aprendizagem formal, explorar as potencialidades da criança, oferecer suporte, transmitir valores, aceitar as limitações e incentivar a socialização (Pereira-Silva, de Souza Rabelo & Fuentes Mejía, 2018). Relatos de mães cujos filhos são atendidos na Associação de Pais e Amigos dos Excepcionais (APAE) no estado do Ceará trazem o preconceito enfrentado pela família da criança com deficiência e o receio de que a prole possa enfrentar situações de discriminação no ambiente escolar (Lima et al., 2021).

Historicamente, posicionamentos excludentes dirigidos às pessoas com desenvolvimento atípico integram a sociedade há séculos: dos Santos Mendonça (2020) recorda que, no passado, a prática de infanticídio era comum e aceita na humanidade. Atualmente, a violência dirigida à criança com deficiência é punida, no entanto, observa-se ainda a incompreensão e baixa aceitação, por parte dos adultos, acerca do estilo de vida e modo de comunicação das crianças com deficiência (Lima et al., 2021). É identificado, por exemplo, que os professores se sentem despreparados para lidar com os comportamentos imprevisíveis em sala de aula dos alunos com DI (Maturana et al., 2019), assim como a família se sente vulnerável às oscilações de humor identificadas (Takebayashi et al., 2019). Família e escola admitem que o desenvolvimento da criança com DI seria melhor alicerçado se houvesse mais proximidade entre pais e atores escolares.

A coesão da família aliada ao envolvimento da equipe terapêutica, escolar e ao suporte da família mais extensa e amigos são importantes para as estratégias de enfrentamento desde os primeiros meses de vida. As mães, consideradas as principais cuidadoras das crianças, mostravam-se sempre dispostas a cuidar de outro ser (Cerqueira et al., 2016), mas as famílias que tinham redes de apoio formais (unidades de saúde) e informais (amigos, familiares) têm possibilidades de apoio e resiliência (Valverde & Jurdi, 2020). A religião também era uma estratégia de enfrentar a condição de deficiência (Cerqueira et al., 2016), o desenvolvimento de virtudes e aceitação do diagnóstico seria apoiado por crenças fundamentadas na dimensão espiritual dos progenitores.

O modo unilateral da transmissão de informações da equipe para os progenitores por meio de palestras pode dificultar a compreensão das famílias sobre a adequada estimulação e cuidados. As informações e orientações fornecidas às famílias deve acontecer de forma a considerar a fase presente, a depender de quando foi recebido o diagnóstico. Alinhar as condutas com a família se faz importante porque é a partir das atitudes familiares que são concretizadas iniciativas terapêuticas. Os pais devem entender o que fazer diante do cenário de desenvolvimento atípico e como fazer. Cabe à equipe de saúde estar atenta a essas demandas e ampliar o olhar não apenas para a criança, mas para todos os envolvidos que incentivem a evolução do caso atendido (Ferreira et al., 2018).

Apontamentos de como a família se comportava em relação ao filho com deficiência excluía o aspecto interventivo da ação familiar no contexto de deficiência. Os focos estavam nos cuidados de higiene, rotina familiar de acordo com terapêuticas e escolarização da criança e nos prejuízos sociais vivenciados pela família por ter de lidar com os desafios identificados nesse cenário de desenvolvimento (Minatel & Matsukura, 2014).

As informações e orientações fornecidas às famílias podem acontecer de forma a considerar a fase presente, a depender de quando foi recebido o diagnóstico. Alinhar as condutas com a família se faz importante porque é a partir das atitudes familiares que são concretizadas iniciativas terapêuticas. Sugere-se a realização de reuniões interativas entre profissionais e familiares com a finalidade de serem propostas condições transformadoras para o desenvolvimento infantil a partir da compreensão do diagnóstico de DI. Cabe à equipe de saúde estar atenta a essas demandas e ampliar a mediação entre familiares, profissionais e crianças por meio da implicação de todos os envolvidos comprometidos com a evolução do caso atendido (da Silva & Ramos, 2014; Ferreira et al., 2018). Entre os aspectos considerados pela equipe intencionada em promover o desenvolvimento infantil com a inclusão da família está a compreensão acerca das variáveis culturais e socioeconômicas.

Esse aspecto orienta a equipe multiprofissional sobre a linguagem e as estratégias adequadas ao contexto da criança com Deficiência Intelectual, que é estimulada a partir dos recursos intelectuais e financeiros que os progenitores dispõem. Conhecer as famílias está entre as técnicas dos grupos de apoio, uma intervenção utilizada com o objetivo de promover trocas de informações e sentimentos entre as famílias (Branco & Ciantelli, 2017).

Foi apontado que envolver os pais nos objetivos terapêuticos sensibilizou os progenitores para estratégias de intervenção a partir do contato com a criança com deficiência. Priorizar o brincar nessas interações favoreceu o desenvolvimento da linguagem e o desenvolvimento cognitivo após novas avaliações da equipe multidisciplinar em casos de atendimento conjunto com a família. A escuta e as propostas interventivas tinham o familiar que exerce o papel de responsável principal como protagonista e oferecia suporte para os desafios vivenciados pela família (dos Santos et al., 2019). Os desafios relacionados à adaptação escolar no contexto de pandemia foram vivenciados com flexibilidade por famílias que participaram do estudo de Fachinetti et al., (2021), porque as mudanças que visam responder às necessidades de crianças diagnosticadas já são uma realidade dessas famílias desde a descoberta do diagnóstico.

As intervenções que potencializam o desenvolvimento da criança com deficiência estão relacionadas com o vínculo parental construído na relação adulto-criança. Os pais terão passado por fases de choque, negação e expressão de sentimentos até a reorganização familiar. É com a aproximação entre o adulto e a criança que são fomentadas práticas adequadas ao desenvolvimento infantil (Portes et al., 2013).

Investir no vínculo entre pais e crianças foi considerado uma estratégia para atenuar a angústia do adulto que exerce a principal função do cuidado no âmbito da família. Indagar o que os pais consideram importante no processo de desenvolvimento infantil e que tipo de apoio desejam receber para o manejo cotidiano são ações eficazes para auxiliar os pais a intervirem no contexto de deficiência (Santos & Pereira-Martins, 2016). O vínculo entre os profissionais e a família são ressaltados por Fachinetti et al. (2021) como propiciadores de ações consistentes ao desenvolvimento, mediado por trocas, empatia diante do esforço implicado ao seguimento de orientações e palavras positivas que indicam a valorização de condutas adequadas em situações diversas. No entanto, ao examinarem a pandemia de covid-19, os autores notaram que as condições de inclusão se tornaram desafiadoras e menos propícias às crianças diagnosticadas com deficiência, tendo em vista as restrições impostas pelo prolongado período de ensino remoto. Busca-se orientar os progenitores acerca de riscos com ações pragmáticas que visam ao desenvolvimento infantil, como permitir à criança com deficiência realizar o que for possível, em um sentido de exploração e curiosidade com os artefatos presentes, sem que o adulto intervenha na situação com o intuito de modificar o objetivo da criança, a qual precisa operar no meio a fim de construir autonomia, autocontrole e autoconfiança na interação e comunicação com ela mesma e com os outros (Batista & Leme, 2004; Cárdenas et al., 2014; Rodriguez et al., 2017). Esses estudos (Cárdenas et al., 2014; Rodriguez et al., 2017) apontam que a realização de atividades com objetivos condizentes à idade e oportunidades de experiências farão a criança explorar, adquirir habilidades e conhecer o ambiente ao seu redor como a base e o alicerce de cuidados que visam à aprendizagem. O brincar e delegar tarefas à criança também foram vistos como importantes mediadores para comportamentos autônomos e orientados para o desenvolvimento cognitivo infantil. Uma pesquisa realizada na Irlanda apontou que as famílias não se sentiam confiantes sobre como seria a vida independente da pessoa com DI, embora testassem arranjos familiares que permitissem a autonomia da criança (O'Doherty et al., 2016).

Considerações finais

O campo de investigação voltado à compreensão das atuações das famílias de crianças com Deficiência Intelectual esteve fértil nos últimos anos, resultando em um leque abrangente de pesquisas empíricas e bibliográficas.

É preciso reconhecer que os familiares estão lidando com crianças que apresentam peculiaridades em seu desenvolvimento, geralmente enfatizadas ou consideradas como dificuldades por um contexto cultural que segue pouco receptivo ao desenvolvimento diverso e suas especificidades. No entanto, como sugerem os estudos, profissionais que se especializam para compreender as peculiaridades do desenvolvimento desde a sua área específica de atuação e englobam o acolhimento às famílias conseguem ir ao encontro do que os familiares responsáveis por essas crianças desejam e necessitam.

Nesse processo, o momento do diagnóstico e a maneira como ele é informado à família são importantes à compreensão, à aceitação e ao envolvimento com os tratamentos ou acompanhamentos que poderão ser necessários em períodos mais longos do ciclo de vida da criança, bem como as oportunidades a serem construídas para que essas crianças exerçam sua cidadania até a vida adulta. Ainda há uma prevalência de cuidados advindos de familiares do gênero feminino, como as mães e as avós, chamando a atenção para dois aspectos: a importância das relações intergeracionais estabelecidas nessas famílias; a necessidade da construção eficaz de uma relação acolhedora das equipes profissionais aos familiares do gênero masculino, como pais, avôs ou tios, que se habilitam a ocupar efetivamente função de responsabilidade por essas crianças.

Por fim, aprendemos com essas leituras que as atuações das famílias de crianças com Deficiência Intelectual podem ser construídas de maneira afetuosa, respeitosa e favorável ao desenvolvimento dessas crianças e dos demais membros de suas famílias com o apoio dos profissionais da saúde e da educação, e que os profissionais das diversas equipes de atenção também têm muito a aprender com as famílias dessas crianças, buscando a consolidação efetiva da sociedade inclusiva desde a primeira infância.

Referências

Aguiar, M. P. P. D. A., & Morais, N. A. D. (2021) Processos de resiliência familiar vivenciados por famílias com uma pessoa com deficiência. *Revista Subjetividades, 21*(3), 1-16.

Alvim, C. G., Guimarães, F. G., Meinberg, N. L. S., Aguiar, L. T., Caetano, L. C. G., Carrusca, L. C., Caetano, L. M., Labanca, L., Fonseca, N. d. M., Paulo, R. A. M., et al. (2012) A avaliação do desenvolvimento infantil: Um desafio interdisciplinar. *Revista Brasileira de Educação Médica, 36*(1), 51–56.

Annunziata, P. M. A., & Morales-Cabello, C. (2019) El protagonismo de la familia en la atención temprana de niños y niñas con síndrome de down, Chile. *Revista Latinoamericana de Ciencias Sociales, Niñez y Juventud, 17*(2), 1–21.

Araújo, S. L. S., & Almeida, M. A. (2014) Contribuições da consultoria colaborativa para a inclusão de pessoas com deficiência intelectual. *Revista Educação Especial, 27*(49), 341–352.

Azevedo, C. da S., Freire, I. M., & Moura, L. N. de F. (2021) Reorganizações familiares no contexto do cuidado ao bebê com Síndrome Congênita do Zika Vírus. *Interface - Comunicação, Saúde, Educação, 25*, e190888.

Azevedo, T. L. d., Cia, F., & Spinazola, C. d. C. (2019) Correlação entre o relacionamento conjugal, rotina familiar, suporte social, necessidades e qualidade de vida de pais e mães de crianças com deficiência. *Revista Brasileira de Educação Especial, 25*(2), 205–218.

Barbour, R. F. (1970). Attachment and Loss. Vol. 1. Attachment. By John Bowlby. London: The Hogarth Press and EsInstitute of Psycho-Analysis. 1969. Pp. 428. Price 63s. *British Journal of Psychiatry, 116*(530), 102–103.

Batista, C. G., & Leme, M. E. S. (2004) Resenha: El mágico número tres: Cuando los niños aún no hablan. *Psicologia: Reflexão e Crítica, 17*(1), 1–3.

Benitez, P. et al. (2023) Formação em Análise do Comportamento no contexto da Educação Especial: Variáveis Pessoais e Atitudinais Relacionadas à Inclusão. *Psicologia: Ciência E Profissão, 43*, e264477.

Bernal-Ruiz, F., Rodriguez-Vera, M., González-Campos, J., & Torres-Álvarez, A. (2018) Competencias parentales que favorecen el desarrollo de funciones ejecutivas en escolares. *Revista Latinoamericana de Ciencias Sociales, Niñez y Juventud, 16* (1), 163–176.

Borilli, M. C., Germano, C. M. R., de Avó, L. R. da S., Pilotto, R. F., & Melo, D. G. (2022) Family quality of life among families who have children with mild intellectual disability associated with mild autism spectrum disorder. *Arquivos de Neuro-psiquiatria, 80*(4), 360–367.

Branco, A. P. S. C., & Ciantelli, A. P. C. (2017) Interações familiares e deficiência intelectual: Uma revisão de literatura. *Pensando famílias, 21*(2), 149–166.

Cárdenas, K., Rodriguez, C., & Palacios, P. (2014) First symbols in a girl with down syndrome: A longitudinal study from 12 to 18 months. *Infant Behavior and Development, 37*(3), 416–427.

Carvalho, J., Xerinda, J., & Vidal, D. M. (2021) A Adaptação Social No Ambiente Escolar Da Criança Com Deficiência Intelectual. *Apae Ciência, 15*(1), 78-90.

Cavalcante, M. V. et al. (2020) Estimulação cognitiva e aprendizagem infantil: Revisão de literatura. *Brazilian Journal of Development, 6*(6), 41981–41990.

Cerqueira, M. M. F., Alves, R. d. O., & Aguiar, M. G. G. (2016) Experiências vividas por mães de crianças com deficiência intelectual nos itinerários terapêuticos. *Ciência & Saúde Coletiva, 21*, 3223–3232.

Cerqueira-Silva, S., & Dessen, M. A. (2018) Programas de educação familiar para famílias de crianças com deficiência: Uma proposta promissora. *Contextos Clínicos, 11*(1), 59–71.

Clímaco, J. C. (2018) Experiências e experimentos de duas mães dragoas: Narrativas de maternidade de filhos com doenças raras. Amazônica-Revista de Antropologia, *10*(1), 126-159.

Clímaco, J. C. (2020a) *"Apenas a matéria vida era tão fina" Experiências de mulheres com filhos com Tay-Sachs.* [Tese de Doutorado em Processos de desenvolvimento Humano e Saúde], Instituto de Psicologia Universidade de Brasília.

Clímaco, J. C. (2020b). Análise das construções possíveis de maternidades nos estudos feministas e da deficiência. *Revista Estudos Feministas, 28*(1), e54235.

Cruz, T. A. R. d., Santos, E. M. d. S., Silva, F. C. d., Reis, M. C. d. S., & Silva, Â. C. D. d. (2019) Perfil sociodemográfico e participação paterna nos cuidados diários de crianças com microcefalia. *Cadernos Brasileiros de Terapia Ocupacional, 27*(3), 602–614.

da Cruz, E. J. S., Mori, V. D., & Hespanhol, C. R. C. (2021) O papel da família na construção da autonomia da pessoa com deficiência intelectual. *Apae Ciência, 15*(1), 34-46.

de Araujo Luna, M. M., de Lucena, P. L., de Farias, A. E. M., & de Melo, V. F. C. (2018) O acompanhamento fisioterapêutico de crianças com sequelas de paralisia cerebral atendidas no NASF do município de Alagoa Nova. *Revista de Pesquisa: Cuidado é Fundamental, 10*(Especial), 70–73.

de Souza Dias, M. V. et al. (2021) Relações pai-filho e o cuidado da criança com deficiência: olhar da equipe de saúde. *Research, Society and Development, 10*(16), e389101623647-e389101623647.

Devidé, A. C. S., & Romão, C. E. L. (2021) Pessoa com deficiência e sua capacidade civil ao longo da vida. *Brazilian Journal of Development, 7*(5), 50943-50958.

Diniz, D. (2017). O que é deficiência. Brasiliense. São Paulo: Editora Brasiliense, 2007. 89 p.

dos Santos Mendonça, A. A. (2020) Platão e as crianças com deficiência. Práticas Educativas, Memórias e Oralidades-*Rev. Pemo, 2*(3), e233849–e233849.

dos Santos, T. D., dos Santos, D. R., Londero, A. D., & de Souza, A. P. R. (2019) Luto e reidealização na clínica da infância: Estudo de um caso. *Distúrbios da Comunicação, 31*(2), 207–216.

Esposito, B., & Castanho, P. (2021) "Minha filha tem um atraso": considerações sobre uma (pseudo) deficiência intelectual e sua dinâmica familiar. *Estilos da Clínica*, *26*(2), 328-341.

Fachinetti, T. A., de Cássia Spinazola, C., & Carneiro, R. U. C. (2021) Educação inclusiva no contexto da pandemia: Relato dos desafios, experiências e expectativas. *Educação em Revista*, *22*(1), 151–166.

Fernandes de Oliveira, D., Yassuyuki Tacao, G., Cesinando de Carvalho, A., & Martins Barbatto, L. (2021) Pais De Crianças Com Desenvolvimento Atípico Frente A Transmissão Do Diagnóstico. *Revista Inspirar Movimento & Saude*, *21*(4).

Ferreira, M. E. V. et al. (2018) O bebê com síndrome de down: A percepção dos profissionais acerca da formação do vínculo materno. *Cadernos de Pós-Graduação em Distúrbios do Desenvolvimento*, *18*(2), 28–45.

Figueiredo, G. C., Fernandes, E. D. S., & da Costa Lima, R. (2022) A relação família-escola: o que dizem os artigos publicados na Revista Educação Especial. *Revista FAFIRE*, *15*(2), 82-97.

França e Silva, E., & Elias, L. C. D. S. (2022) Inclusão de alunos com deficiência intelectual: recursos e dificuldades da família e de professoras. *Educação em revista*, 38, e26627.

Freitas, L. C., & Del Prette, Z. A. P. (2010) Validade de construto do sistema de avaliação de habilidades sociais para crianças brasileiras com deficiência intelectual. *Interamerican Journal of Psychology*, *44*(2), 312–320.

Goitein, P. C., & Cia, F. (2011) Interações familiares de crianças com necessidades educacionais especiais: Revisão da literatura nacional. *Psicologia Escolar e Educacional*, *15*(1), 43–51.

Gonçalves, J. P. (2024) Maternidade de filho com deficiência e mercado de trabalho: vozes de mães que vivenciam essa complexa realidade. *Perspectivas em Diálogo: Revista de Educação e Sociedade*, *11*(26), 44-63.

Gusmão, E. C. R., Matos, G. S., Alchieri, J. C., & Chianca, T. C. M. (2019) Social and conceptual adaptive skills of individuals with intellectual disability. *Revista da Escola de Enfermagem da USP*, *53*, e03481–e03481.

Handal Asbún, M. W. (2016). El impacto de la discapacidad intelectual en la familia. estudio de caso. *Ajayu Órgano de Difusión Científica del Departamento de Psicología UCBSP*, *14*(1), 53–69.

Hayashi, M. C. P. I., Hayashi, C. R. M., Rebellato, C., & Martinez, C. M. S. (2021) Solidariedade intergeracional de avós com netos com deficiência: Análise bibliométrica e de conteúdo. *Revista Brasileira de Educação Especial, 27.*

Lapa, I. & Barbato, S. (no prelo). Processos comunicativas de crianças com paralisia cerebral. In S. Barbato, R. Beraldo, P.C.C. Ramos, R. Santana, D. Maciel, & G.S.M. Mietto (Orgs.). *Contribuições do Desenvolvimento Humano e da Educação aos processos de inclusão – percursos e práticas em cotidianos.* (Vol. 3, p. 114-128). Editora da UnB.

Lima, B. D. S. et al. (2021) Vivências de familiares de crianças com deficiência. *Revista Enfermagem Atual In Derme, 95* (33).

Londero, A. et al. (2021) Adaptação Parental ao filho com deficiência: revisão sistemática da literatura. *Interação em Psicologia, 25*(2), 240-255.

Lopes, N. R. L., Górni, S. M., Mattar, V. O., & Williams, L. C. d. A. (2018) Assessment of a brief intervention with parents to prevent shaken baby syndrome. *Paidéia, 28.*

Machado, R. W. G., Carvalho, J. O., & Spittle, R. F. (2021) Família Monoparental Chefiada Por Mulheres: o caso de mães de filhos com deficiência. *LexCult: revista eletrônica de direito e humanidades, 5*(2), 31-56.

Martinez, C. M. S., Coimbra, S., Fontaine, A. M. G. V. et al. (2021). Solidariedade, Maturidade E Ambivalência Em Avós E Mães De Crianças Com Deficiência: Potencialidades E Recursos Nas Trocas Intergeracionais. *Revista Brasileira de Educação Especial, 28.*

Mattingly, C. (2017) Moral (and other) laboratories and the semantic impertinence of metaphor: An afterward. *Culture, Medicine, and Psychiatry, 41*(2), 309–316.

Maturana, A. P. P. M., Mendes, E. G., & Capellini, V. L. M. F. (2019) Schooling of students with intellectual disabilities: Family and school perspectives. *Paidéia 29.*

McCoy, D. C. et al. (2017) Development and validation of an early childhood development scale for use in low-resourced settings. *Population health metrics, 15*(1), 1–18.

Messa, A. A., & Fiamenghi Jr, G. A. (2010) O impacto da deficiência nos irmãos: Histórias de vida. *Ciência & Saúde Coletiva, 15*(2), 529–538.

Minatel, M. M., & Matsukura, T. S. (2014) Famílias de crianças e adolescentes com autismo: Cotidiano e realidade de cuidados em diferentes etapas do desenvolvimento. *Revista de Terapia Ocupacional da Universidade de São Paulo, 25*(2), 126–134.

Minuchin, S. (1998) Where is the family in narrative family therapy? *Journal of marital and Family Therapy*, *24*(4), 397.

Morales, M., & López, V. (2019) *Políticas de convivencia escolar en américa latina*: *Cuatro perspectivas de comprensión y acción. Education Policy Analysis* Archives.

Novaes, B. C., Versolatto-Cavanaugh, M. C., Figueiredo, R. d. S. L., & Mendes, B. d. C. A. (2012) Fatores determinantes no desenvolvimento de habilidades comunicativas em crianças com deficiência auditiva. *Jornal da Sociedade Brasileira de Fonoaudiologia*, *24*(4), 327–334.

O'Doherty, S. et al. (2016) Perspectives of family members of people with an intellectual disability to a major reconfiguration of living arrangements for people with intellectual disability in Ireland. *Journal of Intellectual Disabilities*, *20*(2), 137–151.

Pereira-Silva, N. L., de Souza Rabelo, V. C., & Fuentes Mejía, C. (2018) Relación familia-escuela y síndrome de down: Perspectivas de padres y profesores. *Revista de Psicología (PUCP)*, *36*(2), 397–426.

Perin, A. E. (2010) Estimulação precoce: Sinais de alerta e benefícios para o desenvolvimento. *Revista de Educação do IDEAU*, *5*(12), 1–13.

Portela, C. P., & Costa, L. A. F. (2022) Famílias De Pessoas Com Deficiência Intelectual: Cuidar E Educar Nas Redes Parental E Social De Apoio. *Revista da FAEEBA: Educação e Contemporaneidade*, *31*(68), 266-276.

Portes, J. R. M. et al. (2013) A criança com síndrome de down: Na perspectiva da teoria bioecológica do desenvolvimento humano, com destaque aos fatores de risco e de proteção. *Boletim Academia Paulista de Psicologia*, *33*(85), 446–464.

Queiroz, F. M. M. G., & Melo, M. H. S. (2021). Atuação dos professores de Atendimento Educacional Especializado junto aos estudantes com deficiência durante a pandemia do COVID-19. *Revista Educação Especial*, *34*, 1-24.

Ramos, A. B., & de Azevedo, G. X. (2024) A Importância Da Interação Entre A Escola E A Família Para O Desenvolvimento Da Criança Com Deficiência. *REE-DUC-Revista de Estudos em Educação* (2675-4681), *10*(1), 154-166.

Rodríguez, C., Estrada, L., Moreno-Llanos, I., & de los Reyes, J.-L. (2017) Executive functions and educational actions in an infant school: Private uses and gestures at the end of the first year/funciones ejecutivas y acción educativa en la escuela infantil: Usos y gestos privados al final del primer año. *Studies in Psychology, 38*(2), 385–423.

Samelli, A. G., Rondon-Melo, S., Rabelo, C. M., & Molini-Avejonas, D. R. (2017) Association between language and hearing disorders–risk identification. *Clinics, 72*(4), 213–217.

Santos, M. A. d., & Pereira-Martins, M. L. d. P. L. (2016) Estratégias de enfrentamento adotadas por pais de crianças com deficiência intelectual. *Ciência & Saúde Coletiva, 21*, 3233–3244.

Schalock, R. L. et al. (2010) *Intellectual disability: Definition, classification, and systems of supports*. ERIC.

Seidel, B. et al. (2022) Percepção do profissional da Estratégia Saúde da Família no cuidado à criança com deficiência. *Avances en Enfermería, 40*(2), 241-253.

Silva, L. A. M. P. D. (2019). Crenças acerca da parentalidade sensível na deficiência [Dissertação de Mestrado], Iscte – Instituto Universitário de Lisboa. https://repositorio.iscte-iul.pt/handle/10071/19001

Silva, D. F. D., & Alves, C. F. (2021) Aceitação familiar da criança com deficiência: revisão sistemática da literatura. *Psicologia: Ciência e Profissão, 41*, e209337.

Silva, M. C. da R. F. da., & Anversa, P. (2022) Ação Educativa Em Espaços Culturais: Perspectivas Sócio-Históricas Em Debate. *Cadernos CEDES, 42*(116), 61–72.

Silva, C. C. B., & Ramos, L. Z. (2014) Reações dos familiares frente à descoberta da deficiência dos filhos1/reactions and feelings of families towards the discovery of the disability of their children. *Cadernos de Terapia Ocupacional da UFSCar, 22*(1), 15.

Spinazola, C. d. C., Cia, F., Azevedo, T. L. d., & Gualda, D. S. (2018) Crianças com deficiência física, síndrome de down e autismo: Comparação de características familiares na perspectiva materna na realidade brasileira. *Revista Brasileira de Educação Especial, 24*(2), 199–216.

Spinieli, A. L. P., & dos Santos Camargo, M. (2021) Pessoas com deficiência e a agenda 2030 da ONU: desafios contemporâneos frente ao direito à educação inclusiva. *Boletim de Conjuntura (BOCA), 5*(13), 85-93.

Takebayashi, R. B., Fernandes, H., Cruz, M. G. d. S. d., Perseguino, M. G., Marques, S. E. M., & Horta, A. L. d. M. (2019) The aging of families with members with intellectual disabilities. *Revista brasileira de enfermagem, 72*, 184–190.

Teixeira, A. N. A. et al. (2021) Políticas públicas nacionais para apoiar pessoas com deficiência e suas famílias: Uma revisão integrativa. *Research, Society and Development*, 10(5).

Tomaz, R. V. V. et al. (2017) Impacto da deficiência intelectual moderada na dinâmica e na qualidade de vida familiar: Um estudo clínico-qualitativo. *Cadernos de Saúde Pública*, 33.

Vale, P. R. L. F. do., Costa, J. S. P., Freitas, K. S., Lacerda, M. R., Carvalho, R. C. de., & Carvalho, E. S. de S. (2023) Cacto Development: Care Program for Mothers of Children with Congenital Zika Syndrome. *Texto & Contexto - Enfermagem*, 32.

Valverde, B. B. d. R., & Jurdi, A. P. S. (2020). Análise das relações entre intervenção precoce e qualidade de vida familiar. *Revista Brasileira de Educação Especial*, 26(2), 283–298.

Weber, L. N. D., Brandenburg, O. J., & Viezzer, A. P. (2003) A relação entre o estilo parental e o otimismo da criança. *Psico-Usf*, 8(1), 71–79.

CAPÍTULO XV

PALAVRAS FINAIS...

Ana Rosa Moreira

Patrícia M. U. Simões

Vera M. R. de Vasconcellos

Este livro teve por objetivo apresentar, mediante uma análise crítica, a produção acadêmica brasileira referente à Educação Infantil nas duas primeiras décadas do conturbado século XXI. Foram reunidos achados sobre algumas das questões centrais existentes em dissertações, teses, publicações em artigos de periódicos e em anais de importantes reuniões científicas das áreas de Educação e de Psicologia do país.

A análise realizada nos 15 capítulos do livro envolveu 29 autores provenientes de 16 grupos de pesquisa, vinculados a dez programas de pós-graduação de nove universidades distribuídas entre oito estados, abarcando três regiões do país. A nosso ver, essa abrangência garantiu uma boa representação da produção científica que vem se preocupando com as infâncias na Educação Infantil.

Se considerarmos hoje a produção acadêmica em comparação com a referida na *Série Estado do Conhecimento nº 2 – Educação Infantil 1983-1996* (Rocha et al., 2001), vemos um crescimento exponencial que impossibilita aos grupos de pesquisa e seus pesquisadores a leitura e o acompanhamento do que vem sendo apresentado no campo como um todo. A real dificuldade em se ler todos os textos produzidos sobre o tema no decorrer das duas primeiras décadas deste século nos obriga a escolher subtemas para maior aprofundamento. Só isso já justifica a produção deste livro mais de 20 anos depois do produzido por Rocha et al. (2001). Este novo livro tem o propósito de colaborar no encaminhamento de novas investigações e ajudar os novos pesquisadores a encontrar as referências necessárias para as suas produções.

Vale destacar, ainda, que o que é produzido pelos diferentes grupos de pesquisas e programas de pós-graduação está longe de apresentar consenso teórico-metodológico sobre qualquer tema em estudo. Há, muitas vezes, inúmeras teorias, e as conclusões que buscam, não só para quem pesquisa na área, mas, principalmente, para colegas que atuam na prática cotidiana da Educação Infantil, nem sempre são coerentes. No entanto, percebemos que nos capítulos emergem vozes variadas, múltiplas, expressões dos temas escolhidos, caracterizando aproximações e, muitas vezes, distanciamentos difíceis de serem superados.

Os capítulos tratam de temas diversos que se localizam em diferentes subcampos da Educação Infantil, como políticas de acesso e qualidade, financiamento, currículo, práticas e formação docente. Trazem debates urgentes, como a Educação Especial em pesquisas sobre diferentes formas do fazer pedagógico diante de crianças que apresentam novas maneiras de se comportar e interagir umas com as outras e com o mundo.

Há capítulos que tratam das Artes e da Educação Física na Educação Infantil e apontam a necessidade de incluir temas que ainda são pouco contemplados e são preocupações comuns no campo das Infâncias. As diferenças e diversidades também tiveram lugar nas análises sobre as relações étnico-raciais e sobre o brincar das crianças do campo e quilombolas. Em especial, os bebês na creche ganharam visibilidade, dando-se destaque às suas especificidades e singularidades.

O livro busca abranger temas menos abordados e que merecem aprofundamento. Entre eles, os estudos sobre/com bebês, que, embora já existissem há mais de um século nas pesquisas da Medicina e da Psicologia, na Educação ainda são recentes e em quantidade limitada. As pesquisas com bebês exigem dos pesquisadores um olhar atento para as peculiaridades e nuances dos modos de ser, estar e se relacionar com o mundo, exigindo a construção de metodologias próprias.

Para se pensar o *"Estado do Conhecimento"* da Educação Infantil nas produções acadêmicas das próximas décadas do século XXI, inovações são exigidas e novas tecnologias e temas são esperados. Há também a necessidade premente de se conhecer as produções científicas concernentes ao campo das Infâncias para além das áreas da Educação e da Psicologia aqui analisadas, ampliando as perspectivas e as problemáticas, bem como aprofundando e enriquecendo as discussões.

Por sua vez, as análises revelaram perspectivas teóricas e abordagens metodológicas diversas entre as pesquisas analisadas que indicam não só a complexidade de estudar as infâncias e de sua Educação, mas também apontaram para a tendência de um olhar e de uma escuta que procuram se aproximar dos bebês e das crianças na Educação Infantil e romper com essencialismos e universalismos de pesquisas que, histórica e hegemonicamente, dominavam o campo até as últimas décadas do século passado. Parece-nos ser fundamental ampliar a discussão conceitual, teórica e epistemológica que fundamente as escolhas metodológicas e subsidie a análise dos dados, observando o quanto os resultados das pesquisas acadêmicas reverberam na elaboração de leis e prática cotidiana da Educação Infantil.

As pesquisas aqui analisadas registram uma falha ainda presente no campo acadêmico, mesmo na Educação. As professoras, que deveriam ser as interlocutoras privilegiadas das investigações, por organizarem o trabalho cotidiano do "chão da escola", quase nunca são ouvidas. Isso as deixam situadas em um extremo da Educação, distante das construções teóricas propostas pela Psicologia e pela Educação referentes às Infâncias. Fazemos essa denúncia por entendermos que as professoras são produtoras de conhecimento, e não meras reprodutoras das propostas de especialistas e pesquisadores. São sujeitos que produzem saberes ao desenvolverem e refletirem ações pedagógicas nas práticas do dia a dia. Práticas que propiciam a construção de um conhecimento específico vinculado à ação e que precisam ser escutadas, acolhidas e partilhadas com os investigadores com vistas a ressignificar e atualizar conceitos, teorias e metodologias de pesquisa. Nesse sentido, as professoras são produtoras de políticas públicas de Educação Infantil, não só quando refletem sobre as leis que lhes são impostas, mas principalmente quando recriam práticas que as questionam.

O intuito de refletir as pesquisas no contexto político da pandemia e do golpe de 2016, que se caracterizou pela negação e destruição das políticas existentes e ausência de novas proposições e programas, deu-se na compreensão de que a produção acadêmica acontece dentro do seu tempo histórico e com as limitações e os delineamentos que esse tempo impõe. Os fatos que marcaram o período de 2016 a 2022 ainda clamam por investigações que esclareçam os acontecimentos e seus impactos na Educação de bebês e crianças pequenas. O livro, ao focalizar esse período, procurou contribuir para a reflexão do que significou um Estado que ignorou a construção histórica da ciência, foi ausente na discussão sobre as desigualdades na Educação e omisso com a proposição de políticas e programas que promovam o acesso e a qualidade da Educação Infantil.

A multiplicidade de temas possibilitou uma visão panorâmica da produção científica e propõe interlocuções e interfaces com diferentes contextos. Entre eles há o compromisso do livro em contribuir para a construção do Plano Nacional da Educação (PNE) para o próximo decênio. O novo PNE vem sendo discutido desde o início do novo governo e foi postergado para depois das eleições municipais de 2024. A proposta para dezembro de 2025 conta com a participação de diferentes setores da sociedade, que buscam a melhoria da Educação no Brasil. Está sendo elaborado num cenário de um governo de coalisão que sofre pressão de todas as forças políticas e econômicas brasileiras. As organizadoras da coletânea entendem que trazer a produção acadêmica para esse debate consiste em entrar na disputa política de concepções teóricas sobre infâncias, crianças, desenvolvimento e Educação. Assim, espera-se que o livro possa vir a dar suporte ao diálogo acadêmico e ao debate político, ambos necessário à reconstrução das Políticas Públicas nacionais.

Referências

Rocha, E. A. C., Silva Filho, J. J., & Strenzel, G. R. (Orgs.). (2001) *Educação Infantil (1983-1996)*. MEC/Inep/Comped. (Série Estado do Conhecimento nº 2). http://www.inep.gov.br/download/cibec/2001/estado_do_conhecimento/serie_doc_educacão_in- fantil.pdf/

As organizadoras agradecem aos grupos de pesquisa que contribuíram com esta obra. São eles:

Grupo de Estudos e Pesquisas em Educação, didática e Ludicidade (GEPEL/ PPGEDU/ UFBA); Grupo de Estudos e Pesquisas em Políticas, Avaliação e Infâncias (GEPPAI/PROPED/UERJ); Grupo de Pesquisa Ambientes e Infâncias (GRUPAI/PPGE/UFJF); Grupo de Pesquisa Brincadeiras e Contextos Culturais (GPBCC/PPGP/UFBa); Grupo de Pesquisa Comunicação Alternativa para Alunos Sem Fala Articulada (PROPED/UERJ); Grupo de Pesquisa Gestão e Avaliação Educacional (GAE/PPGE/UFAL); Grupo de Pesquisa Infância e Educação na Contemporaneidade: reflexões interdisciplinares (GPIEDUC/PPGECI/Fundaj); Grupo de Pesquisa Infância e Saber Docente (GPISD/PROPED/UERJ; Grupo de Pesquisa: Linguagens, Infâncias, Cultura e Desenvolvimento Humano – LICEDH (PPGE/UFJF); Grupo de Pesquisa Pensamento e Cultura (IP/UnB); Laboratório ÁGORA PSYCHÉ (PGPDE/PED/IP/UnB); Laboratório de Avaliação Psicológica (LAPsico/ UEFS); Laboratório de Estudos e Pesquisas em Educação, Diversidade e Inclusão (LEPEDI/PPGE/UFRRJ); Laboratório de Tecnologia Assistiva/ Comunicação Alternativa (LATECA – PROPED/UERJ); Núcleo de Estudos da Infância: Pesquisa e Extensão (NEI:PE/PROPED/UERJ); Núcleo de Pesquisas e Estudos sobre a Criança (NUPEC/PPGE/UFPB).

SOBRE OS AUTORES

Organizadoras

Vera Maria Ramos de Vasconcellos

Psicóloga. Realizou pós-doutorado em Psicologia do Desenvolvimento Humano na Universidade da Carolina do Norte (Chapel Hill, USA), possui doutorado em Psicologia Social e do Desenvolvimento pela University of Sussex (UK) e mestrado em Psicologia pela Pontifícia Universidade Católica do Rio de Janeiro. É psicóloga clínica e professora aposentada do Departamento de Psicologia da Universidade Federal Fluminense. Coordenou o Núcleo Multidiscilinar de Pesquisa, Extensão e Estudo da Criança de 0 a 6 anos. Professora aposentada titular na Faculdade de Educação da Universidade do Estado do Rio de Janeiro e no Programa de Pós-Graduação em Educação (ProPEd/UERJ), onde coordenou o Núcleo de Estudos da Infância: Pesquisa e Extensão (NEI:PE/UERJ).

E-mail: vasconcellos.vera@gmail.com

Orcid: 0000-0001-9544-6600

Patrícia Maria Uchôa Simões

Psicóloga. Realizou pós-doutorado em Educação na Universidade do Estado do Rio de Janeiro. É doutora e mestre em Psicologia Cognitiva pela Universidade Federal de Pernambuco. Pesquisadora da Fundação Joaquim Nabuco, docente do Programa de Pós-Graduação em Educação, Culturas e Identidades da Universidade Federal Rural de Pernambuco/Fundação Joaquim Nabuco. Coordena o Grupo de Pesquisa Infância e Educação na Contemporaneidade: reflexões interdisciplinares (GPIEDUC).

Email: pusimoes@gmail.com

Orcid: 0000-0003-1606-7894

Ana Rosa Picanço Moreira

Psicóloga. Doutora em Educação pela Universidade do Estado do Rio de Janeiro e mestre em Psicologia Social pela Universidade Gama Filho.

Possui especialização em Psicologia Escolar/Educacional pelo Conselho Federal de Psicologia e graduação em Psicologia pela Universidade Federal Fluminense. Formação em Prática Psicomotora Aucouturier. Professora associada da Faculdade de Educação da Universidade Federal de Juiz de Fora e professora efetiva do Programa de Pós-Graduação em Educação (PPGE) e do Mestrado Profissional em Gestão e Avaliação da Educação Pública (PPGP). Atua em cursos de graduação da Universidade Aberta do Brasil (UAB/UFJF). Coordenadora do Grupo de Pesquisa Ambientes e Infâncias (GRUPAI/UFJF).

E-mail: anarosamaio6@gmail.com

Orcid: 0000-0001-9150-0673

Coautores

Adelaide Alves Dias

Psicóloga. Professora aposentada da Universidade Federal da Paraíba/UFPb e do Programa de Pós-Graduação em Educação/UFPb. Foi coordenadora do Programa de Pós-Graduação em Direitos Humanos, Cidadania e Políticas Públicas (Biênios 2014–2016 e 2016–2018). Realizou pós-doutorado em Educação na Universidade do Estado do Rio de Janeiro/UERJ (2013–2015), é doutora em Educação pela Universidade Federal Fluminense (UFF – 2001) e mestre em Psicologia Social pela Universidade Federal da Paraíba (UFPb – 1992). Coordenou o Programa do PROCAD/Capes NF 797/2010. Coordena o Núcleo de Pesquisas e Estudos sobre a Criança (NUPEC). É secretária executiva da Rede Primeira Infância da Paraíba (REPI-PB) e presidente do Conselho Estadual de Educação (CEE) da Paraíba.

E-mail: adelaide.ufpb@gmail.com

Orcid: 0000-0002-3989-9338

Cátia Walter

Fonoaudióloga. Possui pós-doutorado em Educação – projeto em Comunicação em Comunicação Alternativa (ProPEd/UERJ). É doutora e mestre em Educação Especial pela UFSCar (PPGEEs) e graduada pela USC – Bauru. Docente no curso de Pedagogia presencial e à distância (CEDERJ) da Faculdade de Educação e do Programa de Pós-Graduação em Educação da UERJ. Líder do grupo de pesquisa Comunicação Alternativa para Alunos

Sem Fala Articulada e coordenadora do Laboratório de Tecnologia Assistiva/Comunicação Alternativa (LATECA – ProPEd/UERJ). Pesquisadora e orientadora no grupo de pesquisa em Linguagem e Comunicação Alternativa do ProPEd/UERJ. Membro associado da Comissão Assessora em Educação Especial e Atendimento Especializado em Exames e Avaliações da Educação Básica do Inep.

E-mail: catiawalter@gmail.com

Orcid: 0000-0002-7033-8301

Charlyne Lira Urtiga

Psicopedagoga e mestra em Educação pela Universidade Federal da Paraíba, professora do curso de pós-graduação de Psicopedagogia na Faculdade IEP – Instituto de Educação em João Pessoa. Tem atuação clínica com prevenção, avaliação, intervenção e supervisão na área de psicopedagogia, no atendimento a pessoa com deficiência, transtornos e dificuldades relacionados à aprendizagem e orientação familiar e escolar. Faz parte do Grupo de Pesquisa Núcleo de Pesquisas e Estudos da Criança (NUPEC).

E-mail: charlynelr@gmail.com

Orcid: 0000-0002-0372-2338

Cristina D'Ávila Teixeira

Pedagoga. Possui pós-doutorados pela Universidade de Montréal (Quebec, Canadá, 2006–2007) e pela Universidade Sorbonne (Paris-Descartes, França, 2015–2016). É doutora e mestre em Educação pela Universidade Federal da Bahia. Professora titular da Universidade Federal da Bahia. Professora visitante sênior na Faculté de Sciences de l'éducation da Université de Montréal (Québec, Canadá, 2022–2023). É pesquisadora e membro regular do grupo Laboratoire interdisciplinaire de recherche sur l'enseignement supérieur (LIRES), da Université de Montréal. Foi vice--coordenadora do Programa de Pós-Graduação em Educação (PPGEDU/UFBA) entre 2019 e 2021. Coordena o Grupo de Estudos e pesquisas em Educação, didática e Ludicidade (GEPEL), pelo PPGEDU/UFBA.

E-mail: cristdavila@gmail.com

Orcid: 0000-0001-5946-9178

Elaine Suane Florêncio Santos

Pedagoga. Doutora em Educação pela Universidade Federal de Pernambuco e mestra em Educação, Culturas e Identidades pela Universidade Federal Rural de Pernambuco e pela Fundação Joaquim Nabuco. Pedagoga pela Universidade Federal de Pernambuco, Campus do Agreste (UFPE-CAA). É professora-formadora na equipe da gerência de Educação Infantil na rede municipal de ensino de Caruaru/PE. Participa do Grupo de Pesquisa Infância e Educação na Contemporaneidade: reflexões interdisciplinares (GPIEDUC), do Núcleo de Investigação em Neuropsicologia, afetividade e aprendizagem na primeira infância (NINAPI) e do Grupo de Estudo e Pesquisa Política educacional, Planejamento e Gestão da Educação.

E-mail: elaine.suane@gmail.com

Orcid: 0000-0001-9963-3999

Erika Jennifer Honorio Pereira

Pedagoga. Doutora em Educação pela Universidade Federal do Rio de Janeiro (2021), mestre em Educação pela Universidade Estadual do Rio de Janeiro (2016) e especialista em Literaturas Portuguesa e Africanas (2011). Graduada em Pedagogia pela Universidade Federal do Estado do Rio de Janeiro. Professora da Universidade Federal Rural do Rio de Janeiro (UFRRJ). Tem experiência na área de Educação, com ênfase em Educação Infantil, relações étnico-raciais e formação de professores.

E-mail: erikajen_@hotmail.com

Orcid: 0009-0009-1493-2670

Felipe Rocha dos Santos

Professor de Educação Física. Doutor em Educação pelo Programa de Pós-Graduação em Educação da Universidade Estadual do Rio de Janeiro e mestre em Educação pelo Programa de Pós-Graduação em Educação da Universidade Federal do Rio de Janeiro. Especialista em Educação Física Escolar pelo Departamento de Educação Física da Universidade Federal Fluminense. Possui Licenciatura Plena em Educação Física pela Universidade Federal do Rio de Janeiro. Professor das Faculdades União de Ensino de Araruama (Unilagos) e professor regente em Educação Física Escolar na Secretaria Municipal de Educação do Rio de Janeiro.

E-mail: santosfeliperocha@gmail.com

Orcid: 0000-0002-8975-4452

Gabriela Sousa de Melo Mietto

Psicóloga pela Unesp Bauru. Realizou pós-doutorado na Universidad Autónoma de Madrid. É doutora em Processos de Desenvolvimento Humano e Saúde e mestre em Psicologia pela Universidade de Brasília. Professora associada II do Instituto de Psicologia da UnB e membro do Laboratório ÁGORA PSYCHÉ (IP/UnB). Cofundadora e vice-líder do Grupo de Pesquisa Infantia (CNPq); membro dos grupos GPPCult (CNPq) e Desarrollo Temprano y Educación - Universidad Autónoma de Madrid (DETEDUCA). Professora credenciada do PGPDE (PED/IP/UnB). ex-psicóloga clínica autônoma no CEPAGIA e ex-psicóloga escolar na AMPARE e SEDF.

E-mail: gabrielamieto@unb.br

Orcid: 0000-0002-9868-4353

Getsemane de Freitas Batista

Pedagoga. Doutora em Educação pelo Programa de Pós-Graduação em Educação da Pontifícia Universidade Católica do Rio de Janeiro (PUC-Rio). Mestra em Educação pelo Programa de Pós-Graduação em Educação, Contextos Contemporâneos e Demandas Populares (PPGEduc/UFRRJ. Graduada em Educação e História pela Universidade Federal Rural do Rio de Janeiro (UFRRJ).

Email: getsemanedoutorado@gmail.com

Orcid: 0000-0002-5179-8935

Givanildo da Silva

Pedagogo. Doutor em Educação pela Universidade Federal da Paraíba. Mestre em Educação e graduado em Pedagogia pela Universidade Federal de Alagoas. Possui especialização em Organização Pedagógica da Escola: Gestão Escolar, pelo Centro Internacional Universitário Uninter, e Estratégias Didáticas na Educação Básica com uso das TIC, pela UFAL. Professor do Centro de Educação e do Programa de Pós-Graduação em Educação da Universidade Federal de Alagoas. Editor adjunto da *Revista Debates em Educação*. Coordenador do Programa de Pós-Graduação em Educação.

Integrante do grupo de Pesquisa Gestão e Avaliação Educacional (GAE) UFAL/CNPq e da Rede de Estudos em Políticas de Avaliação Educacional e Accountability (REPAE).

E-mail: givanildopedufal@gmail.com

Orcid: 0000-0002-0290-3663

Graziele Carneiro Lima

Psicóloga. Graduanda pela Universidade Estadual de Feira de Santana (UEFS). Estagiária pelo Programa Mais Futuro no Laboratório de Avaliação Psicológica da UEFS (LAPsico).

E-mail: grazielecarneiropsicologa@gmail.com

Orcid: 0009-0004-9064-7808

Grazielle Ribeiro de Queiroz

Fonoaudióloga. Mestre em Educação pela Universidade do Estado do Rio de Janeiro. Graduada em Fonoaudiologia pela Universidade Federal do Rio de Janeiro. Membro do Grupo de Pesquisa do Laboratório de Tecnologia Assistiva e Comunicação Alternativa (LATECA/UERJ). Fonoaudióloga do Núcleo de Atendimento às Pessoas com Necessidades Específicas (NAPNE) do Centro de Referência em Educação Infantil do Colégio Pedro II e do Centro de Especialidades em Fisioterapia e Fonoaudiologia do Município de Itaguaí.

E-mail: grazielecarneiropsicologa@gmail.com

Orcid: 0009-0000-7048-8687

Ilka Dias Bichara

Psicóloga. Professora titular aposentada da Universidade Federal da Bahia. Professora do Programa de Pós-Graduação em Psicologia da Universidade Federal da Bahia, vinculada à linha de pesquisa Transições Desenvolvimentais e Processos Educacionais, onde coordena o Grupo de Pesquisa Brincadeiras e Contextos Culturais. Desenvolve pesquisas e orienta alunos de graduação e pós-graduação em estudos sobre brincadeiras em diversos contextos, interações entre crianças, principalmente com base no referencial psicoetológico e na Psicologia do Desenvolvimento Evolucionista. Tem doutorado em psicologia Experimental (1994) e mestrado em Psicologia Experimental (1989) pela Universidade de São Paulo. Coordena o GT Brincadeira, Aprendizagem e Saúde da ANPEPP.

E-mail: ilkabichara@gmail.com

Orcid: 0000-0001-6441-6484

João Aragão Telles

Psicólogo. Formado pela Universidade Federal da Bahia (UFBA) e atualmente é mestrando em Psicologia na linha Transições Desenvolvimentais e Processos Educacionais no Programa de Pós-Graduação em Psicologia da UFBA.

E-mail: joao.t.telles@hotmail.com

Orcid: 0009-0001-0420-3919

Letícia de Souza Duque

Pedagoga. Mestre em Educação pela Universidade Federal de Juiz de Fora. Professora da rede municipal de educação de Juiz de Fora. Coordenadora pedagógica da Rede Particular de Ensino de Juiz de Fora, na Escola Hub.

E-mail: leticiadesduque@gmail.com

Orcid: 0000-0001-7097-2399

Ligia Maria Leão de Aquino

Pedagoga. Doutora e mestre em Educação pela Universidade Federal Fluminense. Graduada em Pedagogia pela Universidade Santa Úrsula. Professora associada do Programa de Pós-Graduação em Educação (ProPEd) da Faculdade de Educação da Universidade do Estado do Rio de Janeiro, com bolsa de Prociência/UERJ (desde 2012), e do Programa Jovem Cientista de Nosso Estado/FAPERJ (2012–2015). Líder do Grupo de Pesquisa Infância e Saber Docente e integra a equipe do Ateliê de Infância e Filosofia (ATIF/UERJ).

E-mail: laquino16@gmail.com

Orcid: 0000-0002-8767-7203

Luana Roberta Oliveira de Medeiros Pereira

Musicista. Doutora em Educação da Universidade Federal de Juiz de Fora. Possui mestrado e graduação em Música pela Universidade Federal de Minas Gerais. Professora do curso de Música da Universidade Federal de Juiz de Fora. Coordenadora do bacharelado em Música. Atua principalmente nos temas educação musical e desenvolvimento musical de professoras e bebês.

E-mail: luanaufmg@hotmail.com

Orcid: 0009-0001-5008-5466

Maria Aparecida D'Ávila Cassimiro

Pedagoga. Doutora em Educação pela Faced, no Programa de Pós-Graduação em Educação (PGEDU). Mestre pela Uneb, no Programa de Pós-Graduação em Educação e Contemporaneidade. Especialista em Educação Infantil e graduada em Pedagogia pela Universidade Estadual de Santa Cruz. Participa do Grupo de Pesquisa em Educação Didática e Ludicidade (GEPEL/UFBA). Lecionou na Educação Infantil e anos iniciais em escolas públicas municipais e privadas de Ilhéus e atualmente é coordenadora pedagógica no município.

E-mail: cida_cassimiro@yahoo.com.br

Orcid: 0000-0002-6260-3347

Marina Taglialegna

Psicóloga. Desde 2022 é mestre em Psicologia pelo Departamento de Psicologia Escolar e do Desenvolvimento do Instituto de Psicologia da Universidade de Brasília. Concluiu pós-graduação em análise do comportamento na Faculdade São Marcos e especializou-se em análise do comportamento aplicada à psicologia clínica no Instituto Brasileiro de Análise do Comportamento. É formada no Centro Universitário de Brasília. Atua como psicóloga clínica em São Paulo, dedicando-se ao atendimento de crianças e adolescentes.

E-mail: marinataglialegna@gmail.com

Orcid: 0000-0002-4418-3377

Maciel Cristiano da Silva

Pedagogo. Doutor e mestre em Educação pelo Programa de Pós-Graduação em Educação (ProPEd/UERJ). Professor II na Secretaria Municipal de Educação de Duque de Caxias (SME-Duque de Caxias/RJ) e na Secretaria Municipal de Educação de Nova Iguaçu (SEMED-Nova Iguaçu/RJ), atuando no campo da Educação Especial.

E-mail: maciel.pesq@gmail.com

Orcid: 0000-0001-5513-1719

Núbia Aparecida Schaper Santos

Psicóloga. Doutora em Educação pelo Programa de Pós-Graduação em Educação (ProPEd/UERJ) e mestre em Educação Especial pela Universidade Federal de São Carlos. Graduada em Psicologia (UFJF). Professora associada da Faculdade de Educação da Universidade Federal de Juiz de Fora. Professora do Programa de Pós-Graduação em Educação (PPGE/UFJF). Líder do Grupo de Pesquisa: Linguagens, Infâncias, Cultura e Desenvolvimento Humano (LICEDH).

E-mail: nubia.schaper@ufjf.br

Orcid: 0000-0001-6684-2305

Roberta Teixeira de Souza

Doutoranda e mestre em Educação (2019) pelo Programa de Pós-Graduação em Educação (ProPEd) e graduada em Pedagogia (2003), ambos pela Universidade do Estado do Rio de Janeiro (UERJ). É professora do Curso Normal na Rede Estadual de Educação do Rio de Janeiro (desde 2009) e pedagoga na Fundação Municipal de Educação de Niterói (2021). Foi professora e coordenadora pedagógica na rede municipal de educação de Itaboraí (2004 a 2021), onde atuou como assessora e coordenadora da Educação Infantil (2009 a 2020). É membro do Grupo de Estudos e Pesquisas em Políticas, Avaliação e Infâncias (GEPPAI/UERJ) e do Coletivo da Educação Infantil em Niterói.

E-mail: rotzouza2@yahoo.com.br

Orcid: 0000-0002-5152-5048

Shiniata Alvaia Menezes

Psicóloga. Doutora e mestre em Psicologia pela Universidade Federal da Bahia (UFBA). Pós-graduada *lato sensu* em Avaliação Psicológica com ênfase no Contexto Educacional (Pósartmed/PUC-PR) e Aperfeiçoamento em Formação Clínica na Abordagem Sócio-Histórica (IPSH). Pós-graduada *lato sensu* em Psicologia Educacional pela PUC-MG (1993) e em Gestão Social para o Desenvolvimento pela UFBA (2005). Graduada em Bacharelado em Psicologia e Formação de Psicólogo pela UFBA. Professora adjunta do curso de Psicologia da Universidade Estadual de Feira de Santana. Coordenadora do Laboratório de Avaliação Psicológica (LAPsico/UEFS).

Email: shiniata@hotmail.com

Orcid: 0000-0002-4687-055X

Silviane Barbato

Psicóloga. Professora associada do Instituto de Psicologia, da Universidade de Brasília. É líder do Grupo de Pesquisa Pensamento e Cultura e estuda narrativas e explicações em processos de transição de crianças da Educação Infantil ao Ensino Fundamental. É editora de livros no *Dialogic Pedagogy Journal*.

E-mail: barbato@unb.br

Orcid: 0000-0003-2829-3282

Sirlane Araujo Marques

Mestranda pelo Programa de Pós-Graduação em Educação Agrícola (PPGEA) da Universidade Federal Rural do Rio de Janeiro (UFRRJ). Especialista em Educação Especial e Inclusiva pela Instituição AVM-Cândido Mendes. Graduada em História pela Universidade Federal Fluminense (UFF). Professora regente nas redes municipais de Duque de Caxias e Niterói, atuando no AEE e em turma de Educação Infantil, respectivamente. Integrante do Laboratório de Estudos e Pesquisas em Educação, Diversidade e Inclusão (LEPEDI).

E-mail: sirlane.ed.especial@gmail.com

Orcid: 0009-0003-0363-9563

Tamires Cristina dos Reis Carlos Alvim

Pedagoga. Doutoranda e mestre em Educação pelo Programa de Pós-Graduação em Educação da Universidade Federal de Juiz de Fora/MG. Especialista em Gestão Educacional pela Faculdade Metodista Granbery/MG. Especialista em Educação Infantil e Alfabetização pela Faculdade Cândido Mendes/RJ. Graduada em Pedagogia pela Faculdade Metodista Granbery/MG. Professora efetiva da rede municipal de Juiz de Fora. Integrante do Grupo de Pesquisa e extensão: Linguagens, Infâncias, Cultura e Desenvolvimento Humano (LICEDH/UFJF).

E-mail: tamialvimped@gmail.com

Orcid: 0000-0001-5651-3946